CB067507

BIBLIOTECA
AS
AGOSTINHO
DA SILVA

Agostinho da Silva, em Lisboa, no mês de maio de 1985.
Acervo Pedro Manuel Agostinho da Silva.

AGOSTINHO DA SILVA
FILOSOFIA ENQUANTO POESIA

SETE CARTAS A UM JOVEM FILÓSOFO, CONVERSAÇÃO COM DIOTIMA, FILOSOFIA NOVA E OUTROS ESCRITOS

Organização, seleção e fixação de textos, posfácio e notas
Amon Pinho
Prefácio
Eduardo Giannetti

É Realizações Editora

Copyright © Agostinho da Silva
Copyright desta edição © 2019 É Realizações

Editor: Edson Manoel de Oliveira Filho

Produção editorial: É Realizações Editora

Idealização e coordenação da Biblioteca Agostinho da Silva: Amon Pinho

Projeto gráfico, diagramação e capa: Nine Design Gráfico | Mauricio Nisi Gonçalves

Preparação de texto: Érika Nogueira

Revisão: Geisa Mathias de Oliveira

Reservados todos os direitos desta obra. Proibida toda e qualquer reprodução desta edição por qualquer meio ou forma, seja ela eletrônica ou mecânica, fotocópia, gravação ou qualquer outro meio de reprodução, sem permissão expressa do editor.

CIP-BRASIL. CATALOGAÇÃO NA PUBLICAÇÃO
SINDICATO NACIONAL DOS EDITORES DE LIVROS, RJ

S578f
v. 1

   Silva, Agostinho da, 1906-1994
      Filosofia enquanto poesia : Sete cartas a um jovem filósofo, Conversação com Diotima, Filosofia nova e outros escritos / Agostinho da Silva ; organização, seleção e fixação de textos, posfácio e notas Amon Pinho ; prefácio Eduardo Giannetti. - 1. ed. - São Paulo : É Realizações, 2019.
      432 p. ; 23 cm.   (Biblioteca Agostinho da Silva)

   Inclui índice
   ISBN 978-85-8033-376-3

      1. Silva, Agostinho da, 1906-1994 - Crítica e interpretação. 2. Análise crítica do discurso. 3. Análise do discurso literário. I. Pinho, Amon. II. Giannetti, Eduardo. III. Título. IV. Série.

19-57433   CDD: 401.41
                                            CDU: 81'42

Vanessa Mafra Xavier Salgado - Bibliotecária - CRB-7/6644
31/05/2019   03/06/2019

É Realizações Editora, Livraria e Distribuidora Ltda.
Rua França Pinto, 498 · São Paulo SP · 04016-002
Telefone: (5511) 5572 5363
atendimento@erealizacoes.com.br · www.erealizacoes.com.br

Este livro foi impresso pela Pancrom Indústria Gráfica em junho de 2019. Os tipos são da família DTL Elzavir ST, Trajan e Dear Sarah. O papel do miolo dos livros é o Lux Cream 70 g, e o da capa dos livros, Couchê fosco 150 g.

Para Bertha David e Silva
Judith Cortesão
Aida David e Silva e
José Branco Rodrigues
In memoriam

Para Pedro Agostinho
Maria Gabriela Agostinho da Silva Rodrigues
Carlota da Silva Cortesão e
Roberto Pinho
Com amizade e gratidão

SUMÁRIO

Prefácio: Agostinho da Silva, semeador de vida, *por Eduardo Giannetti* 11

LIVROS | 27

Sete cartas a um jovem filósofo, seguidas de outros documentos para o estudo de José Kertchy Navarro...............29
   As cartas...............31
      I 31
      II 37
      III 43
      IV 49
      V 55
      VI 61
      VII 67
   Os poemas em prosa 73
      Fala do anjo a Jacó...............73
      Baloucei um momento...............75
      A harpa eólia...............78
   Esquema biográfico, *por Petronilha Moutinho*...............80
   Nota final, *por José Muriel*...............85

Conversação com Diotima...............93

Parábola da mulher de Loth, seguida de Pólicles e de um Apólogo de Pródico de Ceos 135
    Parábola da mulher de Loth 137
    Pólicles 142
    Apólogo de Pródico de Ceos 161

OPÚSCULOS, ENSAIOS PREFACIAIS E ARTIGOS | 165

A filosofia dos antigos gregos e romanos. Uma seleta temática de *Iniciação: cadernos de informação cultural* 167
    Filosofia Pré-Socrática 169
    Sócrates 185
    Platão 202
    O Pensamento de Epicuro 220
    O Estoicismo 233
    A Escultura Grega 248
        Imagens e legendas 262
    Literatura Latina 274

Filosofia e teatro. Apresentações e ensaios prefaciais a traduções de textos clássicos 289
    Rei Édipo, Sófocles 291
    Defesa de Sócrates, Platão 295
    A Paz, Aristófanes 301
    Críton, Platão 305
    Da Natureza, Tito Lucrécio Caro 310
    A Comédia Latina, Plauto e Terêncio 334
        Nota sobre a tradução e notas biobibliográficas 353

Filosofia, ciência e mística nas páginas de *O Estado de São Paulo* 359
    Filosofia Nova 361
    Ciência e Mística 366

AGOSTINIANA | 371

    Notícia (auto)biográfica, *por Agostinho da Silva* 373

    Um dos casos mais relevantes da cultura portuguesa, *por Joel Serrão* 380

    Retrato de um semeador (Nos 80 anos de Agostinho da Silva),
        por Eugênio Lisboa...386

    Um intelectual solidário e generoso, *por Mário Soares*......................................390

    Um homem extra-ordinário, *por Eduardo Lourenço* 394

PALAVRAS POSFACIAIS, CRONOLOGIA, ONOMÁSTICA | 401

    A Biblioteca Agostinho da Silva e o seu volume primeiro. Filosofia como modo
    poiético de vida, *por Amon Pinho* 403
        Agradecimentos 413

    Filosofia enquanto Poesia: cronologia de publicação dos livros e textos de
    Agostinho da Silva..415

    Índice onomástico de sujeitos e personagens históricos, mitológicos
    e/ou ficcionais.. 417

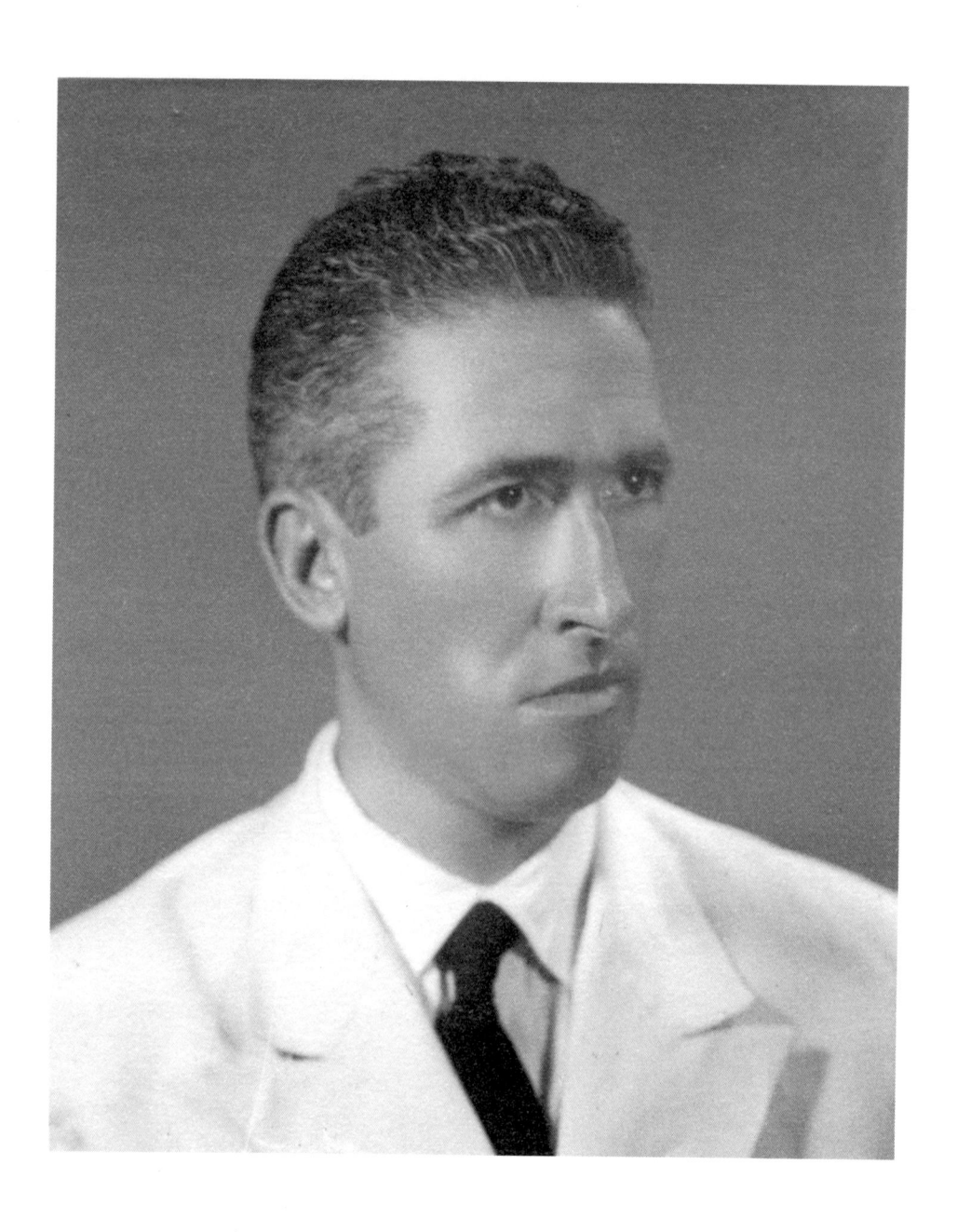

Agostinho da Silva, em Olinda, Pernambuco, em setembro de 1953.
Acervo Maria Gabriela Agostinho da Silva Rodrigues.

PREFÁCIO

*Agostinho da Silva, semeador de vida**

EDUARDO GIANNETTI

A leitura de um texto é a ocasião de um encontro. Quando o teor do escrito é predominantemente científico, técnico ou factual, os termos da troca entre autor e leitor tendem a ser claros e bem definidos: o que um oferece e o outro busca na leitura são enunciados teóricos, ferramentas de análise e dados ou informações relevantes para a obtenção de novos resultados. O contato entre as mentes é de superfície e a assimilação dos conteúdos transmitidos é mensurável.

Mas quando se trata de um texto literário ou filosófico de conteúdo essencialmente reflexivo, a natureza da relação mediada pela palavra escrita é outra. Mais que uma simples troca entre autor e leitor, a leitura é o enredo do cruzamento de dois solilóquios silenciosos e separados no tempo: o diálogo interno do autor com ele mesmo enquanto concebe e põe em palavras o que lhe

---

* Especialmente redigido para o presente volume, este prefácio de Eduardo Giannetti encontra-se também publicado em *O elogio do vira-lata e outros ensaios* (São Paulo: Companhia das Letras, 2018), a mais recente obra do autor de *Trópicos utópicos: uma perspectiva brasileira da crise civilizatória* (São Paulo: Companhia das Letras, 2016). Observe-se, no entanto, que em comparação com o texto ali estampado, o que aqui se apresenta é uma versão não apenas revista como, no que concerne à referenciação bibliográfica, também ampliada. Nas páginas de *Trópicos utópicos*, obra não casualmente aqui citada, e em especial naquelas onde são tematizados os intérpretes "miméticos" (europeístas) ou "proféticos" do Brasil, essa tão bela quanto arguta reflexão acerca de Agostinho da Silva como que já se deixava entrever. Vejo-a, portanto, como um desdobramento da fecunda e mediada consideração que Giannetti ali destina aos "poetas videntes e profetas analíticos" da necessária reinvenção utópica do Brasil, dos quais Agostinho da Silva poderia ser tomado como um dos mais ilustres e instigantes representantes, no universo da cultura luso-afro-brasileira. [NOTA DO ORGANIZADOR]

vai pela mente; e o diálogo interno do leitor consigo enquanto lê e interpreta, avalia e recorda (ou não) o que leu. O texto semeia, a leitura insemina: o solilóquio do autor é a semente que finca raízes e frutifica (ou definha) no solilóquio do leitor. A aposta é recíproca, a resultante imprevisível.

Por que ler Agostinho da Silva hoje? Porque o que ele tem a dizer *nos diz respeito*. Porque os dilemas e impasses que formula, não menos que os sonhos e aspirações que projeta, permanecem agudamente atuais; porque a necessidade que o seu pensamento expressa, não importa quão ofuscada pelas sombras e atribulações do momento, está mais do que nunca viva em nós; porque estudar os seus textos e poder revisitá-los de tempos em tempos, como caros e verdadeiros amigos, tonificam a alma e expandem a imaginação criadora daqueles que se dispõem a dialogar com eles. A mensagem de Agostinho diz especial respeito a nós, brasileiros, linha de frente do mundo lusófono, mas vai muito além disso.

Muito se enganaria quem, ao ler Agostinho, imaginasse travar contato com *um filósofo a mais*. Pois mesmo nos textos de caráter pedagógico ou introdutório, como os *Cadernos de informação cultural* e os ensaios prefaciais aqui reunidos, o autor das *Sete cartas a um jovem filósofo* é tudo menos um filósofo acadêmico-burocrata: carreirista titulado de rendosas imposturas, profissional da "exposição sedentária das doutrinas alheias"[1]; tudo menos um doutrinador de escola: catequizador sectário, filiado a partido, facção ou "ismo" da moda. "No seu ponto mais alto", desafia ele, tendo claramente Platão como estrela-guia, "a filosofia é uma criação perfeitamente similar à criação artística ou religiosa ou amorosa; quem não tem nervos de artista, força de imaginação, e quem não tem ao seu dispor uma vida rica, pode ser professor de filosofia, mas duvido que chegue alguma vez aos planos em que vale realmente a pena ser filósofo."[2] Nos seus picos de alta voltagem reflexiva e inspiração mitopoética, a obra de Agostinho se mostra à altura do desafio.

---

[1] Mário de Andrade, A elegia de abril, in Mário de Andrade, *Aspectos da literatura brasileira*. 5.ª ed. São Paulo: Livraria Martins Editora, 1974, p. 189.
[2] Agostinho da Silva, *Sete cartas a um jovem filósofo*, p. 67 do presente volume.

Também procurará em vão quem se propuser a buscar em Agostinho o conforto de respostas mastigadas ou o regaço de uma metafísica apaziguadora. A orientação do seu espírito valoriza inquietudes acima de soluções; a intuição acima de raciocínios lógicos estreitos; a pluralidade de perspectivas relevantes acima da harmonia asfixiante dos sistemas. "A cisterna contém; a fonte transborda".[3] O pensamento de Agostinho não é cisterna-sistema: credo fechado à cata de discípulos e exegetas. Ele é cais de aventura ("uma aventura vale na medida em que é perigosa"[4]) e fonte transbordante de ousadas e fecundas prospecções do espírito. Mais que aceitar ou rejeitar *o que ele disse*, importa acima de tudo pensar *com ele* – a favor ou contra ou o que for o caso, mas sempre *para além dele*. Com o endosso da lógica – "a prudência convertida em ciência"[5] –, até onde ela alcança, mas sem se deixar prender e apequenar por ela em cautelas de mar costeiro. Em mar aberto e ignoto, se preciso for, e sem outro ensejo que o apelo do longe.

Diante da disjuntiva opondo ortodoxos e heterodoxos em surda polarização, como nos eternos embates entre crentes e ateus, adeptos da razão e da emoção, nacionalistas e globalistas, esquerda e direita, Agostinho nos faz ver como "cada um deles só exprime metade da vida"[6] e nos provoca ao movimento conjuntivo do paradoxo revivificador – do arco retesado capaz de recolher e acolher a ambos e, depurando-os, projetá-los em renovada e promissora tensão. Se o *ou* disjuntivo repele e congela os polos em atrito, o *e* conjuntivo abraça-os e impele à superação dos contrários.

*

---

[3] William Blake, *The marriage of heaven and hell*, in William Blake, *The complete poems*. Edição de Alicia Ostriker. Harmondsworth: Penguin, 1977, p. 184.
[4] Agostinho da Silva, *Sete cartas a um jovem filósofo*, p. 53 do presente volume.
[5] Guimarães Rosa em entrevista concedida ao crítico literário alemão Günter Lorenz, janeiro de 1955.
[6] Agostinho da Silva, *Pensamento à solta*, in *Agostinho da Silva*: uma antologia. Edição de Paulo Borges. Lisboa: Âncora, 2006, p. 24.

O que tem Agostinho a nos dizer? O cerne da sua contribuição filosófica, creio eu, contempla dois componentes estreitamente ligados. O *primeiro*, de ordem epistêmica, remete aos limites do entendimento lógico-racional do universo, nos moldes da ciência moderna, e à incontornabilidade da dimensão transcendente na experiência humana da vida e do mundo. O *segundo*, de ordem ético-prática, remete ao imperativo do amor dos homens concretos e da ação transformadora: o inconformismo na busca da justiça e da vida plena para todos. À idolatria da ciência, da técnica e da riqueza material a qualquer preço, fruto da vitória da vertente nórdica-europeia no início da era moderna, Agostinho responde, sem por isso desprezar as conquistas da modernidade, com a utopia ibérico-tropical de uma compreensão mística, lúdica e fraternal da convivência humana. O dom da vida como celebração imotivada.

A ignorância infinita desconcerta o saber finito. Nossas ideias sobre o mundo, não importa quão sofisticadas, são o produto de uma parte finita e contingente do universo, nós mesmos, procurando dar conta de uma realidade infinita, mutável e extremamente complexa na qual *nada é igual a nada* (a ideia de igualdade é uma abstração humana) e *tudo está rigorosamente ligado a tudo* (a ideia de causalidade idem). A precariedade da nossa condição epistêmica, como ilustra Agostinho, nos reduz à situação de um homem que "tendo visto apenas a milésima parte de um milímetro do dente de uma roda de engrenagem, tivesse opiniões firmes sobre o gênero de papel ou de bolacha fabricada pela máquina que não a percebe no seu conjunto."[7] Nossas ilhas de conhecimento provisório e local – tudo que a experiência sensível, a lógica e a pesquisa científica especializada nos facultam saber – representam uma parcela ínfima dos vastos oceanos de trevas e mistério que nos cercam de todos os lados.

Sucede, entretanto, que a partir do advento da ciência moderna no século XVII e da sua crescente e imperial ascendência sobre todas as demais formas de busca e apreensão do mundo, firmou-se, de um lado, a crença de que a inteligência humana disciplinada pela lógica seria capaz de penetrar e render os

---

[7] Agostinho da Silva, *Sete cartas a um jovem filósofo*, p. 31 do presente volume.

segredos do universo, visto que há uma coincidência entre a razão e a ordem do mundo; e, de outro, a progressiva obliteração da dimensão do mistério na consciência humana e, com ela, a supressão da experiência do sagrado em nossas vidas. O produto desse movimento responde pelo nome de *cientismo*: a crença de que qualquer questão genuína sobre a natureza do universo e a condição humana pode ser – e com o tempo será – decifrada pelo avanço da pesquisa científica, ao passo que as questões que não se prestam a uma abordagem nos moldes da ciência não constituem questões ou buscas legítimas e, por isso, devem ser banidas do rol das nossas demandas e inquietudes.

Tema nuclear de sua filosofia, o anticientismo radical de Agostinho jamais se confunde, porém, com uma postura de menosprezo ou rejeição da ciência moderna. "A filosofia que não se apoia num perfeito encadear de raciocínios e numa informação que tem de ser a mais sólida e a mais ampla", adverte ele, "é apenas literatura, e da pior literatura, porque é a literatura dos que não tiveram a força criadora suficiente para escreverem teatro ou poesia lírica ou romance."[8] O interesse apaixonado de Agostinho pela evolução do pensamento racional desde o mundo grego pré-socrático e pelos mais recentes avanços na fronteira da física e da biologia dá testemunho do seu apreço pela aventura da descoberta científica.[9]

O problema não reside na investigação lógico-científica em si, fonte de grandes e inequívocas realizações humanas, mas na ausência de uma compreensão adequada dos seus feitos e limites: na pretensão equivocada de que possa fornecer respostas ao nosso irreprimível impulso de transcendência e busca do significado e do fundamento últimos da nossa existência pessoal e coletiva. "Não *como* o mundo é, é o místico, é ele *ser*", na fórmula lapidar do primeiro Wittgenstein.[10] Ou como observou o físico experimental inglês Brian

---

[8] Idem, ibidem, p. 50.

[9] Ver, por exemplo, os ensaios "Filosofia pré-socrática", "Filosofia nova" e "Ciência e mística", reunidos neste volume.

[10] Ludwig Wittgenstein, *Tractatus logico-philosophicus*. Tradução de Charles Kay Ogden. Londres: Kegan Paul, 1922, p. 187.

Pippard, pioneiro da supercondutividade, em palavras que soariam como música aos ouvidos de Agostinho: "Um físico que rejeita o testemunho de santos e místicos não é melhor do que alguém surdo à tonalidade dos sons que ridiculariza o poder da música".[11] *Nada é tudo*: o mundo sensível e a ideia de finito, ao serem postos e nomeados, evocam o que lhes sobrepuja. A música, como o universo a que pertencemos, sugere *o que na música não está*.

*

O passado se presta a ser conhecido, mas não pode ser mudado – é lenha calcinada. O futuro é desconhecido e nem sempre obedece ao passado, mas responde à força e à ousadia do nosso querer – é promessa de combustão. Se o "talvez" referido ao passado pode em tese ser dirimido por meio de estudo e pesquisa, o "talvez" referido ao futuro incita e provoca não só o apuro das artes preditivas, mas o exercício da imaginação. Daí que as escolhas humanas, quando existem, se deem sempre entre pensamentos, pois será sempre demasiado tarde para escolher entre os fatos. Resta-nos a escolha entre caminhos e futuros imaginados – nítida ou obscuramente – no presente vivido. Os sonhos secretam o porvir.

A filosofia da história de Agostinho da Silva nasce do seu compromisso com a ação transformadora; da sua firme recusa a "contemplar em sossego os desvarios do mundo"[12], como ele assinala nas críticas à resignação estoica e à felicidade da abstenção defensiva e deleitosa do epicurismo. Movido pela "insatisfação com as deficiências de toda a vida que somos obrigados a viver"[13], ele propõe em diversos momentos da sua obra – e com ênfases, interpretações e recortes cambiantes no decorrer do tempo – uma leitura original e abrangente do passado; um diagnóstico da crise civilizatória da nossa época, fruto da irresistível e avassaladora ocidentalização do mundo desde a era dos

---

[11] Brian Pippard, Master-minding the universe. *The Times Literary Supplement*, 29 de julho de 1983, p. 795. Resenha do livro *God and the new physics*, de Paul Davies.
[12] Agostinho da Silva, Prefácio a *Da Natureza*, de Tito Lucrécio Caro, p. 318 do presente volume.
[13] Agostinho da Silva, *Educação de Portugal*. 2.ª ed. Lisboa: Ulmeiro, 1990, p. 37.

descobrimentos e do Renascimento europeu; e, tangenciando por vezes na desmedida do impossível, uma visão utópico-profética de futuro, consubstanciada na mitopoética da missão dos povos de língua portuguesa na conversão planetária ao Reino do Espírito Santo.

Qual é a distribuição temporal do bem e do valor – da plenitude de realização e da excelência da condição humana – no conjunto da história da nossa espécie? Na visão de Agostinho, o desenrolar do drama da trajetória humana obedece a um *enredo circular de redenção*: um enredo no qual a ida, afinal, é um regresso, e o arco da história constitui um longo e tortuoso pesadelo – ainda que necessário para o fecho do périplo – do qual a humanidade luta por despertar.

O motor do processo é o "irredutível amor da liberdade que [...] é essência do homem"[14] e o fato capital da trama – "a catástrofe da qual nunca nos recuperamos", na expressão do biólogo evolucionário Jared Diamond[15] – foi a passagem, há cerca de 12 mil anos, do modo de vida livre e errante dos agrupamentos de coletores, baseados na coleta e na caça, para as sociedades agrícolas e pastoris nas quais surgem e se afirmam, em populações cada vez maiores, o trabalho servil ou a soldo, a exacerbação do sentido de posse, a subordinação da mulher, as religiões organizadas e dogmáticas e o poder político centralizado.

A domesticação de plantas e animais teve como contrapartida um não menos violento processo de domesticação dos humanos – uma "guerra à natureza" externa e interna – em que a "educação das crianças" passa a ter papel decisivo. Como ele destaca no ensaio introdutório de *A comédia latina* (e elabora, mais tarde, em *Educação de Portugal*), "a pedagogia de que tanto nos orgulhamos" não é mais que uma capitulação às exigências do mundo do trabalho e da obediência às leis, o disciplinamento calcado na "submissão e extinção gradual dos instintos e das espontaneidades criadoras que não podem ter cabimento na vida social", daí se originando no correr do tempo, e com redobrada força a partir do início do mundo moderno

---

[14] Idem, ibidem, p. 34.

[15] Jared Diamond, The worst mistake in the history of the human race. *Discover*, maio de 1987, p. 95.

e da Revolução Industrial do século XVIII, "tudo que depois se tomou por natureza humana e que não é senão o resultado da pressão e da deformação a que, por necessidade de defender a vida, foi submetido o homem."[16]

O efeito dessa crescente e implacável domesticação visando a máxima desanimalização possível da humanidade foi "uma separação entre a natureza humana e o comportamento humano": um processo de maceramento do psiquismo arcaico em que se "trocou a espontaneidade pela regra, a alegria pelo sacrifício, a natureza pela sociedade; se não receássemos ir longe demais, diríamos que se trocou o instinto pela razão ordenadora [...] uma quebra entre os impulsos mais profundos e a necessária vida social".[17]

O quadro descrito por Agostinho, ao retratar a precariedade das coordenadas morais e culturais da modernidade ocidental, guarda parentesco com o mito da degradação humana a partir da Idade do Ouro narrado pelo poeta grego Hesíodo em *Os trabalhos e os dias* e, sobretudo, com o panorama traçado por Lucrécio, no *De rerum natura*, sobre o aviltamento moral vivido pela civilização romana: se nos primórdios, ponderou o poeta latino, "era a fome que trazia a morte, agora, ao contrário, é a abundância que nos destrói; naquela época, os homens muitas vezes ingeriam veneno por ignorância; hoje em dia, mais bem instruídos, eles se envenenam uns aos outros."[18]

De modo análogo, sustenta o filósofo português, se o triunfo da civilização tecnocientífica ocidental permitiu, por um lado, derrotar o fatalismo das pragas, doenças e carências materiais do mundo arcaico, ele também se fez acompanhar, por outro, de um radical estreitamento ético e da progressiva corrosão dos laços afetivos e de qualquer senso de transcendência e propósito na vida. "A vida tornou-se laica e tornou-se feroz, implacável e, o que é pior ainda, sem sentido nenhum que eleve a vida além da vida. É uma série de momentos em que se produz para se consumir e se consome para se poder produzir de novo. As relações do finito com

---

[16] Agostinho da Silva, *A comédia latina*, p. 336 do presente volume.
[17] Idem, ibidem, p. 336.
[18] Tito Lucrécio Caro, *De rerum natura*. Oxford: Clarendon Press, 1921, Livro V, p. 219, versos 1006-1010.

o infinito, da parte com o todo parecem, em instantes mais críticos, correr o risco de se perder por completo; o ato gracioso da oferta aos seres fraternos, [...] a gratuidade de viver, desaparecem rapidamente de um mundo que se dessacraliza."[19] Desprovidos de fé no futuro e aspiração de grandeza, pertencendo ao mundo como percevejos raciocinantes ou mariposas hedônicas, os homens e mulheres se portam como o seu anêmico e minúsculo horizonte espiritual recomenda.

O prejuízo humano dessa perda, contudo, não obstante a privação de liberdade e de plenitude sacrificados no caminho, justificava-se pela promessa de emancipação que encerrava. Pois se é verdade que "o progresso técnico se fez à custa do fundo moral", Agostinho acreditava também que ele, ao mesmo tempo, havia criado as condições materiais necessárias para um retorno, em novas bases, da paz, harmonia e espiritualidade perdidas. "A fome na vida do homem primitivo", sustentou, "pôs em risco a sua alma porque não pode haver real sentido do divino com estômagos vazios; a salvação da alma do homem implicava a luta contra a fome, o que se fez e está fazendo pelo progresso técnico; os descobrimentos científicos vão permitir [...] que as almas se salvem; vão permitir o regresso do divino." Em contraste com o mundo greco-romano, as condições para o esperado avanço estariam agora objetivamente postas, tendo em vista que "temos hoje à nossa disposição os meios técnicos de dominar a fome e a miséria e de dar ao homem uma liberdade sem limites para exprimir a sua verdadeira natureza".[20] O preço foi pago; a carta de alforria arrematada. O que nos impede de começar a colher os frutos espirituais e afetivos das nossas conquistas materiais?

A crença no potencial emancipador do progresso técnico não é nova. Quando os fusos e as rocas trabalharem sozinhos, especulava Aristóteles na *Política*, os aprendizes, mestres e escravos deixarão de existir. Variações sobre o tema aparecem, em diferentes contextos, tanto na tradição dos economistas ingleses, como Mill e Keynes, quanto na linhagem da filosofia crítica alemã de Marx a Marcuse. A expectativa, porém, teima em frustrar-se. Os milagres da

---

[19] Agostinho da Silva, *A comédia latina*, p. 340 do presente volume.
[20] Idem, ibidem, p. 341 e 352.

tecnologia e o brutal aumento da produtividade dos últimos séculos não eliminaram a faina do trabalho a contragosto em troca de bom troco para a maioria (os que têm a "sorte" de um emprego) e o afã de consumo e enriquecimento atropelou o sonho de que as questões ligadas à economia e finanças deixassem de nos atormentar e pudessem afinal ser relegadas a um plano secundário – ao "assento traseiro", como dizia Keynes[21] – no rol das preocupações humanas.

Agostinho partilhava nesse ponto da crença otimista dos seus antecessores. "É quase certo", chegou a afirmar, "que está muito mais perto do que geralmente se julga o fim do tempo do sacrifício e de batalha".[22] O seu inconformismo frente ao fosso entre a realidade e o potencial humanos, aliado à sua fé na energia criadora e "nas possibilidades divinas do homem", foram o esteio da sua visão de futuro, ainda que por vezes ele aventasse o temor, logo afastado, de que a humanidade pudesse "nunca reencontrar o caminho" e de que o enredo circular de redenção desse lugar ao seu reverso: uma espiral descendente de perdição na qual o homem se põe e se considera, cada vez mais, "como o dono do mundo, com o direito de destruir os animais e as plantas, de escravizar os irmãos homens e de transformar a vida inteira nalguma coisa que não tem outro fim senão o de sustentar a sua vida material."[23] O pessimismo dessas palavras, é certo, nunca foi a tônica da visão de futuro agostiniana. Mas seria exagero dizer que as décadas transcorridas desde que foram escritas só fizeram reforçar a sua urgência e atualidade?

*

Mas o que é absolutamente original em Agostinho – e de especial relevância para nós brasileiros do século XXI – é o que ele tem a dizer sobre a função planetária dos povos e culturas de língua portuguesa e seu potencial de liderança na afirmação de valores e na construção de formas de vida e sensibilidade capazes de superar os impasses e ameaças a que chegamos na trilha

---

[21] John Maynard Keynes, Economic possibilities for our grandchildren, in John Maynard Keynes, *Essays in persuasion*. Nova York: W. W. Norton & Company, 1963, p. 366.
[22] Agostinho da Silva, *A comédia latina*, p. 351-52 do presente volume.
[23] Idem, ibidem, p. 340.

do tecnoconsumismo ocidental. O tom por vezes messiânico e a roupagem mitopoética da sua mensagem não deveriam obscurecer a essencial pertinência e a justeza do seu argumento.

O substrato de uma cultura é a sua visão da vida: seus valores e crenças; temores e sonhos; anseios e esperanças. Os séculos XVI e XVII presenciaram o embate definidor dos rumos da modernidade ocidental. Nos albores da Renascença, da revolução copernicana e da aventura colonial, duas variantes distintas da civilização europeia – os países da península ibérica católica e as nações emergentes do norte protestante – rivalizaram pela supremacia não apenas geopolítica e econômica, mas também cultural e espiritual do mundo em expansão.

O tempo, sabemos, foi cruel com as pretensões dos povos ibéricos. Portugueses e espanhóis lutaram com as armas de que dispunham, como retratou Agostinho, "com os seus místicos, os seus navegadores e exploradores, os seus artistas e os seus autores de teatro [...] pela permanência dos ideais cristãos da Idade Média [...]. Mas acabariam vencidos; o capitalismo, o cientismo e o protestantismo mais ou menos laico dos povos nórdicos eram movimentos demasiadamente fortes e estavam demasiado dentro da lógica da história para que as esperanças peninsulares pudessem ter qualquer possibilidade de triunfo".[24]

As consequências desse desfecho dominaram os últimos três séculos: de um lado, a retração da cultura do mundo ibérico ("a Europa se vendeu ao Diabo e o dinheiro que nisso ganhou lhe serviu para comprar Portugal", ironizou Agostinho[25]); e, de outro, a irresistível ascensão e esmagador predomínio, em escala planetária, dos valores mais caros à cultura nórdica anglo-americana vitoriosa: o culto da ciência, da tecnologia e da riqueza material como métricas de sucesso ou fracasso das nações e como passaportes da felicidade humana.

Sucede, contudo, que o ciclo ascendente da civilização anglo-americana tem dado sinais evidentes de esgotamento. O Ocidente tecnoconsumista promoveu uma aceleração do trabalho e da cobiça por riqueza como jamais o mundo conheceu. A exacerbação do elemento competitivo – quantificável

---

[24] Idem, ibidem, p. 351.
[25] Agostinho da Silva, *Um Fernando Pessoa*, in *Agostinho da Silva*: uma antologia, ed. cit., p. 191.

e calculista – tomou conta de todas as esferas da vida; a utilidade e a máxima eficiência em tudo tornaram-se a pedra de toque de todas as escolhas e conclusões. E tudo em nome do quê? Em vez de se libertarem do jugo da ansiedade, da ganância e do primado da economia sobre suas vidas, as sociedades ocidentais se precipitaram, como que tomadas por louca compulsão, rumo à reprodução da riqueza e da necessidade numa escala ampliada. A ascensão de forças regressivas, xenófobas e populistas nas democracias maduras ocidentais, o apelo a formas infantilizadas de religião, como o "prosperity gospel" estadunidense, e a fuga hedonista para estados alterados de consciência e gratificações dígito-ilusórias de toda sorte são índices da angústia e do niilismo que corroem o Ocidente.

Mas o ponto crucial é que a espiral deflagrada pela hegemonia dos valores nórdico-europeus em escala planetária não poderá durar indefinidamente. *A natureza impõe limites*. O agravamento da crise ambiental, de um lado, materializada na extinção em massa de espécies, na predação dos recursos hídricos e na mudança climática; e os sinais de uma emergente crise da ecologia psíquica, de outro, evidenciada pela epidemia de transtornos mentais, a erupção recorrente de atos violentos sem motivação aparente e a explosão da demanda por drogas lícitas e ilícitas (antidepressivos, ansiolíticos, soníferos, estimulantes, narcóticos e substâncias psicoativas), definem os limites de um projeto civilizatório que fez da "guerra à natureza" – externa e interna – o seu *leitmotiv* e razão de ser. Como sintetiza de forma lapidar o papa Francisco na encíclica *Laudato si'*, dedicada ao poeta, pregador e asceta medieval Francisco de Assis, inspirador-mor do ideário agostiniano: "Os desertos externos estão aumentando no mundo porque os desertos internos se tornaram tão vastos".[26]

*

---

[26] Papa Francisco, *Encyclical letter* Laudato si' *of the Holy Father Francis on care for our common home*. Vaticano: Libreria Editrice Vaticana, 2015, §217, p. 158. O trecho da Carta Encíclica aqui transcrito corresponde a uma citação que nela se faz da *Homilia no solene início do Ministério Petrino*, de Bento XVI.

Por onde ir? Agostinho nunca foi ou se propôs a ser um estratego da revolução. Se uma transformação pretende ser genuína e a mais profunda possível, ela não pode ser simplesmente instaurada de cima para baixo pela vontade férrea de uma autoproclamada vanguarda. Nada de saltos, rupturas abruptas com o passado ou assaltos ao poder. A transformação que interessava a Agostinho não era política, no sentido mais estreito do termo – a charlatanice da "grande Revolução" –, mas *espiritual*: a transvaloração dos valores e a afirmação de novas formas de vida e sensibilidade pelo contágio e gradual conversão das almas, como na absorção e conquista do império romano por uma obscura seita judaica chamada cristianismo. O caminho da mudança não viria de uma "cura súbita" ou salto pseudorrevolucionário, mas de um processo incremental que se deveria semear no mais íntimo de cada um e, uma vez concretizado historicamente, haveria de inaugurar um novo tempo, sem a necessidade de centros de poder político ou religioso ortodoxos.

"As grandes épocas de crise", observou Agostinho, "são exatamente aquelas em que o progresso técnico é o mais elevado possível e a consciência moral uma luz mínima que parece a cada momento ir apagar-se de todo no fragor das tempestades econômicas e políticas."[27] Diante da crise civilizatória na qual desembocou o mundo colonizado pelos valores estreitamente utilitários da cultura anglo-americana, com sua idolatria do sucesso competitivo, Agostinho propõe uma profunda reavaliação dos nossos ideais culturais. Os povos de origem lusófona não deveriam se perceber como cópias pioradas ou caricaturas de um padrão de convivência pautado por uma métrica de sucesso que nunca foi a sua, mas como cultura dotada de individualidade própria e, sobretudo, como alternativa real a um mundo caduco: como cultura imbuída de valores e saberes aptos a oferecer caminhos originais e vetores corretivos diante dos dilemas e desafios da modernidade.

Agostinho sempre teve como alvo maior a ampliação dos nossos horizontes imaginativos – o desbravar das "Índias espirituais" – e a expansão mais plena das energias e da criatividade de que cada ser humano é portador: "homens vivendo na sua integridade uma inteira vida; não despedaçados na angústia, econômica

---

[27] Agostinho da Silva, *A comédia latina*, p. 341 do presente volume.

e noutras, só farrapos de vida."[28] E o Brasil, onde viveu e trabalhou por mais de vinte anos, entre 1944 e 1945 e de 1947 a 1969 ("voluntariamente me tornei brasileiro"[29]), e onde realizou importantes iniciativas de cunho institucional, como a criação do Centro de Estudos Afro-Orientais em Salvador em 1959,[30] converteu-se com o tempo em depositário de suas mais caras esperanças.

"Que tome o Brasil inteiramente sobre si, como parte de seu destino histórico", sustentou ele diante do "abatimento tenaz, indiferente e abjeto"[31] da gente portuguesa, "a tarefa de, guardando o que Portugal teve de melhor e não pôde plenamente realizar e juntando-lhe todos os outros elementos universais que entraram em sua grande síntese, oferecer ao mundo um modelo de vida em que se entrelaçam numa perfeita harmonia os fundamentais impulsos humanos de produzir beleza, de amar os homens e de louvar a Deus".[32] A fusão singularmente brasileira das culturas afro-indígenas à matriz lusa – "onde os sangues misturam-se a tal ponto que a alma perdeu seus limites", como anotou Albert Camus em seu diário durante visita ao Brasil[33] – fazia a diferença.

Ciente de que para falar ao coração dos homens e expandir a imaginação moral não basta dirigir-se apenas ao intelecto ou ao senso estético, Agostinho imbuiu sua visão de futuro não apenas de utopia, mas de mito, entendido não como fábula ou ficção de um outro mundo, mas como fonte de sentido deste e como estrela-guia da mudança. "A preocupação essencial", diz ele, "se não põe em discutir ou construir sistemas, mas em dar aos homens a esperança de que sua miséria não será eterna e que tempos virão em que a fome, a cadeia, o temor

---

[28] Agostinho da Silva, *Reflexão à margem da literatura portuguesa*, in *Agostinho da Silva*: uma antologia, ed. cit., p. 189.

[29] Agostinho da Silva, *Educação de Portugal*, ed. cit., p. 17-18.

[30] Ver Antonio Risério, *Avant-garde na Bahia*. São Paulo: Instituto Lina Bo e Pietro Maria Bardi, 1995, p. 74-87.

[31] Luís de Camões, *Os Lusíadas*, Canto X, oitava 145, em paráfrase de Vianna Moog, *Bandeirantes e Pioneiros*: paralelo entre duas culturas. 4.ª ed. Porto Alegre: Editora Globo, 1957, p. 175.

[32] Agostinho da Silva, *Reflexão à margem da literatura portuguesa*, in *Agostinho da Silva*: uma antologia, ed. cit., p. 190.

[33] Albert Camus, *Diário de viagem*. Rio de Janeiro: Record, 1978, p. 132.

em qualquer das suas formas, o trabalho como superior ao sonho, o homem de ação como superior ao poeta, serão apenas péssimas lembranças do passado".[34]

Surge aí a mitopoética do advento do Reino do Espírito Santo, inspirada na teologia da história do abade cisterciense calabrês Joaquim de Fiore, e consubstanciada na visão agostiniana do retorno em novo patamar – alicerçado pelas conquistas tecnocientíficas e materiais da modernidade – dos ideais de cooperação, irmandade, despojamento e espírito comunitário praticados pelos povos de cultura ibérica na Idade Média. Como prefiguração simbólica desses novos tempos, Agostinho evoca a tradição popular do Culto do Espírito Santo, institucionalizado em Portugal pela rainha Isabel e dom Dinis no século XIV, e que mais tarde se espalharia pelo mundo lusófono, especialmente Brasil e ilhas açorianas, nas chamadas Festas do Divino.

A celebração do Divino ritualiza a chegada de uma era de abundância, liberdade e criatividade metaforicamente representada pela coroação de uma criança (ou pessoa pobre) como rei ou rainha, acompanhada da oferta de presentes aos casais jovens, da soltura de presos e da gratuidade do banquete servido igualmente a todos. O poder régio conferido à criança simbolizaria, nas palavras de Agostinho, "que desse momento para diante não é o trabalho que valerá mais no mundo, mas sim o jogo; não é o cálculo que levará a palma, mas sim a fantasia; não é a chamada realidade que manietará o sonho, mas sim o sonho que subjugará o real, ou, afastando o véu das ilusões, nos mostrará em que sombras acreditávamos em lugar de deixar que nos banhasse um sol pleno."[35]

A Festa do Divino, em suma, seria a prefiguração embrionária ou ensaio geral da concretização histórica e coletiva de um novo mundo, pautado pelos valores de um Portugal que não é lugar geográfico, mas sim o Portugal-ideia do Quinto Império de Antônio Vieira e do sebastianismo erudito de Fernando Pessoa: o espírito lusíada como categoria metafísico-religiosa.

Tempos sombrios, utopias fulgurantes. Não é preciso aceitar os detalhes e o colorido particular da visão mitopoética agostiniana – em boa dose

---

[34] Agostinho da Silva, Algumas considerações sobre o culto popular do Espírito Santo, in *Agostinho da Silva*: uma antologia, ed. cit., p. 195.
[35] Idem, ibidem, p. 198.

obsolescida no que ela tem de embasamento teológico-cristão e fundo rural – para reconhecer a pertinência da intuição central da qual decorre e a atualidade do anseio que a alimenta. A ruína e o vazio que enxergamos ao mirar a degradação da natureza externa e as ameaças ambientais que nos acossam, frutos espúrios da arrogância e da ganância humanas, são a contrapartida da devastação que se alastra em nossa natureza interna, no subsolo da consciência civilizada. Quanto mais racionais e ciosos do autointeresse individual almejamos ser – calculistas, competitivos e eficientes em tudo – mais miseráveis nos tornamos. A "mão invisível" caminha a passos largos e de braços dados com o *mal invisível*.

    O espírito, como o vento das grandes mudanças, sopra onde quer, quando quer e para onde quer. O que aí está a desertificar o planeta e a malestarizar os humanos não pode durar. Agostinho da Silva, alma febril da estirpe dos navegadores, afirma a primazia da fé sobre o desencanto; da entrega sobre o cálculo; do congraçamento sobre a competição feroz; do brincar sobre o pelejar; do amor sobre a troca de equivalentes. "A maturidade do homem", como propõe Nietzsche, "significa reaver a seriedade que se tinha quando criança ao brincar."[36] Agostinho da Silva, alma atlântica da estirpe dos descobridores, provoca quem navega e dialoga com ele a ousar para além das fronteiras do universo conhecido e adentrar no mar aberto do mistério e do chamado. A não se contentar com nada que seja menos que sonhar, descobrir e criar um novo mundo.

---

[36] Friedrich Nietzsche, *Além do bem e do mal*: prelúdio a uma filosofia do futuro. Tradução de Paulo César de Souza. São Paulo: Companhia das Letras, 1996, §94, p. 71.

Livros

Apolo de Belvedere
Museu Pio Clementino
Vaticano

SETE CARTAS
A UM JOVEM FILÓSOFO

SEGUIDAS DE

OUTROS DOCUMENTOS
PARA O ESTUDO DE
JOSÉ KERTCHY NAVARRO*

Poeta trágico, Eurípides. Museu Chiaramonti, Vaticano.

* Agostinho da Silva. *Sete cartas a um jovem filósofo, seguidas de outros documentos para o estudo de José Kertchy Navarro*. Vila Nova de Famalicão, Portugal: Grandes Oficinas Gráficas Minerva, 1945. (Edição do Autor) Cerca de um ano antes da publicação das *Sete cartas*, Agostinho da Silva traduz do alemão a *Balada do amor e da morte do Alferes Cristóvão Rilke*, de Rainer Maria Rilke. O manuscrito da tradução – que viria a lume em 1965 no número 4 da revista autoral *Folhas Soltas de S. Bento e Outras*, em que eram colaboradores Agostinho da Silva ortônimo e uma série dos seus personagens heterônimos, tendo sido, aliás, a autoria da tradução em tela ali atribuída a um deles, o médico Caio Porfírio Martins Rodrigues – data exatamente de 22 de março de 1944 e é dedicado a Maria Violante Vieira (1915-1997), amiga (a partir de 1969-1970 também companheira) formada em Filologia Germânica, com quem tivera conversas memoráveis acerca do poeta do indizível. É nessa circunstância de conversação, tradução e visitação da obra de Rilke que a escritura das *Sete cartas a um jovem filósofo* realiza-se portanto, já desde o título ecoando as *Cartas a um jovem poeta*, o "senhor [Franz Xaver] Kappus", destinatário da prosa tocante, lírica, sábia e envolvente que, em forma epistolar, o autor das *Elegias de Duíno* a ele endereçara. Ao longo deste volume inaugural da Biblioteca Agostinho da Silva, de diferentes maneiras poderá o leitor perspectivar a multifacetada ideia agostiniana de filosofia enquanto poesia, cabendo-nos, nesta nota preambular às *Sete cartas*, apenas trazer à cena certos elementos de poscênio, cujo conhecimento pode ensejar uma melhor contextualização e compreensão do *ludus*, do jogar criativo, perspicaz, fecundo e repleno de ressonâncias, de enlaces e interpenetrações, com o "jovem filósofo" e o "jovem poeta", a poesia e a filosofia, as instâncias do rigor conceitual e aquelas próprias à sensibilidade artística; seus fôlegos respectivos; picos, voos, horizontes, profundidades; cosmovisões e iluminações. [N. do O.]

As cartas

I

Meu caro Luís:

Conhecemos tão pouco da vida, do mecanismo complexo que deve ser este do mundo que, segundo me parece, o decidir-se não tem grande valor, senão no que respeita à estima que poderemos manter por nós próprios, à confiança que talvez seja absurda, mas que em todo o caso nos permite o viver. Creio que, sejam quais forem as circunstâncias, tanto faz decidir-se depois de ter pensado bem um ponto como decidir-se atirando uma moeda ao ar; meditamos gravemente, pesamos todos os elementos, depois fazemos exatamente o que faria o homem que, tendo visto apenas a milésima parte de um milímetro do dente de uma roda de engrenagem, tivesse opiniões firmes sobre o gênero de papel ou de bolacha fabricada pela máquina que não a percebe no seu conjunto. Só por um extraordinário acaso se poderá acertar; temos todas as possibilidades, caro Amigo, de tomar sempre uma decisão errada; a sorte da moeda ainda deve talvez ser a melhor, porque, pelo menos, suprime do sistema, já complexo, um elemento que pode perturbar: o da nossa vontade.

A sua decisão de se dedicar à filosofia repousa, pelo que me diz e pelo que eu conheço de si, no entusiasmo que lhe despertam as leituras dos filósofos, no interesse que têm para o meu Amigo todos os grandes problemas filosóficos e no gosto que teria em apresentar um dia uma congeminação sólida, sem falhas, sobre a estrutura do mundo, sobre o sentido da vida. O não ter posto qualquer espécie de preocupação material, o não ter pensado logo, como quase todos os outros, nas possibilidades que haveria para si de se empregar no fim do curso, não lhe deve ter deixado de aparecer como um bom gosto moral, porque o sei bem sensível em tais questões. Como esta nossa conversa de hoje tem fatalmente de seguir um pouco o curso errante de outras nossas conversas, porque, como já teve ocasião de me dizer, não possuo muito o talento da construção lógica, vou dizer-lhe o que penso deste ponto, ou, pelo menos, de uma parte dele.

Não sei por que motivo o meu Amigo põe de lado tão ligeiramente os interesses materiais: não ignora decerto que há países em que a profissão de filósofo, de filósofo de ensino, não dá nenhuma espécie de compensação material: é um trabalho para vegetar, não realmente para viver. Você tenciona, pelo que depreendo da sua carta, ser um filósofo, não no sentido de que exporá doutrinas alheias ou construirá uma sua doutrina e se dará satisfeito com tudo isso, mas no sentido de que tentará pôr a sua vida de acordo com a sua filosofia, à maneira de certos gregos e de quase todos os hindus. Se isso é assim, o fato de se não importar muito com a parte material da vida, de ter, como se diz, desprezo pelo dinheiro, é já a consequência de uma filosofia; se fosse a sua filosofia a estar de acordo com a vida, você construiria, por exemplo, uma filosofia de miséria sobre uma vida de miséria; mas, como é o contrário, você sobre uma filosofia de desprezo dos bens materiais constrói uma vida em que esse desprezo se manifesta amplamente; mas desprezo ou repulsão? Um Sêneca, como você talvez já saiba, teve o desprezo das riquezas, mas foi banqueiro; um santo tem o desprezo da riqueza e nunca é banqueiro: são duas atitudes diferentes. Você naturalmente vai pela primeira: se a miséria vier, paciência, se vier a riqueza, paciência também.

Se você não se importa, ponhamos de lado o primeiro dos problemas que neste ponto se poderiam levantar e que seria o seguinte: se você, agora, é que vai aprender filosofia, se você ainda não tem a tal concepção do mundo, por que razão se decide por um dos caminhos? Que o levou a não ser médico ou engenheiro ou comerciante, a ter uma profissão lucrativa, a acumular uma fortuna e a ter depois uma vida de filosófico repouso? Por que não tomou ainda um terceiro caminho: o de uma profissão lucrativa casada com a filosofia? Não foi por ter razões, porque elas só poderão existir depois da filosofia; foi por instinto, por temperamento? Curiosa posição para um filósofo; terei muito gosto em que me demonstre, em qualquer altura da sua vida, que agiu por motivos racionais, porque eu, meu caro Luís, fico desde já com a impressão de que você agirá sempre por temperamento, como, segundo me parece, agem todos os homens. Isto porém, foi só apontar a questão: não a discutiremos por agora.

Há outro problema, e muito grave. Posso estar na vida em três atitudes principais: a de dar, a de receber, a de dar e receber. Como tipo da primeira, poderíamos pôr Jesus; como tipo da segunda, eu, que você está sempre a acusar de egoísmo; como tipo da terceira atitude, os milhões e milhões dos nossos semelhantes. O seu caminho parece ser o de dar, sem nada pedir, o que leva quase sempre a nada receber e até, por uma espécie de esclerose, a nada querer receber; negarei que é um caminho muito belo, sob o ponto de vista artístico? Claro que não. E muito difícil. Já lhe conhecemos todos os episódios principais, sabemos da calúnia e da traição, da flagelação e da coroa de espinhos, do caminho sob a cruz, e do Calvário. Sob o ponto de vista estético, desejo que renove a história, no seu plano, evidentemente, com simplicidade, sentido de composição, humanidade e, se puder, convicção; mas talvez seja o contrário: talvez seja mais belo fazer o mesmo sem convicção nenhuma, sem ter nenhuma ideia clara da verdade; já lhe tenho dito por várias vezes que me parece ser a incerteza de Jesus, a sua recusa diante de Pilatos, um dos elementos mais impressionantes de toda a história da Paixão. Cristo morreu sem certezas, ou, pelo menos, sem nenhuma das certezas que seriam essenciais: por isso o venero tanto.

É evidente que se poderia retorquir que ter assente o dar é já possuir uma certeza; mas não deve ser certeza de ordem racional, porque você, repito, não tem ainda uma filosofia; é uma certeza de ordem temperamental. Estará certo o seu temperamento? Um temperamento está sempre certo em dois sentidos: primeiro, biologicamente, depois na máquina do mundo. Biologicamente porque, dados os seus ascendentes, não podia ser senão o que foi: é uma questão de genética e que não põe de modo algum o problema do livre-arbítrio, porque o exercício da vontade sobre o temperamento é uma questão diferente da fatalidade de temperamento; biologicamente ainda, porque tem de se contar com toda a influência do metabolismo no temperamento, a menos que você, radicalmente, não ponha tudo isso como uma ação à distância do gene; terceira vez, biologicamente, porque você vive em simbiose com os homens e com os outros animais e essa simbiose não pode deixar de lhe trazer modificação ao que seria, digamos, o seu temperamento inicial. Por outro lado, o seu temperamento está sempre certo quanto à máquina do mundo: passamos por aqui da biologia à física, e se quiser à matemática: cada estágio do mundo é uma dedução, um desenvolvimento correto, segundo as regras, de um estágio anterior; segundo que regras? Segundo as regras de uma matemática universal? Creio que não; segundo as regras da nossa miserável matemática, da única que podemos conhecer. Mas, segundo regras, e é o que importa.

Mas o seu temperamento, se está certo segundo a ordem do poder, que é a da biologia e a da física, pode não estar certo no plano do querer, que é o do espírito. Por outras palavras: é esse seu temperamento do dar o que mais convém a você e aos seus semelhantes? É ele o que poderá dar a todos, incluindo você, maior soma de felicidade? São tantas as questões que se levantam à volta desses pontos que nem os poderemos expor todos: creio, pois, que seria interessante conversarmos sobre alguns; e escuso de lhe dizer de novo, porque você já me tem ouvido centenas de vezes, que não tento resolver problemas: estou simplesmente a levantar-lhos.

E em primeiro lugar: deve ser a felicidade um critério? Para mim, só é questão a felicidade própria, acho que a dos outros deve ser sempre um critério. Sempre? Se Beethoven, para compor a sua música, se Dante, para escrever a sua poesia, se Tolstói para viver a sua vida, mais bela, mais dramática do que os livros, tiveram de esmagar felicidade à sua volta, se, como creio, uma coisa se não podia ter feito sem a outra, que valeu mais? Devia também ter sido critério para eles a felicidade dos outros? Se um artista tem uma obra dentro em si, deve sacrificar os outros ou a obra? Nenhum artista, é claro, hesitaria na resposta: a obra nunca se sacrifica. Os artistas, querido Amigo, são uma espécie de lobisomens: obedecem a um fadário, não podem deixar de sacrificar os outros em vez da obra; o que não é, nos melhores, pequeno elemento para que sofram.

Mas, você? É possível que também tenha de escolher. Pode haver um momento na sua vida em que você tenha de decidir-se entre a felicidade de alguém e a sua problemática filosofia. Se o seu caminho é o de dar, o que é lógico é que faça a dádiva mais alta: a de si próprio, a da sua obra. Se o não fizer, você toma a outra atitude, a de receber, que é sempre a do artista, considerado como criador; é evidente que, realizada a obra, ele passa a ser o que mais dá. Mas como criador é egoísta; sempre egoísta, o mais possível egoísta; talvez, de resto, o egoísmo seja aparente; talvez o artista, em vez de dar a um, se esteja reservando para dar a milhões. Em qualquer caso, num certo momento, é egoísta; o que é duro. Você? Mudará de caminho? Sacrificará a sua obra? Talvez o faça, é natural que o faça; o seu temperamento, de fato, é o de dar: e dará. Depois de todos esses projetos de filosofia virá uma existência pacata, uma vida vulgar, e uma saudade que o não deixará nunca, querido Amigo: a saudade do que não foi; a saudade, que têm tantos pais, do menino que nunca se gerou.

Mas, deixe-me dizer-lhe o que penso: se você sacrificar a sua obra, é porque a não tinha: havia apenas o desejo da obra, a imaginação da obra, e nada mais. Porque, se ela existisse, você passaria por cima de tudo, esmagando tudo, sem piedade, com horror, mas sem piedade, como os couraceiros de Waterloo! Quem tem uma obra, a obra o tem; quem traz mensagem a há de ler perante o rei; arqueja, mas lê, sufoca, mas lê, e depois de ler cairá por terra, mas já a leu. É a posse mais terrível de todas, a escravatura mais completa, aquela que uma obra exerce sobre o seu criador. Se você a não fizer, é realmente porque a não tinha, porque era fraco: a opinião dos seus amigos era apenas uma ilusão dos seus amigos. Se você for um criador não dará a felicidade nem a si nem aos que estão imediatamente à sua volta.

Suponhamos que pomos de lado o problema da felicidade e vamos por outro caminho. É o temperamento de dar o mais útil aos outros? Aqui se põe uma questão prévia, que você terá de resolver: qual é o seu critério de utilidade? Sabemos, pela escassa experiência histórica e pela ainda mais reduzida experiência pessoal que é a nossa, que nem sempre o que se julga útil foi útil, que nem sempre o melhor gerou o melhor. O aparecimento de grandes chefes morais e religiosos significou, muitas vezes, para a humanidade, o início de duras tiranias; e perfeitos atos de banditismo, praticados com a pior gente do mundo, vieram a dar resultados que são inteiramente de outro plano. Na minha vida, o que foi bom em si veio a ter, muitas vezes, consequências nada benéficas; e o contrário. Examine a sua vida e veja se, mesmo nos poucos anos que já teve ao seu dispor, lhe não sucedeu exatamente o mesmo.

Só teríamos uma certeza de utilidade esperando até o fim do mundo, vendo o resultado final que se tenha atingido e averiguado em que medida cada ato histórico, isto é, cada ato preso, incrustado no tempo, terá contribuído para esse resultado. Mas nós não chegaremos até o fim dos tempos. E creio que, se chegássemos, veríamos desaparecer com o universo toda a distinção entre útil e inútil, ou entre favorável e prejudicial; o céu e o inferno estão em função de existência e de espaço; no dia em que tudo isso desaparecer ou no momento em que tudo isso se supere, no momento em que haja eternidade, nada foi útil ou prejudicial: tudo foi simplesmente; e ninguém julgará, e ninguém será condenado.

Dirá você que, se tudo isto é assim, não haverá objetivo a atingir: seremos como a macieira que daria maçãs, mesmo que ninguém lhes comesse; que a última razão dos nossos atos não deve ser a de um alvo, mas a de uma existência, que mesmo aqui devemos abolir as causas finais. Simplesmente, querido Amigo, o espírito é finalista, tem ideais; abre-se aqui um conflito, senão entre a estrutura, pelo menos entre o aspecto do espírito e o aspecto do real: o primeiro põe objetivos, o segundo apresenta consequências; o químico quer sulfato de zinco, mas o sulfato só é porque existiram, nas proporções convenientes, o metal e o ácido. É este naturalmente um conflito fundamental e insolúvel, a batalha entre o querer e o poder. Você vai um dia, como filósofo, arranjar explicações sutis e poderosas, sistemas que o explicam e resolvem: mas o conflito permanece.

Queria escrever-lhe mais, e a carta maior ficaria incompleta. Mas sabe o que é a minha vida e como nunca poderei ir além da preparação de tudo o que mais desejaria fazer; esta carta é um bocado de carta, como a minha vida é um bocado de vida. Conto, no entanto, escrever-lhe de novo dentro de uns dias. A menos que você prefira vir por cá, para que palremos.

Amigo certo,
José Navarro.

I I

Amigo Luís:

A nossa última conversa foi tão rápida e em lugar tão pouco propício para que falássemos destes assuntos que não lhe fiz comentário nenhum ao que você me disse sobre o amor da Natureza; ouvi-o apenas e devo ter-lhe parecido desatento; de resto, na altura, isso pouco o impressionou: você, querido Amigo, estava em transe, em plena crise de faquirismo, e tanto lhe fazia que eu o ouvisse como não; ou falava como uma torrente que rompe o dique e rola sem nenhuma possibilidade de se conter, ou, como me parece que, às vezes, acontece consigo, falava para se ouvir a si próprio: é o grande perigo das pessoas que falam bem: são as serpentes de si próprias, saem dos cestinhos para ouvir a música deliciosa, e o que podia ser uma manifestação esplêndida de humanidade transforma-se em espetáculo de rua. Note que não o censuro nada: você faz o que pode; mas há aí um lado inferior da sua personalidade; ou, talvez, seja o defeito de uma qualidade.

O meu ponto, porém, não era este: quero dizer-lhe que estive realmente com atenção, embora você, hoje, passado o transe, se lembre do meu aspecto e possa ser levado a sentir um pouco de mágoa por eu ter perdido um discurso tão veemente, tão apaixonado. Mas, como lhe digo, o ambiente não me agradava, sobretudo para a tarefa que me parecia urgente executar: a de lhe dizer que me desagradava o seu tom e quase tudo o que o meu amigo estava a dizer. Doutra pessoa teria ouvido com resignação, e você sabe que sou perito nessa arte; de você, não o posso aceitar: o meu Amigo pode mais, tem que dar mais. O critério do cavalo, não é verdade? Se a pobre alimária se arrasta na espinha, vá lá pondo as lentas patas nas asperezas da ladeira e sigamos nós atrás, pacientes, só a incitá-la de quando em quando, mais por hábito do que propriamente por convicção; pois se o cavalinho não dá mais... Mas você é puro-sangue: tem de saltar e tem de correr; tem de dar tudo o que puder e, se eu tiver alguma espécie de influência em você, há de dar mais do que puder. Há de se inventar você próprio a você: criar um outro Luís, melhor do que esse que possui, e obrigá-lo a criar, a esgotar-se todo na divina tarefa de criar.

A minha faina quanto a você é só esta: obrigá-lo, não o deixar em descanso no que já pode, não permitir, seja pelo que for, que você de quando em quando e cada vez mais frequentemente sinta desejos de se imitar a si próprio; o que faltou, segundo o crítico, ao Victor Hugo: bom poeta, exceto quando se julgava Victor Hugo. Pois bem, querido Amigo, por mim, pode você estar seguro: nunca lhe permitirei que faça, do que é, uma profissão, que gele no que pareceu interessante a você e aos outros, que seja uma atitude em lugar de uma pessoa, a figura de cera de um museu, sempre o mesmo, e catalogado. Com uma agravante: os museus visitam-se e até se podem não visitar nunca; ao passo que você, transformado em figura de cera, possuirá o dom terrível de nos poder visitar a nós, sobretudo quando não teríamos paciência nenhuma para escutá-lo. Estou a ser rude? Não, meu caro Amigo: o mais brando que me é possível. Eu não sigo na vida o seu caminho de dar: sigo o de dar e receber. Inflijo-me o menos que posso aos meus Amigos; tenho o direito de exigir, porque não sinto vocação de mártir, que se inflijam a mim o menos possível. Você sabe que "infligir-se", no meu vocabulário, significa trazer a cada um aquilo que é em nós pior.

E você, com os seus ditirambos sobre a Natureza, está realmente a trazer a público o que há em si de menos interessante. Não creio, meu caro Amigo, que se possa fazer no mundo alguma coisa que valha, sem que se sinta esse amor da vida que há dentro de você. É, de fato, uma vibração apaixonada, um entrar em nós do mínimo som, da brisa mais leve, do tom mais fugidio, e também um ressoar em nós dos grandes, das poderosas forças naturais; tudo retumba como um mar tempestuoso e tudo se entretece da delicadeza com que as pétalas de rosas se ondulam no bordo. Sente-se o que você diz: a impressão de que verdadeiramente a vida é nobre e bela, forte, calma e clara, e de tão extraordinário encanto, de tão ardente energia que se plenamente tivéssemos consciência do que é a vida não a poderíamos suportar. Explodíamos. E você não exclui nenhuma parte da vida; tudo é belo para si e parece-me que de nenhum modo você iria, por um sonho, abandonar a realidade; mais ainda: você estará talvez a caminho de conseguir que o sonho seja para si uma parte da realidade, em lugar de lhe aparecer como diferente e, até, como contraditória. Há em você, querido Amigo, uma primavera perpétua, a apetência de viver dos rebentos das árvores, e é tal o esplendor do sol que o ilumina que até a melancolia do outono ganha através de si um brilho que, talvez, a desnature, mas que é, sem dúvida, uma forma de amor. A chuva canta para você melodias que são sempre heroicas, o nevoeiro cerra sempre perante você os véus misteriosos de que, às vezes, no caminho dos heróis, irrompiam as deusas. É inútil discutir se você emprestou à vida a sua própria vibração, o seu entusiasmo, o seu ardor, ou se é apenas como que um ponto aonde vêm coincidir todas as irradiações das coisas.

Nem lhe falta o amor das pessoas; você manifesta interesse pelo mais vulgar e não é um interesse que venha ou da caridade ou de uma curiosidade de zoólogo; é um interesse que vem de uma profunda simpatia: cada homem e cada mulher que lhe aparece é para você uma esplêndida revelação da vida. Não o acompanho muito nesse campo, mas suponho que percebo; o ser humano faz-me por vezes um pouco de impressão: gosto mais dos troncos dos plátanos do que dos nossos literatos; gosto mais da água que me reflete do que da minha imagem. Você, até da sua imagem gosta, como Narciso: e eis o perigo.

Mas não é por aqui que ele me parece mais acentuado. Há em si, pelo que respeita ao objetivo, um peso bastante grande para que se contrabalance o narcisismo. E talvez não: poder-se-ia pôr a ideia de que Narciso para Narciso é objetivo, tanto como para você os rouxinóis e as nuvens. Mas, para os outros, você amar-se-á sempre a si próprio: e essa espécie de enamorados é a única inútil no mundo; o amor de Narciso é um tema de tragédia e de poesia lírica: e ser tomado pela arte é, de certo modo, ser excluído da vida, colhido, metido numa moldura e transformado em adorno de sala; o que é realmente vivo parte todas as molduras e regressa à liberdade da selva.

Voltarei ao que lhe ia dizendo, para lhe assegurar mais uma vez, que não creio possível uma verdadeira grandeza sem esse amor da vida: todo o herói o teve e nele mergulhou plenamente e dele tirou as energias que o mantiveram no combate. Simplesmente, querido Amigo, o amor existia dentro dele, não por fora. Quem fala de Amor não ama verdadeiramente: talvez deseje, talvez possua, talvez esteja realizando uma ótima obra literária, mas realmente não ama; só a conquista do vulgar é pelo vulgar apregoado aos quatro ventos; quando se ama, em silêncio se ama; às vezes o sabe a mulher amada, mas creio até que num amor que fosse pleno, em que nada entrasse das preocupações da terra, nem ela o saberia. Você vai retorquir-me com os artistas: tal poeta canta a sua amada, tal músico confessou o seu amor numa sonata ou num concerto.

Mas convém que pensemos; e teremos um primeiro problema: canta o poeta o seu amor ou há nele um poeta que o canta? No artista, há sempre duas pessoas: o homem que pode ser ou não ser de excelente qualidade, e o artista; é o homem que se emociona e da sua qualidade depende a qualidade das emoções; o artista, que nunca se comove, que é um empedernido espectador, e por isso mesmo cria ao homem graves problemas morais, esse contempla o que se passa, anota, arquiva e, logo que se liberta do homem, escreve ou compõe; e há tal nitidez e segurança no que apreendeu que o homem fica quase sempre com a impressão de que não foi mais do que um servidor do artista, que foi um escravo, um ser utilizado; daí os desesperos e as revoltas. Não é quando se está em transe de amor, o único momento em que verdadeiramente se ama, que se escreve ou se compõe ou se pinta: é depois, quando o amor se abateu, quando reina o artista, quando é só em todo o campo, e há do amor apenas a lembrança, quase uma reminiscência platônica, no sentido de que foi uma experiência que nos excedeu e de que só poderemos recordar fragmentos e, talvez, o que menos valha.

E depois, apesar dos artifícios dos poetas, não temos nunca a certeza de que haja no amor que eles cantam um amor pessoal; um soneto de amor pode não ser mais do que uma teoria do amor; não se exprime em termos filosóficos, mas pode ter tanto de real como o teria um sistema; do real como base, entende-se. Nessa altura, o poeta não ama: são talvez ainda os que melhor falaram de Amor. Não ama pessoalmente; não ama um objeto. O verdadeiro Amor é talvez impessoal: enquanto há um objetivo bem definido, bem claro aos nossos olhos, não amamos. Como enquanto há um Deus pessoal se não atingiram as maiores alturas místicas. Disso, porém, poderíamos falar noutro dia.

O que eu lhe dizia, caro Amigo, é que me parece que ao verdadeiro Amor corresponde o silêncio; a perfeita vibração diante de uma flor ou de um pôr do sol ou de uma libélula sobre as águas de um ribeiro ou, o que mais vale, diante de uma mulher, traz consigo uma inibição de todas as funções de relação; não se diz nada à rosa, não se diz nada à mulher e, com muito mais razão, não se diz nada aos amigos, não se lhes comunica, com esse entusiasmo, com que você o faz, que se nadou no azul dos céus ou totalmente nos fundimos no grande corpo de Deméter. Os mais fracos correm diante das suas emoções uma porta ondulada de ironia. Os mais fortes, porém, e eu desejo que você seja dos mais fortes, encerram-se num palácio de silêncio.

Depois, querido Amigo, temo que você não possua dentro em si o forte núcleo que lhe permita vibrar sem se dispersar; não sei se todos esses aros de volante se encontram tão solidamente presos ao veio central que não haja velocidade capaz de os fazer voar em pedaços. Você também não o sabe; é novo demais para o saber e não lhe desejo para breve esse encontro com o núcleo central que se não comove, que se mantém sempre duro como pedra, que não participa do Amor. Você lembra-se da história de Joana d'Arc? Todo o corpo lhe ardeu: mas não ardeu o coração. Em todo o grande há esse coração que não arde, que dirige, ordena, concentra; galopa a quadriga, mas o cocheiro vai atento; aclamam os espectadores e ele nem os ouve: basta que os ouçam os cavalos; levanta-se a poeira e ele, porque é bom cocheiro, vê através da poeira. Se não houver em você uma dura resistência a esse vibrar perante a Natureza, se a vida se apoderou totalmente de você, o meu caro Amigo vai entrar na galeria, já bastante vasta, dos que foram esperança.

As grandes conflagrações são para os fortes, para os que têm núcleo. Arde no fogo, vai em chama e em fumo todo o papel e todo o pano; mas o metal se purifica e se concentra. Não era Santa Teresa que não permitia às monjas fracas entrarem nos caminhos aonde as esperava o último arroubo do espírito? As pobres freirinhas se perderiam para sempre, sempre, e julgando salvar-se. Seja lento e calmo: não se entregue tão de súbito à vida; você não sabe se pode resistir. É uma experiência que você tem de fazer com cuidado, dando tempo ao tempo, deixando que o fruto amadureça na árvore. Sou como o lavrador que não gosta de ver flor antes de bem firme a primavera; quem vem de fora, da cidade, cai em êxtase e no tal êxtase falado que motivou esta carta; ele, porém, receia os ventos que hão de vir e o granizo. Deixe firmar-se a primavera também em si, uma primavera temperada de uns arrepios de ironia, com a acidez de março em lugar das molezas perturbadoras de maio. Avance devagar, atento, como quem vai patinar e já não tem confiança no inverno e experimenta a cada passo a resistência do gelo. E se vir que não possui o tal núcleo de que falávamos, receie a Natureza mais do que a ame; ela respeita os que têm força verdadeira e mais fortes os torna; mas, como você sabe, implacavelmente devora quem é fraco.

Dir-me-á você que será um tormento sentir a resistência, perceber que alguma coisa dentro em si se não abandona às brisas e às cores e aos perfumes; claro que sim: mas como queria você viver sem um tormento? Estar de graça no Teatro da vida? Não teria boa consciência, não é verdade? Pague o seu bilhete. E o bilhete é sempre sofrer. Além de tudo, a existência do que resiste é a sua única salvação no mar da vida: aqui, poderíamos dizer que a dor o levará ao que há de mais profundo e de mais nobre no ser humano.

Creio que você atravessa apenas uma crise: tenho confiança no que você é; à medida que os anos passarem, você sentirá cada vez mais necessário o silêncio, cada vez mais necessária a coragem: porque terá visto como um todo único, e em todo o seu esplendor, sofrer e amar. Será homem. Em todo o caso, tome as suas precauções: precisa de adorar as sereias; mas prenda-se ao navio.

Sempre muito seu amigo,

J. Nav.

III

Caro Amigo:

Parece-me ser o ponto essencial da sua carta aquele em que você se refere ao problema de se atirar ou não a moeda ao ar, de cada vez que se tem de tomar na vida uma resolução grave. Repugna-lhe fazê-lo e devo dizer-lhe que também a mim me repugna e tanto que nunca o fiz; suponho, pelo que nessas coisas podemos garantir de futuro, que nunca o farei. Simplesmente, não creio que seja pelas suas razões: você pensará sempre, o que veremos, porque está convencido de que a inteligência do homem pode penetrar o universo, de que há uma coincidência entre a razão e a ordem do mundo. Creio que você, de fato, está talhado para a filosofia e para a espécie mais curiosa da filosofia, a dos sistemas; já tem um dogma, o da razão; depressa adquirirá os que lhe faltam.

Acha você que temos de estabelecer distinções entre os momentos graves e os não graves da vida? Será, por exemplo, mais grave casar-se do que entrar no elétrico[1]? Se tivéssemos imaginação de romancista, poderíamos construir já duas histórias, uma que mostrasse as consequências funestas do João Alves ter ido a Algés e outra nulidade, a inexistência que foi a vida de João Alves depois de ter casado, mostrando, além de tudo, como em nada se alterou a anterior monotonia e desinteresse da sua vida. Todos os nossos atos podem ser igualmente graves e só porque são atos: tudo é consequência de tudo, nenhum elemento se perde nesta máquina do mundo; tudo o que façamos se reflete no que vem, é já mesmo o que vem. Como havemos de dizer que tal ação é grave, séria, que outra o não é?

Se adotarmos o critério da moeda, temos de tentar a sorte em todos os atos da vida; nada me garante que seja melhor almoçar do que não almoçar; poderei evitar grandes desastres, para mim ou para os outros, não almoçando. Não estou de posse, quando vou almoçar, de todos os elementos que se referem a mim,

---

[1] Em Portugal, veículo urbano de transporte de passageiros movido a eletricidade, em geral com uma composição apenas, e que se desloca sobre trilhos; mesmo que bonde no Brasil. [N. do O.]

nem de posse de todos os elementos que se referem aos outros; como hei de prever as consequências? Não lhe parece que estamos todos, quando nos temos de resolver, na situação do homem a que pedissem o máximo divisor comum de dois números, sem que lhe dessem o segundo? Faria mal esse homem em atirar a moeda ao ar? Valeria mais raciocinar? Mas raciocinar sobre quê?

Consigo, Luís, e você já o tem notado várias vezes, o discurso não é muito lógico. Há em mim um certo gosto pela improvisação de circo: o *clown* nem sempre é muito lógico, mas, às vezes, faz perguntas embaraçosas e lança o remoque que vai ferir no mais fundo da alma o espectador inocente, o que entrou para se rir. Passei, quase insensivelmente, da primeira questão, a de que não há atos graves e não graves, para a segunda, a de que a moeda girando no ar é tão boa solução como a outra, a racional. Parece-me perfeitamente absurdo preferir uma à outra. No entanto, como lhe disse, penso sempre. Sucede aqui o mesmo que me acontece com a loteria: já o vi a você comprar um vigésimo; eu nunca o fiz; mas estou convencido de que ter um emprego é exatamente como jogar na loteria, quanto à segurança do dinheiro. Precisamos, portanto, de averiguar por que joga você, homem racional, por que não jogo eu, homem de incertezas e de impulsos. E precisa você de saber que ou deixa de comprar vigésimos ou passa a lançar a moeda. A lógica, meu caro Amigo, é uma fidalguia: é preciso trazê-la bem, sem uma falha. Mas a lógica é uma fidalguia tão grande que nunca se consegue trazer bem.

Há em mim qualquer coisa de fundamental que me impede de jogar, seja no que for; não é um raciocínio ou, pelo menos, eu não o sinto como tal; é um impulso, um instinto, uma estrutura e creio que poderíamos discutir indefinidamente sobre se essa estrutura é também uma estrutura minha, particular; é, por exemplo, particular, no sentido de que você a não tem, ou ainda a não tem: você é ainda uma solução, não sei em que sistema cristalizará. Mas pode não ser uma estrutura particular minha no sentido de que adiro por aí às raízes do mundo; quero dizer: penso sempre, porque o mundo pensa, não jogo porque na essência do universo não há jogos. Mas, então, por que joga você? O não haver jogo essencial no universo não quer dizer que não haja jogos aparentes; estamos aqui como em física nas leis estatísticas, ou como nas simetrias dos cristais, apenas aparente, porque o átomo, base fundamental, é, por ser um fenômeno, assimétrico.

Eu ser-lhe-ia infinitamente superior, porque recuso o jogo. Comigo, a razão, a lógica, a inteligência, a matemática que você me prega. Mas não creio em nada disso: deve ser uma estrutura particular, como a da amendoeira que a leva a dar amêndoas, como a da alfarrobeira, que a leva a dar alfarrobas. Imutável, como na árvore. Leio tudo, ouço tudo, tentam educar-me os amigos, você à frente, com todo esse ímpeto agressivo e impaciente do animal jovem. Uma amendoeira rodeada de alfarrobeiras, ouvindo todo o dia o ramalhar das alfarrobeiras, com todo o horizonte tapado por alfarrobeiras, cavada e regada pelo mesmo homem que rega e cava alfarrobeiras, e tem por elas muito maior consideração, continua placidamente a produzir amêndoas. O que poria grandes limitações à pedagogia. E disse *placidamente*: mas o termo está mal: tudo se passa num plano em que a placidez está superada, como está superada a indiferença, e o instinto. Continua, amendoeiramente, a produzir amêndoas.

A questão que me parece importante, e a única em que podemos chegar a uma conclusão, é a das diferenças que existem entre mim e você; como processo para o caracterizar a você, para o Luís se ver melhor, inteiramente a nu; porque só falo de mim, na medida em que pode servir a minha experiência à experiência dos outros. Parece-me grave que você compre vigésimos e se recuse à moeda; parece-me grave que me diga que não lança a moeda porque o mundo é inteligível e a sua inteligência é capaz de lhe penetrar os segredos. É grave, querido Amigo, porque vem confirmar o que já tenho pensado sobre a sua falta de núcleo interior, de equilibrante densidade. Lembro-me de lhe ter falado numa carta anterior da sua posição perante a Natureza: creio que lhe disse que você era mole perante ela e corria o perigo de se dispersar, se dissolver, ou de passar a ter o amor da Natureza como uma espécie de atitude, ou, pior ainda, de profissão. Além do perigo, muito grave também, de que você, com essa segurança da inteligibilidade e de inteligência, nos venha a dar um Torquemada filosófico; o que seria, de resto, entrar nas tradições dos grandes criadores de filosofia, intolerantes e fechados. Isso, porém, é outra questão.

Se fosse capaz de manter perante a Natureza o tal coração que não arde, o interior que se recusa, você responder-me-ia, por exemplo, se não quisesse ir para a solução da estrutura, que não lançava a moeda para não renunciar. Digo-lhe que isso se passa comigo: estou bastante convencido de que a inteligência não pode penetrar o universo, de que estamos a construir, com o nome de ciência, as mais grosseiras estatísticas de que pode haver exemplo; isso não obsta a que eu estude física, e com a paixão que você sabe. Cada vez vou sentindo mais que se não pode perceber o que seria essencial perceber, mas procedo sempre como se estivesse convencido do contrário; ou, por outras palavras, não renuncio. Não lanço a moeda, porque não renuncio a compreender, porque não renuncio à deliberação, porque não renuncio a uma vontade em que não acredito. Seria talvez interessante procurarmos saber por que não renuncio, pondo de parte a hipótese de que sou amendoeira e dou amêndoas.

Não renunciarei, por medo? Por vezes, pendo a crer que sim. Se fosse indeciso uma vez na vida, se me confiasse aos agouros e à sorte, não havia nenhum motivo para me não confiar sempre; e a vida seria impossível. Era, no fundo, uma covardia perante tudo o que aparecesse, depois uma apatia, um deixar-se levar pela corrente, sem nenhum esforço de remar. Age aqui o instinto de conservação. Tenho de me bater, para sobreviver. Se falho uma vez, tudo desaba; há vários tambores numa coluna; mas, se um faltar, talvez desabe o templo. Creio que não renunciarei nunca e é essa a única forma da coragem que ardentemente desejo que jamais me falte.

Esse horror à renúncia deve vir de uma disposição geral para um não abandono. Há sempre em mim quem me não permite as completas entregas, quem me refreia, me incita, me leva às vezes duramente pelos caminhos que julga mais necessários. Em você, a mão de rédea é fraca: esse amor da lógica, do raciocínio, é uma superficial aparência, mascarilha de baile que a vida se encarregará de lhe tirar. Você está passando lentamente dos invertebrados aos vertebrados; se a lei da evolução está certa nesse ponto, se cada um de nós reconstruir o ciclo da espécie, há uma passagem de invertebrado ao vertebrado; não creio que ela se dê no embrião: dá-se no adolescente e seria interessante fazer uma estatística dos que não chegam a vertebrar-se, dos que não adquirem espinha dorsal e molemente se abandonam aos impulsos exteriores e interiores. Você, Luís, está num momento difícil, o momento em que as aranhas mudam de pele, ou, se o prefere, em termos nobres, o momento em que Hércules Alcides escolhe entre a virtude e o vício. Não lance a moeda porque pensa, não lance a moeda porque o mundo é matemática, não lance a moeda porque vai contrariar uma filosofia; não lance nunca a moeda, mas seja o seu motivo o não poder lançar a moeda, o ter tal força dentro em si, tal cocheiro guiando os cavalinhos, que mesmo que você quisesse o contrário, tinha de obedecer com upas e ladeios, mordendo o freio, espumando e raivando, mas obedecendo. Jogar é um abandono: como tal, reprovável.

Já você, outro dia, se revoltou perante o meu prazer de embarcar, embarcar sempre, acreditando cada vez menos nos portos de chegada; você, para lutar, precisa de ter a certeza da vitória. Bem sei: só vence quem tem fé, e ai de quem vai desanimado para os combates, e nem sequer acredita que se possa ganhar... Já ouvi tudo isso e tentei aprendê-lo bem e sei que, naturalmente, vocês todos têm razão. No entanto, continuo a suplicar aos deuses, a ter como mais firme dentro em mim a aspiração de que um dia atinja o heroísmo de me atirar a todas as batalhas em que não haja esperança de vitória. Ser um homem de ciência, por exemplo; construtivo e cético. Cheio de dúvidas metódicas e de entusiasmo. Não me tentam nada as estradas que vão de um ponto a outro, de que sabemos à partida, a quilometragem e a direção; tentam-me as estradas que não vão dar a nenhum ponto. E não larguei ainda porque não sou bastante forte para essa vida difícil. Admiro muito os cristãos que iam para o circo e se deixavam torturar, despedaçar, devorar pela sua causa; admiro imenso os homens que uma chama de fé abrasava e transformava em heróis. Mas no mais íntimo do meu coração reservo um lugar para o que talvez tenha estado entre eles e sem fé; espero que um dia um arqueólogo descubra um papiro com o nome e a história desse herói. Um papiro do futuro, porque não creio que até aqui a humanidade tenha produzido flor tão rara. Mas já houve: Jesus.

Pois, querido Amigo: embarcar num navio que nunca chegará, rumar por mapa e bússola ou goniômetro para o porto que não existe; meter-se uma pessoa ao maior jogo, sem jogar. Lembra-se de eu lhe ter censurado o seu desprezo pelo gordo, pacífico merceeiro que morava a seu lado? Você atacava-o, porque ele não se metia em nenhuma aventura, calculava interminavelmente, ia sempre pelo mais seguro. Mas, não estava ele vivendo? Não estava ele atravessando a maior das aventuras? E não percebo então, se você é contra o merceeiro, por que motivo admira tanto aquele capitão do Conrad que passa através da tempestade, e a vence, sem acreditar na tempestade. Jogar a vida, mas não jogar nada dentro da vida. Você, às vezes, dá-me a impressão de que, não tendo coragem para jogar a vida, se entretém em pequenos jogos dentro da vida; é fraco em tudo. Espero vê-lo um dia descer do vigésimo à cautela; a cautela convém-lhe porque é barata e sórdida.

E hoje é sábado, exatamente. "Não há sábado sem sol, nem domingo sem missa, nem segunda sem preguiça." Depois do sábado de sol, você volta de tal modo que há logo preguiça no domingo. Utilize o sol, mas despreze-o; trate-o do alto, como a um escravo; o sol é encarregado de o servir a você, não é seu dono. Você é superior ao sol. Não se unja de bálsamos, como os imperadores assírios, não se deixe dominar pelos eunucos. Ame a Natureza, mas como a dócil serva que dá prazer e, às vezes, filhos. E não lance moedas; deixe isso aos fracos. E passe por aqui quando puder.

Sempre muito amigo,

J. Nav.

IV

Meu caro Amigo:

Do que você precisa, acima de tudo, é de se não lembrar do que eu lhe disse; nunca pense por mim, pense sempre por você; fique certo de que mais valem todos os erros se forem cometidos segundo o que pensou e decidiu do que todos os acertos, se eles foram meus, não seus. Se o criador o tivesse querido juntar muito a mim não teríamos talvez dois corpos distintos ou duas cabeças também distintas. Os meus conselhos devem servir para que você se lhes oponha. É possível que depois da oposição venha a pensar o mesmo que eu; mas, nessa altura, já o pensamento lhe pertence. São meus discípulos, se alguns tenho, os que estão contra mim; porque esses guardaram no fundo da alma a força que verdadeiramente me anima e que mais desejaria transmitir--lhes: a de se não conformarem.

A réplica, como você já está vendo, também é fácil; se o meu desejo é sempre de que se não conformem, se quero neles a mesma força que existe ou desejaria que existisse em mim, sou tão inquisitorial como qualquer outro. Todo o mestre (deixe-me pôr o caso como que impessoalmente e sem de modo algum me pretender mestre), todo o mestre quer seus discípulos iguais a ele, mesmo quando parece dar-lhes a maior liberdade. Dirá o Luís que seria talvez o modelo de mestre o que, por exemplo, não sendo do tipo conformado os reconhecesse e quisesse a todos, de qualquer tipo que eles fossem; agora ponho eu objeções: querer tudo, tudo aceitar, mas de dentro, sinceramente, não apenas em palavras ou em atitudes de superfície, é não ser nem conformado nem o contrário. Não é não ser nada: é ser tudo, como Deus. Claro está que Deus é o grande mestre: chove sobre o justo e o injusto. Mas nos mestres da terra, se os não alargamos às proporções divinas, isto é, se os não fazemos desaparecer, há sempre uma semente de tirania. Se sou mestre, não posso fugir à fatalidade.

Simplesmente, a tirania do contra agrada-me mais do que a tirania do seguir. Oponha-se sempre que possa. Dar-lhe-ei o conselho de se opor, mesmo quando lhe parece que eu tenho razão? Não me parece mau como exercício. Mas as melhores ginásticas deformam, se são um vício ao contrário. Não andar pouco, não andar muito. Toda a vida bem vivida, harmoniosamente vivida, vivida sem faltas, sem manchas, com felicidade, com serenidade, é uma vida medíocre. Tudo o que passe do medíocre tem em si o excesso e o erro.

Feche, pois, os ouvidos ao que lhe ensino, se alguma coisa lhe ensino; faça a viagem por sua conta e risco, você mesmo ao leme; se tivermos naufrágio, far-lhe-emos uma *Elegia marítima*: duas páginas de versos todos cheios do ritmo das vagas e desse estranho soluçar do vento nos altos mastros dos navios.

E, posto isto, vou doutriná-lo. Você tomou por uma verdade muito sentida o que lhe disse, para me ouvir no meu tempo de carnaval. Mas o que de quando em quando surge em mim, em desabono dos filósofos e dos seus fortes sistemas intelectuais, é só um gesto ao contrário do gesto habitual, para que não haja anquiloses. Não julgue nunca você que a filosofia é fácil e que basta para a fazer um pouco de imaginação, algum sentido dos problemas e uma vaga leitura, ao sabor das revistas. A filosofia que se não apoia num perfeito encadear de raciocínios e numa informação que tem de ser a mais sólida e a mais ampla, é apenas literatura, e da pior literatura. Porque é a literatura dos que não tiveram a força criadora suficiente para escreverem teatro ou poesia lírica ou romance. Uma literatura larvada, que disfarça com uma nuvem de retórica os espectros de ambições que não puderam realizar-se. E então, como é evidente, a filosofia é muito fácil: um pouco de talento verbal e uma grande inconsciência. Êxito seguro, no entanto: o público adora os filósofos que pode compreender, que lhe vão na esteira, desencontrados como ele; o som das palavras move mais os homens do que o seu conteúdo. Vibram umas notas e os cágados que estavam de cabeça recolhida na carapaça deitam-na de fora, descerrando os minúsculos olhos luzidios, e põem-se à escuta, absorvidos na música; quanto mais de cágado, melhor a música.

Você tem liberdade absoluta para decidir; pode ser literato, ou retórico, ou simples homem vibrando, ou filósofo. Parece-me que para a literatura lhe falta egoísmo, além dos dons formais e de certa penetração psicológica. De resto, você nem tentou a literatura, sinal de que ela o não interessa fundamentalmente;

a retórica, essa já o tentou ela a você: mas sentiu-se mal, porque os cães de guarda ladraram. Pode ser pessoa vibrando, se não há contradições entre os dois termos; mas seria uma traição ao que você tem de melhor, um abandono de possibilidades, um fácil aceitar, uma absurda fraqueza ante as tarefas realmente difíceis. Resta-lhe a filosofia: mas seja filósofo a sério.

Procure compreender os sistemas dos outros antes de criar um seu: se acha errado um grande filósofo, pense sempre que o erro é seu: é fora de dúvida que se não pôs e não venceu a fácil objeção que você lhe levanta (e talvez você até o fim da vida só possa levantar fáceis objeções), é porque ela não tem razão de ser e vem dum engano seu. Estude ferozmente, com os dentes cerrados, empregue toda a sua força, estoure os músculos; ou você domina a filosofia ou a filosofia o domina a você: só quem é forte se apaixona; mas se você for ovelha ante os filósofos, só lhe resta um destino: o de balir. É preciso que haja no seu combate e logo nas horas de princípio um tal ímpeto de ataque, uma tal segurança de passo, que nenhuma fortaleza lhe possa resistir; empregue-se todo na sua faina; vá pelo simples à variedade, pelo especialismo ao total; ganhe primeiro uma disciplina, só depois se poderá lançar em aventuras. Mas não sei se haverá em si as forças de resistência e de vontade que lhe permitiriam fazer isso. Ou a sorte, que mais vale que a vontade.

Suponha você o Schubert, de que tanto temos falado, colocado noutro meio; voltarei a afirmar-lhe que sou imenso pelo Schubert e foi a ouvir Schubert que passei estas duas horas entre o sair do emprego e o escrever-lhe uma carta. Mas tenho sempre a impressão de que ele não tirou de si tudo o que podia; a facilidade perdeu-o, talvez; há no que escreveu um superficial passar, uma pressa, uma dispersão, que são dramáticas se as confrontarmos com o fundo que nele se adivinha. Ponho isso muito em ligação com o seu gosto das meninas; Schubert embriagou-se de espuma de champanhe. Amou, dirá você. Mas até no Anacreonte o amor é duro e forte; não é perfume pulverizado, delíquios doces, e as rendas fáceis duma *fête galante*. É tempestade e violência, e sempre há força na raiz do amor. Mas em Schubert não há amor: é uma fraqueza ante os encantos das mocinhas, uma ligeira melodia de sorrisos e vozes brandas ou alegres e de olhos que rebrilham; um tinir de cristais e de pratas. A mulher está muito perto da Natureza: há nela os mesmos encantos e os mesmos perigos.

É preciso que a mulher seja uma parte da nossa vida, não que sejamos nós uma parte da sua vida; as árvores são belas e úteis se nos pertencem, se em nós as incluímos com um ímpeto de herói, ou se você prefere, com uma brutalidade de proprietários; mas que vamos nós ganhar, que vai ganhar o mundo, se formos mais uma árvore entre as árvores? Schubert era uma menina entre as meninas; triunfo, decerto, mas aparente triunfo. Ele voltava alegre, mas hoje, para nós, a sua música é triste. Nas composições de Beethoven, um gigante se apodera da mulher que o enamora e a incorpora em si e é o choro ou o êxtase ou o riso um acontecimento universal; a música de Beethoven, nunca é triste, é sempre trágica; nunca é alegre, é sempre heroica. A alegria é liberdade, em Beethoven; por isso ele traduziu, compreendeu tão bem o pensamento oculto de Schiller. Mas em Schubert, a alegria tem a delicadeza dos escravos que os senhores, para seu prazer, conservaram meninos.

Admirar a Natureza e não admirar a mulher que é a sua obra mais bela e não a admirar, querendo-a, em tudo que ela é, espírito e corpo, é ser um poeta que faltou, na sua alma, à amplitude do mundo. O primeiro dever diante de uma mulher é ser um fogo que arde e um coração que se vigia. Só a podemos ter, se ela pensa que todos nos entregamos; e só nos podemos salvar se há reserva em nós; é preciso ser como a mulher, com os abandonos e os desfalecimentos; e haver um homem, que examina e comanda. Para entender bem um plátano, para o ter, é necessário que de algum modo haja um plátano em nós, que sintamos a firmeza na terra, a placidez, o direto comunicar com as essências, que tenhamos como uma carícia na nossa pele o leve pousar sobre os ramos de umas patinhas de ave; e que, ao mesmo tempo, sejamos os homens, munidos de botânica, que o contemplam.

Em todo o grande homem, há como que um resumo da humanidade, no sentido em que você mo dizia anteontem, como um feixe de qualidades e de defeitos; mas também noutro sentido: o grande homem reúne em si o feminino e o masculino; o amor de um grande entra na teoria de Aristófanes: é o encontro de uma das suas metades. A metade masculina de Schubert era muito reduzida. Temo que a sua vá pelo mesmo e que haja nesse seu gosto das conversas das raparigas uma simples futilidade feminina. Como é isso compatível com o ascetismo filosófico? Você vai precisar de todo o seu tempo, de toda a sua energia, de pensar de manhã até à noite nos problemas filosóficos; você tem de adquirir erudição filosófica e o treino de pensar; a vida, para a vida, é sempre longa; mas para a arte é sempre breve; só quando se não faz nada há sempre tempo.

Terá você, então, de ser um escravo da filosofia?

Quando penso nisso, lembro-me sempre do soneto de Camões. Sim, caro amigo, é preciso servir sete anos o pai da nossa amada para que sejamos dignos dela; e se ao fim de sete anos não vier filosofia, mas apenas, por exemplo, a ignorância da filosofia, começaremos a servir outros sete anos; o dia futuro é que nos conta, não os outros. Escravo, pois, e tão escravo que só lamentemos a brevidade da existência: que longa a tornaríamos se o pudéssemos; é como se o prêmio aumentasse de valor com o rodar dos anos. E haveria outro soneto a escrever, após o de Camões; o da desilusão do pastor quando finalmente lhe entregaram a amada: uma sombra do que fora. O que dignamente conquistamos só vem quando já não serve; só o roubo é útil. Devia ele ter roubado a mocinha? Também não: porque o pastor bíblico e camoniano mais amava o sacrifício do que a amada. E é talvez o sacrifício a única coisa que vale a pena amar no mundo; o sacrifício nunca se esgota.

Que lhe importará, de fato, se você é de boa qualidade, possuir filosofia, ter dominado todos os sistemas dos filósofos, ter criado mesmo o seu? É um alvo, e, como todo o alvo derrubado, inútil. Mas será você de boa qualidade? A juventude engana: às vezes, há um simples ímpeto animal, um rebentar de primavera, mas sem fruto. Que segurança haverá no saltar dos obstáculos? O normando pachorrento que vai puxando as hortaliças não me dá nenhum cuidado; mas este puro bicho tão ágil, tão nervoso, tão fino, orelha ereta a toda a brisa, e um fremir, um palpitar, saberá ele correr e saltar? Na vida o veremos.

Uma aventura vale na medida em que é perigosa; e você está correndo, e eu consigo, a mais perigosa das aventuras. Absalão, esse simpático mancebo, morreu pendurado das árvores (se cito bem) porque tinha uma longa cabeleira. Também não o aconselho a raspar a cabeça. Há um meio-termo: seja medíocre para minha segurança, querido amigo; para que eu me repouse dos meus terrores.

A guarda desfez-se, pode atacar; exato, por este ponto mesmo: que tenho eu que me preocupar consigo e que lhe dar conselhos? Ou você tem a obra e a fará, através de todos os riscos, ou não a fará, porque a não tem. Mas sabe? Vi construir o navio, lançá-lo à água: é uma tolice dar-lhe conselhos, mas há em mim uma inquietação que não se acalma; aguentará o mar bravio, navegará bem por entre os gelos, suportará a pressão da barreira, no grande inverno polar? E então vou de noite, no meu pobre barco a remos, e rodeio-o no ancoradouro, escuto o menor chapinhar na água e surpreendo-me a bater-lhe palmadas afetuosas no costado e a dizer-lhe: "Cuidado! Cuidado com as ondas de través, cuidado com os blocos na bruma, cuidado com os fundos, cuidado com os fogos!" Perfeitamente absurdo.

Não se esqueça de me trazer o *Whitman*. Emprestei-lhe por uns dias e já vamos em mais de um mês. E eu, de quando em quando, leio o *Whitman*.

Mande sempre,

J. N.

V

Caro Amigo:

Estimo que lhe tivessem agradado os três poemazitos que lhe enviei; não o estimo, no entanto, absolutamente, devo dizer-lhe. Fiquei satisfeito pela parte que em mim existe do homem recebedor de elogios; mas fiquei descontente por você e pelo autor dos poemas; pelo autor não é exato, porque nesse entro eu também: enfim, por aquele que os pensou. Por você muito: ao mesmo tempo que lhes percebo as qualidades, um certo ritmo de linguagem, um simbolismo que não é de todo desastrado e um reflexo da emoção que os ditou, não me escapam os defeitos que os impedem de realmente valer; no fundo são pobres, não põem um problema ou um sentimento universal com a força, a amplitude, o poder de penetração que haveria num verdadeiro poeta. Coube-me uma sorte curiosa: a de sentir, a de pagar o sentir, como se fosse um dos grandes; e a de trabalhar como os pequenos. Encontro-me na situação daquele homem que se sacrificou a fazer economias para ir ver, de um bom lugar, uma peça que imaginara poder dar-lhe a maior satisfação da sua vida, e ficou todo o tempo por detrás de um homem tão imensamente gordo e brutal de modos que só viu cantos do cenário e entradas e saídas dos atores; o poeta em mim também adivinha no mundo, também as sente existentes, coisas extraordinárias, e também as paga caras, sacrificando a sua vida; está, porém, sentado atrás de um homem espesso; o total me foge.

Quero eu dizer que, não me agradando inteiramente os poemas a mim, lamento que lhe tivessem agradado a você, e até despertado entusiasmo, como disse na sua carta. O seu gosto literário é ainda muito fraco, amigo Luís, a não ser que a sua natureza não dê para mais, o que me recuso a acreditar. Nada me irrita como o elogio da juventude: é uma idade pasmosa de ignorância, de petulância, de expedições aventurosas, sem força real que as apoie; famoso tempo para tolices; e se você alguma vez sair da juventude, o que não acontece a muitos homens, verá que também a idade lhe foi ingrata: terá diante dos meus poemas uma desilusão; e, depois, por um retorno de amor, gostará imenso de lhes apontar os defeitos, de demonstrar a todos os seus amigos, que se vão lembrar, implacavelmente, de que você gostava deles, que é já um adulto e os despreza, como convém.

    Quanto àquele que os concebeu, também não ficou satisfeito com o seu elogio. É um ser estranho, esse: não o consigo amarrar a nenhum corpo, flutua-me nos espaços, é todo sabedor e todo-poderoso, não há mistério para ele, e o que desvenda, o que adivinha, ou melhor, o que vê! Surpreendi-o há dias fazendo a história de uma vida só pelo rebordo de um lábio: um lábio delicado, macio e fresco, talhado num recorte admirável. Penetra os olhares até às almas, nada lhe escapa do real. E, simultaneamente, nos sonhos se recria: fez do sonho a vida, e o sonhar lhe deu tristeza e saudades do que nunca há de ser e um encanto enamorado, e enamorador, da beleza e da graça; raros o descobrem neste seu refúgio, mas eu não quero outro senhor. Por nenhuma existência trocaria eu esta de o ir seguindo, de conviver com ele, de o ter sempre ante mim: e é talvez porque estou apaixonado por ele que me não apaixono por mais nada. E tão mal me trata! Com um desprezo, uma piedade superior, uma dureza, às vezes, uma paciência ainda mais dura que a dureza! Ele de tudo se enamora, menos de mim. Todos têm qualidades, menos eu. E nada flameja mais do que a sua cólera, quando eu o roubo; porque devo confessar-lhe este defeito, caro amigo: de quando em quando roubo; vou sutilmente em seguimento dos seus passos e ouço tudo o que ele diz; é uma voz sem ondas sonoras e que ninguém ouve senão eu; e ele, como por uma fatalidade da natureza, nada pode pensar que o não tenha de dizer. E então eu tomo nota do que lhe ouço; é isso que os outros chamam o escrever eu. Impaciente, freme, quer soltar-se, voar de novo pelo azul, mas está o pobre como a pomba a que a feiticeira pregou o alfinete na cabeça. Condenado a estar. Então, quase me odeia: primeiro, porque não tenho nenhuma transcrição que possa dar bem, nem sequer reproduzir de longe o que ele pensa; depois, porque eu não escrevo por amor dele: por amor dele, pôr-me-ia a escutar e trezentos anos passariam com o passo ligeiro de um segundo; é por amor de mim, dos elogios, para que me tomem como autor; esse meu sentimento mistura-se, no ato de escrever, àquilo que escrevo, e da ária alada e pura saem os poemas que você leu; mostro-os aos amigos, para que mos louvem, e ele raiva; mas, sendo meu senhor, é meu escravo.

Creio que li tudo isso num poeta persa (ou talvez por muito imaginar o tenha lido) e parece-me interessante que você o julgue a meu respeito. Se o não julgar, tome tudo como fábula que, em si própria, não é talvez desinteressante de todo. Talvez, o texto estranho e incoercível o console do texto próprio que lhe mandei. Além de tudo, eu encontro-lhe um mérito: o de não ter sido forçado a aparecer.

Aqui tem você um conselho que lhe poderá servir para a sua filosofia: não force nunca; seja paciente pescador neste rio do existir. Não force a arte, não force a vida, nem o amor, nem a morte. Deixe que tudo suceda como um fruto maduro que se abre e lança no solo as sementes fecundas. Que não haja em si, no anseio de viver, nenhum gesto que lhe perturbe a vida. Islamismo, claro. Estamos todos na mão de Alá, Alá fará de nós o que entender. O suicídio é absurdo e condenável apenas porque me não deixaria viver. E para que lhe servirá a você construir um sistema filosófico que não amadureceu dentro de si, e não fez corpo consigo, que você não tem de dar ao mundo, por uma obrigação que o excede, como às mulheres acontece com os filhos?

A glória pode esperar, podem esperar as recompensas, pode esperar o gosto de viver; este último, para maior finura, oxalá nunca venha. Tudo pode esperar. Aguardamos pacientemente que em nós brote aquilo a que viemos. Aqui me parece ter razão o George Fox; devemos estar na vida como os *quakers* nas suas salas de reunião: em silêncio, quietos, sem forçar, à espera que em nós desponte a pequena voz interior que se vier no momento próprio, e toda ela, toda livre, ressoará pelo mundo inteiro. Não havemos então de fazer nada? – replicam os ativos, essa raça maravilhosa que nos deu a T.S.F.[1] e os Frigidaire[2] a

---

[1] Sigla de "telefonia sem fio" enquanto designativo de radiofonia, radiodifusão ou rádio. [N. do O.]

[2] Nome, de extração francesa, de uma marca norte-americana pioneira de refrigeradores que, por metonímia, passou a ser uma forma de denominação do próprio aparelho de refrigeração. [N. do O.]

prestações. Para eles, estar em silêncio é estar morto, estar quieto é estar morto. Como se o coração dos *quakers* não continuasse a lançar-lhes sangue nas artérias. Eu tenho o meu emprego, você tem o seu. Estamos mantendo o sangue em circulação, e quanto mais vivo for o sangue e mais impetuoso, tanto melhor. Por isso, devemos ser exatos, muito assíduos, muito competentes e muito disciplinados, nas funções que exercemos. Mas não absolutamente assíduos, nem absolutamente as mais coisas do atestado de bons serviços. Quase absolutamente, como é bom ter quase excelente saúde: mas as delícias de uma gripe de quando em quando, os benefícios de um furúnculo de quando em quando, quem dignamente os cantará? As delícias e os proveitos, porque estes toques de doença, para quem os percebe e deles faça utilidade, são das melhores dádivas dos deuses. Uma saúde perfeita é insolente, animal e grosseira. Como são intoleráveis os doentes perfeitos. Mas o meio-termo, a mediocridade, como já uma vez lhe disse, é que permite ver a arte e a vida.

Digo-lhe tudo isso porque você tem grandes tendências para a saúde absoluta e para forçar; não lhe descobri ainda na filosofia, embora às vezes me pareça haver maus indícios, quando você pretende discutir doutrinas de filósofos em lugar de procurar percebê-las. Mas noutros pontos da sua vida, decerto que há.

Por exemplo, no amor. Você procura apaixonar-se: acha que um mocinho da sua idade já devia estar apaixonado e falar de amor com algum fundo de realidade. Você, que ainda não é capaz de construir uma filosofia, um miserável sistema filosófico, de que há dúzias, e de que outras dúzias hão de surgir, todas inúteis, você, ignorante, fraco, disperso, invertebrado, você queria amar. Curioso fenômeno! Ame sem poder e verá o que lhe acontece; verá como a vida se vinga; o melhor que lhe poderá suceder é casar. Mas isso é um mal elementar. Para lá, é que se estende a escala infinita dos desastres; e geralmente, a vida não fica nas posições intermédias: dá logo o salto, como estes juízes pacatos, que dissimulam sob a pacatez, uma ferocidade de tigre e um rancor de macaco desiludido nas aspirações humanas, e que aplicam a pena máxima, de chofre. A quem ama sem poder, a vida faz isto, muito simplesmente: retira-se; mas sem que a morte venha. E você fica como um navio em calmaria, parado no mar, sem um toque de brisa. Como se tivesse esgotado todo o vento do mundo, mas esgotado através de vergas, mastros e enxárcias, porque todo o pano estava ferrado, ou talvez nem sequer existisse. Porque também se o vento chega com todo o pano em cima, não há mar que baste para o barco.

Você tem razão num reparo que me fez: o de que não devo dizer que só quem é forte se apaixona: a paixão é, de fato, passiva; na paixão há um domínio do amado sobre o amante. Ter a paixão da física significa que somos inferiores à física. Ter o amor da física significa que somos nós a criar a física. Apaixona-se o fraco, o forte cria. Quando se ama, inventa-se inteiro o objeto amado, e daí o espanto de muitas das mulheres que homens grandes amaram; por que me escolheu ele, por que reparou em mim, por que me quis tanto? E o contrário, claro: Sóror Mariana inventou Chamilly, esse idiota supremo. A menos que os não tivesse inventado aos dois outro amador mais nobre e mais profundo do que Sóror Mariana. Um amador que não precisou para o seu amor de nenhum suporte humano, um amador que tinha dentro em si todos os elementos do amor; amaram-se os dois na sua alma, não no mundo: ou a alma se alargou ao mundo de tal forma que se tornou possível o milagre.

Ora, realmente, que poderá você, que nada pode? Não vale a pena ter joias falsas; se a pérola não é pérola, seja o vestido por si próprio um ato belo.

Se você não pode amar, não ame; seja simples, seja humilde, faça calmo o seu trabalho, e deixe o resto. O amor é uma criação de beleza, como a pintura e a música; reserva-se a raros ser Ticiano ou Greco ou Mozart ou Bach; reserva-se a raros o privilégio de amar. E quando o amor surge é uma obra de arte, e o criador tem com ele todos os cuidados que se tem com uma obra de arte: por exemplo, o medo de lhe mexer, de acrescentar um retoque que possa inutilizar a expressão; deixa-se o amor incompleto como o Vinci deixou incompletos quase todos os quadros; porque se uma palavra, um ato, um olhar até estraga o amor, como se poderá consolar o artista? Que esplendor de sol e céu lhe poderia dar na terra a luz radiosa que havia na sua alma? Que breve canto de pássaro perdido em florestas outonais vibraria dentro dele com a mesma aguda, pungente e consoladora melancolia? E há perigosos amores, os amores que são vivos, atuais, os amores em que amante e amado se veem, se encontram, se falam. Beatriz foi possível porque Dante lhe não era companheiro; e o mesmo de Laura, e o mesmo de Natércia. E talvez o maior amor seja o dos místicos porque esse tem consigo a suprema qualidade de nunca ser plenamente realizável.

Se você algum dia sentir com o amor, no sentido de prisão por alguma coisa ou por alguém, esse receio do grande artista e esse desejo de que não fosse, de que não tivesse sucedido a você o que lhe parece ser ou um dom imerecido da vida ou uma exigência a que as suas forças nunca poderão corresponder, então pode estar certo de que o deus o visitou e terá atingido alguma coisa de bem mais alto e bem mais belo do que essa pobre filosofia; é possível até que essa sua filosofia como esta minha física sejam apenas substitutos do amor para pessoas fracas; deram-nos alteres de menos peso porque não nos viram com bons músculos. É uma pena que tenhamos de sentir esse desprezo por nós próprios, mas que havemos nós de fazer se, em lugar de amarmos, nos entretemos pacificamente, com a paz dos miseráveis, a comentar Kant – e sem saber se o percebemos – ou a estudar Einstein – e sem saber se o percebemos?

Querido amigo, dê-me notícias suas ou apareça; aparecer é melhor, porque, no fundo, detesto a epístola.

José Navarro

VI

Caro Amigo Luís:

Repito o que lhe disse: quando se perde humanidade, não vale a pena ser filósofo; se viesse um deus à terra, embora o papel coubesse melhor a um demônio, e lhe trouxesse a verdade, mas com o encargo de lhe levar em troca o amor dos homens, não deveria haver em si outra atitude que não fosse a de recusa. Quando nos gelamos a ponto de não entendermos os outros, de nos afastarmos deles porque os julgamos, ou realmente são, menos inteligentes ou menos cultos, ou, se quer noutro plano, menos honestos, a filosofia só prejudica, só agrava a recusa, essa dolorosa separação entre o que vale e o que não vale. Você, pelo que me parece, tem certos germes de afastamento: há, por vezes, no meio de todas as suas afabilidades, um certo tom superior, uma distância, uma reserva, que não vem de você ser interiormente muito rico e se querer preservar; vem de um falso sentimento aristocrático, de uma vaidade que é tudo quanto você quiser menos filosófica e de um gosto de inteligência a que se não une uma forte afetividade.

Temo que o hábito dos filósofos e a vantagem terrível de os perceber com clareza lhe agravem esses defeitos e nos tragam daqui a uns anos um Luís impossível, cheio de si e das suas pobres verdades, repulsor dos homens, dizendo amá-los, só às vezes tolerante e, Santo Deus!, de que inferior e lamentável tolerância. Entre as palavras e as ideias, detesto esta: tolerância. É uma palavra das sociedades morais em face da imoralidade que utilizam. É uma ideia de desdém; parecendo celeste, é diabólica; é um revestimento de desprezo, com a agravante de muita gente que o enverga ficar com a convicção de que anda vestida de raios de sol.

Por que tolerar? Parece-me ainda pior do que perseguir. No perseguir, há um reconhecimento do valor; dá-me a impressão de que os morcegos, aliás, bichos muito simpáticos, se pudessem, perseguiriam a luz; porque a luz brilha e tão ampla se alarga pelo mundo que até os pobres mosquitos nela têm defesa. No tolerar, somos nós os deuses e consentimos que haja, lá muito abaixo de nós, uns mesquinhos seres insignificantes que não têm nem a nossa beleza, nem a nossa inteligência, nem a nossa imortalidade, nem se alimentam como nós de ambrosia e néctar, nem ouvem como nós a música de Hermes, na sua lira roubada. E quando nem sequer temos a certeza de que os outros nos sejam inferiores; inferiores por quê, inferiores em quê? Não sabem matemática? Talvez saibam viver, que é mais difícil. Não entendem filosofia? Talvez sonhem, o que é mais belo. E talvez respondam à nossa tolerância com um amor de que nós, apolíneos, não seremos capazes. Em trezentos milhões de anos que vivêssemos, não acumulávamos o tesouro de amor que eles, às vezes, dispendem num segundo.

Assim como você não ama quando diz amabilidades ou graças às mocinhas, também não ama quando se dispensa de discutir, porque sente o adversário como inferior a você; então tolera-o, com um sorriso. Não é amar as raparigas tratá-las como seres que não entendem senão as suas lisonjas e as suas anedotas; só as amará e só elas o poderão amar a você, para além das enganadoras aparências, quando a sua alma se lhes abrir, e com todos os seus problemas, todas as suas angústias, toda a sua seriedade, toda a sua gravidade humana. E a tolerância, pelo mesmo defeito, é em você, quando muito, uma indiferença; às vezes, no momento em que uma centelha ameaça brilhar-lhe no espírito, há uma tentativa de se pôr ao nível de uma tentativa desajeitada e ridícula, como a de um urso que dança.

Mesmo quem não estude filosofia vale muito, amigo Luís; mesmo quem não entende as funções exponenciais vale muito, amigo Luís; mesmo quem não vale nada vale muito. E não entendo os seus ares superiores. Pois não aprenderam eles a falar, a escrever cartas, não perceberam eles o mecanismo dos correios, não sabem eles verificar o troco dos homens dos elétricos? Não têm eles, para viver, a coragem que lhe faltará um dia, talvez, a você, filósofo e sábio? Não têm eles, às vezes, a sério, com as mulheres e amigos e as filhas, as conversas que você seria incapaz de sustentar? Não lhes será até possível admirar o Luís, mesmo que o não entendam, ou então, o que seria melhor para você, porque mais educativo, não serão eles capazes de o perseguir, mesmo sem também o entender?

Não os amar vem da inferioridade sua, não da inferioridade deles. Eles são amáveis, podem ser amados; você, porém, é estreito, e não os ama. Depois disso, como se fizesse uma grande concessão, declara que os tolera.

E nem responde à verdade que os tolera; porque o Luís, com esse bocadinho de filosofia que já aprendeu nos compêndios, nas enciclopédias e nas revistas, e com a leitura de um diálogo de Platão, o que você apresenta como um luxo, e a que faz restrições (tomara você entender que não entende Platão!), já me vai tomando uns ares irritantes de filósofo superior e agressivo. Já declara que o não compreendem. Tome cuidado; a comédia espreita-o. Mas inquieta-me muito o que você poderá ser daqui a uns tempos: saberá bem o Descartes e o Kant, será capaz de transpor Espinosa em Leibniz, como um exercício musical de jovem *virtuose*, e varrerá todas as literaturas filosofantes da nossa época com a grande, a sólida vassoura da filosofia clássica (ponhamos que há uma filosofia clássica). Derruirá todos os argumentos. Em tudo pelejará, para convencer.

Tive um amigo judeu que um dia fez anos (era velhíssimo e lembrava-se ainda da coluna de fumo que o tinha guiado no deserto); reuniram-se os amigos para combinar uma lembrança, até que um de nós propôs, atendendo ao seu furor proselitista, que se lhe desse um cristão para ele converter. A você teremos que fornecer não cartesianos, ou não idealistas, ou não kantistas, primeiro para você tentar converter, depois, se não converter, para você devorar. Eu assistirei a tudo isso, se Deus me der vida e saúde, talvez confrangido, talvez com riso; não pelos homens que você aborrecer; se não vier você, a vida lhes inventará outros aborrecimentos; a isso não fogem. Mas, por você, porque se irá formando um monstro, uma espécie de Minotauro, a cujo só bramido os povos fogem. E pela sua inferioridade, que, de resto, o estudo da filosofia e ciências auxiliares só tenderá a agravar. Você julga que jamais alguém foi convencido por argumentos? O próprio verbo convencer se devia banir da linguagem corrente: as pessoas aderem, não são convencidas. E às suas ideias, por exemplo, hão de aderir muito menos pelo que você pensar do que por aquilo que você for. Não, não me estou a referir à velha questão de estar a vida de acordo com o pensamento; não é o problema de Frei Tomás: este é importante, claro, mas olhe que mesmo Frei Tomás pode ser amado: com uma condição, a de que seja bom; bom, querido amigo, afetuoso, com amor dos homens; e não descobre você certo amor por Frei Tomás na frase popular que se lhe refere?[1] Creio que há: Frei Tomás pregava penitências, vida temente de cristão, e o terror do inferno, e o desdém das mulheres. Mas sabe como era Frei Tomás? Parecido com aquelas canecas das Caldas que têm uma grande face, vermelha e gorda, e por onde se bebe um vinho acre e perfumado, que espuma e salta. Não era simpático Frei Tomás?[2]

O essencial na vida não é convencer ninguém, nem talvez isso seja possível; o que é preciso é que eles sejam nossos amigos: para tal, seremos nós amigos deles; que forças hão de trabalhar o mundo se pusermos de parte a amizade? Em lugar de "penso, logo existo", empregue o "sinto, e só existo quando sinto, e por sentir, o universo existe" e verá como se lhe abre diante uma larga estrada de entendimento, de fraternidade e de útil trabalho. Se lhes for com argumentos, é fatal que ao terceiro que não aceitem ou não compreendam (e você ficará sempre convencido de que não aceitam porque não compreendem), o Luís esteja pensando que se encontra a falar com os mais perfeitos imbecis que têm existido no mundo; ao quarto argumento, todo você freme, mal se contendo: no entanto, lembra-se do estoicismo e ainda aguenta; mas, ao quinto argumento, você insulta-os. As consequências desvantajosas são as seguintes, e pondo de seguro que não é consequência desvantajosa eles ficarem na mesma: você fica maldisposto, não foi nada filosófico, azeda cada vez mais, e os homens passam a aborrecê-lo, talvez mesmo a odiá-lo.

Que lhe importa? Mas importa muito, importa tudo. Você veio aqui para separar ou para unir? E julga que a verdade precisa de si para alguma coisa? Se o mundo é segundo o modelo idealista, continuará sendo, mesmo que os outros ou você o neguem; se não for, também nada se remedeia. E o mesmo com o kantismo e o pessimismo e o positivismo e todo o restismo. Além do

---

[1] A dita frase, popular e proverbial, é: "Bem prega Frei Tomás, faz o que ele diz, não faças o que ele faz". [N. do O.]
[2] José Kertchy Navarro refere-se às tradicionais, jocosas e não raro desavergonhadas canecas de cerâmica produzidas no município português de Caldas da Rainha. [N. do O.]

mais, que filosofias pitorescas são essas que pretendem explicar o mundo e têm de bulhar? Uma filosofia, ao que eu entendo, tem de ser uma explicação total do universo: por que não inclui então aquele que nos aparece como adversário? Suponha você que eu sou idealista: que idealismo é o meu em que não entrem os materialistas? E se há uma concepção mais larga, que inclua materialismo e idealismo, como não me preparo eu para ser digno dela, em lugar de me meter em bulhas e disputas? Dirá você que uma concepção dessas, em que todos os contrários se harmonizam, só é possível em Deus. Vamos então nós desistir de chegar a Deus? Essa, para mim, é que é a grande tarefa filosófica, como é a grande tarefa da arte, da ciência, da religião e da sociologia, ou melhor, da política. Do amor, também: do amor sempre, porque, se é verdadeiro, ele supera a ciência e a arte, a filosofia e a política.

Além de tudo... Vamos a supor isto: você domina a verdade, tem Deus no bolso; os outros vão como cegos pelo caminho. É aos empuxões que você os vai guiar? Ou a puro berro? Tome-os docemente pela mão, anime-os com palavras, seja amorável. Sei que há realmente os piores cegos, os que não querem ver. Isso, porém, é uma concepção popular, não de filósofo: para o filósofo, bem embrenhado, por definição, na biologia, na química e na física, não há nunca os cegos que não querem ver, há sempre os cegos que não podem ver.

Se uma luz de caridade não brilha em si, para que lhe serve viver? Um filósofo mais? Outro filósofo para cair nos poços, outro filósofo para que acertemos os nossos relógios, outro filósofo que beba pacatamente cerveja e diga mal da vida? Acho que não vale a pena. Ou você vem a casar a filosofia com Jesus, ou então pode retirar-se, porque o mundo dispensa-o.

Você tem que ir à frente do bando, mas não muito à frente para que não percam a luz. E nada de altivez, nada de desprezo, nada de vaidades absurdas, em toda a parte absurdas, mas totalmente incompreensíveis num filósofo. Seja sereno, afetuoso, se lhe pedirem que explique, explique trinta vezes, com a mesma calma e o mesmo interesse da primeira; se lhe puserem dogmas, não contraponha dogmas; se o não perceberem a você, perceba você os outros. Quando um modelo de vida lhe parecer bom, siga-o, mas, por favor, não queira que os outros também o sigam; o pregador é intolerável (quero eu dizer: muito difícil de suportar). Ainda você, outro dia, se admirou de serem as minhas ideias vegetarianas, a minha alimentação sanguineamente carnívora: sabe você por que o faço? Tenho o medo horrível de, se me alimentar de couves, ganhar o gosto da catequese, e pregar a couve, em tom maior e menor; a oposição entre as ideias e a prática permite-me estabelecer um equilíbrio, uma simpática moderação; permite-me manter um sentido da convivência. Pelos mesmos motivos, se fosse banqueiro cantaria, como S. Francisco, os louvores da Senhora Pobreza.

Seja como for, não ganhe dobras: você não é um papel, é um homem. Fluido, adaptável, maleável, humano, *ondoyant et divers*. Flexível e rijo, como o aço.

Um abraço afetuoso do

J. Nav.

VII

Meu Amigo:

Se o Luís vai ser um professor de filosofia, então, de fato, só há que desejar-lhe felicidade, e bem sabe que sinceramente o faço; é uma profissão pacata e que admite vários graus, alguns deles bastante inferiores, outros bem interessantes. A categoria de professor de filosofia é, para mim, muito vasta: vai desde o homem humilde que fabrica apontamentos para facilitar a meninos menos dotados os acessos aos mistérios da sensação e do Barbara[1] até os que são capazes de pôr em pé um sistema, mas sem o sofrerem, sem lhe terem dado a sua vida. No seu ponto mais alto, a filosofia é uma criação perfeitamente similar à criação artística ou religiosa ou amorosa; quem não tem nervos de artista, força de imaginação, e quem não tem ao seu dispor uma vida rica, pode ser professor de filosofia, mas duvido que chegue alguma vez aos planos em que vale realmente a pena ser filósofo. Se o meu amigo não atingir esse nível, se tiver de ser apenas professor de filosofia, então convém-lhe, como a todo estudioso, o regime do jantar a horas e da chinela. Mesmo porque, sendo feliz, não tendo história, está garantido contra a criação.

É o insatisfeito, como era natural, que junta alguma coisa à realidade: desde que o homem se encontre bem na vida a força que o levava a criar, seja qual for o domínio, afrouxa e estanca. E não é dos estudos psicológicos menos interessantes o de observar o comportamento daqueles que foram criadores até certa altura e que recebem de súbito a visita da felicidade; sentem que tudo acabou e dificilmente se resignam a acabar: é uma luta dolorosa e trágica; tudo os atrai para a ventura, tudo os leva à vida repousada, àquele embalo que os fez voltar a ser meninos e estar de novo quietamente, consoladamente, como no colo de sua mãe; e, no entanto, não deixam de sentir um remorso, uma má

---

[1] O personagem José Kertchy Navarro alude certamente aqui à palavra mnemônica "Barbara", por meio da qual, em lógica, se indica um dos mais conhecidos modos de silogismo válido, mais precisamente o primeiro dos modos silogísticos válidos da primeira figura. [N. do O.]

consciência, exatamente como os mocinhos que para obter a carícia garantiram já ter feito as contas e a cópia. Sentem, apesar de tudo, que o outro era o grande destino: mas à vida venturosa poucos ou ninguém resiste. É mais fácil resistir à desgraça.

O que lhe convém a você, se não vai ser professor de filosofia, é a agitação, o tormento, as dificuldades de todas as espécies, a luta interior e exterior e, no fim, um obstáculo insuperável, uma boa derrota; sob o ponto de vista estético, o que interessa é não se ter conseguido o que se queria e a vibração da beleza vale mais para os homens, até em setores que nada parecem ter com a beleza, do que as vibrações da vitória. Só os maus romances, as más peças, as más fitas de cinema têm bons fins. Por que motivo os havemos de desejar para as nossas vidas? Querido amigo Luís, oxalá você falhe. Um grande projeto, um plano capaz de transformar o mundo, uma ambição desmedida de criar, depois tanta oposição, meio tão ingrato, braveza tão grande, sua e dos outros, que tudo acabe para você em desilusão e amargura; mas sempre a coragem, sempre a certeza, para o espectador, de que você a recomeçar jogava o mesmo jogo, juntando-lhe até, se fosse possível, mais aventura, mais sonho, para ter mais a certeza de que nada ou pouco poderia realizar.

Sofrer não importa, só lhe poderá fazer bem: o que é essencial é que você nunca decline o sofrimento. Também não importa que proteste, que se abata, que desanime, que chore e lance clamores: mas renunciar, nunca. Quando nos piores momentos lhe aparecer o tentador e lhe mostrar, em face da sua solidão, a companhia que sempre têm os simples, quando lhe mostrar, em face das suas incertezas, a segurança dos outros, que nunca haja no seu coração nem um leve movimento de ceder: esteja os seus quarenta dias no deserto e aprenda o que não vem no Evangelho: que esses quarenta dias significam, para quem vale, a vida inteira. Pense sempre: como posso eu recusar esse dom magnífico de sofrimento? Acharam-me digno de o levar comigo e hei de pô-lo de parte? Confiaram-me o tesouro do rei e hei de abandoná-lo, atirá-lo às silvas do caminho? Haja o que houver, suporte; quando não puder ir de pé, vá de joelhos, depois arraste-se, mas avance sempre enquanto possa e nunca largue o tesouro.

Além de tudo, como já temos conversado, parece que há sempre na vida um fundo de dor e a alguém terá de caber; uma renúncia, naturalmente, não é mais do que uma transferência: com que direito passaria você a outro o fardo esmagador? E julga que se poderia consolar de o ter feito? Só imaginando que o deus lhe daria ao mesmo tempo a si a insensibilidade necessária. Mas acha possível que um homem se troque desse modo? Se você o fizesse, tínhamo-nos enganado todos tão radicalmente que nunca mais poderíamos acreditar em coisa alguma; já sei que muitas vezes, se você for dos grandes, o vou encontrar abatido, no sombrio desespero, na angústia sem esperança dos desenhos do Dürer; *"down"*, como diz o Muriel[2]; mas, não terei perante você a dureza, a superioridade do Muriel: se puder, consolá-lo-ei, se não puder, ficarei a seu lado, em silêncio: e quando o fênix novo surgir no mundo e o sol lhe irisar a plumagem, eu lá estarei para o saudar e o ver subir no azul.

Mas ai de você se a cinza é cinza, se não há sob as ruínas um prenúncio de vida! Ai de você! Terá em mim o inimigo mais furioso e vingar-me-ei do meu engano, dispersando-o aos quatro ventos, para que não haja nem mais um vestígio de si à superfície do mundo! Como sabe, literariamente sou feroz.

Sofrer é um direito de primogenitura e não o podemos trocar por nenhum prato de lentilhas; não lhe reclamo nenhum heroísmo espetaculoso, nem lhe proíbo o suor da agonia, e as quedas no caminho do Calvário e o grande brado aos céus, talvez de espanto apenas, mas talvez mais de reprovação e de queixa. Tudo isso você pode fazer e é até bem interessante que o faça porque não gosto de heróis rígidos; tenho como prova da existência de Jesus as suas fraquezas humanas, ao passo que a segurança de Sócrates me parece bastante dos domínios da imaginação platônica. A recusa de prosseguir, sejam quais forem as deficiências suas e dos outros, é que me parecia um crime indesculpável, o tal pecado contra o espírito que ninguém poderá perdoar; pois, Luís, cometa todos os pecados: de resto, quase nunca sabemos, em que medida foram pecados os nossos atos; mas esse

---

[2] Trata-se de José Muriel, personagem da rede de relações de José Kertchy Navarro, que, como se verá adiante, escreve a propósito deste uma "Nota final". [N. do O.]

grave pecado de renunciar à dor não o faça nunca; porque é a morte sua e de quem, em parte, por si vive.

 Creio até que não deve haver no Luís uma atitude passiva perante a dor, um suportar, uma paixão, digamos. A dor só realmente fecunda quando a amamos, quando a vemos como indispensável à escultura que se está fazendo na nossa alma. Há de haver, para que as obras nasçam, o sentimento doloroso, como o teria qualquer homem, e a gratidão pelos destinos que o concederam a nós, pobres e humildes, o amor pelos golpes que nos desfere, o que inclui naturalmente a compreensão, e o amor também, daqueles de que o destino se serve para despedir as grandes marteladas que vão forjando o metal. O criador é uma espécie de monstro em que há o homem e o outro; quem desanima, quem se abate, quem chora é o homem: o outro, se é grande, até os desesperos utiliza. O essencial é que nunca o homem traia o artista, que a troco de uma felicidade que tanta gente tem se perca a obra que ninguém mais poderia realizar.

 Desejo-lhe, pois, se não se contenta com o ser professor de filosofia que tenha uma vida bem dura; e desejo-lhe com tanta mais energia quanto não serei eu a sofrê-la e sempre terei, como dizia o moralista, coragem suficiente para suportar os seus males. Claro que sou seu amigo, homem: mas, apesar de todas as amizades, sempre na vida estamos sozinhos; o que é mais grave, mais doloroso, exatamente como o que é mais belo, passa-se apenas conosco. Entre um homem e outro homem há barreiras que nunca se transpõem. Só sabemos, seguramente, de uma amizade ou de um amor: o que temos pelos outros. De que os outros nos amem nunca poderemos estar certos. E é por isso, talvez, que a grande amizade e o grande amor são aqueles que dão sem pedir, que fazem e não esperam ser feitos; que são sempre voz ativa, não passiva.

 Quanto mais o Luís se sentir só, melhor irá; mas há duas espécies de solidão: uma, que vem de não acompanharmos os outros, outra, que vem de nos não acompanharem eles; a segunda é que vale: esteja sempre com os homens e faça o possível porque eles não estejam consigo. Ser companheiro vale mais do que ser chefe. É preciso que os homens à sua volta nunca tenham nenhuma angústia, não sofram nunca por o sentirem a você superior a eles; a sua superioridade, se existir, deve ser como um bálsamo nas feridas, deve consolá-los, aliviar-lhes as dores. A sua grandeza, querido amigo, deve servir para os tornar grandes, no que lhes é possível, não para os humilhar, para os lançar no desespero, no rancor, na inveja. Vai ser essa para você a mais difícil de todas as artes, mas oxalá não lhe faltem os recursos afetivos que não deixem ter a sua inteligência o aspecto seco, repulsivo, de tanta inteligência superior.

Em todo o caso, que se sinta só; mas não vá supor que é muito grande; da sua grandeza, se a tiver real, fará parte o supor que os outros são pequenos. Para o pai não existe a sua própria altura, existe a pequenez dos filhos; e, por isso, os pais se curvam para eles, e os acariciam e os tomam nos braços, e já são grandes, Luís, e descobrem, erguidos ao alto, os horizontes que o pai nem sonha. É verdade, querido amigo: nada é pequeno, se o levantarmos, utilizando toda a nossa altura, e toda a nossa força, se o levantarmos acima de nós, o mais que pudermos, até quase não suportarmos as dores nos músculos.

Quem tem a consciência de que é alto e o afirma a si próprio e aos outros com orgulho, efetivamente não o é, porque nem sabe o que é ser alto; que noção poderá ter de altura o que só olha para baixo? Picos de montes, rastos de nuvens, eis o que vale.

Há muitos meios, amigo Luís, em que é muito difícil não tomar grandes ares, ou porque tudo à volta é bastante inferior, ou porque os muros de orgulho se levantam como num castelo de defesa. Mas serão, de fato, todas as culpas do ambiente? Não haverá nos homens as mesmas fraquezas que se reconhecem no meio? Que aviõezinhos são estes que não aguentam trovoadas, que naviozinhos são estes que só podem navegar com o mar chão? Nos que se retiram feridos, há um complexo curioso de orgulho e de impaciente ambição que não resistiu a dez ou vinte anos de batalha; aos que se matam parece faltar o que deve ser ingrediente indispensável no grande homem: o sentido de que a morte se não pode apressar, de que deve aparecer como um ato da vida, como o outono surge, naturalmente, após o estio. E nos que ficam, resistindo, mas como penedos à vaga, que flores hão de brotar daquele solo pedregoso, áspero, que magoa e fere?

Estou a exigir muito de si? Quem lhe há de exigir muito senão os seus amigos? Eles receberam o encargo de o não deixar amolecer e, pela minha parte, tenha você a certeza de que o hei de cumprir. Você há de dar tudo o que puder, e mesmo, e sobretudo, o que não puder; porque só há homem, quando se faz o impossível; o possível todos os bichos fazem. Quando você saltar e saltar bem, eu direi sempre: Agora mais alto! Que me importa que você caia. O que é preciso é que você se levante. Os fracos vieram só para cair, mas os fortes vieram para esse tremendo exercício: cair e levantar-se; sorrindo. Já sei que muitas vezes se há de revoltar contra mim e desejar que eu fosse menos duro e lhe desse uns momentos de repouso; mas do repouso faria você férias e das férias uma vida de gato. Eis o que nunca lhe consentirei. O que é bonito e bom é a vida de cão. O que você vai tirar, se for grande, de roer ossos, e levar pontapés e beber água das valetas!

Pode ser que, porém, você se revele cão de luxo; são bichos bastante antipáticos para mim, mas não é por isso que lhes farei mal; pelo contrário. Só maltrato os amigos. Para cãezinhos de pelo encaracolado e patinhas que mal aguentam o corpo, tenho um fornecimento de almofadas, pires de leite, bolacha macia, perfumes, pentes finos e nojo. Um fornecimento inesgotável e que você utilizará quando quiser. Posso juntar-lhe também um pouco de piedade porque, no fundo, os cães nem têm mérito nem têm culpa. E ainda uma certa pena por ter dado conselhos de força e de altura a quem era fraco e baixo; mas não me parece ter perdido tempo: se os conselhos não servirem a você, a mim serviram; que bem preciso deles, e ninguém mos dá.

Amigo certo,

J. Navarro

Os poemas em prosa

FALA DO ANJO A JACÓ

Toda a noite lutamos tu e eu e a brandura do anjo que mais insinua do que oprime nada pôde contra a viril resolução da tua alma e do teu corpo em fogo:

Nem um grito saiu das nossas bocas e o rumor do combate era o espanto do mundo à nossa volta e também o surdo clamor da tua carne que o espírito abraçava em abraços de ferro e se batia contra o espírito;

Em mim se condensava a força eterna que se opõe aos heróis para que plenamente se realizem e acima de ti próprio tu subias nessa noite em que o amor te experimentava, um amor com mais força do que a morte;

A mim vinham os homens do futuro que no presente se lançam ao combate para que lhes seja possível, pelo esforço que resiste, pisarem num dia que vem longe, com passos poderosos, a Terra que perdiam se perdesses;

Deus em mim e contigo se alargava, como em forja de amor e sofrimento se forjava, e seu domínio pela dura luta em que não recuavas, não cedias, se firmava com a plenitude, a segurança, que certamente não seriam, se não fosses;

E mais que Deus, ó alma que venceste o saberes-te vencida, ó alma que à derrota responderias, mas a noite foi breve, com gritos de triunfo, ó alma que sabendo-te fraca com os anjos te bates;

Mais que Deus te elevaste, e por teres confiado no que não existia, por teres combatido depois de saber que é pobre e humilde o homem que o mundo, em acasos, te deu companheiro.

Só essa consciência da fraqueza para seres grande te faltava e em ti a marquei com meu traço de fogo, em ti para sempre sequei o nervo de orgulho que à tarefa plena te furtava;

Por ti vai surgir o povo que Deus elegerá para ser forte nas batalhas e piedoso nas vitórias, para coroar de amor e de harmonia, no final, eterno esplendor, o mundo a que lutando der a vida, nos desesperos e nas trevas noturnas.

BALOUCEI UM MOMENTO

Baloucei um momento nos ares, depois caí nas águas da torrente; de rocha a rocha, entre espumas e redemoinhos, entre soluços e gemidos, sem ver o céu e sem que o céu nas águas se espelhasse, vim por declives de montanha, atravessei gargantas de negras penedias, cruzadas, alto e calmo, pelo voo atento dos milhafres.

No lago azul, plácido e fino, com flores de linho no ar ligeiro, e a sombra leve das andorinhas passando em mim, no lago azul plácido e fino, como se eu fosse, mais do que a pétala de flor humilde, beijo de amor pousando à flor de aurora clara de primavera,

Balanços lentos me balouçaram: sutis carícias a mim vieram e me tomaram tão devagar, que o céu azul pareceu baixar, ser água e lago, que a vida inteira se dissolvia e me levava, pura e clara, para lá das águas, para lá dos céus, até que a noite

Subiu da terra, vestiu de sombra as flores de linho, de lilás triste, tão doce mágoa cobriu as fragas, deixou que ainda por um momento picos distantes se incendiassem ao sol poente, a lista breve de vaga nuvem se iluminasse, no céu, no lago, com fogos de ouro que me abrasavam sem consumir;

Depois o céu se recamou de um palpitar, desejos leves, quase inexpressos, de homens, flores, aves e rochas, suspiros, lamentos, talvez tormentos, mas já tão longe, já tão libertos desta cadeia, destes instantes que a nós nos prendem, tão integrados nesse lugar em que o lugar nem sequer lembra,

Que, bem me lembra, e que saudade, ao recordá-la, à noite calma em que as estrelas e os perfumes eram reais da realidade que houvera em mim quando sentira as sombras de ave e o fogo de ouro à flor do lago!

Que, bem me lembra, toda a vontade se me apagara, se alguma havia na pobre flor de que parti, se alguma havia naquela humilde pétala branca, a que uma vaga claridade, como num sonho, dava ilusão de que por ela, o sol claro ressurgiria, depois da noite, noite profunda, à flor do lago;

Balanço lento, carícia de água, fulgor de estrelas no céu macio, e no silêncio que adormecera a terra inteira, uma harmonia que nunca ouvira, saudosa e triste como em planta de pegureiro se a tarde cai, mas embalando, e segregando, insinuando

O bem viver que este morrer representava, abandonada a céu e lago, sem resistência por que sofresse, sem um amor por que ansiasse, sem pátria longe que me lembrasse, e tão sozinha, mas tendo em mim o brilho de astros, o sono de aves e de crianças, e toda a vida refluindo à própria vida que a vê viver.

Mas uma a uma desmaiaram pelo céu, já ele, as estrelas que no meu louco desfalecer julgava eternas; na madrugada clara e fria, o grito agudo da cotovia rompeu os ares, quebrou o sonho de repouso eterno, em que naturalmente, como eu própria o fizera, o mundo se embalara, mais uma vez desiludido na esperança que sempre se renova;

O sol rompeu, mas não de mim; surgiu das serras que me deixaram e a que jamais será possível o regresso; surgiu alto no céu, quem o pode alcançar? Ardente e rubro, quem o pode fitar? E é tão veloz o seu subir, quem o pode seguir?

Eu menos ainda do que os outros; a noite me traiu e parecia salvar-me; se eu soubesse e quisesse, poderia ter querido? Não me teria o mesmo embalo vindo prender ao mesmo lodo sob estas ervas que nem me deixam dourar ao sol, na companhia de um gomo de árvore que não chegou a rebentar, e de uma pena que nunca mais receberá, no azul do céu, a carícia, forte e branda, de voar?

Talvez, porém, tu que me escutas da minha sorte te compadeças; talvez me lances novamente em águas plenas, para que eu possa prosseguir nesta viagem, sem que outra vez noites de amor, sonhos de morte, me levem a perigos e naufrágios; és grande e bom, sei que desejas socorrer-me...

Talvez, porém, seja a vontade bem menos forte do que o poder, talvez tu próprio sejas também pétala humilde que o vento leve, um rumor de água, a luz distante, jogam brincando e embalando traem.

A HARPA EÓLIA

Nos jardins encantados de um palácio em que a noite fulgura e o dia inteiro resplandece de flores e de sol e do voo dourado das abelhas,

Entre os perfumes que pesam sobre mim como a lembrança de um passado que não tivesse vivido e se elevam muito acima de mim como um futuro, condenada a não ver,

Embalada nas divinas harmonias de que as aves e regatos são apenas a lembrança que a vida conserva dos tempos mais felizes em que o tempo não pesava sobre o mundo,

Suspensa dos ramos de uma árvore a cuja sombra docemente as violetas desabrocham e que toda se enflora, sobre o musgo do tronco do esplendor das rosas,

Vibro alada e ligeira à brisa leve que mal estremece o fio de ouro das gotas dos repuxos que recaem nas taças de alabastro em que o céu se recolhe,

Mais alto canto e soo se o ruído das vagas vem no vento e as frondes poderosas se balançam murmurando, despertadas do sono quase morte,

E grave, raivo, em cóleras, tumultos e batalhas, se a tempestade tudo curva no sopro furioso, entre estrondos e brados, com as ondas em espumas embatendo à boca das cavernas,

Logo, porém, como doce carícia que mal recorda, perturbada de onde a onde, a hora das pelejas, de novo modulo, límpida e pura, a melodia das madrugadas em que a vida acorda e se renova.

Tudo a mim vem e tudo ao mundo eu torno a dar, enriquecida de esperanças e saudades, uma parte de mim se dispendendo no esforço de chegar e de partir, na lide do querer e do ceder,

Serva humilde e pronta dos jardins em que filha de reis me colocou, para ser eu rainha, aos outros me entreguei e neles penso, por eles vivo, sem que um momento prenda em mim as harmonias,

E nem sequer me coube em troca a placidez das aves que adormecem, a clara alegria das rosas que aos primeiros orvalhos se entreabrem, a segurança das árvores que se elevam, sem receio e sem pressa,

Porque em mim sei do que não vibra, do que foi morto desde início, e em toda a brisa terna, ansiosa, o silêncio fatal em que o mundo, para além da minha força, virá a descobrir a fraqueza que, impiedosa, me condena.

Esquema biográfico

José Kertchy Navarro, que nasceu no Porto, a 14 de janeiro de 1903, era filho de Carlos Navarro, proprietário de uma das melhores tabacarias da cidade, e da atriz espanhola, catalã, segundo parece, Ida Kertchy. O pai, que fora sempre hábil negociante e cujo aspecto exterior era bastante grosseiro, tinha, no entanto, gostos de artistas que só se revelavam aos mais íntimos e que surpreendiam pela segurança e pela finura; tocava violino, aquarelava com certa delicadeza e possuía conhecimentos muito sólidos da história da escultura. Ida Kertchy, que fizera com certo êxito a Mme Alving dos *Espectros* e a Cordélia do *Rei Lear*,[1] era mais notável, contudo, pela beleza do que pelo talento; e havia nela, juntamente com uma graça e uma vivacidade que logo lhe denunciavam a origem, um fundo de indolência que a levava a estar horas deitada num divã, perfeitamente imóvel e em silêncio.

Feitos os estudos de instrução primária numa escola oficial que ficava junto do rio e de que José Navarro sempre falou com as melhores recordações, entrou no Liceu Rodrigues de Freitas, então instalado no velho casarão da Rua da Vitória; foi um aluno mediano e as classificações eram conseguidas muito mais pelos recursos da sua inteligência do que pelo trabalho metódico e cuidado; só frequentava com pleno gosto a biblioteca e as aulas de ginástica; lia imenso e, por volta dos quinze anos, conhecia perfeitamente os clássicos portugueses e os autores contemporâneos, grande parte da literatura francesa e, em tradução, os gregos que entendia naturalmente mal, mas a cuja leitura fora levado pelo encanto que exercem sobre ele os álbuns de escultura do pai. Feito o exame do quinto ano, que marcava o fim do curso geral, José Kertchy tentou entrar para a Escola Náutica, pelo menos segundo o que sempre afirmou; a família,

---

[1] Peças teatrais de Henrik Ibsen (1828-1906) e William Shakespeare (1564-1616), respectivamente. [N. do O.]

porém, opôs-se e, voltando ao Liceu, fez o sexto ano de ciências, revelando-se, ao contrário do que se esperava, um estudante distinto; mas não passou ao sétimo; desistiu de seguir uma carreira de ciências e frequentou letras, tendo feito o exame de saída ao cabo de um ano.

Segundo parece, essa súbita resolução foi devida à influência que exerceram sobre ele alguns dos primeiros alunos da Faculdade de Letras, recentemente fundada; o que lhe diziam das aulas, do tom geral dos trabalhos da Faculdade, da inteligência e da cultura de alguns dos mestres, tentaram-no a seguir o curso. Contudo, matriculou-se apenas um ano depois de terminado o Liceu; segundo o que se pôde averiguar, Kertchy Navarro esteve algum tempo doente, enfraquecendo bastante, o que o teria levado a sair do Porto para Nine ou arredores, onde se demorou alguns meses; certas cartas de José Navarro e algumas referências posteriores em conversas com amigos dão a entender que a solidão do campo lhe foi propícia, embora se tenham dado ao mesmo tempo perturbações sentimentais cuja recordação nunca perdeu.

No regresso ao Porto, entrou na Faculdade, seguindo o curso de História e Filosofia que frequentou até o terceiro ano; José Kertchy sempre falou da Faculdade de Letras como de uma escola notável: não tinha, segundo afirmava, nenhuma das superstições administrativas das faculdades congêneres e havia nela um ambiente de interesse intelectual, de liberdade, de iniciativa, que era impossível encontrar em qualquer outro estabelecimento de ensino; alguns dos professores, e Kertchy Navarro citava sempre com comovida admiração os nomes de Teixeira Rego e de Leonardo Coimbra, perfeitamente em contato com tudo o que havia de mais moderno nas correntes do pensamento europeu, eram ao mesmo tempo personalidades cheias de força, de originalidade, de forte encanto pessoal; Teixeira Rego, sobretudo, apareceu sempre a Kertchy Navarro, como de resto a todos que o ouviram e com ele lidaram mais de perto, como um dos homens de maior talento e de maior erudição que tem havido no nosso país e, porventura, também nos outros; em Leonardo, reconhecendo todas as suas deficiências como filósofo do tipo sistemático, vendo-o muito mais como um poeta lírico do que como um pensador, encontrava José Navarro o dom da comunicação humana, a repercussão emotiva dos problemas filosóficos, o extraordinário poder verbal.²

A morte do pai fê-lo suspender os estudos, não porque tivesse ficado em circunstâncias difíceis, mas porque lhe não interessava nada, nem o título oficial, nem a vida burocrática; aprendera a estudar, como dizia, e, para ele, era o suficiente. Manteve-se ainda à testa da tabacaria cerca de dois anos, depois liquidou-a e seguiu com a mãe para Lisboa, onde montou uma pequena fábrica de produtos de beleza, levado, segundo parece, por um grande interesse pela química. Todo o tempo livre o dedicava à leitura e à composição literária, mas duas ou três vezes por semana aparecia no Martinho da Arcada, por volta das seis horas, e rapidamente se tornou o centro de um grupo bastante numeroso de gente moça, sobre a qual exercia uma grande influência; foi ele quem indicou à maior parte o que verdadeiramente era, foi ele quem os ajudou a encontrar-se; a multiplicidade dos seus interesses, a forte afetividade, um dom invulgar de penetração de almas indicavam-no para a tarefa e todos reconheciam nesse ponto a sua completa superioridade.

Acontecia, porém, que, depois de ter lançado cada um no seu caminho, Kertchy Navarro o não sabia sustentar nele; tinha um grande horror por tudo quanto fosse a fórmula, o hábito, a fossilização, como dizia; passava então a inquietar os moços com objeções, esfriando-lhes os entusiasmos, de certo modo lhes dissolvendo a vontade; alguns sucumbiram, outros, reconhecendo o perigo, afastaram-se dele. Kertchy Navarro compreendia perfeitamente o que se estava passando, mas o que o fazia proceder assim aparecia como superior à sua vontade; e conforme os depoimentos dos mais íntimos, havia em José Navarro, embora dominando-se e disfarçando, uma grande mágoa perante o que lhe

---

² Surpreendem-se nesse "Esquema biográfico" sobre Kertchy Navarro (e também na subsequente "Nota final") alguns aspectos inspirados na, quando não diretamente advindos da, biografia de Agostinho da Silva, a exemplo da experiência de formação que ambos tiveram – um ficcional, outro efetivamente – quer no Liceu de Rodrigues de Freitas quer, e sobretudo, na primeira Faculdade de Letras da Universidade do Porto, na qual o segundo graduou-se e doutorou-se em Filologia Clássica, tendo entre os mestres destacados gente como José Teixeira Rego (1881-1934) e Leonardo Coimbra (1883-1936), precisamente. [N. do O.]

sucedia, sem que, no entanto, se chegasse a definir se lamentava o afastamento ou a rigidez dos moços que deixavam de o procurar.

Embora não tenhamos que fazer qualquer espécie de apreciação neste simples *Esquema biográfico*, pendemos a crer que é mais verosímil a primeira hipótese; quem escreve estas linhas ouviu uma vez a Kertchy Navarro, num momento de confidência, que se sentia criminoso perante os rapazes e raparigas que, por o terem escutado, caíam num ceticismo triste e seguiam na vida sem vontade e sem rumo. José Navarro não olhava ao terreno em que caíam as sementes e a vigilância, a recusa de crenças, a maleabilidade que num forte poderiam ser qualidades notáveis, eram, nos discípulos vulgares, germes de desalento e de ruína.

É talvez a essa circunstância que se deve atribuir o brusco abandono de toda a sua atividade em Lisboa e a partida para a Guiné, no verão de 1939; José Navarro declarou que o fazia porque a guerra se aproximava e havia em terras de África ocasião de bom negócio; nessa afirmação não havia, no entanto, mais do que uma das manifestações de certa faceta do seu espírito: Kertchy disfarçava, com um cinismo em que muitos acreditavam, as suas emoções mais profundas, os atos mais graves e sérios da sua vida. Falou-se também de que a resolução fora motivada pelo caso de Maria Mateus; cremos que não e pelos motivos que esperamos apontar noutra ocasião: o choque emocional foi muito violento, mas, de certo modo, já se tinha superado a crise quando José Navarro decidiu seguir para a Guiné. O que parece possível é que a morte de Navarro, que apareceu afogado numa lagoa, em Bixarim, à margem do Geba (7 de novembro de 1942), tivesse sido provocada pela notícia do internamento de Maria Mateus na Casa de Saúde da Idanha. Mas é preciso notar que a morte pode ter sido puramente casual, visto que, pelos informes que tivemos, José Navarro saíra de casa, já de noite, com intenções de se dirigir ao posto do administrador; conhecia mal o caminho e não quisera levar guia; quando já devia ir perto da lagoa, rebentou uma forte tempestade e é bem possível que, perdendo o trilho, tivesse caído à água e morrido, embora soubesse nadar.

Na Guiné, dedicou-se José Navarro à exportação de mancarra, ao mesmo tempo que exercia entre os indígenas uma obra notável de educação e assistência; contratou os serviços de um médico e de uma enfermeira, abriu uma pequena escola de artes e ofícios e, aplicando os ganhos do negócio e parte dos capitais que levara de Lisboa na compra de terras e alfaias agrícolas, ia melhorando quanto podia a posição econômica dos negros. O seu poder de simpatia aplanava-lhe todas as dificuldades que podiam surgir com a administração pública, e a posição perante o indígena firmava-se não só nos benefícios que lhe prestava, como também na autoridade e na energia que punha na resolução de todos os casos complicados que surgiam sob o ponto de vista de disciplina. O estudo da sua ação em África não se pode, no entanto, fazer sem que cheguem informações mais pormenorizadas, o que só daqui a algum tempo deve ser possível.

No conjunto, a vida de Kertchy Navarro foi incerta e trágica; o desastre da vida sentimental, a falência da atividade pedagógica, por fim a brutal interrupção do seu esforço colonizador, põem-no no plano dos que, cheios de predicados, não encontraram na vida o que mereciam, ou dos que não juntaram a todos os dons que possuíam o dom, talvez mais importante, de se servirem deles. Por outro lado, a sua obra escrita, composta de algumas centenas de cartas, de três peças teatrais, de poemas em verso e em prosa, de alguns ensaios, de um esboço de romance e dos três capítulos iniciais de uma biografia de Beethoven, ficou inédita e sem as modificações que certamente ainda lhe faria a sua exigência, o seu escrúpulo de artista. Falhou: mas para nós, que tão bem o conhecemos, que descobrimos, sob as aparências, a bondade, a ternura, a humanidade de José Kertchy, a sua figura será sempre uma inspiração e a sua lembrança um motivo de comovida saudade.

P. M.[3]

---

[3] Iniciais de Petronilha Moutinho. À semelhança de José Kertchy Navarro, Luís Ervide, José Muriel, Maria Mateus, Carlos Navarro e Ida Kertchy, anteriormente citados, e de Manuel Moutinho, citado a seguir, na "Nota final", Petronilha Moutinho é personagem do universo filosófico e ficcional em que as *Sete cartas a um jovem filósofo* se desdobram e se situam, desbordando-se em novos e mais instigantes sentidos. Reflexão filosófica e imaginação literária, filosofia como poesia, como *poiesis*, criação e recriação. [N. do O.]

Nota final

Não sou eu, de nenhum modo, a pessoa mais competente para escrever sobre José Kertchy Navarro; embora nos tivéssemos encontrado bastante quando eu frequentava, no Porto, a Faculdade de Ciências, descobrimos ambos muito cedo que os nossos tipos de mentalidade eram bastante diferentes; conscientemente da minha parte, inconscientemente, talvez, da sua, nunca discutimos nenhum ponto em que o nosso desacordo fundamental se pudesse revelar obstáculo às relações cordiais que sempre mantivemos. Perdi-o depois de vista durante muito tempo, e apenas trocamos meia dúzia de cartas quando me encontrava em Coimbra e ele em Lisboa; vim para a capital uns seis meses antes de José Navarro partir para a África e foi, então, que nos vimos alguns dias, nas reuniões em casa do Manuel Moutinho. Quanto à obra, toda ela inédita, li pouco e, sobretudo, poesia; no entanto, foi-me possível consultar recentemente a coleção de cartas de que se extraíram as que hoje se publicam e pude, por intermédio do Dr. Luís Ervide, a quem elas foram dirigidas, colher alguns elementos curiosos para o estudo da psicologia de José Navarro. Espero, porém, que o impedimento de escrever de Manuel Moutinho seja passageiro e que ele nos possa, noutra ocasião, dar sobre Kertchy Navarro, o trabalho que seria bem acolhido por todos os seus amigos e que teria, creio eu, algum interesse para o público em geral.

1

A primeira impressão que se colhia de José Navarro era a de uma vivacidade intelectual de que haverá poucos exemplos; o sangue espanhol que havia nas suas veias revelava-se a cada passo num faulhar de imagens, em que a fantasia se juntava à força, ou antes, a uma energia de invenção que parecia inesgotável;

qualquer assunto, e coisa curiosa, principalmente aqueles que ignorava, adquiria, tratado por ele, aspectos novos e apresentava-se, mesmo a quem o estudara com cuidado, sob ângulos que lhe tinham ficado totalmente ocultos. Havia uma penetração imediata e brilhante, um fixar, não dos pontos essenciais, porque esses, segundo me parece, sempre escaparam a Kertchy Navarro, mas de pormenores, que poderiam realmente servir, que, pelo menos, davam sugestões, e de que ele fazia, com algum talento gongórico, um mundo novo.

Auxiliava-o uma espantosa facilidade de falar; podia o fundo do que expunha ser vulgar, ou incoerente, ou como tantas vezes acontecia, bastante vago; mas o brilho da elocução, o gesto de que sabia acompanhar cada uma das suas palavras, o tom de voz, que trabalhava como um instrumento musical, a própria cor dos olhos, um castanho dourado pouco vulgar, todo o jogo fisionômico, arrebatava o ouvinte e entregava-lhe, quase paralisadas, todas as defesas quer emotivas quer intelectuais. De uma conversa com Kertchy Navarro saía-se positivamente embriagado: era um encanto, um não sentir-se o solo sob os pés, o ter entrado noutro mundo; no entanto, para os melhores, e como sucede noutras espécies de embriaguez, o despertar era bastante desagradável. Sentia-se, e, claro está, só posso falar bem da minha experiência, que se estivera diante de um ator, que o cenário nos tomara, e as lantejoulas e os jogos de luz, mas que nenhum dos nossos problemas ficara resolvido, e nem sequer fora tratado. Era um fogo que aquecia momentaneamente, mas cujo calor não conseguíamos armazenar dentro em nós; uma bela irrupção de energias que poderiam ser aproveitáveis, mas que nunca se tinham domado a nenhuma disciplina e possivelmente na disciplina murchariam, morreriam; em Kertchy Navarro, segundo creio, havia muito de aparência e pouco de realidade.

Como era natural, essa vivacidade de inteligência acompanhava-se de uma curiosidade muito desperta, sempre à escuta do mundo, como dizia Manuel Moutinho, e até mesmo mais do que à escuta; José Kertchy Navarro não era de modo algum o ser passivo que essa expressão poderia sugerir; ia ao encontro dos fenômenos, provocava-os e várias vezes o surpreendi como que a preparar o interlocutor, a despertar nele a atitude que lhe interessava de momento; para quem estava de parte e o seguia no jogo habilidoso era esse talvez o maior interesse do contato com José Navarro; a vítima avançava descuidada, abria-se, entregava-se sem defesa e então era extraordinária a habilidade quase diabólica com que José Navarro conseguia fazê-la supor que tinha diante de si a pessoa que lhe convinha para a confidência ou a emoção que desejava; assisti a exaltações heroicas, porque o julgavam capaz de compreender acima de tudo o heroísmo, como assisti também a espetáculos perfeitos de pessimismo, de desalento, quando a José Navarro apetecia estudar, nem sei se estudar, se ver, como quem vai ao teatro, uma alma desanimada. O mais curioso é que era impossível decidir se ele estava totalmente a representar ou se naquele momento era, de fato, pessimista ou heroico. Esse, de resto, é o problema fundamental quanto ao ator.

2

Qualquer que seja a opinião que tenhamos sobre o caso, o que é inegável é a influência que essa vivacidade de espírito, essa curiosidade, esse talento de falar exercem sobre todos os que dele se aproximavam, principalmente sobre os mais novos; só a palavra *fascinação* pode dar ideia do que se passava, e ouvi de muito rapaz e de muita rapariga, frases que exprimiam, perante o Kertchy Navarro, uma idolatria, sobre a qual os argumentos, os raciocínios não tinham nenhuma espécie de poder. Argumentar com um moço sobre a real vacuidade de Navarro, sobre a sua inconstância, a incompatibilidade das suas várias concepções do mundo era tarefa votada logo de início ao mais completo dos fracassos. Estabelecia-se entre ele e os ouvintes um laço afetivo que solidamente prolongava e fortalecia com as cartas que escrevia infatigavelmente (às vezes duas num dia para o mesmo correspondente) e era capaz de resistir a todas as tormentas, mesmo as que eram provocadas pelas suas próprias deficiências de caráter.

É interessante que as várias pessoas que interroguei sobre o assunto não me souberam dar nenhuma resposta precisa quanto às causas da sua simpatia: responderam-me umas que era pelo físico, outras pelo saber, outras porque ele falava bem, outras recusaram-se a toda a determinação e disseram-me simplesmente que era "por ser ele". No Kertchy Navarro, havia um forte poder de atração humana, rodeava-o como que uma atmosfera de bondade, de interesse pelos outros e até de apagamento próprio, mesmo nas horas em que mais brilhava e se impunha; fazia sentir, com sutileza, desviando as atenções do seu real orgulho, e até, muitas vezes, da sua vaidade, um fundo de modéstia, de simplicidade, de humildade, que não deixava de surtir os seus efeitos. Em todo o caso, ainda hoje não posso perceber como as pessoas se podiam deixar prender de tal maneira por um homem que era tão fácil demolir intelectualmente, mostrando todas as falhas, todos os absurdos, toda a infantilidade até das construções a que ele chamava filosóficas. Sem querer ofender nenhuma das pessoas que tinham, e têm, esse culto por José Navarro, devo dizer que ele me parece, sobretudo, constituir uma prova do atraso intelectual em que ainda se encontram os homens; numa sociedade, digamos matematizada, afeita às disciplinas da ciência e da verdadeira filosofia, o êxito de Kertchy Navarro teria sido completamente impossível.

3

E em parte estragou-o. Não se pode evidentemente provar que tal pessoa seria tal ou tal coisa em tal ou tal ambiente; a história não se faz com "se"; mas propendo a crer que José Navarro poderia ter ido muito mais longe se não encontrasse a facilidade do meio, incapaz de resistência e de crítica. Todos o tinham, por exemplo, como culto e, no entanto, esse homem não era culto, entendendo eu aqui por cultura a posse de um conjunto de conhecimentos; era fácil ouvi-lo falar de filósofos que nunca lera, de que tinha apenas conhecimento por manuais ou artigos de revistas; e isso sucedia com os maiores: lembro-me de uma tarde em que discutimos Espinosa, vindo eu pouco depois a verificar que nem sequer vira (não é lera, vira) a *Ética*. E suspeito que lhe acontecia o mesmo, pelo menos com Leibniz e Kant. Quando uma vez lhe disse e o censurei, respondeu-me que Platão também nunca lera Kant e, no entanto, discutia filosofia; repliquei-lhe que era assim, mas que, se discutia filosofia, nunca discutira Kant, o que é diferente, além de que na filosofia há um progresso, o que é muito importante para a questão; nem assim foi possível calá-lo e levá-lo à única solução, ler Kant; respondeu-me que se Kant não dissera o que ele afirmava, dizia-o ele, e com o mesmo direito de Kant; e passou logo a provar-me que em filosofia não há progresso; creio que esse episódio pode dar ao leitor uma ideia do que eram os seus processos e a sua seriedade intelectual.

Na própria física de que fazia, nem sei o porquê, cavalo de batalha, era de uma pasmosa ignorância; da única vez que se arriscou no domínio das noções elementares, ouvi-o confundir massa específica e peso específico; descobri noutra ocasião que não tinha grande ideia do que era um areômetro; no entanto, não temia discutir os mais graves problemas da física contemporânea, até com pessoas que dominavam perfeitamente o assunto; às vezes, com adivinhações interessantes, ou com sugestões que seriam bastante aproveitáveis; contou-me Agostinho da Silva que, ainda no Porto, Kertchy Navarro lhe falara uma vez, em data que não podia precisar, mas anteriormente aos trabalhos de Broglie, nas possibilidades de ligar as teorias de Newton e de Huyghens quanto à luz; nos últimos tempos em que o vi, falava muito de uma possível redução a uma mecânica mais geral da mecânica clássica e da mecânica ondulatória: tenho, porém, a suspeita de que não entendia muito bem nem uma nem outra; e não quero fechar este parágrafo sem dizer que foi dele que ouvi pela primeira vez a ideia de que os estudos de física conduziriam fatalmente a um universo sem possibilidade de representação física: a um universo apenas matemático; e é inegável que lhe dão toda a razão, por exemplo, os últimos trabalhos sobre fótons.

4

Seja como for, há aqui uma falta de seriedade, que me parece muito grave e que convém pôr em relevo; Kertchy Navarro faltou ao seu dever, às obrigações que tinha consigo e com os outros; dispersou-se em conversas e cartas, dissipou-se em faíscas que um momento brilhavam e duravam, em lugar de se ter munido da cultura que lhe convinha ou de se ter submetido a uma forte disciplina intelectual. Essa falta revela-se também, quanto a mim, na sua vida:

não só no desacordo tantas vezes existente entre o que dizia e os atos, como também em muitas atitudes que são, pelo menos, pouco defensáveis. Bastaria o lamentável episódio de Maria Mateus, de que nem quero falar, porque me não sinto capaz de nenhuma indulgência, para o colocar numa posição bastante difícil, embora a própria Maria Mateus o defendesse e dissesse que tudo se justificava pelo que dali saíra.¹ Mas há mais, que embora sendo menos grave é tão revelador como qualquer episódio mais dramático: gostava muito de falar de que subira num avião, na época heroica dos aviões feitos de ripas e de tela e com motores que falhavam a cada passo; averiguei com dados positivos, que nunca subira; todos os seus trabalhos estão cheios de imagens náuticas e afirmava que só por intervenção da família não seguira a carreira de capitão de longo curso: pois não entrava num barco sem ser com o pé direito e enjoava miseravelmente à mais ligeira ondulação; e, pelo menos a Manuel Moutinho, disse ele que estivera convidado para professor de cálculo não sei em que Universidade: no entanto, não sabia somar quebrados.

Esse fundo de falsidade, de invenção gratuita, ia acompanhado muitas vezes de uma habilidade mefistofélica, sutil na escolha dos processos, paciente, atenta a tudo que a poderia servir; e fazia-o olhando as pessoas nos olhos, com uma franqueza inexcedível, um sorriso bom, um ar perfeito de ingenuidade, de tal modo que é lícito perguntar se o fazia por maldade, por criancice, por jogo de imaginação, ou por um impulso que se lhe tornava impossível dominar. Sabe-se que depois de ter interrompido o curso da Faculdade e de ter liquidado a tabacaria do pai, dois anos, creio eu, após a sua morte, viveu, até seguir para África, da fabricação de cremes de beleza por que pedia um preço louco e que só valiam pelos lindíssimos potes de Sant'Ana em que ele os fornecia. E não deixa de ser interessante para este caso que, depois de ter dado a tantos moços o conselho de se manter, de ser firme, de se bater, de não desistir nunca, ele, à primeira oposição, tenha largado para a Guiné, a meter-se em negócios que não eram talvez de uma grande honestidade e que nem sequer teriam a

---

¹ As cartas, uma peça – *A realidade foi o sonho* – e a poesia que começa: Ela era alta, direita e linda/ E tinha ainda/ um jeito leve de caminhar/ como se fosse à flor do mar… [NOTA DO AUTOR]

desculpa de servir de meios para que alcançasse algum desejável objetivo. Era culto, valente, quase santo, mas na imaginação; sincero, mas na imaginação, talvez na vontade de o ser; no decurso da vida, a quem o penetrasse com serenidade e paciência, revelava-se bastante diferente do que parecia e pretendia; por mim, nunca senti perante ele nem tranquilidade, nem segura confiança.

5

A certa repulsa que posso sentir perante o total da personalidade de Kertchy Navarro não me leva, nem por sombras, a diminuir-lhe as inegáveis qualidades; a todas as que já mencionei devia juntar-se a capacidade de efabulação poética, o sentido da composição artística, e um estilo a que, nas melhores passagens, se não pode negar vivacidade, pitoresco, boa estrutura musical. Com tudo isso, podia José Navarro ter sido muito grande; creio, porém, que lhe faltava caráter. Depois do que disse sobre certas invenções de Navarro, poderá parecer que me refiro à honestidade: mas não; escrevo caráter no sentido de vertebração, que ele tanto reclamava dos outros e que nunca teve; Navarro, que, segundo parece, pretendia às vezes ser escultor dos outros (o caso de Luís Ervide é evidente), nunca pôde ser o escultor de si próprio, obra por onde deve começar todo o homem e de que o artista não está naturalmente dispensado; houve aqui um grave defeito, ou de material ou do operário, e é impossível decidir de qual: nem importa: o essencial é que José Navarro se dispersou, se desfez, se abateu porque nunca passou inteiramente do barro ao mármore, se me é lícito empregar uma imagem num assunto em que elas não deviam aparecer, porque se trata de explicar e provar; certos trechos da estátua ficaram prontos, com todo o brilho, toda a maciez que lhe teria dado um grande artista; outros ficaram apenas marcados, quando marcados, na pedra bruta; outros ainda, e por aqui ruiu a estátua, estavam apenas modelados no barro, e num barro de muita má qualidade.

Quanto à influência possível de Kertchy Navarro, quando se publicar a sua obra ou o *In Memoriam* que estão preparando Petronilha e Manuel

Moutinho, não me parece duvidoso que ela se exerça; o nosso tempo, apesar do desenvolvimento da ciência e das lições que deram ao mundo um Descartes ou um Kant, é muito apaixonado pela intuição, pelos indeterminismos, pelas personalidades confusas, por um misticismo que nunca tiveram os místicos; é muito fácil não se estruturar, tudo arrasta para o vago, para uma fácil literatura, e, no rasto de Dostoiévski, mais se aprecia o contraditório, o romântico, o que se não disciplinou, do que a limpidez, a luminosidade clássica, o perfeito domínio da razão, à boa maneira helênica; Kertchy Navarro terá um grande êxito, como pessoa e como escritor, talvez mesmo mais como pessoa; hão de surgir muitos estudos, muitos comentários, muitas imitações também, em lugar de se pôr logo claramente que havia em Kertchy Navarro um defeito, uma doença, uma falha, e se não pode, portanto, colocá-lo no plano dos modelos; vão-se entoar ditirambos sobre a sua riqueza de vida e a penetração psicológica e o sentido do profundo, e não sei que mais absurdos; espero, no entanto, que a onda passe, o que já me tem acontecido com muitas ondas; que Navarro seja relegado à posição que é de fato a sua, de homem curioso, mas nada superior; e que voltemos ao culto, sempre, no entanto, com espírito crítico, do que é verdadeiramente nobre, belo e grande.

José Muriel

CONVERSAÇÃO COM DIOTIMA*

Eros sobre o Centauro. Museu do Louvre, Paris.

* Agostinho da Silva. *Conversação com Diotima*. Vila Nova de Famalicão, Portugal: Grandes Oficinas Gráficas Minerva, 1944. (Edição do Autor) [N. do O.]

Diotima – Vejo que pouco tens lido...

O estrangeiro – É certo, Diotima; e estava perguntando a mim próprio como se pode ler diante deste céu e deste mar.

Diotima – Há quem o faça; e quando chego perto deles e o estranho, respondem-me que têm dentro em si, nas ideias e nos sonhos que as palavras levantam, paisagem mais bela que a de todas as vagas e todos os céus e todas as rochas.

O estrangeiro – Creio bem que tal se dê; lembro-me ainda das horas que Menêxeno, meu mestre, passava como que desprendido de tudo, embebido nos seus pensamentos e de como saía da larga, profunda meditação, a um tempo alheado e vibrando de entusiasmo, como se tivesse percorrido as terras mais encantadoras.

Diotima – Ninguém mais do que eu, estrangeiro, tem contemplado estas paragens. Toda a aurora me tem aqui, fiel e humilde, para ver como o Sol surge de além, detrás do cabo, e vai despertando pelo céu os deuses que dormiam; todo o poente me encontra sobre estas rochas, à espera de que surja sobre as águas a estrada rubra e dourada por onde passam as Nereidas no seu desejo jamais satisfeito de alcançarem Apolo e o amarem. E sei os segredos de todas as grutas, o murmúrio das águas em cada escarpa de fraga, o jeito leve de cada floco de espuma, subindo no ar, tomado no vento, caindo no mar... E, no entanto, ainda não sei de que é feito o encanto que me prende, a imensa paz que me aplaca toda a ansiedade, todo o tormento; este sereno embalo que nos toma...

O estrangeiro – Como poderíamos nós ser indiferentes perante a beleza do mundo, perante esta variedade, este esplendor, esta perpétua invenção da Natureza? Só uma alma de escravo poderia olhar este arco da costa e estas ilhas de ouro sem que logo ficasse dominado pelo encanto sem-par.

Diotima – Decerto... Mas não te parece que seria bom sabermos até que ponto intervém na paisagem a qualidade da alma que a contempla?

O ESTRANGEIRO – Queres dizer, Diotima, que o mundo em si não tem beleza e que ela surge apenas no momento em que a alma, ou preparada ou já de boa qualidade, o fixa, o liga em seus elementos, o integra numa unidade superior?

DIOTIMA – Por vezes, creio que sim; a natureza só é arte aos olhos do artista.

O ESTRANGEIRO – Essa tua ideia, Diotima, poderia passar sem objeções, se o artista não encontrasse também a fealdade no mundo; o dizer ele que há feio e há belo parece-me ser bastante para se afirmar que a beleza não depende apenas da altura de plano em que se coloca a alma do espectador; há no mundo realidades belas e o artista apenas seleciona, apenas separa o que é belo do que o não é. E é exatamente porque ele faz essa separação que é mais fácil a quase todos encontrar a beleza numa estátua ou nas curvas de uma ânfora do que no mundo tal como ele se apresenta a todos nós.

DIOTIMA – Toda a paisagem que se admira é já uma escolha, meu amigo, é já uma obra de arte, com a separação dos elementos que poderiam quebrar a harmonia do conjunto ou com a sua integração num conjunto mais vasto onde, de certo modo, percam a dureza, a agressividade que teriam num plano menos longínquo. Acho que se poderia pôr a ideia de que a paisagem ou o corpo humano fazem diferença da sua representação pelo artista, apenas no que se refere ao talento de fixar, o que entenderia de dois modos: por um lado, o artista furta o seu tema ao tempo, tornando-o acessível a todos em todos os momentos, por outro lado, salva-o ainda da corrente do tempo, na medida em que faz convergir num só instante o que foi beleza em instantes sucessivos.

O ESTRANGEIRO – Parece-me que deverias acrescentar que o artista já apresenta a natureza, ou antes, a parte da natureza que o impressionou, separada de todos os elementos que poderiam perturbar o espectador; o artista presta a quem o é menos o serviço de facilitar a contemplação do mundo. Mas ninguém poderá entender um templo ou a Afrodite de Praxíteles ou os sátiros de Dífilo se não tiver dentro em si o mesmo sentido de beleza que animou o arquiteto, ou o escultor ou o oleiro.

Diotima – Creio realmente que assim é e que toda a beleza que o mundo pode encerrar é tesouro que se não revela jamais a quem surgiu na terra malfadado dos deuses ou não teve quem o guiasse pelos caminhos difíceis, mas bem compensadores de todo o esforço.

O estrangeiro – Há, portanto, segundo o que pensas, almas que não podem, por vício de origem, atingir esta felicidade de ver, pelo menos um momento que seja, o mundo como um todo harmonioso, como uma maravilha de simetria e de ordem, como alguma coisa em que parece dissolver-se o próprio ímpeto de vida.

Diotima – Não me parece, meu amigo, que se possa negar a sua existência. Há almas estreitas, almas de escravo, como disseste há pouco, com as quais tudo se perde, com as quais todo o esforço fraternal é inútil e que, se alguma vez fazem surgir no nosso coração uma leve esperança, logo a dissipam com mais fundo recair nos abismos de que pareciam levantar-se.

O estrangeiro – Mas acaso lhes poderemos atribuir alguma culpa, Diotima?

Diotima – Não achas que a têm os que, vendo o exemplo dos mestres, os que, encontrando uma e outra vez o incitamento dos melhores, voltam aos caminhos batidos, quando não juntam aos seus malefícios a agressão de quem pretendeu levá-los à única fonte possível de felicidade?

O estrangeiro – Mas não crês, Diotima, que todo o homem procura ser feliz?

Diotima – Decerto, estrangeiro; mas a felicidade deles está no ódio ou na inveja e na dureza de alma e não querem ver nada de mais elevado.

O estrangeiro – Não percebo bem claramente o que dizes; não vais sustentar que o grau de felicidade que podem obter é igual ou até superior ao que nós temos, olhando as velas vermelhas sobre o azul das águas ou conversando como neste momento.

Diotima – É evidente que não; nós somos mais felizes do que eles.

O estrangeiro – Não afirmarás também que não são felizes porque não querem.

Diotima – Mas seria absurdo...

O estrangeiro – Nesse caso, dependendo a felicidade deles das qualidades que não têm, só nos restaria asseverar que não são nobres, generosos, artistas ou filósofos, apenas porque não querem.

Diotima – Não é essa a minha ideia: a natureza não lhes permite serem artistas ou filósofos.

O estrangeiro – Portanto, Diotima, há homens que, sem culpa nenhuma da sua parte, não poderão entender nunca o que viver significa para nós. Como se compreende esta ordem do mundo? Para mim, Diotima, o grande problema não está em saber como se há de guiar, de que meios se há de servir, a que fins poderá chegar aquele que a natureza dotou bem, aquele que os deuses podem olhar com inveja; o que me preocupa investigar é a razão por que tantos homens surgem no mundo com o estreito espírito que os não deixa chegar às essências superiores.

Diotima – Tu, estrangeiro, és duma raça estranha. Todos os homens que vêm aos meus oráculos querem apenas que lhes diga como hão de melhorar, de que maneira o mundo em volta os poderá ajudar na empresa. Tu és o primeiro que me pergunta por que ordem do mundo se explicam os que não podem melhorar, por que a natureza os dotou mal. Incluis entre eles os que não encontraram um mestre que os formasse?

O estrangeiro – Claro que sim, Diotima. Quantos homens terão passado na vida, com as almas preparadas para as mais belas aventuras, e não tiveram quem os despertasse, quem fizesse ressoar, nos peitos vagamente ansiosos, as primeiras notas dos cantos celestes e divinos. Parece-me ser semelhante nos dois casos, se não é o mesmo, o defeito do mundo. Como o justificam os deuses? Diotima, Diotima, por que há homens que são escravos na alma? Por que os tratam tão de leve os que na alma são nobres?

Diotima – Estrangeiro, sou sacerdotisa de um deus poderoso e sempre tenho afirmado a todos os homens que o mundo está bem-ordenado e que só um defeito de adaptação, só uma falha de compreensão os levou a eles a sentirem-se infelizes; o mundo é bom, é possível a felicidade, todo o tormento tem seu fim...

O estrangeiro – Acreditas no que dizes, Diotima? Um de nós disse há pouco, e fui eu, se bem me lembro, que todos os homens procuram a felicidade; eu procuro a verdade, Diotima, ainda que ela me faça o mais infeliz de todos os homens, ainda que a posse da verdade me impossibilite a vida. Sabes tu, Diotima? Hei de ler-te um dia um poema em que falo de um jardim para lá de Tule em que os homens e mulheres viviam felizes, sem uma preocupação, sem uma dúvida, sem um desgosto, gozando a vida eterna que os deuses lhes tinham concedido; mas um dia, houve um espírito atormentado e inquieto que veio junto deles e lhes falou em palavras tentadoras dentre as sombras das árvores; explicou-lhes como todo aquele mundo de regatos cristalinos, de aves de ardentes plumagens e canto harmonioso, de céus puros como safiras e de estrelas cintilantes, era uma pura ilusão, um sonho que sonhavam por misericórdia dos deuses, uma concessão feita às fraquezas que os imortais sabiam existir na sua natureza; no mundo real, no mundo da verdade, havia dor e sofrimento e desespero e nenhuma segura salvação, nenhum porto que definitivamente os pudesse abrigar das tempestades pavorosas; às palavras do tentador, toda a criação suspendeu a sua marcha; um grande silêncio esperava o gesto dos homens: iriam eles preferir as ilusões à verdade? Deviam eles continuar na paz magnífica do divino jardim e ser felizes como são felizes as árvores e o mar? Mas não: os homens escolheram o mundo da verdade, e viram-se nus sobre os caminhos pedregosos, rasgadas as carnes pelos espinhos das plantas, nada mais tendo a ampará-los do que a esperança de voltarem algum dia ao paraíso perdido. Mas eu, Diotima, vou até deixando a esperança de que seja possível o regresso; talvez que não haja para os homens outro futuro senão o da marcha contínua, senão o do contínuo sofrimento... Diotima, a vida é má, a vida é dolorosa.

Diotima – Poderias também ter ficado no teu jardim, não ter escutado as palavras do tentador...

O estrangeiro – Já te disse, Diotima, que prefiro a verdade... Tenho um outro poema que fala de um estranho palácio com uma sala esplendorosa, cheia de luzes e de estátuas, de músicas e danças, tépida enquanto a neve cai lá fora, e em que Fedro se sente defendido de todo o mal que porventura existe, e esplende na sua boca um claro riso e brilham seus olhos mais que a luz das cem estrelas que refulgem na sala. No entanto, sente, de quando em quando, para além da porta cerrada que o isola do resto do palácio, o ruído de choros abafados; é um momento apenas, e logo Fedro se embriaga na luz maravilhosa, se entontece nas danças e até há algum prazer, Diotima, em pensar nos que à mesma hora se curvam tristes, fustigados pela neve. De dentro do palácio chegam, mais distintos na acalmia, breve, dos sons das liras e flautas, gemidos e estertores; que mistérios estarão para lá daquela sala? Fedro adivinha negrumes que para sempre lhe poderiam obscurecer a alma, que para sempre lhe poderiam tirar o gosto de viver; foge a todo o impulso de percorrer o palácio, defende a sua felicidade contra a verdade que pode irromper na sua vida como um vento brutal irrompe na floresta e derruba as árvores mais belas e arranca às que ficaram de pé todas as galas da folhagem de outono de que se revestiam para morrer...

Diotima – Poderias, estrangeiro, ter feito como Fedro. Há grandes mestres na sala luminosa: há Sócrates, o que esteve comigo em Mantineia, e Platão...

O estrangeiro – É dele o livro que estava lendo, Diotima, o livro em que fala do que ensinaste ao mestre venerado. Puseste toda a tua alma, Diotima, no que lhe disseste do Amor?[1]

---

[1] Entre os diálogos platônicos direta ou indiretamente citados ao longo desta *Conversação*, enseja-se, a partir dessa passagem, uma menção nominal ao *Banquete* (*Symposium*), por se

DIOTIMA – Sim... decerto; como poderia eu ter falado a Sócrates sem que lhe dissesse tudo o que penso do Amor, sem que lhe dissesse como creio ser a contemplação das coisas belas um dos caminhos mais amplos para que se possa apreender toda a harmonia universal, para que a alma do sábio repouse na contemplação do que pode existir de mais alto e mais nobre?

O ESTRANGEIRO – Mas, Diotima... como se pode ligar o que dizes agora com o que afirmaste há pouco sobre o céu e o mar? Não há, afinal, de belo no mundo senão a alma do que contempla: como pode, portanto, ser o que se contempla estímulo para a magnífica ascensão? Se a beleza se contém no amante e não no objeto amado, o verdadeiro amante amará o belo e o feio, sem que os possa distinguir; creio até, Diotima, que é no amor do que aos olhos vulgares aparece repugnante e doloroso que se afirma a alma do verdadeiro amante. Mas já quero supor que me possas desfazer a objeção que te apresento; o problema para mim, Diotima, continua a ser o outro: como se pode justificar uma criação dos deuses em que a maior parte dos homens não tem possibilidade alguma de seguir o que ensinaste sobre os caminhos do Amor? Não vês, Diotima, que fora dois ou três dos melhores discípulos de Sócrates, ninguém entendeu essa superação do amor vulgar, da Afrodite terrestre? O que dizes do Amor anima os melhores

---

tratar do diálogo em que Platão, através de um relato de Sócrates, põe em cena, justamente, a sacerdotisa Diotima de Mantineia (de extração histórica e/ou ficcional; o debate acerca de sua historicidade prossegue) e a teoria do amor que ela, em certa ocasião, ensinara ao então jovem Sócrates. O *Banquete*, portanto, é o diálogo socrático-platônico que o Estrangeiro aqui refere como "o livro que estava lendo", o livro no qual Platão fala do que a sábia Diotima ensinou ao "mestre venerado". Note-se ainda que, semelhantemente a Diotima e outros personagens mencionados no presente escrito de Agostinho da Silva, o Estrangeiro também é figura característica do rico, denso e polifacetado universo filosófico representado nas peças dramáticas que os diálogos platônicos são. Veja-se, a esse propósito, o *Sofista* e o *Político*. E quanto a diferentes aspectos da obra e do pensamento platônicos, sempre segundo a visada crítica, interpelativa e recriadora de Agostinho da Silva, veja-se neste volume o diálogo *Pólicles*, os Cadernos de Informação Cultural *Sócrates* e *Platão* e os prefácios às traduções agostinianas do *Críton* e da *Apologia* ou *Defesa de Sócrates*, entre outros. [N. do O.]

homens, faz-lhes esperar uma vida em que quase se tenham confundido com os deuses; mas, Diotima, os que não podem subir?

Diotima – Crês tu que, para Sócrates, o problema que tu pões tivesse alguma importância?

O estrangeiro – Nunca vi Sócrates, nunca lhe falei, nunca pude, portanto, observá-lo em nenhum dos momentos pequenos em que a grandeza pode ficar ao nosso nível. Sei de Sócrates por Platão e acho mesmo que, se alguma vez o tivesse encontrado, também quase só veria nele o que se afirma nos diálogos... A presença de Sócrates, Diotima, com a sua lúcida, poderosa inteligência, a desperta ironia, o saber inexausto, o revolver de tanta questão fundamental, não devia deixar a quem falava com ele senão breves instantes em que pudesse, para além do pensador, observar o homem...

Diotima – Mesmo nos diálogos se pode ver o homem, meu amigo; a atitude fraterna, calma, sincera e pura, a coragem perante o tribunal e a morte...

O estrangeiro – Sabes, Diotima... o que se poderia opor a tudo isso! Vejo em Sócrates uma certa dureza perante o adversário, menos dotado; há nele, sob o manto da calma, uma real impaciência; as conversas parecem descobertas e são na verdade imposição dum todo já bem pensado, bem assente e, sobretudo, Diotima, inamovível, já te direi por quê. E, de fato, estará acima de todo o nível de censura o procedimento do mestre no tribunal e na prisão? Outros têm corrido à morte com inabalável coragem, outros têm sido tão serenos como Sócrates foi, e estou certo, Diotima, de que enquanto houver homens não será muito difícil encontrar quem se comporte como Sócrates, embora seja difícil que as circunstâncias o favoreçam tanto. Mas, Diotima, quando penso em Sócrates como se fosse uma personagem de tragédia, como um homem à volta do qual eu cantasse os meus versos, antes o poria mais atento à posição dos juízes de que à sua coerência de filósofo; ele podia ter evitado que o tribunal o condenasse, podia ter feito o possível por não assumir ante os juízes uma atitude de desafio e de ironia; depois, não deveria ter aceitado a oferta de Críton para que o crime de o matar não pesasse, nunca pudesse pesar, Diotima, na consciência do carcereiro que lhe passou a taça, na consciência dos homens já porventura arrependidos da sentença que exprimiram num momento de furor? Sócrates, Diotima, foi um grande filósofo, direi melhor, foi um grande geômetra, porque toda a sua vida me aparece com a nitidez, a elegante simplicidade, a rigorosa demonstração das construções matemáticas. Lamento, porém, que não o possa ver como um homem humano.

DIOTIMA – O menos que alguém te poderia dizer, estrangeiro, é que te mostras incompreensivo perante a figura de Sócrates; pode haver alguém mais humano do que o mestre dos diálogos, do que o amigo de Lísis e de Cármides, do que o Sócrates tão paciente e tão humilde ante um Hípias ou um Êutifron, tão modesto e tão risonho ante os excessos de Alcibíades?

O ESTRANGEIRO – Então, Diotima, por que razão acontece tantas vezes que se servisse de habilidades dialéticas para fazer calar o seu adversário? Por que não recua, não põe de novo a questão, não aprecia como deve as objeções do interlocutor? Depois, Diotima, alguma coisa passa do mestre para o discípulo, mais importante do que as ideias ou o tom; uma ferida oculta veio de Sócrates para Platão; a força de Sócrates é apenas aparente e não se exerce no que me parece ser fundamental quanto à vida: se Platão tivesse sentido no mestre um verdadeiro homem, não lhe tinha dado por adversário quem nós sentimos valer muito menos do que nós; não é verdade, Diotima, que em muitos casos poderíamos refazer os diálogos de Platão, se substituíssemos à resposta que deu o adversário aquela que nós próprios daríamos? Nunca pendeste a crer que Platão era efetivamente muito mais filósofo do que dramaturgo e que tinha interesse em que Sócrates ganhasse o seu jogo?

DIOTIMA – Sem dúvida, mas ouve: Platão abandonou a tragédia, ela passou ao fundo do seu espírito, forneceu-lhe apenas o quadro em que se expôs a sua filosofia. Antes o querias dramaturgo?

O ESTRANGEIRO – Foi-o mesmo sem o desejar. Nos diálogos de Platão, como em toda a vida de Sócrates, há uma dura batalha, uma luta implacável, e essa contra um adversário que se não deixa vencer e que, realmente, ficou vitorioso.

DIOTIMA – De que luta falas, estrangeiro?

O ESTRANGEIRO – O verdadeiro diálogo não se passa entre Sócrates e o pobre sacerdote ou o pobre sofista; o verdadeiro diálogo passa-se entre Sócrates e a vida; sente o mal perante ele, o velho pensador, e combate-o, e supõe-o vencido, quando a única solução da batalha foi recuar ele próprio e armar, para sua defesa, uma fortaleza habilidosa, belamente construída, mas de que não ousou sair para os grandes países ignotos. Sócrates, Diotima, não teve coragem de suportar a existência do mal; sentiu a existência do mal e não saiu do seu jardim encantado; sabia das salas do palácio e não ousou, Diotima, abrir as portas.

DIOTIMA – Ah! Estrangeiro, quanta razão no que dizes! E, no entanto, que figura encontramos mais bela do que Sócrates?

O ESTRANGEIRO – Entre os deuses e os homens, se não venerasse o que é ainda mais alto do que deuses e homens, tomaria para meu guia e modelo o gigantesco Héracles. Vê tu, Diotima, como a sua vida é nobre e grande: como parte a combater o mundo que sabe cheio de enganos e de perfídias e de perigos, de ladrões, de assassinos e de monstros, como luta corajoso e forte, e como tem, ligando-o a nós, a fraqueza que o abate aos pés de Ônfale e o leva a revestir a túnica de Nessos; se tem as violências, a fúria dionisíaca que tudo arrasta na sua passagem, sabe também sustentar o peso do mundo sobre os seus ombros, para que o gigante descanse, e desce aos infernos para que a esposa do amigo, arrebatada pela morte, volte de novo ao palácio afundado na dor. Para ser fiel às suas doutrinas, Sócrates tirou o pai a seus próprios filhos; Héracles, fiel também ao que pensava, sacrificaria a sua vida, para que filhos alheios pudessem ser de novo acarinhados pela mãe; Héracles, Diotima, não morre pelo amor de uma ideia, morre pelo amor de uma mulher. Héracles foi verdadeiramente um deus valoroso e um fraquíssimo homem; veem-se os deuses no que tem de divino e declaram-no seu filho; lembram-no os homens pelo que teve de humano e, quando sofrem, sentem-no curvar-se sobre eles como um pai carinhoso; pode-se invocar Héracles, Diotima, não se pode invocar Sócrates; com este discute-se, com o outro vive-se.

DIOTIMA – Crês então que possa ter havido em Sócrates, sob as aparências de coragem, uma real covardia?

O ESTRANGEIRO – Creio que sim, Diotima; Sócrates não foi covarde ante a morte, mas foi covarde ante a vida; não foi covarde ante a prisão, mas foi covarde ante a liberdade.

DIOTIMA – Serias capaz de atribuir toda a filosofia de Sócrates a esse medo da vida, a esse terror de a saber insuportável?

O ESTRANGEIRO – Sempre o tenho pensado, Diotima; talvez mesmo todas as filosofias dos homens nada mais sejam do que expressão do horror pelo martírio, do que uma fraqueza inconfessada perante o duro existir, do que uma ilusão a que, para conseguirem viver, dão o nome de certeza.

DIOTIMA – Mas repara, estrangeiro; se aceitássemos o teu pensamento, se tivéssemos a ideia de que há, nas doutrinas de um Sócrates ou de um Platão, apenas uma tentativa de fuga, um medo e não um heroísmo, a vida seria insuportável, porque isso equivaleria a darmos-lhe uma eternidade de tragédia, a tornar todo este nosso universo alguma coisa de terrível, pior que todos os tormentos dos infernos.

O ESTRANGEIRO – E que me importa, Diotima? Já te disse, creio eu, que para mim vale mais a verdade do que a felicidade, que prefiro viver mal a amputar a vida, que prefiro as noites de terror, percorrendo todo o palácio, às noites luminosas dos que pretendem renunciar ao sofrimento. Não quero ascender à presença dos deuses bons, serenos, ideais, que só existem em estátua: quero viver no meio das grandes divindades em que há o amor e o ódio, o heroísmo e a fraqueza e, sobretudo, Diotima, para além deste nosso pobre ponto de luz, o silêncio infinito, o infinito mistério...

Diotima – Nenhum grego pode proferir tais palavras... Estranho que tu... que o teu mestre Menêxeno...

O estrangeiro – Menêxeno foi mestre de uma parte de mim e eu sou grego, Diotima, apenas também numa parte de mim... Nem sequer sei donde sou; talvez tenha vindo do vale do Nilo e traga em mim o culto da morte; talvez tenha vindo da distante Judeia e traga em mim a ressurreição dos homens; talvez seja ainda de mais longe, das terras que ficam para lá dos desertos e dos grandes rios e das montanhas coroadas de neve... Talvez, Diotima, busque acima de tudo o aniquilamento da vida.

Diotima – Parece-te que uma sacerdotisa pode entrar contigo em domínios que, porventura, escapam aos olhares dos seus deuses?

O estrangeiro – Não poderá ser, Diotima, que eu tenha trazido comigo, de povos mais estranhos do que aqueles de que fala Heródoto, o feitiço maravilhoso que permite ver o que pensa quem dialoga conosco?

Diotima – Talvez, estrangeiro... Eu, porém, não conheço feitiços. Quererias tu explicar em palavras claras o que pretendes dizer?

O estrangeiro – Certamente, Diotima. Creio que as sacerdotisas foram instituídas para consolar ou amparar os que, tendo menos possibilidades do que um Sócrates, sentem como ele o terror da vida e se defendem pelo conhecimento do futuro, pelos votos sagrados, pelo rogo de que os deuses os protejam. A tua grande missão, sacerdotisa Diotima, é a de consolar os que fraquejam, de lhes dar ânimo para levarem até o fim a jornada que empreenderam tão sem vontade sua.

Diotima – Não poderei negar que tens razão. Mas sou sempre sincera.

O estrangeiro – Sincera, porque és boa, Diotima, porque te confrange a miséria dos homens teus irmãos, porque sentes que tens talvez, acima de todos os outros deveres, o de acompanhar a longa teoria dos que caminham da vida para a morte, nem deixando que meçam bem o horror em que se movem. Quando há pouco te perguntei se puseras toda a tua alma no discurso a Sócrates, nem por um momento quis duvidar da sinceridade de Diotima. Mas Sófocles também é sincero quando fala como Creonte e quando fala como Antígona; pode haver em ti, Diotima, um sentido dramático, uma possibilidade poética de seres tu e o outro e até de toda te encerrares no que propriamente não és tu. És sincera quando prometes aos pobres que te procuram o auxílio dos deuses: bem sei que não acreditas nos deuses em que eles acreditam, mas acreditas na miséria que há dentro das almas que ansiosas te interrogam; ai de ti, Diotima, se acreditasses nos deuses mais que nos homens!

DIOTIMA – E sincera também quando falo a Sócrates dos mistérios maravilhosos do Amor?

O ESTRANGEIRO – Também sincera, Diotima; a bondade que se não nega ao escravo, ao pobre fabricante de armas, ou até ao fenício que viola e assassina, não poderia ter ficado indiferente à miséria de Sócrates. Simplesmente, Diotima, não lhe poderias ter falado a ele de sonhos mágicos, nem de tripés proféticos, nem da Íris que desce, alada e pura, sobre os arcos que vão de mar a mar. E então, Diotima, exatamente como o músico arranca mais altos sons da lira se é mais forte a voz do rapsodo que entoa os cantos das batalhas, tu fizeste vibrar a tua alma à altura da alma de Sócrates; de beleza a beleza, não desprezando, como início, a beleza corporal, mas somente a tomando como degrau necessário à ascensão, tu o levaste a alguns dos mais altos planos em que porventura tem pairado o espírito do homem; tudo o que lhe disseste, Diotima, é, a todos os olhos, maravilha de beleza, é um ritmo de asa poderosa cortando os céus azuis até o infinito em que música e luz se não distinguem, em que todo o nosso ser parece dissolver-se, perder-se num magnífico esplendor, sem tu e eu, sem mundo e sem alma, sem amante e sem amado. A meus olhos, porém, Diotima, há ainda no teu discurso alguma coisa de mais belo: é que a pena que tiveste de Sócrates tenha sido tão intensa e tão pura que possa ter levado a tua alma a conceber doutrina tão alta; e por outro lado, Diotima, que a tua alma, em momento tão difícil, pudesse ter respondido inteiramente ao apelo da tua piedade.

Diotima – Interessa-me tanto o que está construído como vida que nem me preocuparei em negar o que afirmas com tanto ardor. Não tem importância que a personagem exista ou não na realidade, e a Diotima que te pareço é melhor do que a outra, mais bela, creio eu, e verdadeiramente mais forte; é em seu seguimento, não em seguimento da que te fala, ou melhor, da que te escuta, que os homens poderão ir... Se eles acreditarem que a Diotima real era a que tu pensas, quantos atos belos poderão praticar! Não é verdade, estrangeiro? O que importa, para que os homens procedam, não é que se exista, mas que se pareça existir...

O estrangeiro – Eu não diria assim, Diotima: o que só parece não move os homens; é preciso que eles acreditem; é preciso que tenham construído, inspirados pela personalidade real, o que fazia falta ao seu amor, ou ao seu heroísmo, ou à sua ânsia de verdade. Talvez no fim de tudo, Diotima, o mundo se passe na imaginação, o que de certo modo concorda com o que me disseste sobre a beleza como residindo nas almas... Mas, realmente, além da sacerdotisa que ampara e consola, da criadora de mitos que põem novas forças no coração dos homens, parece-me existir uma outra Diotima, a que pensa na possível falsidade do que afirma e olha a vida como, segundo creio, a deve olhar um verdadeiro servidor dos deuses: como um terrível mistério, uma inquietação de todos os momentos, uma luta desesperada e sem-fim entre as limitações do agir e o desejo de aperceber o universo em toda a sua inteireza...

Diotima – Muito do que me dizes, estrangeiro, é obscuro para o meu entendimento; estou habituada às palavras claras dos helenos e há em todas as tuas ideias um elemento de obscuridade, de indefinido... No entanto, propor-te-ei uma terceira Diotima, a que representaria, perante ti e perante os outros, a incessante tragédia em que pensam os deuses, e que pode, talvez, constituir a própria essência da divindade. Pode ser que nenhum de vós, Sócrates ou o pobre mercador, ou o estrangeiro amigo do mar e das palavras, veja Diotima, que nem sequer eu a veja; pode ser que nada mais eu tenha sido até hoje do que a máscara vária de uma realidade que se furta... Segundo o que dizes, represento quando animo; pode ser que represente quando aceito a dúvida ou as certezas que quase esmagam a vontade; pode ser que nunca se exprima a sacerdotisa, que ela seja um mero instrumento ao serviço de um deus imaginoso. Sócrates não teve Diotima, talvez não a tenhas também, talvez ninguém venha a possuí-la, nem sequer ela própria.

O ESTRANGEIRO – Também não me interessa o que tu és, Diotima; adoro o mar pelo seu movimento incessante; adoro as nuvens do céu pelo jogo variado e instável; não posso exigir de ti que te mantenhas sempre a mesma: muito mais me deleita, Diotima, a imaginação, o poder criador, a perfeita compreensão com que se podem exprimir as correntes do mundo e penetrar, pela variedade, aos pontos fundamentais a que não chega a rigidez do político ou do filósofo. Em ti, Diotima, não vim procurar a verdade, vim procurar a poesia.

DIOTIMA – Creio que te contradizes, ou, pelo menos, que te esqueces um pouco do que afirmaste. Segundo o que me lembra, o teu interesse essencial era a busca da verdade: por ela estarias pronto a deixar de ser feliz; como se compreende que, num momento, te possa prender mais a poesia que a verdade?

O ESTRANGEIRO – Em primeiro lugar, Diotima, o fato de não procurar em ti a verdade não leva a concluir que a não procure; em segundo lugar, creio que seria problema importante o de sabermos até que ponto temos sempre a poesia, não a verdade. Mas, agora, o que desejo dizer-te é que desistirei da verdade – e dar-lhe-ás por mim o preço que quiseres – para ver surgir a Diotima poética que Sócrates não viu; Sócrates ouviu de ti o poema do Amor, o que é diferente. Mas eu, Diotima, encontrei o que mais vale: encontrei a incerteza, a dúvida, ou, se queres, a maravilhosa flexibilidade que te adapta, com um canto novo, ao marinheiro, ou ao sofista, ou ao filósofo; não tens uma ideia que defendas, não tens uma doutrina a que te apegues e se apodere de ti, petrificando-te; és viva como a vida, Diotima, não forças o que surge, mas lhe respondes e o abraças.

Diotima – No entanto, meu amigo, o ator que nos teatros de Dioniso pode ser rei e escravo, Creonte ou Édipo, é também, quando abandona a sua máscara, um homem que se distingue dos outros homens e se lhes opõe, com eles luta ou coopera.

O estrangeiro – Mas certamente, Diotima; percebo que defendas o teu direito de ser igual aos outros; mas o máximo do teu valor está na medida em que inventas uma Diotima nova perante cada um dos que visitam o santuário; há milhares de pessoas que são o que tu és quando te não inspira o deus... Digamos: a grande Diotima é a falsa Diotima, a Diotima hipócrita, a Diotima do discurso a Sócrates, talvez aquela Diotima que dentro em pouco me vai dizer, melhor do que eu diria, o que penso do mundo...

Diotima – Crês, então, que era possível ser cada uma das Diotimas de que falas se não houvesse na realidade uma outra que lhes permitisse a existência? Bastaria que não achasse nenhuma utilidade em fazê-lo para que o não fizesse. Compreendes, estrangeiro? O estar eu disposta a representar Diotima não pode ser senão o resultado de uma ideia.

O estrangeiro – Não podes ter a certeza de que assim é: pode estar Diotima consolando a própria Diotima. Pode ser apenas Diotima o produto da imaginação de um deus, como eu também, e ser toda esta conversa um espetáculo que o deus se ofereceu a si próprio.

DIOTIMA – Um deus poderoso que se tivesse desdobrado em ator e espectador... Quanta vez tenho pensado num deus que tivesse surgido das profundidades da noite e dentro do qual se contivesse todo o mundo, uma parte agindo, a outra vendo.

O ESTRANGEIRO – Conviria, talvez, Diotima, antes de prosseguirmos no teu conto, darmos uma razão para que o deus tenha aparecido como dizes. Um deus único, como pareces imaginar, tomado no seu conjunto, não pode ser senão perfeito.

DIOTIMA – E por quê?

O ESTRANGEIRO – Porque, se disséssemos que era imperfeito, isso significaria que lhe faltava alguma coisa de que tínhamos ideia, alguma coisa que existira, pelo menos como ideia, num ponto do universo que não era o deus; mas esse deus, por definição, contém, ou melhor, é ele próprio todo o universo; compreendes que seria contraditório...

DIOTIMA – Mas, estrangeiro, eu ainda não disse que o deus não era perfeito.

O ESTRANGEIRO – Na realidade disseste, Diotima: porque, se ele fosse perfeito, não precisaria de se ter transformado, de ter passado do que era para esse desdobramento em ator e espectador de que tu falas.

DIOTIMA – Mas, se não se desdobrasse em ator e espectador, como poderia saber que existia? A consciência de ser tem de entrar no deus, porque, caso contrário, seria imperfeito.

O ESTRANGEIRO – Então, Diotima, segundo me parece, não podes dizer que o teu deus surgiu das profundidades da noite. Só podes dizer: imagino o deus como inseparavelmente e eternamente ator e espectador, como aquilo que vive e aquilo que vê viver.

DIOTIMA – Acrescentaria, ainda, estrangeiro, que poderíamos pensar o nosso deus como de tal modo construído que, se a vida faltar, morre o que vê viver, se morrer o que vê, morre a vida.

O ESTRANGEIRO – Era exatamente o que pretendia que aceitasses quando disse – inseparavelmente.

DIOTIMA – Se esse deus é, na realidade, o único ator e o único espectador, nós dois somos elementos de um conjunto, somos peças de um jogo.

O ESTRANGEIRO – Não percebo o que pretendes dizer quando falas de nós dois: falas no estrangeiro e na Diotima que, sentados no alto das arribas, olham o mar e discutem, ou no estrangeiro e na Diotima que assistem à discussão e a superam?

DIOTIMA – Por enquanto, falava nos dois que olham o mar e conversam dos deuses e da vida.

O ESTRANGEIRO – É possível que sejam esses, Diotima, os menos importantes para a questão de que estamos falando.

DIOTIMA – Não vejo porquê, meu amigo; se acordamos em que no deus tudo é inseparável, parece-me que não podemos estabelecer uma distinção de importância entre uma parte e outra parte. Mas, se preferires, falaremos desses outros dois a que te referes e que não entendo bem quem sejam.

O ESTRANGEIRO – Falo dos dois que estão com a parte do deus que vê, como espectador, o desenrolar do mundo e o critica, isto é, se lhe opõe, se mostra distinto da parte em que vivem e se agitam a mulher e o homem que, neste momento, se sentam junto um do outro.

DIOTIMA – E qual é, estrangeiro, o problema que pretendes pôr acerca desses dois?

O ESTRANGEIRO – Pretendo apenas fazer uma pergunta, Diotima: crês tu que eles sejam independentes ou que haja, ligando-os, uma fundamental natureza?

DIOTIMA – Poderia talvez imaginar-se, visto estarmos os dois na tentativa de construir este deus que adoraríamos, que, pelo menos aceitaríamos, poderíamos talvez imaginar que os dois são independentes entre si; o tu e o eu que contemplam o nosso desacordo e o nosso acordo e o reúnem em diálogo, são inteiramente separados; tu és um, o estrangeiro, eu, outra, Diotima.

O ESTRANGEIRO – Não quereria fazer-te outra pergunta sem que nos entendêssemos bem; para maior clareza, poderíamos dizer que o deus se divide num corpo e numa alma: damos a corpo não o sentido em que o tomaram os mestres de Mileto ou os de Elea, mas apenas o sentido daquilo que é visto sem ver, que é contemplado sem contemplar; a alma do deus será, para nós, a parte do deus que vê, relaciona, avalia, critica. Sendo assim...

DIOTIMA – Haveria que discutir por que motivo se passa, assim tão facilmente, do ver ao relacionar e ao avaliar.

O ESTRANGEIRO – Creio, Diotima, que não poderemos despojar o nosso deus dum sentido de eternidade e de conjunto; mas o que ele vê, a aparência ou os corpos, não é eterno, nem total; há para o objeto um limite no tempo e um limite no lugar. Basta que se confrontem o passageiro da aparência e a eternidade do deus, o limitado dos corpos e o ilimitado do deus para que a relacionação, sob o aspecto de valor, se dê imediatamente. Por outro lado, e devido à ideia que tem do conjunto ou, pelo menos, de uma tendência para o conjunto, o nosso deus, o nosso universo, se quiseres, tomado como espectador, relaciona as aparências entre si. Possivelmente, Diotima, ainda seremos capazes de tirar dessa ideia alguma outra que nos interesse; por agora, voltaremos ao ponto em que estávamos.

DIOTIMA – Dizias que uma parte do deus é contemplada sem contemplar; que outra parte vê, relaciona, critica.

O ESTRANGEIRO – Exatamente, Diotima, e parece-me que a mesma distinção poderíamos fazer em nós; temos um corpo e uma alma, não te parece?

DIOTIMA – Creio que sim. Dois corpos distintos, duas almas distintas.

O ESTRANGEIRO – Seria, talvez, bom apurarmos em que sentido dizemos nós que temos dois corpos distintos.

Diotima – No sentido de que se não confundem os meus braços com os teus braços, nem os meus olhos com os teus olhos.

O estrangeiro – Claro; mas não no sentido de que entre nós não há qualquer ligação da mesma natureza de que os nossos corpos; se estamos sobre o chão, o chão nos liga, se nos banhamos no mar, o mar nos liga, se nos elevássemos no ar, o ar nos ligaria, Diotima, porque, como sabes, o ar não é mais do que uma terra rarefeita.

Diotima – No entanto, estrangeiro, continuamos bem separados; entre mim e ti, como corpos, há alguma coisa que não é o nosso corpo.

O estrangeiro – Mas, certamente, Diotima. A nossa aparência-corpo distingue-se bem da aparência-rocha que está entre nós e, portanto, os nossos corpos distinguem-se entre si. Vejamos, agora, o que poderá passar-se quanto às almas.

Diotima – Necessariamente, distinguem-se também entre si. Há uma alma que me pertence, a minha alma, outra que é solidária contigo, a tua alma.

O estrangeiro – Mas, como acontece com os corpos, alguma coisa as une entre si: caso contrário, não poderíamos comunicar; e o que as une, Diotima, deve ser da mesma natureza das almas.

Diotima – Creio que não poderemos pensar doutro modo.

O estrangeiro – De fato, que poderia existir no mundo que não fosse ou espectador ou ator?

Diotima – Mas, se tudo fosse como dizes...

O estrangeiro – Como nós dois vamos dizendo, Diotima...

Diotima – Como vamos dizendo... Se tudo fosse desse modo, assim como, pelo que afirmamos dos corpos, fazemos do nosso corpo apenas um fragmento do grande corpo universal, assim também, pelas almas, faríamos parte da grande alma universal. Seríamos apenas na alma universal, como almas, a correspondência exata do que éramos, no corpo universal, como corpos.

O estrangeiro – Haveria, portanto, de um lado, uma cadeia de aparências, uma cadeia de corpos, sucedendo-se no tempo e no espaço, no outro, uma cadeia de almas palpitando na alma universal. Como nenhum corpo é independente doutro corpo, nenhuma alma, Diotima, é independente de outra alma; há, realmente, só uma aparência, o mundo, só uma alma, o entendimento de Deus.

Diotima – Creio que não há impedimento nenhum para que o não aceitemos.

O estrangeiro – Já talvez amanhã pensemos doutro modo, Diotima; já talvez mesmo dentro em pouco reparemos que nos falta um elemento essencial, que passamos em claro uma dificuldade e tenhamos que refazer toda a nossa construção. Como o engano na quantidade de uma sílaba inutiliza todo o verso, basta uma falha num pormenor para que tenhamos de abandonar a nossa empresa… Por agora, porém, parece-nos que não há aqui nenhum erro. Um deus dividido em aparência e em alma inclui em si o universo inteiro.

Diotima – Como distinguirias tu, claramente, a aparência e a alma?

O estrangeiro – Imagino que no momento em que o deus se separou, ou melhor, que, existindo o deus separado, porque senão não existiria, foi para a aparência tudo que nele era fatalidade e cego movimento, foi para a alma tudo o que nele era possibilidade de escolha; tudo que nele era liberdade, Diotima.

Diotima – Efetivamente, a pedra lançada da arriba cai sempre no mar, mas o meu pensamento…

O estrangeiro – O pensamento divino…

Diotima – O pensamento, talvez melhor, pode sempre imaginá-la ou subindo, ou parando, ou correndo na babugem das vagas.

O ESTRANGEIRO – E, entretanto, Diotima, a pedra seguirá o seu rumo fatal, obedecendo por um lado à força da mão que a lançou, por outro lado ao peso que a solicita para o mar. Os corpos, Diotima, ou o meu corpo, ou o teu corpo, ou uma simples pedra, fazem, mas não querem; ao passo que a alma, mesmo que não possa, quer sempre.

DIOTIMA – Não te parece, estrangeiro, que há aí uma oposição fundamental entre o que no deus é corpo e o que é alma?

O ESTRANGEIRO – É evidente que me parece, Diotima; se não houvesse oposição, fundir-se-iam e o deus, como vimos, não poderia existir; nada existiria. Este ponto, Diotima, vamos gravá-lo bem no nosso espírito: não há vida sem oposição, sem batalha entre o corpo e a alma.

DIOTIMA – Creio eu, estrangeiro, que poderíamos procurar se não existe outra espécie de oposição.

O ESTRANGEIRO – Queria que nunca te esquecesses, Diotima, de que não estamos, como os filósofos, a desvendar os segredos do mundo e de que não veio aqui nenhum de nós, senhor de uma doutrina, convencer o outro de que ela é a única verdadeira. Nós estamos apenas a imaginar uma possível explicação do mundo e, por mim, tomá-la-ei apenas como um poema, belo em si; verdadeiro, quem o sabe? Parece, por vezes, Diotima, que tomaste de Sócrates e de outros que te visitaram um gosto da verdade que só te pode ser fatal. Ai de ti, Diotima!, se um dia pensas ter a verdade; para ninguém existirá a tua beleza e a esplêndida beleza deste golfo; só te hão de procurar os inferiores; os poetas fugirão de ti... e quem, senão eles, é capaz de construir Diotima e os rochedos e as espumas e as ninfas amorosas do Sol?

DIOTIMA – Direi então, meu amigo, que poderíamos procurar se não seria possível existir, sem que se inutilizasse a harmonia do nosso poema, um outro ponto de oposição entre a alma e o corpo do deus.

O ESTRANGEIRO – Por mim, acho que poderemos. Se demos à alma divina o sentido do conjunto, se dizemos que aspira ao total, basta notarmos que a aparência é fragmentada, é, nas suas manifestações, distinta uma da outra, para que vejamos logo como se desenha aqui uma nova linha de oposição.

Diotima – Imaginemos agora, estrangeiro, que surja aqui um terceiro enamorado dos poemas e nos dizia: "Afirmastes que as almas são, na alma do deus, a correspondência exata dos corpos no corpo do deus; se isso é assim, também as almas aparecem como fragmentadas, como distintas umas das outras; sustentais ainda que há na alma do deus uma aspiração ao total, um sentido do total?".

O estrangeiro – Talvez lhe respondêssemos o seguinte: "Entre os corpos, amigo, não há laço imediato e evidente; já o mesmo não sucede entre as almas: todas pensam". Que te parece?

Diotima – Que nos poderia replicar: "Dizerdes vós que todas as almas pensam, isto é, são espectadoras e críticas, é o mesmo que dizerdes que todas as almas são almas; o laço evidente entre os corpos seria o de todos os corpos serem corpos".

O estrangeiro – O ponto importante não é esse: o que vale para nós é que a alma do deus ache, como superior à oposição que possa haver dentro dela, a oposição que surge entre a aparência e a alma. A alma, em face dos corpos, vê separações, diferenças, pluralidade, não unidade. E a oposição que possa haver entre as almas na alma é apenas, como imaginamos, o resultado da separação que existe entre os corpos no corpo.

Diotima – Mas, se existe esse antagonismo entre o corpo e a alma, ou pelo choque do ideal de conjunto contra a existência da pluralidade, ou pelo choque entre o que é fatal e o que é livre; se, como dissemos, esse antagonismo é a própria essência da vida; se o atingir-se a unidade primordial, desde que ela tenha existido, representaria o aniquilamento de tudo, o que é absurdo pensar-se, então, estrangeiro, é a vida uma batalha sem-fim, um sofrimento que nunca mais terá remédio, uma apetência que jamais se satisfaz: haverá para o homem, nesse teu poema, outro destino que não seja a dor?

O ESTRANGEIRO – Por que só para o homem, Diotima?

DIOTIMA – Porque só o homem tem alma.

O ESTRANGEIRO – Mas acordamos há pouco em que veríamos tudo o que existe com aspecto de corpo como pensado pela parte do deus a que chamamos alma; tudo tem alma, Diotima, no sentido de que tudo se reflete na alma; nada tem alma, no sentido de que só uma alma está pensando, contemplando o espetáculo da cadeia infinita dos seres. No primeiro caso, tudo sofre no mundo; mas parece-me que há aqui sobretudo uma expressão inexata; creio, Diotima, que só sofre a alma do deus, aquilo a que, muito mal, chamamos a nossa alma; quando sofro, não sofro eu, sofre o deus. Eu, pelo que "eu" designa de alma, é um abuso...

DIOTIMA – Mas, estrangeiro, como pode o deus sofrer?

O ESTRANGEIRO – Repara que não podes passar assim da alma do deus ao deus; o deus, como corpo, não sofre; só sofre como alma; é depois de se dividir que sofre e o sofrimento é na alma que existe, não no corpo. Um deus que não sofresse não existiria.

DIOTIMA – Sustentarias então que só o sofrimento existe na vida, que a vida nada mais é senão dor?

O ESTRANGEIRO – Mas seria absurdo sustentá-lo, Diotima; uma vida em que só houvesse sofrimento seria uma vida em que se não sentiria o sofrimento; parece-te que se daria pelo mar se só houvesse mar?

DIOTIMA – Claro que não; é evidente que só a terra cria o mar.

O ESTRANGEIRO – E o mar a terra; só pode existir a ideia da dor, porque também existe a do prazer.

DIOTIMA – Mas qual domina na vida, estrangeiro?

O ESTRANGEIRO – Queres perguntar qual dominaria se a vida fosse o que pensamos?

Diotima – De fato, não pensas que é verdadeiro o que dizes?

O estrangeiro – Não penso, nem posso pensar, porque então possuiria a verdade; possuindo a verdade, estaria tranquilo, o que eliminaria da minha vida toda a espécie de sofrimento; a dúvida, Diotima, entra no meu sistema de certezas...

Diotima – Compreendo o que queres dizer. Mas estava a perguntar-te o que pensas que domina na vida: é o prazer? É a dor?

O estrangeiro – Para decidirmos o que domina na vida, se a dor, se o prazer, conviria talvez, Diotima, tomarmos outro caminho. Se te parece que pode não haver ligação entre o que imaginamos até aqui e a parte que vamos pôr agora, peço-te, Diotima, que a vejas como diferente e lhe dês, por si própria, o teu interesse.

Diotima – Qual é, então, a questão nova que vais pôr?

O estrangeiro – É a seguinte: havendo na vida o sofrimento, de que meios disporemos nós para o eliminar ou para o atenuar? Se não dispusermos de nenhum meio, então a vida é realmente alguma coisa de terrível e não sei como poderíamos ter coragem de a suportar, se ela não fosse fatal; se dispomos de algum meio, ainda temos de ver se ele é capaz de pôr de lado, totalmente, a dor, ou se apenas nos pode dar um prazer passageiro, o sonho de um momento de paz numa eternidade de lutas. Resolvida essa questão, se a resolvermos, poderemos talvez dizer se domina na vida o sofrimento ou o prazer.

Diotima – Se a vida é um mal, é evidente que só a morte pode ser um remédio completo.

O estrangeiro – Sem dúvida, Diotima; mas não achas que temos de nos entender sobre o que significamos com a palavra morte?

Diotima – Poderíamos pensar primeiro na morte do deus, mas essa é impossível, porque ficaria privado da vida e o deus, para ser verdadeiramente o deus que imaginamos, tem de conter em si tudo o que existe.

O estrangeiro – Creio que tens razão, Diotima.

Diotima – Temos de pensar então na morte de cada um dos seres que desfilam perante os olhos do deus, na grande teoria do mundo dos sentidos.

O estrangeiro – Estou perfeitamente de acordo contigo, Diotima. Mas, dize-me: a morte do indivíduo apenas apagará, na alma do deus, a alma particular que aí lhe correspondia; mas, segundo me parece, estivemos de acordo em que toda a aparência ou grupo de aparências provocava na alma do deus uma modificação, importando pouco, por conseguinte, para a impressão causada no deus, que o grupo de aparências ou a aparência esteja naquilo que chamamos vida ou naquilo que chamamos morte.

Diotima – Poderias explicar melhor, estrangeiro?

O estrangeiro – Suponho eu que na passagem da vida à morte não houve, senão nos corpos, uma modificação de aparência; a oposição entre a alma do deus e a aparência continua a ser a mesma e, portanto, a causar sofrimento. O cadáver está submetido às mesmas forças de fatalidade e às mesmas limitações a que estava submetido o corpo vivo; como há de, pela morte, deixar o deus de sofrer? Além de tudo, Diotima, nós falamos do sofrimento total da vida e para esse seria necessário encontrarmos um remédio de conjunto. Repara bem, Diotima: na nossa invenção não sou eu nem tu quem sofre; é o deus que nos vê agir, entre as outras aparências.

Diotima – O que importava, realmente, era morrer-se para o deus; mas vejo bem que se não pode morrer para o deus, morrer totalmente, porque sempre se está ligado à cadeia dos corpos e aquilo a que chamamos morte não é mais do que uma forma de vida.

O estrangeiro – Pois, evidentemente, Diotima; e quando dizemos que alguém morre, o que morre é exatamente a parte que não sofre, o corpo; a alma não morre, porque a alma do deus continua a viver, nem deixa de sofrer, porque persiste perante ela a outra parte do deus que não é alma e se lhe opõe.

Diotima – Desse modo, estrangeiro, como a morte do indivíduo não seria remédio e como a morte do deus é impossível, não temos que procurar na morte a solução que desejaríamos encontrar. E posta ela de parte, não sei, de verdade, onde poderemos, meu Amigo, descobrir pelo menos lenitivo para a dor que fundamentalmente impregna a vida.

O estrangeiro – Não te parece, Diotima, que devemos seguir o deus no caminho que nos indica, que devemos obedecer ao seu aceno, ir com ele na aspiração imensa que o toma para a liberdade e para a visão do geral?

Diotima – Não poderemos, mesmo, deixar de o fazer, estrangeiro, porquanto a nossa alma está integrada na grande alma divina; e é possível que por aí alcancemos, senão o estado de aniquilamento a que iria equivaler a supressão total da dor...

O estrangeiro – Que é impossível porque seria a supressão da vida e, portanto, uma limitação do deus.

Diotima – Sim, o aniquilamento, talvez desejável, não é possível. Mas iremos até muito perto dessa visão de conjunto, dessa libertação de que falamos.

O estrangeiro – Quando há pouco me dirigia para o teu santuário, Diotima, parei a admirar o Hermes que se ergue um pouco acima de Hipsilipo, lembras-te bem da estátua? O adolescente, nas curvas do seu corpo quase feminino, no ritmado gesto em que levanta o seu bordão de mensageiro, no sorriso indefinido que lhe entreabre os lábios, exprime uma harmonia tão profunda, uma tão clara relação entre todas as partes que o compõem, que na verdade, ao contemplá-lo, nos parece, Diotima, que o mundo, ante o escultor, suspendeu a sua marcha, que nós próprios nos fundimos na simetria universal, quase nos não distinguimos do que somos e passa o tempo sem que demos por ele, num êxtase que se não exprime, num movimento que nos eleva para além da vida.

Diotima – É o mesmo que sucede, quando contemplo o mar do cimo das arribas...

O ESTRANGEIRO – No adolescente que o escultor pôs como Hermes, não há um adolescente de Atenas ou de Esparta, nem um adolescente do tempo de Homero ou de cem anos a vir; é o moço de todos os tempos e de todos os lugares, livre de todas as fatalidades da aparência e conglobando em si tudo que é ritmo e harmonia no mundo; há nele a graça do ginasta, Diotima, mas também há nele a graça dos cavalos jovens e das ondas ligeiras e dos ventos inquietos; no Hermes de que te falo, um deus contempla, sem dor ou com um mínimo de dor, o espetáculo do mundo; o que é fragmentado desaparece e se une num todo magnífico, o que estava sujeito às grandes leis universais cavalga nos corcéis da fantasia e perde-se na pureza imaculada e seceníssima dos céus.

DIOTIMA – Mas o que fez o estatuário no seu Hermes, fez no Partenon Fídias, ou pinta o oleiro no rebordo de uma taça.

O ESTRANGEIRO – A simples curva de uma ânfora, como o simples recorte de uma fraga pode conter em si toda a beleza da aparência, isto é, toda a aparência vista no conjunto e para fora do tempo. E se a paisagem te dá a mesma ideia é porque tu, Diotima, a contemplas com os olhos de artista. Segundo creio, a obra de arte, de qualquer espécie que ela seja, dá-nos, pela sua fuga ao tempo e ao que é individual, uma possibilidade de limitarmos a existência da dor.

DIOTIMA – Ou, se queres ser mais preciso, de limitar o deus o seu sofrimento.

O ESTRANGEIRO – É fatal que empreguemos muitas vezes uma linguagem por outra, Diotima; mas pouco importa porque já nos entendemos quanto ao essencial; o momento em que contemplamos uma obra de arte e nos sentimos inteiramente tomados por ela é o momento em que o deus apercebe o conjunto e se liberta, por um instante, do tormento de viver.

DIOTIMA – Mas não é só perante a estátua ou o templo que tal sucede, meu Amigo. No terreiro do meu santuário, ouvi Sócrates explicar a um escravo, ou melhor, fazer que um escravo lhe explicasse o teorema de Pitágoras.

E lembro-me perfeitamente de que ante o encadeamento do raciocínio, ante a rigorosa demonstração, me senti perder no mesmo êxtase de que falaste a propósito do Hermes.

O Estrangeiro – É o mesmo também quando Anaxágoras explica o Sol, a Lua e as estrelas, ou quando Demócrito nos fala de que os corpos são formados pelas minúsculas partículas de elementos a que ele chama os átomos; eu e tu e o mar e os golfinhos que nadam além, tudo desaparece, Diotima, perante a realidade última dos átomos; e tempo virá talvez em que os próprios átomos cederão o lugar a outra realidade mais íntima. Pela física desse mestre se vai o mundo a pouco e pouco despojando de inumerável aparência e se aproxima dos ensinamentos de Pitágoras; quando tal se consegue, Diotima, quando perante nós tudo aparece como livre dos aspectos particulares, como não-aparência, quando de novo se fugiu ao tempo e ao lugar, então, Diotima, o deus outra vez alcança a quase plena liberdade e a dor se restringe ao mínimo que a vida sempre exige.

Diotima – Se o que dizes se dá com a geometria ou com a física, não poderá, creio, deixar de se dar com a filosofia, que mais do que tudo me chama e prende. Ah, estrangeiro, se tivesses ouvido Sócrates falar! Vida e pensamento se fundiam num todo; nas suas palavras, como na estátua, não havia mais do que indefinível harmonia. Se há momentos em que o deus repousa de sofrer, esse era sem dúvida um dos mais belos e profundos.

O Estrangeiro – O mesmo sentirias se tivesses ouvido Platão, nos seus jardins da Academia, falar aos discípulos numa doce voz quase sussurrante, tão sereno, tão puro. O seu corpo é como o de um deus, Diotima, a sua palavra é a palavra de um poeta. Não estou com ele nas suas ideias, se bem cheguei a entendê-las; mas, à medida que fala, vai o mundo perdendo quase tudo o que o torna uma fonte de dor; funde-se o sensível no inteligível, como na arte do oleiro ou nos raciocínios do geômetra. Quem ousaria afirmar, depois de o ouvir, ou mesmo depois de ler um dos seus diálogos, que a alma do deus está desamparada na vida, que nada lhe pode mitigar o sofrimento? Pela meditação da vida nos desprendemos dela, Diotima, na medida em que é possível fazê-lo; pela boca do filósofo fala igualmente a alma divina, e repousada e feliz.

Diotima – Eu, porém, estrangeiro, sou uma sacerdotisa e, se de tudo o que fazem os homens, me parece que seja a filosofia a atividade mais bela, não me esqueço de que estou ao serviço de um deus e de que me cumpre contemplar acima das obras humanas os trabalhos divinos.

O estrangeiro – No que estamos dizendo, não se poderá talvez, Diotima, estabelecer uma grande distinção entre os deuses e os homens, embora ela se estabeleça entre o deus como alma e o que não é deus como alma. Mas não poderemos nós considerar que há momentos em que o deus reflete sobre o seu poder criador e mantenedor, em que vê tudo o que lhe passa diante, se podemos usar de tais palavras, como um jogo da sua fantasia, uma vida que existe apenas no seu poderoso pensamento? Nesses momentos, também a vida é como se não existisse, também tudo vai fundir-se no vasto seio divino, tudo se reconhece como da mesma essência fundamental e, por um instante, que se não conta em tempo, o universo inteiro está à beira da morte, da impossível morte.

Diotima – Foste a Elêusis, estrangeiro?

O estrangeiro – Fui a Elêusis.

Diotima – Admitiram-te no santuário?

O estrangeiro – Admitiram.

Diotima – Deméter, louca de dor porque lhe roubaram a filha, percorre a terra inteira, a terra desolada, sem ondulantes searas, sem pastores deitados à sombra dos plátanos, sem ninfas que se banhem nas límpidas águas dos ribeiros. Ninguém vem consolar a mãe fecunda que alimenta os homens e os rebanhos, antes todo o ser vivo, ao ouvir os gritos lamentosos, recua para as trevas das profundas cavernas e em silêncio, tremendo, escuta os ecos que morrem de quebrada em quebrada. E, subitamente, porque ela olha todo o mundo, a filha surge ante Deméter e o abraço em que se apertam um momento engloba em si os campos e os rios, os homens e as ninfas. A lição do mistério poucos a sabem, mas parece-me bem que a tua ideia se assemelha à das cerimônias hieráticas.

O ESTRANGEIRO – Talvez, Diotima. Mas eu preferia não falar dos mistérios...

DIOTIMA – Os deuses perdoam, mesmo que os homens... Dize, estrangeiro: a profetisa que em delírio se levanta até os deuses e que, partindo da vida, vê a vida apagar-se-lhe quase de todo e volta ao sofrimento depois de nada ter sofrido é, ao que pensas, o que vemos do deus, quando a si mesmo se considera como um todo?

O ESTRANGEIRO – Sempre o deus está em nós, Diotima, e só de nós poderemos falar; da profetisa vejo o corpo, nada mais; mas a alma é minha e dela; se eu sinto a elevação da sua alma é também a minha que se eleva; no conjunto, é a alma do deus que deixa de sofrer, visto já termos dito, Diotima, que só o uso vulgar nos pode levar a pôr uma alma como sendo a da profetisa e outra alma como pertencendo-me a mim.

DIOTIMA – E não te parece que tenhamos esgotado, com a arte, a ciência, a filosofia e a religião, todos os meios de que está dotada a vida para que possa superar-se na medida em que o deus a sente dolorosa?

O ESTRANGEIRO – Estranho bem que assim fales, Diotima, tu que o mundo vai conhecer pelos séculos futuros por teres falado a Sócrates das tuas ideias sobre o amor; ou, segundo o que te disse, de teres posto claramente a Sócrates as suas próprias ideias sobre o amor.

DIOTIMA – Queres porventura dizer que vale mais o amor do que qualquer dos outros meios de que falamos?

O ESTRANGEIRO – Creio que sim, Diotima, que é esse exatamente o mais poderoso de todos, mesmo na sua forma mais grosseira do amor terrestre em que, num momento de união de dois corpos, a alma se afunda nos abismos do que já quase não é vida; do amor se desperta como dum êxtase, porque aparência e alma se fundiram num todo. No entanto, Diotima, é bem certo que o despertar do amor é mais doloroso do que o despertar da arte ou da ciência; a fusão no total fez-se por intermédio de uma parte dos corpos, de uma aparência individual: houve como que um engano, uma ilusão, que depois temos de pagar. Mas é bem diferente, Diotima, se o mesmo ímpeto de abraço e de posse se dirige não ao que há de separado, de diferente, de individual no corpo, mas ao que nele há de comum com os outros; quem ama carnalmente pouco ama, porque se prende ao indivíduo. O grande amor, Diotima, está para além das ilusões, está para além do que o deus pode ver como a simples ligação de duas aparências. O amor de que tu mesma falaste, o amor que supera o nosso corpo e os outros e, dando-se, conquista a vida, esse é o único amor que pode por mais tempo tornar menos dolorosa ao deus a necessidade de viver.

Diotima – Por que razão, meu amigo, vês tu o amor como mais elevado do que a ciência ou do que a filosofia?

O estrangeiro – Talvez não to possa dizer claramente, Diotima; mas creio que na arte ou na ciência ou na filosofia, na religião até, toda a inclusão de um indivíduo, de uma nova aparência na contemplação que já se iniciou, nos faz voltar de novo à parte do deus que não é alma; mas ao amor que verdadeiramente se afirma em toda a sua força nada pode resistir, nenhuma aparência é obstáculo; tudo se funde ao calor da chama que abrasou o universo, tudo ajuda a levantá-la mais alta e mais brilhante para os céus. Quantas vezes, Diotima, o artista sente a dor em seu peito e até, porventura, mais do que qualquer dos outros, porque mais está em contato com o mundo imediato da aparência! Quantas vezes o filósofo ou o sábio ou o sacerdote entram bruscamente e duramente em contato com a vida a que chamamos real! Mas quem ama, Diotima, tudo vence; com a última parcela de egoísmo se dissolve quase de todo o laço que prendia ao indivíduo; como não há de fugir a dor da vida? Se ama, o deus penetra, aceitando-o, no mundo que lhe surge e procura infundir-lhe liberdade, e procura, porque a ama, levar cada aparência a um plano de total; nos outros meios, a posição inicial é sempre a de espectador e de espetáculo: no amor, logo de princípio, tudo se liga e funde.

Diotima — Parece-me, estrangeiro, que sobre o amor as tuas ideias ainda não estão bem definidas, bem claras; não discordo de ti em que o amor seja o meio mais amplo a que possamos recorrer para nos libertarmos da vida, ou antes, para eliminarmos da vida o mais que pudermos de sofrimento; parece-me, porém, que sobre outros pontos o teu raciocínio é mais sólido, mais decisivo...

O estrangeiro — Sobretudo me sinto amando, Diotima, e creio que a minha poesia não é mais, nas suas várias formas, do que a expressão do meu amor. Todos os meus defeitos e todas as minhas qualidades, tudo o que faço de bom e de mau, no amor assenta como em sua base e origem; nunca serei um grande artista, nem um grande filósofo, nem um profundo homem religioso, mas tenho a certeza de que ninguém ama como eu, com a amplidão, a abundância de amor, o entusiasmo, a sensação de ilimitado que há em mim, nas minhas horas melhores... Disse-te que buscava a verdade, mesmo com o risco de não poder ser feliz; para te falar com mais segurança, essa busca da verdade é apenas a procura de um quadro em que eu possa fazer vibrar o meu amor, sem que o venha perturbar qualquer falta de lógica.

Diotima — É exatamente o que te ia perguntar: crês tu que se possa amar bem enquanto se não compreende?

O estrangeiro — Não creio, Diotima. O perfeito amor exige a vigorosa inteligência; toda a alma do deus se tem nele de empregar; como poderíamos pôr de parte o que tanto vale para a alma divina?

Diotima — Seja como for, meu amigo, são esses os caminhos que existem para que nos libertemos da dor, na medida do possível, e já sabendo que sempre voltaremos à dor, porque ela é a essência da vida, a sua característica inseparável. Se a tua ideia resistir, não há para os homens outra coisa a fazer senão lançarem-se à tarefa de libertação, cada um segundo a via que for mais própria ao seu talento. As ocupações que prendem tantos homens são absurdas perante a realidade final: só a arte, a ciência, as outras atividades de que falamos, acima de tudo o amor, podem trazer até nós a paz por que ansiamos. Vogar ao eterno e ao total, eis o nosso fim último, a nossa salvação, o nosso dever.

O ESTRANGEIRO – Lembras-te de que falamos nas almas de escravos que não podem contemplar a beleza? Definiremos o escravo não como aquele que está sujeito a um senhor, mas como aquele que se não pode libertar da miséria dos dias iguais, que não sentiu palpitar dentro em si uma verdadeira aspiração humana ou, se a sentiu, lhe não pôde dar qualquer satisfação. É escravo o que trabalha nas minas ou rema nos barcos, mas é também escravo o que manda remar; como é também escravo o que, porque tem obrigação de alimentar seus filhos, não pode empregar uma só hora do seu dia nalgum dos caminhos de libertação que pusemos como bons. Tu és sacerdotisa, eu sou um homem rico: ambos podemos esquecer a vida contemplando o Hermes ou o mar, compondo ou ouvindo poemas, discutindo com Platão ou lendo os rolos jônicos. Somos dois entre poucos, Diotima; a maioria dos homens está curvada às duras tarefas que os não deixam ser humanos, que os não deixam nem sequer tentar a breve fuga que lhes tornaria mais suportável a vida.

DIOTIMA – Mas achas que o escravo...

O ESTRANGEIRO – Sempre me pareceu que nenhum grego pensava suficientemente no problema dos escravos; consideram-nos quase como um dos fundamentos do mundo, em nada os perturba, na elaboração da sua filosofia, ou no erguer dos seus templos, que haja escravos entre os homens, que só a poucos seja dado lançar-se ao único trabalho que na vida pode ter significado. Eu não acuso os gregos, Diotima, sei bem que são humanos: a sua ideia de humanidade é porém, penso eu, bastante estreita.

Ora, o povo donde venho, pouco dado à filosofia, menos ainda à arte ou à ciência, pensa duma forma diferente: é preciso, antes de mais, que todos possam empreender a jornada.

Diotima – A primeira condição para que tal se faça é supor-se que a estátua em que pensamos se pode tirar do mármore que existe… Crês que dos escravos possam surgir homens como um Platão ou um Fídias? Já se nasce com uma alma de escravo, meu amigo.

O estrangeiro – Há, sem dúvida, almas de escravo e foi, se me não engano, exatamente o ponto que nos serviu para discutirmos Sócrates e a ideia da vida; mas nada nos garante que, exercendo-se sobre eles e os filhos e os filhos dos filhos, uma ação igual à que se exerce perante os homens livres, não surja finalmente uma geração em que haja artistas e poetas. Para além do mar, vive um povo, Diotima, que pensa que as faltas dos pais se vêm a pagar nos filhos; por que não hão de frutificar nos filhos os cuidados que se tiveram com os pais?

Diotima – As más sementes existem, estrangeiro, e nenhum lavrador, por melhor que seja a sua terra e mais hábil o seu trabalho, pode jamais tirar delas a planta fecunda e vigorosa que logo sai da semente boa.

O estrangeiro – Tudo é incerto e misterioso no mundo, Diotima; quem sabe se um dia, tão facilmente como deslocamos esta pedrinha daqui para ali, não podem os homens transformar em bons os mesmos germes das sementes, de modo que não haja sobre a terra senão primaveras magníficas?

Diotima – Receio que te estejas deixando levar demasiado pela imaginação de poeta…

O estrangeiro – O mundo acaba sempre por fazer o que sonharam os poetas, Diotima.

Diotima – Não me parece, no entanto, que os gregos possam alguma vez olhar o escravo duma forma diferente.

O ESTRANGEIRO – Também não creio que o façam; considerar o escravo e batalhar por ele exigiria, de momento, um abandono ou pelo menos uma diminuição do que é mais querido ao heleno, daquilo que ele já conquistou pela mercê dos acasos. Talvez venha por aí o fim da Grécia, porque o mundo não pode parar neste momento da sua vida... Estive numa terra para além do Euxino, para além mesmo do território dos Citas; a água dos grandes rios gela de inverno como se fosse o fiozinho de uma fonte; para pescar, abrem os bárbaros buracos no gelo: o peixe que sai vem escorrendo água, mas logo se forma à sua volta, aprisionando-o, sufocando-o, uma camada de gelo que o pescador, muitas vezes, engrossa com mais água. Não imaginas como é belo o bloco de gelo com o peixe que ainda brilha como se fosse de prata. E sabes tu, Diotima? A Grécia a que volto no fim de cada viagem lembra-me sempre uma vida que gelasse, muito bela, parecendo viva, mas realmente já morta.

DIOTIMA – Mas, que há no mundo de valor, além dos gregos?

O ESTRANGEIRO – Quem sabe? Há povos que morreram, mas há outros, Diotima, que verdadeiramente ainda não nasceram, outros ainda que, talvez até porque sejam inferiores em todos os pontos em que o heleno se afirmou, não parecem ter em si o que um dia pode libertar todos os escravos.

DIOTIMA – Mas se o não deu a Hélade, tão inteligente e tão heroica...

O ESTRANGEIRO – A Grécia, que me encanta, tem todas as qualidades, Diotima, mas falta-lhe talvez a do Amor.

DIOTIMA – Crês tu? Depois de Sócrates, de Platão, de tantos outros?

O ESTRANGEIRO – Não falei, Diotima, de pensamentos sobre o amor, nem do amor das ideias, nem do amor da beleza que a ela se dirige pondo de lado a fealdade. Falo do outro amor, capaz de sacrificar todas as possibilidades de quem o sente, para que o inferior não fique na sua inferioridade. Há um amor que morre pelas linhas puras das estátuas, pela liberdade dos ginásios, pela eloquência das assembleias, pela dialética dos filósofos: é o amor que dá Maratona e Salamina, é esse o amor que dá a morte de Sócrates. Mas outro amor poderia talvez existir no mundo; não sei de quem o tenha já sentido, mas imagino que não é impossível: e se um dia surge na terra o amor em que penso – o amor que morrerá pelos escravos, pelos humildes, pelos vagabundos que nem sequer têm onde recostar a cabeça, o amor que se sacrifica por aqueles que parecem não ter mérito algum, então, quase tenho a certeza, a vida seguirá rumos que hoje nos parecem totalmente fechados.

Diotima – E da Grécia ninguém mais se lembrará?

O estrangeiro – Quem ousará supô-lo, Diotima? Como é possível esquecer a Grécia? Talvez durante muito tempo ninguém dela se lembre, porque a tarefa do amor, mesmo pelos caminhos que não parecem de amor, poderá ocupar todo o pensamento e todas as forças dos homens. Mas não disseste tu própria, há pouco ainda, que o pleno amor se não pode compreender senão ligado a um pleno raciocínio? Não concordei eu contigo? Não pensamos nós ainda talvez mais do que dissemos?

Diotima – Que poderíamos nós ter pensado de maior?

O estrangeiro – Que talvez envolta em nevoeiro esteja avançando para nós e se revele um dia subitamente, como a galera que se liberta da bruma e toda se doura ao sol nascente, uma realidade mais alta e mais bela que o amor, uma força em que se fundem o entendimento e o amor, um ato pelo qual compreender e adorar sejam apenas as várias gradações da mesma chama poderosa e eterna. O amor não dará todo o seu fruto senão quando se unir à inteligência da tua Grécia e quando os dois concorrerem nesse esforço de aniquilar a vida, para que a dor desapareça…

Diotima – Mas, estrangeiro, se desaparecer da vida tudo o que nela há de inferior, como se pode manter a tua ideia de que a vida é má?

O estrangeiro – Existirá sempre o mesmo anseio do total em face do que é fragmentado, existirá sempre a mesma impaciência ante o que mergulha no fatal, a mesma falta de ajustamento entre o ideal e a realidade, entre o projeto e a vida. Mas o que os homens terão feito de grande é que passe a tragédia, dos planos inferiores, àqueles que são dignos da grande alma do deus. Quantas Antígonas na Grécia, Diotima! Mas só vale a de Sófocles, porque só ela surgiu no teatro de Dionisos, só ela declamou os vigorosos e harmoniosos jambos. Decerto é nobre a dor que impele à criação o artista ou o filósofo, mas é vil, Diotima, a dor do escravo e a do miserável que voga acorrentado nos barcos dos fenícios.

DIOTIMA – Que deve, segundo o que pensas, fazer o homem perfeito?

O ESTRANGEIRO – Não há homens perfeitos; há, quando muito, Diotima, homens que querem ser perfeitos.

DIOTIMA – Que deve ele fazer?

O ESTRANGEIRO – Preferiria que me perguntasses que pode ele fazer ou de que maneira pode o seu pensamento exprimir mais amplamente o pensamento divino ou que homem entre os homens me parece mais belo. Quando lhe for possível existir, o melhor não se deixará absorver todo pelo problema da sua libertação, como fazem os gregos, nem totalmente se entregará à tarefa de libertar os restantes; saberá integrar um trabalho no outro, irá talvez mais alto do que o bando doloroso, mas irá no mesmo passo, acompanhando-o, consolando-o, ensinando-lhe os caminhos melhores.

DIOTIMA – Estrangeiro, é belo o teu sonho e nunca ouvi quem tivesse ligado como tu cuidados tão diferentes. Devias fazer como os sofistas, devias ir pelo mundo, de cidade em cidade, a ensinar o que pensas.

O ESTRANGEIRO – Mas, Diotima, eu não sou um filósofo. Lembras-te de que principiamos os dois por imaginar um deus que existisse desdobrado em pensamento e em vida, em corpo e alma, em aparência e fantasia? Lembras-te de que não resolvemos totalmente o problema da pluralidade ou unidade das almas? Lembras-te ainda do que me disseste quanto ao amor? Como chegamos nós à ideia do deus? Como passamos sobre o problema das almas? Como pudemos aceitar o amor sem o explicarmos bem? Pode satisfazer-nos termos principiado este discurso do mundo pelo deus primordial, em lugar de termos partido, como faria um filósofo, desta pedra com que brinco ou do fato de que te vejo ou do sentido duma palavra? Não, Diotima, sou um poeta: mais imagino a vida que a explico...

Diotima – Nem sei mesmo, estrangeiro, se te revelaste o que és ou se, como um sacerdote ainda melhor que a Diotima que imaginaste, fizeste vibrar a tua lira de acordo com a minha ansiedade. Ignoro o teu nome, ignoro donde vens e a que lugares da terra te diriges: hoje podes ser um, amanhã outro, sem que surja claramente o que faz o fundamento do teu ser. Acreditas em tudo o que disseste? É essa a doutrina que defendes?

O estrangeiro – Só nas guerras se defende e se ataca, Diotima, só para as guerras se acredita. Todo o poeta é um ator e nem eu próprio sei realmente se o que ouviste é de mim ou de uma das minhas personagens. Existo eu próprio fora delas, nitidamente separado de cada uma das minhas criações? Nelas existo, disso estou certo, nem poderiam viver, se cada uma não fosse eu mesmo; mas não te posso afirmar, Diotima, que seja sincero ou falso no que digo. Não tens que me considerar a mim, mas ao estrangeiro que falou: com ele conversaste, não comigo. E talvez que de novo, Diotima, ele volte um dia ao teu santuário e tenha outro poema que responda melhor à nova inquietação da tua alma: à inquietação, em ti, da grande alma divina.

PARÁBOLA DA MULHER DE LOTH

SEGUIDA DE

PÓLICLES E DE UM APÓLOGO DE PRÓDICO DE CEOS*

Héracles carregando seu filho Télefo. Museu do Louvre, Paris.

* Agostinho da Silva. *Parábola da mulher de Loth, seguida de Pólicles e de um Apólogo de Pródico de Ceos*. Vila Nova de Famalicão, Portugal: Grandes Oficinas Gráficas Minerva, 1944. (Edição do Autor) [N. do O.]

*Parábola da mulher de Loth***

I

– Ó Loth, o Senhor te abençoa. Dentre todos os servos, ele lançou os olhos sobre ti; sabe como és piedoso, como cumpres todos os preceitos da Lei, como sacrificas em todas as festas a tua melhor ovelha, como o teu incenso é o de mais vivo perfume e levas aos sacerdotes os mais finos bálsamos de toda a tua colheita; nenhuma ordem do Senhor se perde para ti; e até às vezes parece que o teu coração se antecipa ao pensamento do Eterno e o que tu fazes o Senhor o toma como lei para todos os homens puros e tementes ao seu nome e à sua glória. Também para o Senhor é a tua oferenda a mais querida, é a tua palavra a mais doce, porque uma é sempre feita com inteira submissão do teu espírito, a outra sempre dita para louvar e enaltecer o Senhor. Nunca da tua boca saiu uma palavra de desconfiança, nunca a expressão de uma dúvida, nunca do teu espírito se levantou a ideia duma revolta, e crença tão cega e firme puseste na justiça e no poder do Eterno que nunca lhe perguntaste a razão dum ato e os teus olhos se afastaram sempre com indignação daqueles que vigiam o cumprimento das promessas do Senhor e a cada momento acusam de injustiça os seus mandados. E mais ainda, ó Loth: nunca as tuas mãos se poluíram num crime, nunca fizeram correr o sangue dum homem, senão quando o Senhor move os exércitos e a guerra é justa e santa; nunca recusaste do teu pão e da tua casa, senão ao gentil e àquele que se manchou pela desobediência ao Senhor; tens conservado com todo o respeito os costumes e ritos dos maiores, porque sabes, inspirado pelo Eterno, que o que foi bom é bom; e nenhum dos teus vizinhos, nem Elimelec, o sacerdote, nem Abraão, o escriba, nem Ezequiel, o dos fundos lagares, nem Natanael, o das doces vinhas,

---

** Originalmente publicado em *Seara Nova*, revista de doutrina e crítica. Lisboa, ano XII, n. 359, 12 de outubro de 1933, p. 357-59. Assinado com o pseudônimo Marcos. [N. do O.]

se pode queixar de que o tivesses escandalizado alguma vez; e decerto cada um deles se lembra ainda, como o Senhor se lembra, de que, no ano do alevante do povo, foste o primeiro a juntar-se-lhes para a defesa da lei e para obrigar os do motim a continuarem pagando o imposto do templo. Escuta, pois, ó Loth, o que te diz o Senhor. Toda a cidade está cheia de pecado, os melhores se gafaram ao contato dos maus, há muito se deixou de respeitar o limite sagrado que o Eterno pôs entre o lícito e o ilícito, entre o que apraz ao Senhor e o que acende a sua cólera; cada um se julgou livre e capaz de abandonar os caminhos da lei para se guiar apenas por sua inteligência e seu desejo; riem-se dos conselhos dos sacerdotes, das imprecações dos profetas, das sentenças dos juízes, olham o céu sem terror e a vida sem tristeza; despedaçam toda a sua humildade de servos do Senhor: antes parece, no forte pisar e no arqueio do peito e no erguer da fronte, que o mundo só por eles e para eles existe; os dias veem os orgulhos e as noites, as abominações; não se lembram da eternidade que os espera, das penas a que não podem fugir, de todas as delícias e descansos que perderão para sempre com o seu proceder de réprobos; de malditos do Senhor, porque não foram obedientes, nem se ficaram na sua condição de homens cheios de ignorância e de fraqueza, nem quiseram continuar a submeter a Deus, para que ele os resolvesse e inspirasse, todos os problemas e todos os atos da sua vida. E a sabedoria infalível e pronta do Eterno achou que eles mereciam um castigo; o fogo do céu descerá sobre o lugar do vício e toda a cidade e todas as terras em volta da cidade e todas as casas e todos os pomares e todas as vinhas desaparecerão nas chamas com todos os rebeldes; mas quis o Senhor que os homens justos se salvassem; contarás dois dias e, na tarde do segundo, sairás com tua mulher, teus filhos e teus criados, darás costas à cidade e caminharás até o romper da manhã. Que ninguém se volte a olhar a obra do Senhor; aquele que o fizer morrerá.

II

— Fechai as portas e janelas, que ninguém ouça o que vos tenho a dizer... Além de amanhã, o Senhor vai destruir a cidade e nada poupará a sua cólera;

tudo cairá desfeito em pó e consumido em cinza; daqueles que o Senhor condenou nem um há de ficar; teriam ainda tempo de fugir, se abandonassem as casas, atrelassem as bestas e logo se apressassem para longe da cidade, cada um por seu caminho e seu rumo; mas, ai de mim!, se fosse junto deles e os avisasse, toda a cólera do Senhor viria sobre mim e os meus. Fechai bem as janelas, que ninguém ouça... Um anjo desceu, logo depois do pomar; e disse-me como agradavam ao Senhor a minha piedade, o meu respeito pelos costumes e pela lei de Deus, o solícito cuidado que punha em seguir todos os preceitos e todos os conselhos dos sacerdotes, a docilidade com que obedecia a todas as ordens do céu. Eu tremia, silencioso e pálido, à voz do anjo; porque esperava a cada momento que, depois de tão doces palavras, ele me falasse de vossa mãe e duramente a censurasse pelo seu pensar; mas não: ou o Senhor ignora, ou lhe perdoa e me dá como prêmio de uma vida inteira de obediência a sua salvação. Bom foi que o Senhor quisesse castigar agora os da cidade; vossa mãe já ia mostrando em atos o que lhe vai na alma – e não sei se, um pouco mais tarde, quando tudo claramente se tivesse revelado ao Senhor, ele lhe poderia perdoar; e bom também que nesta noite esteja ausente, para que tudo se combine entre nós e só nós saibamos o verdadeiro motivo da retirada; dar-se-á uma desculpa, poderias tu partir com ela, eu iria depois com teu irmão, os criados e os carros; encontrar-nos-íamos já longe da cidade, quando lhe fosse impossível o regresso para prevenir os que ficam. É assim, tem de ser assim. Que somos nós para resistir a uma ordem do Senhor? Que faríamos nós, fracos, diante da sua força, ignorantes, diante da sua sabedoria? Que se cumpra, pois, a vontade do Eterno. Ah, meus filhos, como todas essas desgraças e todos esses sobressaltos se poderiam poupar! Bastaria que todos os homens fizessem o que eu faço, amanhassem o seu campo, dirigissem a sua casa, dessem ao Senhor as oferendas que o Senhor reclama, se curvassem perante a autoridade dos sacerdotes e a superioridade dos ricos e deixassem ao Senhor a direção de toda a sua vida. Pois não são felizes as ovelhas que o pastor dirige para os melhores pastos, para as águas mais límpidas, para as sombras mais frescas? Pois não se vê o que acontece à que se afasta do rebanho, que, ou se perde nos matos e penedos, ou os cães filam, ou o pastor espanca? Sempre me pareceu uma loucura dos homens não cumprir o que lhes ordenam, quando tudo é para seu bem, para que a vida lhes corra mais branda e tranquila. É o que mil vezes tenho dito a vossa mãe e sempre em vão; quase nem me responde; segue como olhando para dentro, calma e doce e sorrindo, com o mesmo sorriso para Elimelec, o sacerdote, e para Jeroboá, o carpinteiro. Sinto-a boa, sinto-a melhor do que qualquer de nós; só me admira que, tão pacífica, tão amiga de todos, com aquele andar tão manso, aquela face tão serena, tenha ideias de revolta e de desobediência; é o seu único defeito, e, na verdade, o pior que poderia ter... Eis o que havia a dizer-vos, meus filhos; ninguém o ouviu, ninguém o sabe em casa, exceto nós; eu falarei a vossa mãe...

III

– Loth, por que mo dizes só agora? Não poderei chegar à cidade antes da noite; eles vão ficar à mercê da vingança, todos os meus irmãos, todos os meus amigos, todos aqueles que têm como eu o mesmo anseio de justiça, todos aqueles, ó Loth, que ignoram sobre todas as coisas as ordens dos tiranos e sobre todas as coisas adoram a liberdade. Tu falas da liberdade, da liberdade que tens de cultivar o teu campo e beber uma taça de doce vinho à sombra duma árvore... Mas a liberdade só existe quando todos os nossos atos concordam com todo o nosso pensamento; e eu sei que não é esse todo o teu pensamento, sei que tens na alma uma centelha mais nobre e alta, sei que às vezes te passa pelo espírito a sombra dum remorso, que vives em desacordo contigo mesmo; nunca, porém, te quiseste encarar de frente, homem para homem, e fazer que a tua vida fosse a realização plena das tuas aspirações mais elevadas, um caminhar através de tudo e de todos para a região clara e pura do ideal; porque o contrário, arrancar da alma a nobreza e a humanidade que nela colocou um Deus divino, nunca o poderias conseguir por mais esforços que tentasses, por mais que não quisesses ouvir a voz eterna. Nem tu, nem nenhum desses que obedecem às ordens do Senhor e às palavras do mundo, e vão, como nós, fugindo a esta hora. Todos vós, ó Loth, sentis que mais uma vez deixastes de cumprir a vossa missão de homens, e, secretamente, tão a medo que quase o não dizeis a vós próprios, invejais a sorte dos que vão morrer pela liberdade. Mais do que nunca, nesta última tarde de tanto homem nobre e santo, eu tenho pena de ti e de Abraão e de Elimelec, de todos os que oprimem e de todos os que ajudam a oprimir; ninguém tiraniza por se sentir o melhor ou o mais forte ou o mais belo ou o mais sábio; e o teu Senhor vai destruir e matar, porque via subir cada vez mais, crescer, inchar-se, ondular à brisa, um mar de bondade, de calma força, de beleza e de sabedoria que havia de rolar sobre ele e o cobrir para sempre. Que feliz serias se pudesses ignorar toda a significação das minhas palavras, se a tua alma se pudesse fechar a compreendê-las; mas não, sentes que desces, que os teus olhos não brilham com a mesma luz, que a tua mão treme sobre a minha, que te faltou a coragem para dares o passo que te salvaria perante ti próprio... Porque o Paraíso, Loth... Olha, eu sei que todo o mundo um dia se há de transformar em liberdade e ser mais sereno, mais transparente e mais puro do que este céu de crepúsculo que nos envolve; cada um de nós, quando nasce, recebe uma parte da injustiça do mundo, e a alma dos que morrem depois de se terem despojado do que lhes coube de tirania, de egoísmo e de brutalidade, vai contribuir para formar esse céu, como cada gota contribui para a extensão e a profundidade dos mares; essa é a vida eterna, essa a delícia dos que se elegeram; para os outros, tudo será como se não tivessem vivido e uma vez mais passarão sobre a terra, numa experiência da sua vontade e da sua coragem. Eis o que será o teu destino; porque o meu será o outro. Duvidava às vezes de ter feito tudo o que devia fazer pela liberdade; sei que muito me deixei arrastar pelo que nos prende ao tempo, que o meu Amor não foi sempre bem amplo, aberto a todos, que a minha alma não foi sempre bem forte, inflexível ao vento do desânimo; ainda bem que hoje posso adquirir a certeza de que não foi inútil a minha passagem pelo mundo; não estarei ao lado deles, não me queimará o mesmo fogo, não me sepultarão as mesmas cinzas: mas o teu Senhor, como todos os tiranos, teme quem o olha de frente, não gosta de que contemplem a sua obra... É o Bem que principia a triunfar; esse avança às claras, não se esconde, não se refugia no segredo e na ignorância. Vou unir-me a todos os que já se bateram por ele; tantos, tão grandes e tão belos! Como poderia hesitar? Chegou o momento, Loth; não, nem uma palavra; continua. Eu volto.

*Pólicles**

PÓLICLES – Passeemos um momento à sombra dos plátanos... Vê como o ar é doce e quieto sob o sol, como apenas o zangarreio da cigarra corta o silêncio dourado. Ah, Menêxeno, se há maior prazer na vida do que este de se sentir pensar num dia assim!

MENÊXENO – Decerto que não, Pólicles... E, no entanto... parece-me que um haveria, talvez maior ainda: o de escutar as palavras aladas e ligeiras e límpidas de Platão; ele nos diria como noutra manhã ateniense, entre plátanos também, os pés agitando a água clara, Sócrates passeou com Fedro pelas bordas do Ilissos.

PÓLICLES – Crês tu que nos sentiríamos mais alegres, desta alegria calma, serena, que penetra todo o nosso ser e que provém de nos sentirmos homens livres em face da natureza, a assimilá-la, a utilizá-la, a fazer entrar a sua harmonia noutra harmonia mais vasta?

MENÊXENO – Talvez, Pólicles. Acaso já esqueceste o nosso Mestre? Acaso fugiu da tua alma o encanto da sua voz, daquela voz que vai esculpindo as palavras, ordenando-as nos ritmos da inteligência e da beleza, e nos diz toda a saudade de Sócrates e toda a esperança dum futuro?

PÓLICLES – Não, amigo, sinto que a minha alma recordará sempre as palavras de Platão, que a modelaram e afinal a criaram porque lhe deram a consciência de si própria; sinto que, no seu regresso da Sicília, o verei descer do navio como a um deus e serei de novo ante ele o efebo tímido que há tantos anos

---

* Originalmente publicado em *Seara Nova*, revista de doutrina e crítica. Lisboa, ano XIII, n. 374, 1 de fevereiro de 1934, p. 214-22. Assinado com o pseudônimo Marcos. [N. do O.]

cruzou pela primeira vez a porta da Academia. Mas sei também que para Platão nenhum prazer seria maior que o de me ver liberto dele; ajudou-me a empurrar o barco sobre a praia, deu ao meu braço fraco o auxílio do seu braço forte, enquanto o fundo roçou pela areia; depois, com um último impulso em que lhe ia toda a alma, lançou-me a boiar sobre o mar imenso do pensamento; julgas que devo esforçar-me por voltar de novo à praia? Não, Menêxeno, eu darei a felicidade a Platão se desfraldar toda a vela, a deixar inchar-se ao vento do meu espírito, e logo à flor das vagas, deslizando, me sumir e perder no horizonte.

MENÊXENO – Só o poderás fazer se, como Ulisses, encheres os ouvidos de cera e te amarrares ao mastro grande.

PÓLICLES – Há outra sereia mais feiticeira que Platão; sabes tu qual é? O pensamento de Platão; e essa manda-me seguir e seguir sempre, ir mais longe do que ele, se puder, explorar as paragens onde não conseguiu chegar, porque uma parte do seu esforço se despendeu conosco. Que seja cada um de nós diante de Platão o que ele quis ser diante de Sócrates.

MENÊXENO – Bom seria então, Pólicles, que não fosse tão grande mestre...

PÓLICLES – Se não fosse tão grande mestre, jamais os seus discípulos sentiriam o anseio sagrado de o ultrapassar; acredita, Menêxeno: o mestre vulgar é como os passarinheiros que cortam as asas das pombas, para que as pombas não voem até onde eles as não possam alcançar. Mas Platão só deseja que se banhem no azul dos céus e tão alto subam que toda a terra se desdobre e revele a seus olhos.

MENÊXENO – Mas não deve ser o fim do mestre ver-se rodeado de discípulos que tenha modelado à sua semelhança?

PÓLICLES – Não o creio, Menêxeno. Ele atingirá plenamente o seu objetivo se criar discípulos que lhe sejam semelhantes num ponto apenas: no desejo de não quererem tornar ninguém semelhante a si próprios. Não ansiamos nós todos pela liberdade como pelo bem supremo? Pois a liberdade é, mais do que tudo, a obrigação em que nos sentimos de não dispor dos outros. E o mestre que pretende modelar os discípulos como imagens da sua própria maneira de ser, não os incitando a buscar outros rumos, tem alma de tirano; não liberta espíritos, arrebanha escravos.

MENÊXENO – Sempre julguei o mestre irmão do estatuário; a um dão o bloco de mármore para que o desbaste, o amacie em curvas, e a pouco e pouco, na luta contra a dificuldade, fazendo dela até uma arma, mostre na estátua da deusa ou do herói toda a beleza e toda a criadora força do seu espírito; ao outro, entregam a criança...

PÓLICLES – ... mas ouve, Menêxeno...

MENÊXENO – ... para que de igual modo nela mostre o valor da sua alma, a verdade da sua doutrina, a eficácia do seu método.

PÓLICLES – Parece-te que Fídias tenha esculpido a sua Palas num desejo de presente ou num desejo de futuro?

MENÊXENO – Gostaria de que fossem mais claras as tuas palavras...

PÓLICLES – Foi a ambição de Fídias realizar uma estátua da deusa que exprimisse o seu próprio ideal e o ideal do seu tempo e nada mais, ou uma estátua em que o ideal de todos os tempos encontrasse a sua mais perfeita, a sua mais pura representação? Por outras palavras ainda, meu amigo, quis fazer uma Palas que nada significasse ao cabo de cem anos ou uma Palas que até o fim dos fins fosse para a alma de cada homem uma interrogação e um modelo?

MENÊXENO – Quero bem crer, Pólicles, que foi essa última a intenção de Fídias.

PÓLICLES – E conseguiu realizar a deusa, esculpindo-a apenas segundo o seu ideal, segundo o arquétipo que se lhe ergueu no espírito logo à primeira vez que o projeto o seduziu, ou estudando primeiro o ideal dos outros homens?

Menêxeno – Pelo que sei de Fídias, pendo a supor que teria estudado, antes de pôr mão na obra, o ideal dos outros homens.

Pólicles – Dos seus amigos e dos seus inimigos, dos seus parentes e dos que lhe não eram nada, dos vivos e dos mortos?

Menêxeno – Certamente que sim.

Pólicles – E como o fez? Modelou o nariz segundo o ideal dum e a boca segundo o ideal doutro? Esculpiu o capacete como o teria concebido Pitágoras e o manto como pensaria Sólon? Ou procurou o que havia de comum em todos os ideais, em todos os tipos da deusa que encontrou pelo mundo?

Menêxeno – Criou Palas segundo o que havia de comum, Pólicles, não segundo o que havia de diferente; só o comum é eterno.

Pólicles – Quem o sabe? Há, talvez, também eternidade de diferenças. Um dia falaremos disso. Por agora, o que nos importa é assentar em que Fídias buscou o modelo da sua deusa no que havia de comum, de essencial a cada um dos modelos que lhe apresentaram; não se limitou a copiar o que ele próprio tinha concebido; corria o risco de criar uma deusa – digamos a palavra, Menêxeno, de criar uma deusa passageira...

Menêxeno – O mesmo seria criar uma contradição. Mas agora sou eu quem te pergunta, Pólicles, como vais comparar o que sucedeu com Fídias com o que sucedeu ao mestre; porque suponho que não crês, como eu, que a arte de ambos seja a mesma...

Pólicles – Por que o não havia de crer? E só te peço que percorras quanto ao mestre o caminho que percorreste quanto ao escultor. Mas antes: se, em lugar da estátua de Palas, Fídias quisesse realizar a estátua de Apolo, procederia do mesmo modo?

Menêxeno – Certamente, Pólicles.

Pólicles – E para a estátua de Orfeu, ou de Temístocles, ou de Sócrates?

MENÊXENO – Do mesmo modo sempre.

PÓLICLES – Para qualquer estátua?

MENÊXENO – Para qualquer estátua.

PÓLICLES – De mármore ou de bronze?

MENÊXENO – De mármore ou de bronze.

PÓLICLES – Ora, parece-me também, Menêxeno, que o mestre, antes de esculpir um homem na criança que lhe entregaram – qualquer homem em qualquer criança –, deve ter um ideal de homem; e já pressentimos, pelo que dissemos de Fídias, que não desejará criar um homem cuja vida deixe de ser, passados alguns anos, um arado da alma de outros homens; desejará, pelo contrário, criar um homem eterno.

MENÊXENO – Procurará, portanto, Pólicles, o que há de comum em todos os tipos de homem que estão como ideal em cada mente.

PÓLICLES – Exato. E só nos resta, agora, colocarmo-nos ambos por um momento no espírito do mestre e perguntar o que há afinal de comum a todos os homens. Já pensaste alguma vez no problema?

MENÊXENO – Confesso-te que não, Pólicles.

PÓLICLES – Nem eu. Vamos ter, Menêxeno, a perfeita alegria de rumar à ilha de que apenas enxergamos a vaga imagem de névoa. Quem a afastará eternamente! Mas não, já se definem os contornos, se esbatem as sombras, alvejam os templos...

MENÊXENO – Alcançam os meus olhos menos do que os teus, Pólicles... Só vejo no horizonte a mancha escura.

PÓLICLES – Aclaremo-la, amigo. Acabaste há pouco de ler mais uma vez o livro de Heráclito; e relembrou-te o velho que todo o mundo é um fluir perpétuo, um contínuo fugir e perpassar, fogo a consumir-se e a renovar-se eternamente. Não é assim?

MENÊXENO – Sem dúvida.

PÓLICLES – Leste depois Parmênides, o Eleata. Disse-te ele o mesmo que Heráclito?

MENÊXENO – Pelo contrário, Pólicles. Mostrou-me o Ser como uma grande massa para sempre imóvel e imutável.

PÓLICLES – Não poderás, no entanto, estabelecer um laço de união entre os dois?

MENÊXENO – De união por contraste, apenas.

PÓLICLES – Queres dizer que um pensou e o outro não pensou?

MENÊXENO – Quero dizer que um pensou o contrário do outro.

PÓLICLES – E a respeito do que pensaram eles o contrário um do outro?

MENÊXENO – A respeito do universo, Pólicles.

PÓLICLES – Creio, portanto, que há entre eles de comum o fato de terem pensado o universo; pensaram-no de maneira diferente: não importa; isso já é divergência e nós, se bem te lembras, vamos caminhando em busca da unidade. Tomemos agora um outro tipo de homem, o sapateiro, por exemplo. Crês ainda que haverá entre ele e Heráclito ou Parmênides alguma coisa de comum?

MENÊXENO – Nem a linguagem, nem os gestos, nem a ocupação, nem a ciência lhes são comuns.

PÓLICLES – Pensará o sapateiro com a mesma amplidão que os sábios que apontamos?

MENÊXENO – De modo algum, Pólicles.

PÓLICLES – Mas é por completo destituído da capacidade de pensar?

MENÊXENO – Também não, meu amigo. Poderemos talvez dizer que há entre ele e os outros uma diferença de grau, mas que, para ordenar e harmonizar entre si todas as partes dos objetos que fabrica, põe em jogo a mesma atividade que levou o filósofo a encontrar uma ordem entre todas as partes do universo.

Pólicles – Assim o julgo. Vamos, Menêxeno, corre de novo à proa, já toda a ilha desabrocha rosa e ouro sobre o mar. Dize-me o que vês.

Menêxeno – Vejo que todos os homens têm entre si de comum o pensamento; vejo nas cumeeiras da ilha, entre ciprestes e loureiros, o templo de Palas.

Pólicles – E vês também que o mestre não deve formar os discípulos à imagem de Heráclito ou do sapateiro ou à sua própria imagem, deve fazer alguma coisa de mais alto e de mais belo – e também, ó Menêxeno, de mais difícil; deve-lhes dar o hábito e o amor do pensamento, desenvolver o que neles há de verdadeiramente humano; deve acostumá-los a chegarem sempre ao fim dos seus raciocínios, a não se cansarem e desistirem a meio; deve levá-los a que tenham as ideias como guias da vida; todo o homem que pensa e se obedece é caminheiro da estrada da verdade, venha donde vier, venha por onde vier. O nosso mal, meu amigo, está em que não pensa a maior parte dos homens.

Menêxeno – Há outro mal ainda, Pólicles. Os que pensam não põem a sua vida de acordo com o pensamento.

Pólicles – Chamas a isso pensar? Pelos deuses, Menêxeno, não confundas o pensar com o dizer pensamento; seria tão grosseiro como não distinguir Homero dos rapsodos e Lísias dos réus dos tribunais. Pensar é viver: ao pensamento perfeito corresponde a perfeita vida. Nenhum homem... Não ouviste chamar?

Menêxeno – Creio que sim... Dentre as árvores, além. Não se vê com o sol.

Pólicles – É Aristóxeno.

Menêxeno – Não é, é Crítias... Crítias!

CRÍTIAS – Procurei-vos em toda a cidade, esperei-vos na Academia; foi Laques quem me disse que devíeis ter vindo para aqui. Houve notícias de Platão, amigos; escreveu de Siracusa a Apolodoro: toda a carta é como uma rosa que pende; nem o escutam, Pólicles, nem o escutam.

PÓLICLES – Já o esperava. Como é grande a alma desse homem que se ilude e corre atrás das suas ilusões, sempre na esperança de ser possível realizar o que lhe anda no espírito, sempre na esperança de encontrar o rei filósofo...

MENÊXENO – Eu disse-lhe antes da partida. Mostrei-lhe o caráter de Dionísio – obstinado e falso como o de todos os tiranos; o que ele pretendia ao convidar Platão era tê-lo na Sicília como um motivo de orgulho, como um homem que se domina e se prende, não como um mestre que se acolhe e se escuta. Fora eu Platão...

PÓLICLES – O que interessa na vida não é prever os perigos das viagens; é tê-las feito. Falhando, Platão vale mais do que nós, que não falhamos porque não erguemos o braço nem a voz; ganhou experiência, ficará conhecendo-se melhor.

CRÍTIAS – Mas o ideal da vida deve ser acima de tudo a serenidade; é o porto a que voga Platão. E temo que a viagem da Sicília o tenha afastado desse caminho da serenidade.

MENÊXENO – Crítias tem razão. A alma deve-lhe ter ficado perturbada e revolta como lago em que se despenhasse uma fraga dos montes.

PÓLICLES – Não chamo serenas às águas de que nada vem cortar o repouso; detrás da serenidade há sempre a força; águas serenas serão para mim as que dominam o movimento, as que superam o obstáculo. Nos lagos da alma, todo o penedo se deve desfazer em branca e fofa areia, fina, onde bailem as ninfas. O homem olímpico não ignora o seu contrário, não foge à sua dor: utiliza-a como a um instrumento de perfeição.

CRÍTIAS – O mundo é mau, Pólicles, impiedosos os deuses, incompreensível um destino que se compraz em proteger os indignos e encher de desgraças os bons, ferozes os homens, que só pensam em se combaterem e dominarem uns aos outros. Melhor será afastarmo-nos.

Pólicles – Seria preciso não viver para negar que o mundo seja mau; mas é nessa mesma maldade que devemos procurar o apoio em que nos firmarmos para sermos nós próprios melhores e, como tal, melhorarmos os outros.

Crítias – Mas não é verdade que, na viagem da Sicília, Platão não conseguiu tornar ninguém melhor?

Pólicles – Quem o poderá assegurar? Lançou-se uma semente na terra e parece que foi o sinal para que rebentasse à sua volta toda uma seara de ervas más; talvez, no entanto, elas venham a secar, a semente germine, e rompa uma flor que busca o sol. Mas aceitemos que Platão nada conseguiu; que Dionísio continuará a ser o mesmo tirano e que nenhum dos seus familiares meditou as palavras divinas. Houve uma alma que melhorou – a de Platão; e melhorar-se cada um a si próprio é fazer o maior dos esforços para que o universo melhore.

Menêxeno – Se há coisa impossível no mundo, Pólicles, é melhorar-se a alma de Platão.

Pólicles – O bem, meu amigo, não é uma posse, é um desejo. Mas quero ainda conceder-vos que Platão se tivesse limitado ao contato de Dionísio, que a sua viagem, quanto a si próprio, tivesse sido um erro. Não o foi para nós, seus discípulos, porque nos deu ocasião a meditar e nos ensinou que a maior parte da nossa atividade, como homens que desejamos modificar o mundo, se deve exercer do lado dos que se não encontram ainda gelados, petrificados nas atitudes que tomaram. Se se trata dum sacrifício, maior beleza ainda ele reveste a nossos olhos: porque foi um sacrifício de que nós colheremos o fruto. Oh, sacrifício de maravilha, agradável a Palas e a Apolo, o que se faz pelos dias a vir!

Menêxeno – Vou-te encontrando razão, Pólicles: Platão mostrou assim que não é um rapsodo como aqueles de que falávamos há pouco.

PÓLICLES – Já nele começamos a não distinguir o que é o pensamento e o que é a vida.

CRÍTIAS – Mas o ideal será viver sem intervir no mundo; o que se ganha não balança o que se perde. Desde que nos encontramos na vida, afastemo-nos de tudo o que nos pode ferir, vivamos retirados na meditação e no silêncio.

PÓLICLES – A mais bela vida, Crítias, é a que passa direita ao futuro, vibrando e ruflando, como uma seta em pleno céu, direita ao Sol. E para isso façamos todos o que Héracles fez na ilha de Delos. Conheces o apólogo de Teágenes de Samos?

CRÍTIAS – Nunca o ouvi, Pólicles.

PÓLICLES – Escuta, pois. Já tinham corrido muitos anos depois que a ilha errante se fixara sobre as águas, ao sinal de Zeus; mas, no rumor dos arvoredos ao perpassar da brisa, nas doces rugas do mar contra as areias, no perfume saudoso e inquieto dos campos de violetas, no jeito leve das andorinhas riscando o céu, vibrava ainda o frêmito da viagem sem-par. E um dia, de ligeira galera que chegara de longe, movida ao sopro benévolo dos deuses e à cadência dos remos, saltara em terra o filho de Alcmena. Por esse tempo, cumprira o herói todos os trabalhos que Euristeu propusera; a poderosa clava lhe estendera aos pés o leão de Nemeia, terror de gados e de pastores; trespassados pelas setas certeiras tinham caído, a um e um, num grande ruído de asas e de gritos, os pássaros do lago Estínfalo; já mesmo o tinham colhido numa doce indolência os encantos de Ônfale; e, por último, descera ao reino do inferno, domara a fera terrível que o aguardava, pusera um clarão de esperança nos olhos de Tântalo e de Sísifo, trouxera de novo à grande luz do dia a esposa de Admeto. A terra inteira, purgada de monstros, se abandonava à carícia do azul dos céus e do azul do mar; e o canto das aves, o crepitar das espumas das ondas, o murmúrio dos pinheirais sob o vento, os coros dos homens, eram as notas duma imensa harmonia de amor; ao ouvi-la o herói se orgulhava da vida bela que vivera lutando.

Não esquecia, porém, as palavras do oráculo. Ele lhe dissera, em Dodona, entre a majestade dos robles, que, ao sentir-se já velho, quando os pés lhe começassem a tropeçar nos caminhos e a maça lhe pesasse sobre os ombros, se dirigisse a Delos e aí, do cimo da colina em que se erguia a árvore de Latona, disparasse uma seta ao horizonte. Chegava para cumprir a ordem dos deuses; e enquanto os companheiros, fatigados do longo navegar, se estendiam repousando na areia, o forte Alcides escolheu dentre todas as setas a melhor, tomou o arco que cem combates tinham puído e lançou-se ao caminho. Num instante, ao saber o destino do herói, toda a paisagem da ilha se mudou; calhaus agudos que lhe feriam os pés cobriram a vereda que trilhava; dissipou-se o perfume das violetas e cresceram, como à voz de Plutão, espinheiros que lhe rasgavam a carne; árvores estranhas, de grandes ramos nodosos, furiosamente chicotearam a face de Héracles; nas encruzilhadas vinham lobos uivar e ulular: e pareceu-lhe mesmo, entre a espessura, distinguir o fantasma do leão de Neméia que o seguia com os olhos em fogo. Precisava agora de toda a sua força para sustentar o arco; como o havia de brandir e disparar? De todo se calara a música de amor; e acima do hostil ruído da floresta, uma voz que, no entanto, o herói percebia apenas como um murmúrio, o aconselhava a desistir, a recuar, a deixar a outros o encargo de satisfazer o desejo dos deuses. Acaso o podia? Não fora a ele próprio que se dirigia o oráculo? Um novo esforço o sustinha e amparava ao pensar que talvez nenhum outro homem o pudesse fazer como ele; ia sentindo como de todas as suas ações era aquela a mais nobre e a mais bela: uma vontade eterna impediria a seta de tombar e todas as gerações do futuro a veriam correndo nos céus e atrás dela seguiriam, uma esperança na alma, as frontes erguidas, as bocas sorrindo. Já o clamor das feras era remoto e vago, já de onde a onde violetas e rosas surgiam dentre as moitas de espinhos; só o arco pesava cada vez mais; ó arco do futuro, por que magoas assim os ombros dos heróis?

Justamente rompia o Sol quando alcançou o cimo da colina; colocou a seta sobre a corda retensa, apoiou-se fortemente no joelho que pousara em terra, encurvou o arco; toda a vida se lhe parecia concentrar e despedir pelos músculos inchados, o pobre corpo ferido trespassava-o de dores, o Sol, de face, deslumbrava-o; houve um momento de calma, sem um voo de ave nem um correr de rio: era o mundo que esperava; subitamente zumbiu a seta, e logo o arco se quebrou, com um gemido; então toda a manhã passou em carícia e doçura sobre as mãos piedosas e fortes que sangravam.

Crítias – De Teágenes de Samos?

Menêxeno – De Pólicles de Atenas. Ó poeta!

Pólicles – Platão foi decerto um dos que viu a seta de ouro passando entre as estrelas; nós, pelo menos, a colhemos refletida em seus olhos. O nosso dever é seguir o caminho que nos aponta; e para mim não há estrada mais lisa, nem tarefa mais alta.

Menêxeno – Se pensas no futuro e o exprimes, todas as forças do presente se hão de levantar contra os teus gestos. Lembra-te de Sócrates...

Pólicles – Meus amigos, eu não creio no presente. E do passado lembro apenas o ponto donde parti; vou levado em amor e razão como num carro alado. Olhai além os plátanos: parecem fechar todo o caminho e acumularem-se em massa, num muro espesso que não deixará que avancemos; se abrandarmos o passo, mais cerrada se nos mostra a muralha; e não crês, Menêxeno, que todas essas árvores se vão desprendendo umas das outras com má vontade e ramalham com fúria contida ao passarmos por elas?

Menêxeno – Assim é, Pólicles.

Pólicles – E tu, meu Crítias, se fosses Píndaro ou Hesíodo, não poderias contar-nos uma bela história de hamadríades cujo sossego nós vimos perturbar?

Crítias – Certamente o faria.

Pólicles – Pois, amigos, se eu correr um momento como os moços no dia dos fachos, embriagado do vento que me sibila aos ouvidos, atento ao meu fim, não dou pelas árvores que passam e nem sequer me lembro de que a muralha me possa embargar a carreira. E subitamente descobrirei o vasto plaino, talvez o mar.

Menêxeno – Tão distante o mar...

Pólicles – Também o digo – tão distante o mar! Mas sabem os deuses o fervor com que lhes agradeço o terem colocado um início de futuro dentro de cada passado, como no branco floco que se desprende duma árvore vaga, ao sabor da aragem, a semente doutra árvore. Pensaste alguma vez, Crítias, no horror que seria a nossa vida se entre geração e geração houvesse um intervalo em que se ouvisse apenas, no grande silêncio do mundo abandonado, o ruído do mar quebrando nos rochedos? Nem um hálito, nem um palpitar de asa, nem a doce fala ateniense lançando a sua música nos ares. Os filhos teriam de recomeçar eternamente a experiência dos pais, estes em nada poderiam influir na de seus filhos; uns por completo ignorariam os outros. Que faríamos nós, Crítias? Para quê o esforço, para quê viver? Seríamos como os marinheiros dum navio que soubessem condenado a ir a pique sem avistar jamais a costa e que nada pudessem fazer contra o destino.

Crítias – E que somos afinal no mundo senão isso? O que sucederia ao teu navio, Aristarco o predisse para a Terra; outro virá que o há de predizer para o Sol e para todos os astros...

Pólicles – O mais importante do mundo não é a Terra nem o Sol; o nosso navio não é, como tu julgas, este solo da Ática ou os muros de Esparta... Cada um de nós traz dentro da sua alma a galera que nenhuma tempestade há de fazer naufragar; e o problema, para todo o homem que pense, está em a alargar de tal modo que o seu convés possa acolher toda a imensa multidão dos seres; quando todos o tiverem conseguido – e, com o homem, as árvores dos bosques, as aves dos céus, as pedras das montanhas – então, ó Crítias, o mundo será salvo. Apressemos a chegada da hora. Que a geração que vem depois de nós seja melhor do que a nossa.

MENÊXENO – Falaste há pouco numa semente de futuro... São os jovens, decerto.

PÓLICLES – São os jovens, Menêxeno.

MENÊXENO – Crês tu que se possam tornar melhores do que nós? Somos nós por acaso melhores do que Platão? É Platão melhor que Sócrates?

PÓLICLES – Perdoa, Menêxeno, que uma ideia errada, pelas palavras erradas, tivesse penetrado no teu espírito. Parece-me, no entanto, que te falei de alargamento; sim, julgo melhor do que outro o homem que tem consigo aquilo a que chamaremos – se a gramática de Crítias o permite – um mais vasto poder de inclusão.

MENÊXENO – Poderias dar-me um exemplo, Pólicles?

PÓLICLES – Acho melhor que o criminoso, não o juiz que o condena tão estreitamente como ele matou, mas até mesmo um outro réu que saiba compreender o criminoso e o juiz e, na sua alma, os concilie um com o outro e os dois consigo próprio. Lembras-te bem da *Apologia*? Sócrates não se demonstra melhor do que os juízes senão depois da sentença, quando de novo lhes dirige a palavra; porque então encontrou em si mesmo o campo necessário para se conciliar com eles. Platão é melhor do que Sócrates porque já vai compreendendo os sofistas; e eu e tu e Crítias, se um dia compreendermos Dionísio, seremos melhores do que Platão.

CRÍTIAS – Meu caro Pólicles, não posso deixar de exclamar como Menêxeno: Ó poeta! Se bem entendo, tu vês no amor a salvação do mundo.

PÓLICLES – Ou na inteligência, que o mesmo é, meu Crítias.

CRÍTIAS – E para a seara de amor pensas tu nos rapazes? Lembra-te de como são maus, egoístas, se batem quando jogam, a custo obedecem às ordens dos pedagogos; já notaste que os escravos que os acompanham à escola ou à palestra vão roucos de gritar?

Pólicles — Noto-o sempre; nada me faz lembrar mais a tarde em que meu irmão pequenino entrou em casa, também rouco dos gritos que dera para que lhe não fugissem as pombas; e todas fugiram...

Crítias — Queres dizer que a prisão dos pedagogos gera a rebeldia dos moços? Jurarei então que nunca os observaste, Pólicles; repito o que disse, meu amigo: em má terra pensaste.

Pólicles — Responde-me a uma pergunta, Crítias: é verdade que te prendeste de amor a Ixiôte?

Crítias — Que Ixiôte? A velha que vende figos à porta do teatro?

Pólicles — Foi o que disseram – que Ixiôte e Crítias...

Crítias — Ó Pólicles, como o pudeste acreditar? Nunca a olhei senão com desprezo e repugnância.

Pólicles — É naturalmente o mesmo que te acontece com Pasitoe, a dançarina...

Crítias — Com essa não, bem o sabes... Via-a dançar em casa de Apolodoro e segui com interesse o baile harmonioso e ligeiro, e o corpo que de momento a momento se parecia querer dispersar, entre os perfumes do vinho e das flores, e logo a vontade da alma mantinha divino na curva rítmica, à cadência voluptuosa das flautas da Lígia. Olhei-a apenas, no entanto, como o artista a uma forma plena de beleza; e nem sequer indaguei, meus amigos, onde a tinha descoberto Apolodoro. Encontrei-a depois no festim de Erixímaco, quando as *Bacantes* ganharam o concurso; e foi como uma bacante que dançou; com a pele de tigre mal presa dos ombros, o cabelo desfeito, a boca vermelha de Quios; e nós batíamos as mãos, acelerando o ritmo, "Evoé, Dioniso, Evoé!". O meu interesse cresceu, fiz-me convidar para todos os banquetes em que Pasitoe dançou...

Pólicles — Não te parece, Menêxeno, que devemos intervir, para que a alma do nosso amigo se não exalte e seja como uma nota violenta no coro sereno e doce da manhã? Deixa os caminhos de Eros, Crítias, tornemos a percorrer, com passo mesurado, as estradas de Palas. Queria fazer-te outra pergunta ainda, mas temo que me acuses de importuno.

Crítias – De bom grado te responderei, se souber; se não souber, tu mo ensinarás.

Pólicles – Dize-me pois, amigo, se podes de algum modo ligar a tua aversão por Ixiôte e o teu amor a Pasitoe com um sentimento que lhes seja anterior e que esteja para eles na relação em que está um pai para os filhos.

Crítias – Não o descubro, Pólicles.

Pólicles – E tu, Menêxeno?

Menêxeno – Parece-me que Crítias veio a amar Pasitoe porque se interessou por ela e a odiar Ixiôte porque jamais a olhou com um anseio de amor.

Pólicles – Assim o creio também, Menêxeno. Quem não quiser ver, desvie os olhos, e não verá. Se estivéssemos compondo um livro de sentenças, poderíamos escrever que o amor nasce da contemplação e do interesse. Estás de acordo conosco?

Crítias – Certamente, Pólicles.

Pólicles – Eis o que eu tenho feito, Crítias. Tenho contemplado os moços e tenho-os contemplado com interesse; tenho-me erguido, ao romper da manhã, em pleno inverno, para os ver passar a caminho da escola, embrulhados no manto, silenciosos sob a neve silenciosa que vai dobando do céu; tenho-os visto aprender os nomes das letras, juntarem as sílabas, percorrerem hesitantes e lentos os versos de Homero e Hesíodo; tenho-me debruçado sobre os ábacos em que vão correndo as pedras, nos cálculos da aritmética; Eudoro e Anaxarco contam-me sempre entre os discípulos, quando traçam na areia o entrecruzamento dos triângulos, dos quadrados e dos círculos; sou como a sombra do ginasiarco, nos jogos da palestra. Vivo com os jovens, Crítias, e tenho-os surpreendido menos egoístas, menos rebeldes e menos questionadores do que tu dizes; nunca imitei os pedagogos, e Cármides, o filho de Agatão, Admeto, o filho de Fidípides, Calínico, o filho de Ésquines, estão entre os melhores dos meus amigos... Chamas egoísmo, Crítias, ao que é apenas uma defesa da sua liberdade contra a tirania que lhes querem impor, rebeldia ao que é protesto contra todos os esforços que fazemos para extinguir o futuro; e repara, repara bem que em quase todas as questões de moços há apenas o interesse pela justiça, o desejo que ela ressalte clara e límpida. Que se choquem as pedras, amigo, mas que brilhe a centelha! Não é esse, afinal, o princípio de todas as leis de Atenas? Pelo menos das leis que tendem a opor-se ao governo de um só.

CRÍTIAS – Sem dúvida, Pólicles.

PÓLICLES – A glória e a honra da cidade não estão nos monumentos que vemos resplandecer além adiante, sobre a Acrópole, nem nos tesouros, nem nas esquadras, nem nas batalhas e na fama dos estrategos. A glória e a honra de Atenas estão nos moços; bem avisado andou o que primeiro disse que eles eram a primavera do ano; mas eu quero mais, meus amigos: quero que eles venham a ser a primavera do mundo, que as suas almas se ergam com mais harmoniosa arquitetura que os nossos templos e as suas mentes naveguem mais lestas que as naus de guerra.

CRÍTIAS – Tornarei a dizer-te, Pólicles, que tal intento se me afigura um sacrifício? Não o és ainda – mas quem sabe se não poderias vir a ser um grande poeta ou um grande filósofo?

PÓLICLES – Poeta ou filósofo ou amigo dos jovens, qual desses nomes ambicionarei eu mais? Qualquer deles inclui os outros, por qualquer dos caminhos chegaria ao meu fim.

MENÊXENO – Por que preferes então o de amigo dos jovens?

PÓLICLES – Porque, ó Menêxeno, me agrada mais o trabalhar com almas do que o trabalhar com palavras.

Menêxeno – Nem só com almas terás que lidar, Pólicles. É impossível desprezar os corpos.

Pólicles – Crês tu que os corpos sejam mais do que um dom da alma? Sabes, se não receasse assemelhar-me aos que se deixam apoderar do delírio sagrado de Dioniso, dir-te-ia que vejo no corpo a piedade dos deuses pelo espírito grosseiro e imperfeito dos homens. Héracles, ao tornar-se deus, reconheceu que não precisava do corpo e voluntariamente se despojou dele na fogueira do Eta.

Crítias – Que farias então da ginástica?

Pólicles – Um exercício da alma, Crítias. O dever do homem é desprezar a piedade dos deuses; disse mal: superá-la. Se fizer um dia uma *República*, banirei da cidade os atletas; são os mais baixos dentre os homens.

Crítias – Nada há nisso de estranho se acreditarmos, como tu dizes, que o corpo é uma esmola dos deuses; passam a vida inteira a esmolar.

Pólicles – O contrário deles será o que utilizar o corpo para aperfeiçoar a alma e para, o mais depressa que puder, restituir a esmola aos deuses.

Crítias – Sem dúvida, Pólicles. Como o mercador que um momento sem dinheiro o recebe de empréstimo e logo se aventura ao mar para satisfazer a sua dívida.

Pólicles – É esse o meu pensamento. Que a ginástica sirva para que o corpo se não faça sentir, seja como inexistente, e para que a alma se fortifique e desenvolva. E, a propósito, me ocorre perguntar-te, Menêxeno, a ti que foste dos efebos o mais perfeito no lançamento do dardo: que procuravas de cada vez que repetias o exercício?

Menêxeno – Procurava lançá-lo melhor e mais longe.

Pólicles – Acaso te irritavas com o ginasiarco, quando ele te criticava a posição e te obrigava a renovar o lançamento?

MENÊXENO – Seria ridículo fazê-lo, Pólicles.

PÓLICLES – E se te magoavas no dardo?

MENÊXENO – Descansava um momento e depois continuava jogando.

PÓLICLES – Exatamente o que sucedia comigo, que era mais forte do que tu.

CRÍTIAS – E comigo, que era mais fraco.

MENÊXENO – Mas, ó meus amigos, que tem isso com a força e a fraqueza?

PÓLICLES – Eis a palavra, Menêxeno; é necessário que um dia todos os homens vejam, como tu o vês, que o desejo de chegar mais longe, a atenção à crítica, a calma ante o que fere, nada têm com a força e a fraqueza: são qualidades da alma.

CRÍTIAS – Mas não é verdade que o fim da ginástica é o de fortalecer o corpo e que só como reflexo ela educa a alma?

PÓLICLES – Que não se esqueça o corpo da origem que lhe demos... Eis-nos chegados à palestra; saúda o Hermes, Crítias.

MENÊXENO – E corramos a ver os moços que aprendem as danças.

PÓLICLES – Ficarei ainda um momento a falar a Aristóteles.

Apólogo de Pródico de Ceos*

Eis como Clariel, meu mestre, traduziu o apólogo de Pródico de Ceos:

Da margem do rio, que se recortava cadenciadamente sobre as águas tranquilas, partiam dois caminhos. O efebo hesitava: um deles, liso e claro, desenrolava-se sobre a planura à sombra das acácias e dos plátanos; e, dourando-se ao sol nascente, pairava sobre ele um voo rítmico de pombas; o outro, pelo contrário, era desigual e fragoso, todo aberto em asperezas de rocha e hostilidades de silveirais; e, logo à entrada, sobre uma oliveira carcomida e cinzenta, um mocho parecia meditar um sonho de espectros.

Subitamente, diante do moço, que não sentiu nem medo nem espanto, apareceram duas figuras de mulher, cada uma à entrada de seu caminho; a da estrada plana e risonha, conheceu o efebo, pela nudez do corpo e pela calma voluptuosidade do sorriso, que era Afrodite, a que surgiu das águas na primavera do mundo; à outra, que se apoiava de leve na lança e cujo manto caía, rigidamente, em pregas, até o solo, saudou-a com o nome de Palas Atena, filha de Zeus.

A primeira falou e disse: "Cálicles, os deuses amam-te e deram-te a beleza, a graça, o domínio do amor e da vida; sabes, como Hermes, a harmonia das sete cordas e, como ele também, o mágico segredo das palavras; és generoso e brando, e venceste no pugilato e na corrida os mais sólidos atletas da cidade. Vem, tudo se abre diante de ti, fácil e acolhedor; dar-te-ei, como a Páris, a mais bela mulher do mundo, cumular-te-ei de riquezas, farei que domines o povo que escolheres, que todos te elogiem, que o teu nome seja familiar aos

---

* Originalmente publicado em *Seara Nova*, revista de doutrina e crítica. Lisboa, ano XII, n. 344, 25 de maio de 1933, p. 120-21. Assinado com o pseudônimo Marcos. [N. do O.]

Hiperbóreos e aos Etíopes, que a Fama para sempre te apregoe aos séculos futuros, entre a raça dos mortais e entre a raça magnífica dos deuses."

Então Palas, fitando-o com os seus olhos glaucos, dirigiu-lhe estas palavras:

"Ó Cálicles, é certo que os deuses te amam e que a Moira decidiu que tu próprio um dia serás admitido aos banquetes dos imortais. Mas tudo se perderá para ti, se te deixares vencer pelas seduções do amor, da riqueza e da glória; muitos possuíram já aquilo que te oferecem e, no entanto, as suas almas vagam, tristes, lamentando-se, pelas margens do rio desolador. O caminho que te apontam é, ao princípio, como o vês, alegre e doce; não te fatigarás ao trilhá--lo, irás como num sonho, entre os perfumes e as flores; mas, depois, tudo se transforma; fogem as pombas e tombam os plátanos, escurece-se o céu, rompem as pedras para te ferirem os pés, afiam-se as folhas para te rasgarem a carne. Cálicles, lembra-te das lições do teu mestre, despreza o que tem apenas um brilho passageiro, o que assenta somente em frágil vaidade; ama o eterno, o que verdadeiramente tornará o teu nome conhecido da inumerável e vária humanidade e daqueles que habitam o Olimpo. O caminho a que te convido começa no trabalho e na dor, mas é o único que dentro em breve te poderá levar, por uma larga, suave e fragrante avenida, ao convívio dos deuses."

Proferiam os lábios da Virgem as últimas palavras aladas, quando estacou em frente do efebo o filho de Alcmena; e disse:

"Cálicles, se verdadeiramente queres ser um homem, deixa de confiar nos deuses e, ainda mais, de ter como suprema recompensa sentares-te aos banquetes dos imortais; porque, nessa altura, terás deixado de lutar contra eles e contra a Moira, terás deixado de acompanhar os teus irmãos, e toda a raça dos humanos será varrida pelo teu esquecimento, como as folhas dos bosques pelos ventos do outono. Uma e outra deusa te enganam: se Afrodite deseja que todo te percas nos prazeres do amor e do mando, Palas Atena quer matar em ti o sentimento de que és um homem, anseia por convencer-te de que possuis o máximo de virtude ou o máximo de ciência e de que, por amor delas, te deves alhear de todas as preocupações que tornam bela a vida dos mortais. E é por inveja que o fazem; porque os deuses, ó Cálicles, têm inveja dos sofrimentos dos homens, da esplêndida incerteza em que vivem, da sublime dúvida que os atormenta; não há nada pior do que possuir a Verdade. Se escolheres o caminho de Afrodite, sentirás a monotonia da facilidade e, no fim, o remorso de te não teres batido, como dia a dia o fazem os outros homens, como teu pai e como teu irmão; se acederes à vontade de Palas, todo o prazer que te poderá dar a aspereza da estrada há de ser turvado pela segurança em que estás de que adiante o piso se tornará igual e no extremo do extremo te espera o carro divino. Não, Cálicles, o bom caminho não te dará nenhuma alegria; mas tê-las-ás, e imensa, se, por onde tiveres tu passado, o caminho ficar melhor para os outros homens. Vai, e não te limites, não tenhas medo de Afrodite, por amor de Palas, nem de Palas por amor de Afrodite: entrega-te a todas as atividades humanas, desfaz-te e renova-te como uma chama, sempre subindo, Cálicles, sempre subindo; ama as dificuldades, não faças como Palas, que as considera um sofrimento; lembra-te de que a norma não é um obstáculo, é uma força; se um dia governares um povo – é, no entanto, preferível, ó Cálicles, que apenas inspires os governantes –, se um dia o fizeres, exige que te vigiem, que te sigam passo a passo, que te tratem com viril rudeza: prefere sempre o sal ao incenso, verás como a tua inteligência se eleva, como a tua sabedoria se enriquece. E não esperes recompensas: a tua única recompensa, depois de teres dado um passo no caminho de Homem, estará na possibilidade heroica que sentes dentro em ti de dares um outro ainda, com a mesma calma e o mesmo sorriso."

Então o efebo estendeu as mãos para Héracles e disse:

"Ó Herói, eu quero ser um homem; mostra-me o caminho."

Mas o filho de Alcmena apontou-lhe o mato espesso e rude e replicou apenas: "Abre-o!"

E docemente, na doçura da manhã, se fundiram as deusas.

Mercúrio (Hermes)
Palácio Real
Amsterdam

Opúsculos, Ensaios Prefaciais e Artigos

A FILOSOFIA DOS ANTIGOS GREGOS E ROMANOS

UMA SELETA TEMÁTICA DE

Iniciação: cadernos de informação cultural

Sócrates de Alopece. Museu do Louvre, Paris.

Filosofia Pré-Socrática*

Devido às recentes investigações arqueológicas e a um estudo mais atento dos textos, sabe-se hoje que a civilização grega não é um "milagre", no sentido de que surgiu do nada, de que a criou inteiramente o gênio de um povo invasor; as civilizações orientais, sobretudo a do Egito e a da Mesopotâmia, a civilização que se desenvolveu com o seu centro na ilha de Creta contribuíram em muito para que houvesse mais tarde o esplendor de Atenas; é certo, porém, que não fica dito o essencial quando se mostra nos antecessores dos gregos uma instituição, um culto, um costume ou um conhecimento que depois eles adotaram e que lhes serviu de base para as suas próprias criações; o que importa marcar na cultura helênica não é a proveniência dos elementos a partir dos quais se formou: o "milagre", palavra a que naturalmente se não dá senão o sentido do acontecimento inexplicável, não consiste em se ter inventado o material que se utilizou de início, mas na atitude nova que toma o grego em face dos conhecimentos. É fora de dúvida, e pondo de parte a possível discussão acerca do desejo de conhecer, que a ciência tem a sua origem na necessidade de resolver um certo número de problemas técnicos; mas tem de se acentuar ao mesmo tempo que, enquanto se mantém nessa atitude, pouco avança; os muitos séculos de civilização egípcia ou caldaica deram apenas uns rudimentos de geometria e de aritmética; com o grego tudo mudou: a ciência passa a entrar no caminho que se mostrou fecundo, o do puro jogo intelectual; faz-se ciência como se faz arte ou desporto, pelo sentido de beleza, sendo secundário, não em importância prática, é evidente, mas em relação ao prazer estético do exercício de inteligência, o servir ou não para alguma coisa aquilo que se descobriu ou se criou; o fato dos primeiros pensadores gregos se terem dedicado à resolução de questões

---

* Agostinho da Silva. *Filosofia Pré-Socrática*. Lisboa: Edição do Autor, 1942. (Iniciação: cadernos de informação cultural, 8.ª série.) [N. do O.]

técnicas não pode valer como argumento: há casos, embora raros, em que o técnico e o homem de ciência aparecem no mesmo indivíduo; além de tudo, estava-se ainda demasiado perto das origens para que surgisse absolutamente puro um plano de jogo estético; daí por diante, o sábio comportar-se-á sempre como um artista, sem pensar na prática, na técnica, embora reconhecendo, muitas vezes, que são os progressos técnicos, vindos de teorias mais antigas, que lhe permitem a ele explorar outros campos. É esse aparecimento de uma atividade desinteressada que nos surge como um fato inexplicável: há certamente um ambiente político sem opressões, um ambiente religioso em que elas também não existem, uma economia próspera que favorecem os pensadores, se é que já não são o resultado da inteligência dos gregos; mas o fator último a que chegamos é sempre o da existência dessa mentalidade diversa, o dessa conformação particular do espírito helênico que em tudo vem a manifestar-se; a vida em torno imprime marcas, facilita alguns caminhos, fecha outros, como o terreno de certo modo faz o curso de um rio; mas a água que flui é o fenômeno essencial: a inteligência dos gregos era em quase tudo, e principalmente no que mais importava para o progresso futuro da humanidade, bem diferente da dos povos que já tinham florescido na bacia oriental do Mediterrâneo.

 O estudo dos primeiros pensadores gregos é difícil e os resultados a que chegamos muito incertos; de todos eles temos apenas fragmentos dos livros que escreveram, frases soltas do ensino, citações que quase nunca são literais ou referências a pontos de doutrina; na maior parte das vezes os testemunhos são-nos transmitidos por autores que tinham a sua própria doutrina e que citavam os antecessores com inevitáveis deformações, ou por outros que não chegavam mesmo ao nível necessário para os entender plenamente. Dos filósofos, o que parece melhor é Platão: a sua natureza de artista e o seu forte sentido histórico fazem-no apresentar o pensamento dos primeiros filósofos com um mínimo de deturpação e, nos casos duvidosos, quando existem contradições de textos, é quase sempre pelo dele que nos teremos de guiar; já o mesmo não acontece com Aristóteles que, entre todas as suas qualidades, não possuía a da criação poética, que torna os homens compreensivos, nem a da inteligência sutil, nem a da possibilidade de se desprender por alguns momentos do que pensava como verdadeiro; a sua concepção do movimento não lhe permitiu entender teorias mais científicas, o que o levou à má compreensão de grande número de textos; a declarada simpatia por alguns dos pensadores fez-lhe cometer erros de apreciação; a falta de espírito matemático fechou-o a grande número de ideias que se revelaram fundamentais; finalmente, valendo-se muito de Platão, nem sempre fez clara distinção entre o que era seriedade e o que era simples ironia; escusado é dizer que os estoicos, os céticos, os epicuristas e os neoplatônicos, muito mais fechados em sistema, não fizeram senão agravar os defeitos dos pensadores precedentes. A segunda fonte de informações é constituída pelos doxógrafos ou "expositores de opiniões", que são muito importantes e que derivam na maior parte de um trabalho de Teofrasto de que ainda restam extensos trechos; têm de se citar um Pseudo-Plutarco, *Placita Philosophorum*, *Opiniões dos filósofos*, umas *Églogas Físicas*, ou melhor, *Naturais*, de Estobeu (século V d.C.), e dois trabalhos de Cícero, *Lúculo* e *Da natureza dos deuses*, que não são excelentes, pela acanhada vocação filosófica do orador romano; os doxógrafos biográficos incluem um escrito de Hipólito, *Refutação de todas as heresias*, de que se transmitiu o Livro I, e que provém de um bom resumo de Teofrasto, embora as biografias de Tales, Pitágoras, Heráclito e Empédocles devam ter outra origem, e uma parte do chamado Diógenes Laércio; a outra parte é composta de biografias propriamente ditas, mas com alguns informes quanto à doutrina; quanto a biografias, existiram ainda trabalhos de Sócion (200 a.C.), de Hermipo de Esmirna, também de 200 a.C., de Sátiro que escreveu um século depois[1]; todos esses livros foram depois resumidos, nem sempre talvez com muita fidelidade; as datas da vida dos filósofos vêm quase todas de Apolodoro, do século II a.C., e merecem reduzida confiança.[2]

---

[1] Nos exercícios de datação não raro aproximados e tão sujeitos a imprecisões, sempre que se trata do estabelecimento das marcações temporais relativas às biografias dos autores antigos –, tenhamos igualmente presente, de forma complementar, as seguintes referências cronológicas: meados e segunda metade do século III a.C. em se tratando de Hermipo de Esmirna; e o século II a.C., no caso de Sátiro de Callatis. [N. do O.]

[2] Devido a uma troca inadvertida de nomes, o que figura no texto originalmente editado em lugar de "Apolodoro" é "Apolônio de Rodes". Apolodoro de Alexandria, cronógrafo do século

O primeiro pensador de que temos notícia é Tales, natural de Mileto, florescente colônia grega da Ásia Menor; parece ter predito o eclipse de 585 a.C., não se sabe bem com que elementos, e visitado o Egito, assegurando-se até que fora ele o introdutor da geometria na Grécia; participou da política, aconselhando uma federação das cidades gregas da Jônia, fez trabalhos de náutica e é provável que tenha organizado um calendário. Para ele, a substância primordial de que tudo se formava era a água: possivelmente tinha sido determinante dessa afirmação a visita ao delta do Nilo – cujas dimensões aumentavam todos os anos e a que só viam chegar as águas do rio –, a formação de depósitos aluviais na Ásia Menor e a consideração das nascentes subterrâneas que ninguém relacionava com as chuvas; a terra inteira mesmo flutuava na água. O que é importante acentuar no pensamento de Tales é que já existe a preocupação de uma substância única a partir da qual tudo aparece, o que vai ser basilar para a ciência e para a filosofia; para esta última só, em todo o caso, quando a substância passar de material a espiritual, o que não sucede com estes primeiros pensadores. Anaximandro, que se lhe seguiu e que, parece, desenhou o primeiro mapa e estabeleceu uma colônia nas margens do Mar Negro, ensinava também que havia uma substância primária, ilimitada, mas que não era nenhum dos elementos – água ou fogo ou terra ou ar –, porque a ser um deles nenhum dos outros teria aparecido; esse ilimitado era, no entanto, um corpo, porque era material, turbilhonar, o movimento que trazia à existência os vários mundos[3]; esse turbilhão no seio do ilimitado levava a água e a terra para o centro, o fogo para o extremo e deixava o ar entre uns e outro; a água e a terra vinham do úmido, o ar e o fogo do seco; a Terra, que era para Anaximandro um anel sólido, estava suspensa no espaço, ao mesmo tempo que girava, arrastada

---

II a.C., tal como consta corretamente no original, enquanto Apolônio de Rodes é do século III a.C. [N. do O.]

[3] Com vistas a um entendimento desse trecho, é oportuno apercebermo-nos da elipse do verbo "ser" (conjugado na terceira pessoa do singular do pretérito imperfeito do indicativo, "era") após "turbilhonar": "[...] esse ilimitado era, no entanto, um corpo, porque era material, turbilhonar, [era] o movimento que trazia à existência os vários mundos". [N. do O.]

no movimento geral do turbilhão; o fogo do extremo ter-se-ia fragmentado em anéis semelhantes ao terrestre e cada um deles teria dado um astro; os animais teriam aparecido na água e depois, por adaptações sucessivas, ter-se-iam vindo a produzir os mamíferos superiores, finalmente o homem; através de todo o seu ensino, Anaximandro insistia numa noção de luta entre "os contrários", por exemplo, o seco e o úmido, o frio e o quente, o que explicava as transformações universais, a instabilidade das coisas, o tom de guerra que lhe parecia existir no mundo. O terceiro pensador desse grupo de Mileto, ou dos físicos jônicos, é Anaxímenes, que morreu por 527 a.C., e que deixou um livro escrito em prosa simples; afirmava que a substância é o ar tornado visível pelo calor e pelo frio, pela umidade e pelo movimento; a condensação progressiva dava as nuvens, a água, a terra, as pedras, ao passo que a rarefação produzia o fogo; o ar, portanto, variando em quantidade, gerava todos os corpos de qualidades diferentes; essa ideia, que se iguala em fecundidade à da substância primordial de Tales, exerceu grande influência nos pensadores que se seguiram, até ser adotada, embora com aspectos diferentes, pela física moderna.

Ao passo que os pensadores da Ásia Menor nos aparecem, por assim dizer, com um caráter laico e sem que, pelos elementos que temos ao nosso dispor, façam da filosofia uma regra de vida, já o mesmo não sucede com os filósofos de outro grupo que se situa para ocidente; aqui, e devido às fortes tradições rituais da ilha de Delos, já as pressões religiosas eram maiores e dificilmente se poderiam evitar; acresce ainda que se tinham estabelecido solidamente fórmulas religiosas vindas do norte e que o orfismo radicava em todos os espíritos a ideia de que o homem era um Deus caído, uma alma aprisionada num corpo, e cuja libertação, cuja regeneração dependiam dum certo número de purificações e sacramentos; a pura atividade de espírito, o desinteressado jogo intelectual não existem, talvez, entre os filósofos do grupo do ocidente como entre os pensadores jônicos: a filosofia é, em grande parte, uma salvação, um caminho de evasão da tragédia que, para o homem, constitui o viver; o que não há, porém, de modo algum, é uma subordinação ou uma preocupação técnica. O pensador mais importante é Pitágoras, cuja vida e doutrina são difíceis de conhecer pelas lendas que rapidamente se formaram à sua volta e pelo receio dos discípulos, depois das perseguições que sofreram; parece, no entanto, poder afirmar-se que nasceu por 570 a.C. e se conservou até cerca de 530 na ilha de Samos, donde veio para Crotona, na Itália; aí fundou uma escola, ou antes, uma comunidade, retirando para Metaponto, onde morreu, quando os de Crotona se revoltaram contra os pitagóricos; os discípulos, que vieram a tomar o poder em algumas cidades, foram depois perseguidos, indo-se até à queima dos lugares em que reuniam. Pitágoras ensinava uma doutrina de transmigração das almas, o que era apenas talvez uma forma poética de afirmar um parentesco entre os animais e os homens; adotava e fazia adotar uma série de proibições alimentares, em parte por considerações higiênicas, em parte por motivos místicos; mas a originalidade de Pitágoras esteve em juntar às purificações vulgares a purificação pela ciência; parecem não ter outra origem os estudos de aritmética e geometria, com a atenção especial dada às combinações numéricas e a possível descoberta da incomensurabilidade da diagonal e do lado do quadrado; houve também estudos sobre os intervalos harmônicos e daqui se teria passado à ideia de que todo o mundo podia ser reduzido a números, mais tarde identificados com figuras geométricas, com disposições de pontos extensos no espaço. A cosmologia de Pitágoras é obscura, parecendo que vem dos discípulos a ideia de que a Terra não é o centro do universo; haveria a meio um fogo, que não é o Sol, à volta do qual girariam os planetas, sendo a Terra um deles; os eclipses eram explicados pela existência de uma anti-Terra. Tanto para Pitágoras como para os discípulos, a alma não era um princípio espiritual, mas uma harmonia dos elementos do corpo, não podendo, portanto, existir sem eles; a falta de textos impede-nos de saber de que modo ligava Pitágoras essa ideia com a de transmigração; mas o mais importante fica estabelecido: o espiritual não entrava ainda nas considerações dos pensadores gregos; facilmente podia ter aparecido nesse momento, quer pela afirmação duma alma, quer pela da constituição numérica do universo: mas fechavam o caminho a atribuição de extensão aos pontos e o considerar-se a alma uma simples harmonia dos elementos do corpo.

    Heráclito de Éfeso, que deve ter nascido por 545 a.C., aparece na tradição como discípulo de Xenófanes de Colofonte, filósofo que, embora tomando a ciência como purificação, estava menos absorvido que Pitágoras pelas formas religiosas; é inegável que conheceu a doutrina de Xenófanes, mas há razões para o não crer seu discípulo: estava informado do seu pensamento como o estava do dos físicos de Mileto e do de Pitágoras; da vida de Heráclito, sabe-se apenas que pertencia à antiga família real e desistira dos seus direitos a favor de um irmão. É muito possível que tenha escrito uma obra, de que se não sabe o título, e se dividia em três livros, um dos quais tratava do universo, outro de teologia, outro de política; o estilo de Heráclito foi sempre considerado obscuro e os textos que nos restam são boa prova de que se não tinham enganado os críticos antigos; mas o próprio fato de aparecerem em forma tão diferente da habitual revela uma invulgar força de personalidade. Afirmava Heráclito que todas as coisas que nos aparecem como independentes são na realidade a mesma, mas que esse substrato, ao contrário do que tinham ensinado os jônicos, é plural; conhecer verdadeiramente é ter chegado à ciência do único, para além do estudo do vário; a unidade do uno, que existe na pluralidade, é constituída pela tensão oposta dos vários. A substância primordial é para Heráclito o fogo, sempre o mesmo e sempre diverso, alimentando-se ininterruptamente de combustível e ininterruptamente se desfazendo em fumo; por isso tem o mundo de ser considerado como uma corrente, como um rio sempre outro, em cujas águas ninguém pode mergulhar por duas vezes; nada está em repouso, nada é, tudo está sendo, tudo devém; é certo que a aparência das coisas é estável, mas trata-se de uma ilusão provocada porque as estamos contemplando em grosso, em conjuntos muito extensos: do mesmo modo também a chama é estável; logo descobriríamos a intensa mutabilidade se as pudéssemos ver em escalas mínimas, ideia que é ainda, pelo menos em parte, a da física atual. O fogo puro existe no Sol e, ardendo, produz as nuvens negras da tempestade, semelhantes ao fumo; vem depois a chuva, o mar, em seguida a terra que, por sua vez, alimenta o mar; quando a evaporação lhe rouba a água, o evaporado sobe ao Sol onde arde, completando-se assim o ciclo. No homem há fogo, a alma, terra e água, o corpo; somos também um fluxo e uma luta; nunca somos os mesmos e ora predomina o fogo, ora a terra e a água; o prazer transforma o fogo em água e mata-nos, a vitória do fogo matar-nos-ia também; o equilíbrio, que é uma batalha, ou o desequilíbrio, que é a destruição, são ambos trágicos e o pessimismo de Heráclito não tem atenuantes; não podem valer-nos os deuses, que são como os homens, nem podemos esperar o fim da luta que, transcendendo-nos, se trava num plano universal, porque então o mundo terminaria, o que é impossível; não podemos também desejar o desaparecimento de um dos contrários, por exemplo o mal, porque ele não é mais do que uma das faces da realidade de que a outra é o bem; só para o fogo tudo é bom, ou melhor, tudo é, sem distinção entre bom e mau. Quanto à moral e à política, que não via independentes, aconselhava Heráclito que se seguisse o comum, isto é, o universal, não o vário, isto é, o que diz apenas respeito ao indivíduo num momento da sua existência.

Ao pensamento de instabilidade de Heráclito opõe-se a doutrina de Parmênides de Eleia, que deve ter morrido por 445 a.C.[4] e expusera as suas ideias num poema de que apenas restam fragmentos. Segundo Parmênides, todos os sistemas anteriores têm de comum entre si o porem como admitida a existência do nada que está sempre antes, ou entre, ou para além do elemento ou elementos iniciais; mas o nada, a existir, passa a ser alguma coisa, não pode ser pensado senão como alguma coisa; logo, o nada não existe. Mas, se o nada não existe, o mundo só é, ou, por outras palavras, constitui um pleno em que alguma coisa se liga imediatamente a alguma coisa; sendo assim, a deslocação de qualquer partícula, o movimento, é impossível; o que é é e não há mudanças; à objeção de que os nossos sentidos dão pelas mudanças responde Parmênides que os sentidos se enganam; a possibilidade de ser o mundo uma ilusão, o que já Heráclito propusera, é acentuada pelo pensamento de Parmênides e abre caminho novo à filosofia; no entanto, ainda o espírito não entra nessa concepção do mundo: tudo é material, são sentidos materiais que se enganam a respeito do mundo material; no sistema de Parmênides, como em Pitágoras, todo o ponto tem ainda extensão, toda a linha tem, em realidade, duas dimensões. Se o mundo é, torna-se evidente que não pode ter sido criado, porque nesse caso

---

[4] No texto da primeira edição, "545 a.C.", devido a lapso cometido no decurso do processo de elaboração ou de editoração do mesmo. [N. do O.]

teria existido um nada, nem pode ser destruído, porque então passaria o nada a existir; é pois eterno; é também finito, porque de contrário se estenderia por um espaço vazio e, como é real em todas as direções, temos que lhe atribuir a forma esférica. O discípulo mais notável de Parmênides foi Zenão, também de Eleia, nascido provavelmente por 500 a.C.[5], que tomou grande parte na política da sua cidade e a quem se atribuía mesmo o excelente governo que a distinguia; escreveu também diálogos no gênero dos de Platão e os escritores da época seguinte atribuíram-lhe a invenção da dialética, isto é, da arte de discutir, partindo não duma afirmação que se fez, mas duma tese do adversário, que se irá demonstrar ou contraditória ou falsa; é possível que o fosse; o que sabemos de seguro é que empregava a dialética contra os adversários de Parmênides que apresentavam duas objeções principais: diziam, em primeiro lugar, que a esfera tinha de estar no espaço, depois, que o movimento, a admitir-se o mundo de Parmênides, se tornava impossível; quanto à primeira, respondia Zenão que, se o espaço existe, é alguma coisa; tudo o que é alguma coisa está em espaço; o espaço, portanto, está em espaço, isto é, não se deve distinguir daquilo que o ocupa, é inerente à existência das coisas; quanto ao movimento, provou-lhes Zenão que também é impossível concebê-lo nos mundos pluralistas que se tinham imaginado: se a linha consiste num número infinito de indivisíveis, os pontos, o móvel nunca pode atingir um objetivo porque tem, de cada vez, de percorrer a metade da distância, depois a metade dessa metade, etc.; se a linha consiste num número finito de indivisíveis, os pontos ainda, o movimento é também impossível porque, ocupando cada móvel, num certo instante indivisível, um lugar de que não sai, não se move, o que sempre sucederá se o tempo for, como o espaço, uma soma de instantes; no fundo, todos os argumentos de Zenão repousam sobre a mesma ideia do tempo e do espaço como formados de unidades discretas, e põem a claro que a filosofia grega chegara a um ponto em que a hipótese materialista tinha de ser abandonada e em que o mundo chamado real não poderia ser tomado senão como um produto do pensamento; o

---

[5] Nas imediações de 500 a.C., os anos à volta de 490 a.C. também costumam ser indicados como altura provável para o nascimento do eleata Zenão. [N. do O.]

grande mérito de Zenão de Eleia residiu em provar que as concepções recebidas eram inadequadas a uma representação satisfatória do universo.

Houve uma tentativa de solução com Empédocles de Agrigento que nasceu por 480 a.C.[6] e desempenhou papel político muito importante, depois da morte de Teron, como chefe do partido democrático; recusou, segundo parece, a realeza que os seus compatriotas lhe ofereciam e é provável que tenha também exercido grande influência sobre eles como chefe religioso: pregara, pelo menos, um certo número de fórmulas sacramentais e purificatórias que considerava indispensáveis para que o homem se pudesse salvar; trabalhou também na ciência, sobretudo em estudos de medicina. O sistema de Empédocles, que o pensador expusera num poema, começava por estabelecer que todo o conhecimento se tem de edificar sobre os dados dos sentidos, numa submissão à experiência; se o fizermos não poderemos chegar a outra conclusão que não seja a de que a última forma da realidade não pode ser tão plural como a aparência, porque há que contar com as transformações, nem una, como a queria Parmênides, porque então se deixariam de explicar muitos dos fenômenos que ocorrem e que repugna tomar como simples ilusões; resta aceitar que há um número limitado de últimas formas, cada uma das quais se poderá considerar como uma esfera eleata; o mundo não é mais do que o conjunto, a mistura de quatro elementos, fogo, ar, terra, água, que são eternos e imutáveis, e por intermédio dos quais se pode explicar toda a imensa variedade do que é percebido pelos sentidos. A mudança e o movimento seriam, no entanto, impossíveis se, além dos quatro elementos, não existissem a Discórdia e o Amor: a primeira separa os elementos, o segundo atrai-os e forma as coisas; não são de natureza completamente diversa, porque a Discórdia separa os elementos uns dos outros, mas junta as partículas dos vários elementos, o Amor, atraindo os diferentes, separa as partículas dos elementos; a existência única da Discórdia daria um mundo parado e sem coisas, visto que essas só podem constituir-se pela junção dos vários elementos; um mundo só de Amor não explicaria

---

[6] Nas proximidades de 480 a.C., os anos de 490 a.C., a exemplo de 493 ou 492, são igualmente apontados como aqueles em que o nascimento de Empédocles certamente se deu. [N. do O.]

a transformação; Amor e Discórdia não são simples forças: ocupam espaço e aparecem, afinal, como mais dois elementos a juntar aos quatro anteriores; além de tudo, só agem segundo os ditames da Necessidade que Empédocles, segundo parece, não explicou claramente. A mistura dos elementos é possível pela existência dos poros, mas a sua admissão, essencial para o sistema, levantava uma dificuldade que Empédocles não resolveu: se os poros são vazios, já os elementos não estão de acordo com as ideias de Parmênides, porque então o nada existe, se estão cheios, não são poros. Pondo tudo como seguro, afirmava depois Empédocles que o universo atravessa quatro períodos, um do Amor, com mistura de elementos, outro de Amor e Discórdia, com combinações parciais, outro com separação completa de elementos, pela ausência do Amor, outro em que o Amor torna a combinar os elementos, enquanto a Discórdia desaparece; o mundo tal como o conhecemos pode, por conseguinte, aparecer no segundo e no quarto período; o mundo atual é o do segundo: o Amor vai desaparecendo. No campo propriamente científico, sabe já Empédocles a causa dos eclipses e considera a noite como sendo apenas a sombra da Terra; aceita uma evolução nos animais e não põe barreiras intransponíveis entre o animal e a planta: as plantas sentem, têm dor e prazer; a morte é a dissolução dos seres vivos nos seus elementos, nada havendo que se assemelhe a uma alma imortal; enquanto vivos, percebemos o mundo porque os elementos que existem no exterior procuram juntar-se aos que lhes são semelhantes dentro em nós e o encontro é sempre um conhecimento; as partículas dos elementos exteriores entram pelos poros dos sentidos.

Anaxágoras de Clazômenas apresenta outro sistema de conciliação entre o eleatismo e o aspecto do mundo; continua a pôr-se como essencial o que o foi para o futuro – o aceitar-se como boa explicação só aquela que a um tempo satisfaz a inteligência e engloba a experiência, mas as possibilidades de atingir uma solução satisfatória eram reduzidas enquanto perdurasse uma concepção materialista da realidade; Platão, porém, ainda está longe e a doutrina de Anaxágoras é toda constituída sobre uma materialidade do mundo. Anaxágoras, que viveu talvez de 499 a 428 a.C. e que residiu durante trinta anos em Atenas, abandonara todas as suas riquezas para se dedicar à filosofia e, depois do processo por impiedade que lhe moveram os atenienses, partiu para Lâmpsaco, quando solto por intervenção de Péricles, e aí fundou uma escola; do livro que escreveu, e que sabemos em estilo elevado e agradável, chegaram-nos poucos fragmentos. Ensinava Anaxágoras que, considerando o mundo no total, nada pode ser acrescentado ao que existe, mas também nada pode desaparecer; o nascer e o morrer, que podem ter algum significado para o homem, não o têm para o universo: trata-se apenas de mistura ou separação de elementos, de apresentação diferente das mesmas substâncias. Em tudo, há uma parte de todo, o que significa a aceitação de Parmênides; mas a parte mínima não existe, porque a matéria é infinitamente divisível; todos os corpos contêm em si uma parte dos opostos ou contrários, que o espírito grego se recusava a reduzir, porque fez do seu existir a própria essência da vida: até a neve é preta e quente, quer dizer, não é absolutamente branca nem absolutamente fria; cada forma de matéria, com todos os opostos, concentra-se em "sementes" que, a partir dos antigos, dão corpos novos: são essas sementes os verdadeiros elementos do mundo, isto é, as formas últimas de matéria a que se pode chegar; a maior ou menor quantidade de material básico dá aspecto diferente aos objetos; haverá ar onde existe mais frio, fogo onde há mais calor. Para movimentar o mundo, recorria Anaxágoras à Mente, à Inteligência, onde não existe qualquer mistura e que pode penetrar em tudo; parece que Anaxágoras lhe atribui a qualidade de ocupar espaço, embora, por outro lado, declare que a Mente é o que sabe, o que conhece; é, portanto, impossível decidir se considerava a Mente corpórea ou não. O mundo originou-se num movimento de rotação que separou o éter, ou fogo, do ar: o fogo é rarefeito, quente, leve e seco, o ar, denso, frio, pesado e úmido; o éter foi para a parte exterior, o ar para o interior; foi o segundo que deu as nuvens, a água, a terra, as pedras, algumas das quais, despedidas da terra pelo movimento de rotação, e incendiadas pela rapidez com que se deslocaram, constituíram os corpos celestes. Embora a Mente possa penetrar em todos os corpos, há alguns em que efetivamente não existe, os da natureza inanimada; naqueles em que existe, é a mesma em todos, o que traz como consequência que o grau de inteligência de plantas e de animais depende apenas da estrutura do corpo; o homem, por exemplo, é melhor que todos os outros apenas porque tem mãos que lhe permitiram fabricar um certo número de instrumentos que não possuem os outros animais e muito menos as plantas, que Anaxágoras considera como animais fixos na terra; a ideia não é muito contrariada na biologia moderna, que também, de certo modo, confirma outra ideia de Anaxágoras, a de que é úmido o elemento predominante nos seres vivos.

As partículas de Anaxágoras, que encerravam em si, por cada uma, todas as formas de matéria, aparecem simplificadas e apuradas, e mais utilizáveis para a ciência, com a escola atomista de Leucipo e Demócrito; tão incertos são os dados biográficos acerca desses dois pensadores que se chegou mesmo a pôr a hipótese de não ter existido o primeiro, sendo completamente impossível indicar o que pertence, em pensamento, a cada um deles; quase sempre, de resto, a doutrina aparece atribuída a Demócrito de Abdera que, mais novo que Leucipo, teria nascido por volta de 460 a.C. O atomismo de Demócrito é o tipo mais apurado do materialismo grego; representa um ponto de chegada de todo o pensamento anterior e é dele que, unido ao idealismo dos filósofos seguintes, vai surgir, em grande parte, a ciência moderna, que, apesar das aparências, não é materialista e faz do átomo, que tem de conservar como base da realidade, uma simples ideia; o átomo de Demócrito aparece-nos apresentado como o que é, movendo-se num vazio que não é, o que quer dizer que partículas materiais se deslocam num espaço não material; salva-se a ideia vulgar do mundo como material e eliminam-se as dificuldades de Zenão que só existem para um espaço de pontos extensos; com Demócrito, o espaço não é, porque não tem extensão, mas considera-se tão real como se fosse, porque nele se deslocam os átomos; há aqui naturalmente uma dificuldade que só pode resolver-se pela supressão da materialidade, da extensão real do átomo, limite que Demócrito não atingiu, mas em que se estabelece a física do nosso tempo; o átomo é indivisível, conforme o próprio significado do nome (de *a*, prefixo negativo, e *tomo*, que põe a ideia de divisão), mas indivisível fisicamente: matematicamente é divisível, visto possuir extensão; em substância são todos iguais, mas são diferentes em forma, sem que Demócrito tivesse explicado, ao que parece, a origem dessas diferenças de forma; das diferenças e da infinita possibilidade de arranjos de átomos, talvez provenientes delas, veio o aspecto diversíssimo das coisas; os átomos estão sempre em movimento sem que se saiba por quê, podendo talvez supor-se a existência de uma ideia de atração do semelhante pelo semelhante; o que se sabe é que Leucipo admitia que nada no mundo sucede por acaso e que, portanto, os átomos se moviam segundo linhas traçadas logo desde o início; mas, para que se fale de determinismo, é preciso que haja possibilidade, pelo menos teórica, de calcular, de posse de todos os elementos num certo momento, o que sucederá no momento seguinte; se só os átomos existem, é claro que a determinação virá da sua posição inicial e das qualidades próprias; o atomismo grego nada estabeleceu acerca da primeira e as qualidades que atribuía aos átomos são puramente estáticas; a noção de peso é, através dos textos, bastante incerta para que nela possamos fundar qualquer interpretação deste ponto do sistema. Quanto à cosmologia, os atomistas mostravam-se bastante atrasados, ignorando mesmo, decerto propositadamente, os progressos realizados pelos pitagóricos, cuja concepção da alma como harmonia também não aceitavam: para Demócrito, a alma era material, constituída por átomos sutis e extremamente móveis.

O fato de com o atomismo de Leucipo e Demócrito se fechar um círculo de pensamento que só uma revolução profunda poderia incluir numa concepção mais vasta, eliminando o que fosse apenas uma marca do tempo, fez que surgisse uma época cujas características gerais se repetiram depois em todos os momentos semelhantes; o terminar duma linha de doutrina, quando ainda se não produziram as circunstâncias políticas, sociais e econômicas que podem formar o ambiente favorável ao surgir de uma nova concepção, leva sempre ao aparecimento de pensadores reacionários que desprezam o que se adquiriu de fundamental e regressam a pontos de vista já ultrapassados, de outros que procuram apenas conciliar o que lhes aparece como divergente nos vários sistemas ou, aproveitando o que acham melhor, criam ecletismos de pouca viabilidade, e ainda de céticos para os quais todo o esforço de pensamento é uma ilusão que só pode conduzir a resultados que nada têm de seguro; ao passo que das duas primeiras categorias nada vem de útil para o futuro, já o mesmo não acontece com o ceticismo, que obriga a rever o que se considera verdade adquirida, persiste, apesar dos aspectos exteriores, num esforço de investigação e desempenha papel ainda mais importante quando, pela apresentação em plena luz do que existe de negativo numa concepção, incita à construção de fundamentos sólidos sobre os quais se possa erguer uma nova doutrina, principiar um novo ciclo de pensamento. Os reacionários e ecléticos gregos do século V, Hípon de Samos e Diógenes de Apolônia, apoiam-se nos trabalhos da escola de Mileto, como se o eleatismo não tivesse existido; voltou-se a perguntar qual é o único que deu o plural, quando já se demonstrara a existência atual do único e se procurara estabelecer qual a forma de pluralidade capaz de se conciliar com essa existência do único; mas, na realidade, era-lhes impossível ignorar Anaxágoras e Leucipo e a eles iam buscar algumas das suas doutrinas; o mais importante dos dois, Diógenes, chegou a exercer grande influência, embora no campo do ecletismo se lhe tivesse adiantado Arquelau de Atenas, talvez mestre de Sócrates. Mas a revolução filosófica levada a cabo por este último só foi possível sobre o trabalho dos sofistas, professores de sabedoria ou então de uma especialidade, que eram em grande número, percorriam toda a Grécia dando lições e tinham como ponto comum o de mostrarem um ceticismo completo quanto às probabilidades que tem a inteligência humana de descobrir a verdade absoluta; para Protágoras, o homem é a medida de todas as coisas, o que equivale a dizer que há um mundo para cada um de nós, que tudo é relativo, e que, portanto, todas as concepções são igualmente verdadeiras e igualmente falsas; para Górgias, também nada existe de seguro, e pode até demonstrar-se facilmente a impossibilidade de conhecer; não há verdade, nem em ciência, nem em moral, nem em política, não há direito absoluto, não há justiça; cada um valerá o que for a força do seu intelecto ou do seu braço; mas todos os céticos se referem continuamente a dois elementos que mal apareciam nos pensadores precedentes: um é a inteligência, a razão, o outro, a preocupação moral; são esses exatamente os dois pontos em torno dos quais se vai desenvolver toda a atividade de Sócrates, o iniciador da nova fase da filosofia grega.

Nota de Livros[7]

Léon Robin. *La pensée grecque et les origines de l'esprit scientifique*. Paris: La Renaissance du Livre, 1923.

Paul Tannery. *Pour l'histoire de la science hellène, de Thalès à Empédocle*. Paris: Félix Alcan, 1887.

John Burnet. *Early Greek Philosophy*. 4.ª ed. Londres: Adam and Charles Black, 1930. (A tradução francesa intitula-se *L'Aurore de la philosophie grecque*. Paris: Payot, 1919.)

As obras de Tannery e Burnet contêm a tradução dos fragmentos.

---

[7] Os elementos de referenciação constitutivos da bibliografia originalmente indicada nessa "nota de livros" foram revistos, completados e, quando necessário, também corrigidos. [N. do O.]

Sócrates*

O conhecimento que temos da personalidade de Sócrates e da sua doutrina deriva de textos que nos deixaram três escritores contemporâneos, Platão, Xenofonte e Aristófanes, visto que nem o filósofo compôs nunca nenhum livro, nem têm qualquer valor as informações que nos chegaram por intermédio de outros autores. Platão, que parece ter sido um dos seus discípulos mais queridos, ou pelo menos, um dos que tinha pelo mestre uma admiração mais compreensiva, foi também o que, devido aos seus dotes maravilhosos de escritor, nos legou de Sócrates um retrato mais vivo, mais dramático; Platão, antes de ter encontrado Sócrates, pensou em dedicar-se ao teatro, mas a influência pessoal do pensador levou-o para o campo da exploração e discussão das ideias: no entanto, as suas obras conservam nítida a marca da primeira vocação e Sócrates surge-nos como uma personagem de drama, bem caracterizado, com uma psicologia em que se não descobre a mínima incoerência e tão perfeito, tão sedutor, tão acima da humanidade do seu tempo, e de todos os tempos, que se levantaram suspeitas sobre a verdade do retrato, e até sobre a autenticidade da figura; há quem não veja no Sócrates de Platão mais do que uma personagem imaginada para estabelecer a transição entre as filosofias anteriores e o seu próprio pensamento, para indicar, pelo exemplo, o que a filosofia tem de busca, de permanente investigar, não de paragem numa doutrina que se julga verdadeira, finalmente para de uma forma mais viva expor a sua própria doutrina; mesmo aceitando, como parece impossível deixar de fazê-lo, que Sócrates existiu, e com a maior parte das características que lhe atribui Platão, é fora de dúvida que se torna muito difícil separar bem as doutrinas do mestre das doutrinas do discípulo e que corremos em muitos casos

---

* Agostinho da Silva. *Sócrates*. Lisboa: Edição do Autor, 1943. (Iniciação: cadernos de informação cultural, 9.ª série.) [N. do O.]

o risco de expor Platão como se se tratasse de Sócrates; no conjunto, porém, os diálogos platônicos dão-nos muito do que pensava Sócrates e, talvez mais importante do que a doutrina, a atitude socrática; o comportamento de Sócrates, tirado certo gosto de habilidades dialéticas nem sempre muito honestas e a composta facilidade com que triunfa dos adversários que se não desembaraçam de argumentos que não seriam muito difíceis para uma média intelectual, aparece-nos, através de Platão, como um modelo de comportamento humano, pela clareza de inteligência, a serena tolerância, a correspondência de doutrina e ato, o esforço contínuo, sincero, mais importante do que tudo, para a descoberta da verdade, por um lado, por outro lado, para que a verdade, uma vez aparecida, não sirva apenas para tema de conversa ou discursos, mas para modelar a vida, pela sua identificação com a verdadeira vida. Já Xenofonte não apreende toda a altura a que Sócrates se eleva: as suas possibilidades eram muito menores do que as de Platão; é um homem curioso, de prosa fácil, que tentou, por vários caminhos, sair de uma honesta mediocridade, mas que nunca o conseguiu, em domínio nenhum; não foi nem grande militar, nem grande agricultor, nem grande historiador, nem grande filósofo; o seu Sócrates há de ser necessariamente uma personagem menos viva, menos dramática, menos elevada do que a de Platão, porque na realidade não são as coisas e os homens o que são, mas o que deles fazemos; cada um vê o mundo a seu modo e o Sócrates de Xenofonte não vai além da imaginação de Xenofonte; em todo o caso, no que pode haver coincidência, o Sócrates de Platão e o Sócrates de Xenofonte são idênticos e, no que não coincidem, aparece-nos, como era natural, um Sócrates mais familiar, digamos mais cotidiano; no entanto, a sedução da sua personalidade, o caráter original da sua ação, descobrem-se também através da prosa de Xenofonte como dos diálogos platônicos. O Sócrates de Aristófanes não podia deixar de ser uma caricatura, porque se trata de uma personagem de comédia e porque Aristófanes, conservador, amigo dos camponeses, via com apreensão as inovações de Sócrates e a influência que exercia sobre a juventude; *As Nuvens* não têm nenhum propósito de exposição ou de justiça: trata-se de mostrar os malefícios e os ridículos de Sócrates, o que não pode ligar-se com uma vista imparcial da ação ou do sistema: mas, apesar de se tratar de uma deformação, não é inútil a leitura de Aristófanes para um mais seguro conhecimento de Sócrates.

O filósofo nasceu em Atenas, no demo de Alopécia, à beira da estrada que conduzia a Maratona, por volta de 469 a.C. e toda a sua vida se vai passar numa Atenas que declinava, perdida gradualmente a força íntima que a levara a um primeiro plano de humanidade; as batalhas em que entrou, sempre com a serena coragem, um pouco desdenhosa, que admirava os contemporâneos, foram batalhas de derrota para a cidade e cada vez mais as ações de Maratona e Salamina aparecem como fatos lendários que se não poderiam igualar; à guerra contra os persas, que deu talvez a possibilidade de se desenvolver uma civilização europeia, sucedia-se a guerra do Peloponeso que, enfraquecendo os recursos de todas as cidades gregas, ia dispor o mundo a formas retrógradas de inteligência e de organização social; circunstâncias econômicas, circunstâncias políticas, ao mesmo tempo, um esgotamento, ainda inexplicado, das forças íntimas que determinaram a ascensão, conduzia Atenas da sua posição de cidade dominante nos campos da política e da atividade intelectual para o da recordação gloriosa que todos haviam de venerar, mas que Alexandria e Roma ultrapassariam como focos de vida. Sócrates nasceu de gente pobre e a casa era apenas sustentada pelo salário que o pai recebia como escultor, pelas gratificações que davam à mãe pela sua assistência a partos; as primeiras bases da sobriedade de Sócrates foram forçadas, como as de tantos outros, pelas condições econômicas, mas o ambiente de casa parece ter deixado em Sócrates uma impressão amorável e grata. Frequentou naturalmente a escola primária, como todos os pequenos atenienses, aprendeu a ler, a escrever, a contar, a tocar lira, a recitar os versos de Homero, depois, livre de tarefas marcadas, entrou na grande escola de Atenas, a da vida da cidade, em todos os seus variadíssimos aspectos: adestrou-se na ginástica, ganhando a robusta constituição que lhe permitia depois marchar durante horas, ou estar um dia inteiro imóvel, de pé, sobre a neve, ou, intrepidamente, e sem consequências, vencer em todos os banquetes os melhores bebedores de Atenas; ouviu os filósofos errantes que andavam de cidade em cidade, expondo doutrinas próprias ou alheias, embora a pobreza o impedisse de aproveitar as lições de alguns dos mais notáveis;

assistiu às discussões no mercado e na assembleia popular, pela qual se não entusiasmou, e leu os escritos dos pensadores da época anterior ou interrogou os seus discípulos; parece mesmo que a sua atividade intelectual teria começado no plano de pura ou quase pura ciência em que a punham os pensadores do tempo dos filósofos jônicos; mas é fora de dúvida que houve também muito cedo influência das doutrinas pitagóricas, que a ideia de uma alma diferente do corpo e nele presa, dominada pela parte material da nossa existência, deve ter sido uma das primeiras a estabelecer-se no pensamento de Sócrates; de seguro, pelo que dizem os textos, pode-se afirmar que leu Anaxágoras e se entusiasmou com a sua ideia de uma inteligência Universal que é, ao mesmo tempo, um substrato e uma guia do mundo; no entanto, viu logo as dificuldades que se levantavam por Anaxágoras se não ter desprendido completamente do caráter materialista das filosofias anteriores e não considerar ainda a inteligência como puramente espiritual; era impossível resolver, mantendo-se no campo materialista, os problemas de teoria do conhecimento e de moral que levantavam os sofistas: havia uma grande revolução a fazer no pensamento e Sócrates sentia-se tentado pela missão; ao mesmo tempo, despertara nele uma vocação pedagógica que rapidamente se afirmou e a profissão de escultor que tomara para se sustentar, apareceu-lhe como não satisfazendo os seus anseios mais íntimos; abandonou-a, resignando-se já a uma pobreza, que só as dádivas de algum discípulo tornaria menos dura, e dedicou-se inteiramente à busca de uma nova doutrina que resolvesse as contradições em que se tinha caído, desse solução aos problemas que surgiam; e imediatamente, a força da sua personalidade, o talhe original do seu procedimento, lhe criaram, a par das inevitáveis hostilidades, sólidas dedicações, sobretudo da parte dos mais novos.

E conta-se que um dos seus amigos, indo a Delos, para prestar culto ao deus, interrogara o oráculo a respeito do filósofo; a voz divina respondera que Sócrates era o homem mais sábio que havia no mundo e Sócrates, ao saber pelo amigo do que se passara, decidira pôr à prova a afirmação do oráculo; principiou então a percorrer Atenas com o fim especial de investigar o que sabiam os outros, para ver se na realidade sabiam mais do que ele; ao contrário do que esperava, segundo ele próprio diz, mas naturalmente muito de acordo com o que esperava, revelou-se imediatamente a pasmosa ignorância dos seus interlocutores; os sacerdotes não tinham ideia nenhuma bastante segura do que era a divindade e do culto que se lhe devia, os generais não definiam a coragem em termos satisfatórios, os políticos caíam em frequentes contradições numa discussão sobre política, os que faziam profissão de ensinar demonstravam ser talvez os mais ignorantes de todos, e precisamente nas matérias em que se julgavam mais doutos; o método consistia, como era lógico, em fazer uma pergunta ao interlocutor sobre o assunto que Sócrates pretendia investigar; o interrogado respondia e Sócrates punha as suas objeções ou fazia nova pergunta, que, por vezes, parecia não ter relação alguma com a primeira; ao fim de certo tempo, verificava-se a incapacidade do interlocutor para dar qualquer resposta satisfatória, e Sócrates certificava-se de que o deus falara verdade, visto que, se ignorava tanto como os outros, tinha uma ciência que lhes faltava a eles, a de saber que ignoravam. A ação de Sócrates aparece-nos, portanto, logo de início, com dois dos seus caracteres mais bem marcados: o de que procede por instigação de um deus, o de que se revela por ele uma inteligência superior, e o de que, para saber na realidade, é preciso primeiro verificar até que ponto vai a ignorância e pôr de parte toda a falsa ciência que tanto prejudica qualquer tentativa de progresso; a ideia de uma missão divina foi fundamental em Sócrates e há neste homem eminentemente racionalista e crítico um fundo místico tão forte como o dos que mais ardentemente buscaram Deus e com ele pretenderam unir-se; escuta dentro em si a voz divina, o aviso misterioso do que chama o seu demônio [*daímon*] e a certeza de que se liga a alguma coisa que transcende o pobre mundo ilusório da humanidade dá-lhe em grande parte, senão na maior, a força de ânimo, a superioridade com que enfrenta as provações que para outro poderiam ter sido decisivas. Quanto à confissão de ignorância e ao desejo de estabelecer como ponto de partida uma ignorância, Sócrates aparece-nos como o primeiro de uma linhagem de reformadores que sempre estabeleceram as ideias novas depois de terem feito tábua rasa do pensamento que invalidavam ou ultrapassavam. Provando que nada do que se supunha seguro era seguro, que toda a vida repousava em noções falsas, que se andava iludindo, e se não queria talvez mesmo quebrar as ilusões, Sócrates estava sem dúvida fazendo um esforço para que se chegasse a uma base segura do conhecimento; não era esse, no entanto, o aspecto que a sua atividade tomava para quem lhe sofria as arremetidas ou para os discípulos que se deliciavam ouvindo o mestre discutir; além das irritações pessoais que fatalmente se levantavam, ao ver-se a queda de prestígios, e talvez alicerçando-se sobre elas, havia a ideia de que Sócrates era um cético, capaz de abalar os fundamentos religiosos e políticos da cidade, um homem que não acreditava no que havia de mais santo, de mais bem estabelecido nos espíritos normais, e mais perigoso ainda porque atrairia os jovens e os levaria por artes sutis à mais completa corrupção; quanto aos discípulos, não parece também que tivessem visto, logo de princípio, todo o valor do que Sócrates trazia de novo à vida intelectual do mundo: o exterior impressionava-os mais do que a íntima significação e o general vencido, o político embaraçado, interessavam-nos mais do que a provada ignorância e o caminho que se abria para a busca da verdade; o processo, como quase sempre sucede, superava neles o espírito: e o que diziam de Sócrates, o que julgavam fazer segundo o seu modelo, contribuiu em muito para o conflito que veio a dar-se entre a cidade e o filósofo.

Não se podia duvidar de que era perigoso o que Sócrates fazia e Sócrates sabia-o ainda muito melhor do que os outros; havia o risco de ser cativado pelo que era um simples instrumento, de se comprazer na dialética em lugar de apenas dela se servir para descobrir a verdade; algumas vezes Sócrates se deixou vencer, mas em geral saía ele vitorioso da prova; teve a coragem de, ao contrário da maioria dos homens, ter tomado sobre si todos os perigos, ter-se lançado resolutamente para uma vida difícil, em que o risco maior era ainda o de não viver o bastante para que, dessa primeira fase de estabelecimento de uma ignorância, saísse a base de uma ciência; mas Sócrates sabia que nada de grande sai da vida absolutamente regrada e segura, que a verdadeira vida é a perigosa, a do contínuo risco, a que jamais se sente amparada pelo que faz a segurança, mesmo assim bastante precária, da existência dos outros homens; parece essência da vida o ser incerta, aventurosa, e é natural que o seja muito mais a que muito mais se afirma; mas Sócrates tem confiança nas suas possibilidades e para o resto entrega-se nas mãos dessa força oculta que parece tê-lo lançado no caminho que tomara e a cada passo se revela para o impedir de executar o que não convém à sua missão; da dúvida em que parece mergulhado, há de surgir uma certeza que lhe permitirá fundar um alicerce e erguer toda a construção, ou pelo menos as partes que lhe são essenciais. De fato, se tudo em volta parece incerto, vacilante, se não merece confiança alguma o que pensam os homens, há em toda a sua atividade alguma coisa que lhe aparece como seguro e superior: a sua inteligência; pode iludir-se mas desilude-se com um exame mais atento, e se pode arquitetar erros, ele mesmo destrói os edifícios errados, desde que avance gradualmente, não tomando como certo senão o que se revelou resistente a todo o embate da dialética, o que se impôs à inteligência como uma luz de tal clareza que seria impossível negar-lhe um valor de eternidade; essa inteligência é, pelo menos, capaz de ordenar, de criticar, de repelir, o que é deficiente, de impor uma forma, como o artista a impõe ao bloco de que faz uma estátua; convém, antes de mais, aproveitar a inteligência neste seu primeiro aspecto de crítica e de capacidade de ordenação do que, à primeira vista, aparece ou confuso ou inteligível ou perturbador para o próprio funcionamento da inteligência; a primeira invenção de Sócrates, depois da fase a que poderíamos chamar do ceticismo e que o aparenta com os sofistas, é a de que se torna possível uma ordenação em nós; ele, Sócrates, é mais ordenado do que os homens que interroga e muitos deles ficam mais ordenados depois de terem passado pela prova intelectual que Sócrates lhes impôs; é o estabelecimento de uma disciplina que permitirá progressos ainda maiores, um domínio do que em nós é caos, a criação dum mundo; e esse mundo será cada vez mais perfeito à medida que dominarmos em nós o que não é inteligente, o que é irracional, o que é instintivo e bruto. É necessário que a inteligência que existe no homem brilhe em todo o seu esplendor, que o corpo, como é habitual, a não perturbe na sua função; Sócrates aconselha, portanto, um ascetismo, e pratica-o; mas o seu ascetismo não é um sacrifício para ganhar uma vida futura, nem uma simples forma de martírio; o ascetismo é um exercício de inteligência e a prática ascética, se pode ser um ato de vontade, marca sobretudo um desprender do espírito de tudo o que lhe não é essencial: na perfeita inteligência não há combate aos instintos, mas a visão dos instintos num plano em que eles não podem perturbar a inteligência, até, pelo contrário, lhe servem de objeto e de alimento; o ascetismo de Sócrates não reside numa diminuição do mundo, mas no seu erguer a um plano de pura inteligência; o essencial é que ela se não perturbe, e mais pode enfraquecê-la, diminuí-la, o esforço de regrar o corpo do que uma resignada aceitação das forças que se não conseguiram vencer; mas também é fora de dúvida que se põe em plano superior e pode ir mais alto o que não teve de incluir na sua existência tudo o que pode obscurecer a atividade intelectual.

Mal a inteligência se liberta e consegue reunir, senão todas as suas forças, pelo menos a maior parte, imediatamente o corpo lhe aparece com um aspecto diferente do que tem para a maioria dos homens; nem é um objeto que os escraviza, criando-lhes os duros conflitos entre o que são e desejariam ser, nem se afirma a ponto de quase por completo ser ele a única existência; deixa de ser, portanto, uma fonte de desgosto ou de pôr o homem ao nível do animal: revela-se como uma maravilha de ordenação, de interior coerência, de ajustamento a um fim; segundo Sócrates, as mãos são extraordinárias não porque, como pretendia Anaxágoras, deram inteligência aos homens, mas porque são as perfeitas ferramentas de que ele precisava para exprimir, para realizar essa inteligência; o mesmo se poderá dizer de todos os pontos que constituem o nosso organismo; pareceria que lhe devemos até veneração: decerto que sim e não são outra coisa os exercícios físicos que nos mantêm em saúde e agilidade; mas assim como a nossa verdadeira admiração, ou o nosso grau mais alto de admiração, não vai para o formão ou a plaina de que se serve o carpinteiro, mas para o próprio operário, do mesmo modo os cuidados a dispensar ao corpo não podem significar de maneira alguma a sua colocação como objeto superior do nosso culto; algum operário se serve de uma tal ferramenta e é a ele que devemos procurar e querer; e esse operário é, evidentemente, a inteligência que sentimos em nós. Mas no mundo há, pelo menos, outros indivíduos semelhantes a nós, com uma alma e um corpo, e os seus corpos revelam o mesmo espírito de perfeição; nos animais tudo é igualmente organizado com exato ajustamento e o mesmo se poderia dizer das plantas, das pedras, talvez, certamente dos astros; nos outros homens temos de admitir, por semelhança, que uma inteligência se serve do corpo; mas nos restantes seres? Que o cão e o cavalo tenham inteligência não repugna; e a aranha e a mosca? E a prata das minas? E o Sol? Por outro lado, é diferente a função de uma inteligência que se serve do corpo e a de uma inteligência que o constitui; tudo nos leva a crer que antes de uma alma habitar o nosso corpo, já esse corpo estaria, se não formado, pelo menos, pré-formado num espírito que não pode ser o nosso; será então a mesma inteligência que se serve dos animais, das plantas e das pedras? Nesse caso, teríamos uma inteligência que tudo cria, e governa o que não é humano, uma outra, que é a nossa, e depois tantas como as que animam os nossos semelhantes; aceitando, uma vez que se não pode deixar de aceitar, que existe a inteligência universal, a divindade, criadora e mantenedora do mundo, Sócrates tem apenas de resolver o problema dos espíritos individuais; parece, à primeira vista, que serão de naturezas diferentes, o que nos faz, por exemplo, classificar um homem de inteligente, outro de estúpido; mas é absurdo que haja uma inteligência estúpida e então o que teremos de admitir é que são as inteligências da mesma natureza, do mesmo grau de perfeição, simplesmente estão prejudicadas pela preponderância do corpo, ou, dum modo mais lato, pela preponderância do material; ora, se a inteligência é a mesma em todos, de igual natureza, de igual poder, de igual capacidade de apreensão da universal, não poderemos distingui-las por graus umas das outras, nem sequer da inteligência universal, visto que a particular, as individuais, são capazes de compreendê-la; que temos então no mundo? Uma inteligência universal, criadora de tudo quanto existe, e revelando-se aos homens, dentro deles, como um deus imanente, à medida que os homens se vão despojando das paixões, dos instintos, de todas as limitações que a matéria pode levantar como obstáculos eficientes ao livre exercício do entendimento, da razão, da inteligência, que já agora não é só ordenadora mas também criadora.

Ocorre perguntar, se o corpo é de formação divina e revela a inteligência universal, por que razão é ele um impedimento para que se exerça a inteligência revelada em nós; o ascetismo só não é absurdo quando aceito o corpo de formação diabólica; então é ele mau e devo fazer o possível por o abater; mas se o deus me criou num conjunto, alma e corpo, ele deve ser todo ordenado como, por exemplo, o conjunto braço e mão: a mão não é inimiga do braço nem tem de o combater para ser plenamente mão; uma das possibilidades de resposta seria a de admitir que o corpo e a alma trabalham como dois músculos de um membro de tal modo que à contração de um corresponde a distensão do outro; por outras palavras, ter-se-ia de admitir que uma ideia e a sua contrária estão estreitamente ligadas, que uma não existe sem a outra, que bom e mau são inseparáveis no mundo: nessa altura, todos os esforços do homem para a perfeição seriam inúteis, porque jamais conseguiria vencer por completo o mal; no entanto, é possível que, para Sócrates, o bem supremo consistisse em entender, se foi ele e não Platão quem ligou, ou melhor, apresentou como sendo o mesmo a Verdade e o Bem. De qualquer modo, quanto menor for o papel do corpo, tanto maior será o papel da alma; compete-nos vigiar a parte material do nosso ser, resistir aos desejos, desde que essa resistência nos não perturbe mais do que a satisfação, o que se dá sempre quando a vontade é fraca; só assim poderemos alcançar a paz sorridente do sábio, a sua inalterável tranquilidade, o sereno aceitar de tudo o que sucede, a possibilidade de ligar racionalmente todos os atos da existência; o corpo é um dos obstáculos exteriores, e o mais importante, que nos impede de plenamente nos unirmos a Deus. Sendo assim, como a morte é a morte do corpo, não só ela não aparecerá como terrível para quem se tenha habituado a considerá-lo de pouco valor em relação à alma, como até se teria de tomar a morte como uma libertação; caem todas as cadeias que prendiam a alma e ela pode então abarcar o universal, ter como o deus uma visão total do mundo; mas será certo que só morre o corpo? E como poderia morrer a alma se ela é uma parte da inteligência universal? Ou morreria também toda a inteligência universal, ou a inteligência universal se iria diminuindo pela morte de cada homem, até que nada restasse, o que é inaceitável; a alma sobrevive-nos e fica bem melhor depois que abandona o invólucro material que tanto a fez sofrer ou que, pelo menos, lhe gastou tanta energia de combate. O problema que se põe é, no entanto, grave: ou a alma imortal conserva as características do indivíduo mortal ou se torna idêntica, porque a morte é uma libertação total, à inteligência cósmica; no primeiro caso, não teria havido libertação e a imortalidade seria uma vida igual à que tinha decorrido durante o tempo em que a alma estivera unida ao corpo; no segundo caso, toda a característica individual desapareceria e não poderemos então falar da imortalidade da nossa alma, mas de imortalidade do espírito, em geral; a aceitarmos isso teríamos que aceitar uma imortalidade do nosso corpo e mais ainda uma imortalidade da matéria em geral; os textos que possuímos são contraditórios e umas vezes nos aparece Sócrates com uma ideia da existência perpétua do espírito, outras com uma ideia de imortalidade individual, sem que seja possível decidir qual é a dele e a dos discípulos ou até se variou no tempo, ou ainda se o traíam as expressões da linguagem vulgar, o que é muito frequente nos filósofos; o que parece mais possível, no entanto, é que não tenha chegado a nenhuma conclusão segura sobre o assunto, não conseguindo assentar sobre bases lógicas e indestrutíveis uma doutrina do bem e do mal, do corpo e da alma, da morte e da vida, do espírito universal e do espírito individual.

Sendo o fim principal do homem desenvolver ao máximo as suas capacidades de inteligência, fazer que se revele o deus oculto, é fora de dúvida que não poderá contar como verdadeira ciência o simples saber, o colecionar de noções, a erudição de que faziam gala os sofistas; a ciência que interessa não é uma ciência do mundo existente, mas a ciência de nós próprios; o conhecer-se a si mesmo é a grande atividade científica, porque se dirige à fonte de todo o saber; não se quer afirmar que a ciência do mundo exterior, a ciência da natureza seja de desprezar; certamente o é, quando se procura apenas uma coleção de fatos e se não põe em relação com a existência da inteligência universal: mas, se é uma visão racional do mundo, um compreender exato da natureza e da relação dos fenômenos, se é um tomar de consciência, através do que aparece no mundo e penetrando para lá do que é simples ilusão, de que existe uma razão suprema, então a ciência é uma atividade perfeitamente humana e que serve para a nossa libertação, porque aumenta o poder do deus que em nós existe; por outro lado, o saber deste modo é uma afirmação do poder da alma sobre o corpo, é um fornecer de energias para que mais esplendidamente possa brilhar, iluminando-nos a vida; o verdadeiro sábio não é aquele que apenas conhece as doutrinas, porque nesse o deus continua escondido e o acumular de noções só pode servir para o ocultar ainda mais; o verdadeiro sábio, o que procurou aumentar mais o alargamento da sua alma pela inclusão, racionalizada, dos fenômenos do universo, não se limita a conhecer a ciência, é a ciência, não tem ideias, é as ideias; ter o espírito científico, a inteligência que tudo abarca e assimila, a capacidade sempre disposta a, como um deus, tudo relacionar entre si, é ser sábio, mesmo que faltem as técnicas, o saber miúdo que permite aos outros apresentarem-se como sábios; conhecer muito, ter lido muitos livros, saber a técnica, sem ter a capacidade de ordenação e criação da inteligência universal, é realmente ser ignorante, embora os outros ignorantes possam aplaudir e colocar o sofista em plano superior ao daquele para o qual a ciência foi revelação e fortalecimento da alma; poderemos mesmo dizer que a verdadeira ciência não é mais do que uma revelação plena do espírito, um triunfo da sua essência íntima sobre os acidentes exteriores que a tinham ofuscado, um romper do véu das ilusões, como afirmação do seu poder de organização racional; a ciência está, portanto, contida no espírito, embora seja o choque do mundo o que a faz surgir, como rompe a música das cordas percutidas; para o sábio que transpôs as aparências da ciência, o prazer maior não está em saber, em ter um vasto arquivo de fatos, mas em gozar do poder magnífico de estabelecer relações, de ter incluído todo o universo na rede perfeita em que nenhum fenômeno aparece como isolado e todos se explicam pela sua posição no conjunto; a ciência é uma virtualidade de alma, um dos aspectos da sua possibilidade de ordenar e criar, que pode, talvez, ser uma apenas: a ordenação é a criação da ordem; restaria discutir se a ordem é uma pura invenção da alma aplicada aos fenômenos ou se a alma apenas descobre a ordem que existe nos fenômenos; ora, a ordem que existe nos fenômenos vem da sua criação pela inteligência universal, de que a nossa é uma parte, o que equivale a dizer que a alma, que, como vimos, não podemos considerar individual, cria, ao mesmo tempo, o fenômeno e a sua ordem; a questão, no entanto, levanta problemas complexos relativos à objetividade do mundo e é possível que a tentativa de solução que aparece nos diálogos platônicos venha muito mais do discípulo que do mestre.

O que parece ser propriamente socrático é a sua ideia de virtude; para Sócrates, é virtuoso o sábio, não virtuoso o ignorante; efetivamente, se a ciência é uma revelação da alma divina, uma construção das relações racionais, um domínio perfeito da inteligência sobre o mundo exterior, no seu limite a atividade de um deus, não se pode deixar de aceitar que o sábio, neste plano, tenha a posse do bem supremo e seja, portanto, supremamente virtuoso; a virtude, como a ciência, revela-se por um procedimento racional, pela marca de uma inteligência superior; é virtuoso o que sabe, mas é essencial que se não tome por ciência, como é vulgar, a simples erudição: claro está que, neste caso, pode o homem conhecer todas as doutrinas do bem e praticar o mal; mas se a alma plenamente se revelou, já não existe lugar para o mal, porque o mal seria incompatível com a inteligência divina; o homem que vê todo o universo, que o prende nas relações, o homem para qual o corpo como que deixou de existir, e que vê tudo como um espírito puro, não pode ser senão bom, como o deus; bom e feliz, encontrando no exercício da virtude a sua própria recompensa. Compreende-se perfeitamente que para o espírito estabelecido num plano universal, todas as invenções do mal, todas as manhas ingênuas de que se servem os homens, todas as ambições, todo o esforço que alcançar o que é apenas ilusório, apareçam como absurdos; uma grande inteligência, que se não deve confundir com a esperteza vulgar, uma grande ciência implicam uma grande virtude: são três aspectos de uma mesma realidade, a da alma revelada, dominadora, livre de todo o embaraço. Como consequência, a moral das relações com os homens será, em todos os casos, uma observação da ordem eterna, tal como nos é revelada na consciência; o sábio, sempre que haja um choque entre a sua inteligência e o mundo, tem de seguir a primeira, sem que hesite ou se perturbe, mesmo que o mundo o ameace de todos os males: não ignora ele que o mal maior seria deixar que se obscurecesse a sua razão por um medo infantil de castigos infantis; é que nem sequer o poderia fazer: quem possuir a real inteligência, não é senão inteligência e ela tem que se mover segundo as suas leis, que não são de modo algum, ou raramente são, as leis escritas, codificadas, que os homens inventaram segundo as conveniências das pobres vidas que levam os que tanto veneram como se fossem leis eternas e sagradas; mesmo o que muitas vezes se faz de aparente obediência às leis escritas não é mais do que obediência a uma lei mais alta que regula, na nossa consciência, as relações que devemos ter com as leis da cidade; só a lei divina é lei para o sábio e não porque o sabe, mas porque o é, conforme a concepção socrática da ciência. A ideia de virtude, tal como Sócrates a parece ter posto, tem ligação lógica com as ideias de ciência e de alma, mas há nela uma real fraqueza proveniente de se não ter definido e resolvido o problema do mal: o bem do sábio tem de incluir algum mal, porque então seria uma atitude de indiferença, pela falta de termo de comparação; mas a inclusão de algum mal destruiria a virtude do sábio e, portanto, a sua felicidade, e revelar-se-ia, perante os outros homens, por um procedimento irracional, o que seria contrário à essência da alma, tão largamente revelada no sábio; umas vezes, tomaria o sábio em conta a lei divina, outras vezes as leis humanas; o grau de observação pode importar para relações humanas, mas não para uma visão geral do mundo: aqui temos de buscar absolutos ou de admitir uma luta e, por conseguinte, uma não felicidade, pelo menos; se pomos a questão no plano das relações humanas, então mais valeria que se observassem as leis sociais, não as divinas.

Com a posse da ciência, ou antes, com o ser ciência, ganhou o sábio, segundo a opinião de Sócrates, uma superioridade incontestável sobre os outros homens e uma felicidade perfeita; o sábio salvou-se e parece que deveria agora isolar-se para gozar a sua perfeição, sem que a sorte dos outros homens pudesse preocupá-lo; não é, porém, o que acontece e o sábio acorre a tentar a salvação dos outros, tendo nós, portanto, que procurar averiguar por que motivo o faz; se a sua felicidade é perfeita, nada o devia solicitar à ação, a não ser que haja na textura da própria inteligência universal uma força que o leve a agir: essa força existe e é o amor; segundo parece, não podemos tomar como socrática a teoria do amor que Platão desenvolve no *Banquete*, mas talvez haja nela elementos que provenham de Sócrates; a posse da ciência implica, conforme vimos, uma racionalização total do mundo, o que vai chocar com a vida irracional dos outros homens: o sábio é levado a incitá-los a que entrem nos caminhos da razão, a que deixem que a alma lhes domine o corpo; haverá aqui, pela felicidade dos outros, um alargamento da felicidade do sábio, uma consciência mais da sua inteligência; a teoria não é muito satisfatória, primeiro, porque, se a felicidade é perfeita, o alargamento não a pode aumentar na perfeição, nem tem sequer significado; segundo, porque a inclusão da irracionalidade de outros homens é idêntica à inclusão da irracionalidade das plantas e das pedras;

tudo ficaria lógico se Sócrates admitisse que o sábio sofre e que o amor ou é uma tentativa de evasão do sofrimento pelo serviço dos outros, ou outra espécie de evasão pelo esforço para que o semelhante seja como ele bom e justo; mas se Sócrates admitisse que o sábio sofre, teria de rever a sua teoria da ciência e da alma. Embora sem segurança lógica, Sócrates aceita a coexistência do amor e da ciência, e a revelação das duas forças, na ação, dá a pedagogia; nesse domínio, as dificuldades são bastante grandes, porque não sabemos até que ponto o Sócrates platônico é exatamente a representação dramática da ideia que tinha Platão do pedagogo: parece, no entanto, pelos outros informes que temos sobre Sócrates, que a figura real teria, pelo menos, as bases da personalidade dos diálogos; Sócrates é o homem que depois de ter sabido, isto é, de se ter conseguido revelar a alma, instrui os outros, pelo amor que nutre por eles, pelo desejo que tem de os ver ascender ao plano do racional, abandonando as vidas miseráveis que levam; a sua atenção dirige-se de preferência, como é natural, para os mais novos: tem com eles as atenções que não dispensa aos já formados, as ironias não têm a aspereza de que às vezes se reveste um diálogo com os generais, os professores, os sacerdotes, volta a primeiro plano a sua vocação de escultor; não se trata, porém, de impor aos moços uma forma, como julgam os espíritos simplistas: é preciso que deem pela sua alma, de que às vezes andam tão afastados, presos pelos encantos ilusórios do mundo, que a libertem do corpo, e dela, não do mestre, tirarão todo o fundamento de uma ação futura; Sócrates é, como sua mãe, apenas uma parteira, que em lugar de dar corpos à luz, lhe dá almas; leva os desatentos a importarem-se com a sua alma, mas não comete o sacrilégio de as querer modelar; só o que pretende é que, mantendo as suas características individuais, eles olhem toda a questão de moral, de política, de religião, sem a estreiteza, a ignorância, a desconfiança, de que dava provas a cada passo a maioria dos seus concidadãos; é preciso ser o que se é, mas inteligentemente, numa homenagem real ao deus e numa consciência do que é a verdadeira felicidade.

Como não podia deixar de ser, a atividade de Sócrates junto dos jovens e toda a sua maneira de pensar criaram oposições que, no primeiro momento favorável, o haviam de bater; estavam contra ele os religiosos que não entendiam a ciência de deus e se contentavam com um culto de superstições e de fórmulas, sem que a piedade em nada influenciasse a sua maneira de viver; estavam contra ele os ricos que o viam desprezar os bens materiais e aconselhar os homens a que voltassem para os bens do espírito as suas forças de alma; odiavam-no os democratas da assembleia, porque frequentemente se referia à falta de inteligência e de saber dos políticos e à irracionalidade do povo que o levava a adotar com entusiasmo as propostas mais absurdas; os aristocratas, por seu turno, não o consideravam seguro e tiveram boa prova de que o não era na resistência que opôs ao governo dos Trinta Tiranos; cada um dos que seguiam no caminho, presos pelos seus dogmas ou pelos seus interesses, não conseguiam compreender aquele homem que buscava soluções universais e se não deixava limitar pelas visões de momento, pelas modas, nem enfileirava docilmente num dos rebanhos formados, nem sequer se mostrava disposto ao cômodo silêncio que não levanta embaraços a ninguém. Os ódios foram-se acumulando, sem que Sócrates fizesse nada para os aplacar; continuava na sua missão de esclarecer os espíritos e não era o medo que o poderia desviar da empresa que tomara; nesse ponto, não tinha domínio sobre si, não poderia deixar de ser o que era. Contava Sócrates cerca de setenta anos, quando Meleto, poeta bastante medíocre, o acusou perante o tribunal de não respeitar os deuses da cidade e de corromper a juventude; acusaram-no também dos mesmos crimes Anito e Licon, um como representante do povo democrata, o outro como representante dos políticos; na audiência que se realizou pouco depois, Sócrates não adotou nenhum dos processos que eram vulgares nos tribunais para enternecer os juízes; desejava que eles julgassem em plena consciência; repeliu as acusações que lhe tinham feito, mostrando que não desrespeitara os deuses nem corrompera a juventude, e que em tudo o que fizera apenas tinha obedecido à voz divina, ou expressa pelo oráculo de Delfos, ou pelo seu guia interior; o discurso de defesa foi por várias vezes cortado pelos clamores da assistência e, quando os juízes deliberaram, Sócrates foi reconhecido culpado; restava escolher a pena e, em obediência à lei, pediram que Sócrates a propusesse, já que o acusador pedia a morte; Sócrates declarou que se não considerava culpado e que a cidade, em lugar de o condenar, devia recompensá-lo com uma pensão, por todos os serviços que lhe prestara; na segunda deliberação, o tribunal, por maioria, condenou-o à morte; antes de terminar a audiência, Sócrates falou ainda para dizer que os juízes que o tinham condenado depressa teriam o seu castigo, visto que a morte de um censor, quando os vícios não desaparecem, apenas serve para suscitar o aparecimento de censores ainda mais ásperos; aos juízes que o tinham absolvido, declarou que a morte o não assustava, porque ou era um sono sem sonhos e, portanto, a melhor das existências, ou um diálogo incessante com os melhores espíritos que tinham aparecido no mundo; não tinham, por conseguinte, que se afligir com o que sucedera. Conduzido à prisão, recusou a fuga que lhe oferecia Críton, porque seria cometer a ação ilógica de recusar a sentença de tribunal a que se submetera, desrespeitando as leis a que nunca se mostrara contrário; e, depois de ter chegado de Delos o navio sagrado, durante cuja ausência era proibido executar um preso, Sócrates, rodeado pelos discípulos, com quem discutiu a doutrina da imortalidade da alma, bebeu tranquilamente a cicuta que o carrasco lhe trouxera.

Nota de Livros[1]

Clodios Piat. *Socrate*. Paris: Félix Alcan, 1900.
Émile Boutroux. *Études d'histoire de la philosophie*. 4.ª ed. Paris: Félix Alcan, 1925.
Mario Meunier. *La légende de Socrate*. Paris: L'Édition d'Art H. Piazza, 1926.
Adela Marion Adam. *Plato*. Moral and political ideals. Cambridge: Cambridge University Press, 1913.

---

[1] Os elementos de referenciação constitutivos da bibliografia originalmente indicada nessa "nota de livros" foram revistos, completados e, quando necessário, também corrigidos. [N. do O.]

*Platão**

Quando Platão nasceu, cerca de 427 a.C., Atenas entrara no caminho do declínio; dera ao mundo o exemplo da ciência, da filosofia, da arte, de tudo quanto é atividade harmoniosa e pura da inteligência; apesar de todas as limitações econômicas e da existência dos escravos, ensinara aos homens a democracia e, com Péricles, mostrara que ela não é incompatível com o aparecimento de verdadeiros aristocratas; fora em todos os domínios e para além das violências ocasionais uma cidadela de liberdade, mas sem rigidez nem ásperos orgulhos. Não soubera, porém, alargar-se ao mundo inteiro; mantivera sempre uma diferença fundamental entre a sua gente e os bárbaros; aos outros gregos, mesmo, os via, se excetuarmos talvez os jônicos e os de algumas cidades de Itália, como homens que lhe eram inferiores; ninguém pensara com maior clareza, com lógica mais sutil, ao mesmo tempo com maior sentido de uma beleza que poderíamos dizer geométrica, cheia de esplendores do sol e com nítido recorte dos ciprestes e dos mármores sobre o calmo azul do céu ateniense: mas, no fundo, ninguém tivera menos amor aos homens; paradoxalmente, há na ferocidade dos assírios ou na pesada teocracia egípcia um sentido muito maior de humanidade do que no ateniense que escutava os filósofos nas arcadas dos ginásios e os trágicos no teatro de Dionisos. Então, como se uma força do mundo, deixando o que valia a pena conservar, quisesse abater o que era estreiteza e incompreensão, Esparta, a cidade militar que sempre desprezara as artes da paz e duramente se preparava para os campos de batalha, encontrou a sua oportunidade: por um pretexto fútil, na realidade pela oposição fundamental dos seus espíritos, as duas cidades bateram-se; a pouco e pouco, todas as outras foram tomando partido e durante cerca de vinte anos a Grécia lutará,

---

* Agostinho da Silva. *Platão*. Lisboa: Edição do Autor, 1946. (Iniciação: cadernos de informação cultural, 11.ª série.) [N. do O.]

com revezes, ora das democracias de tipo ateniense ora das aristocracias de tipo espartano; quando a guerra acabar, nem uma nem outra terão vencido: a única potência capaz de impor a ordem, a Macedônia, espera que os adversários se aniquilem, para formar ela própria o seu império; também há de falhar e só Roma poderá, pela segurança da sua organização militar, administrativa e jurídica, levar a todo o mundo o que Atenas criou.

Platão foi crescendo numa cidade sob a ameaça contínua de um ataque de Esparta; houvera uma grande peste, Péricles morrera, e não se encontrara ninguém que pudesse substituí-lo; as reuniões da Assembleia do povo eram quase sempre o teatro de discussões sem grandeza e sem utilidade; a maior parte dos oradores falava para se ouvir a si própria ou em defesa de interesses que nunca podia pôr claramente; os generais estavam à mercê dos caprichos das assembleias e não havia direção inteligente e contínua nem nos negócios internos nem quanto à marcha da guerra. Os únicos lugares verdadeiramente tranquilos eram as escolas e os campos de ginástica; Platão brilhou logo em ambos eles: nada parecia capaz de recusar-se à sua inteligência e o vigor físico causava, num país de atletas, a admiração de todos: era alto, espadaúdo, de sólida musculatura, radiante de mocidade e de beleza; juntava-se a tudo o duplo prestígio da família: era uma das mais ricas de Atenas e dizia-se que descendiam do próprio deus do mar; mais seguramente, tinham entre os seus ascendentes Sólon, um dos sete sábios da Grécia, poeta, filósofo e político. E, como o seu antepassado, o moço Platão, à medida que ia crescendo, interessava-se igualmente pelos três domínios: na poesia, escolhera o drama, mas um drama em que de certo modo se entrelaçava a disputa filosófica: mais à maneira de Eurípides do que à de Ésquilo ou de Sófocles; em política, era partidário das ideias de liberdade, mas detestava como ninguém a liberdade que se dava em Atenas à ignorância, à grosseria e, sobretudo, à falta de inteligência, que, segundo lhe parecia caracterizava a maior parte dos componentes da Assembleia; quanto à filosofia, limitava-se, como os outros rapazes, a escutar as lições dos mestres que frequentavam os ginásios.

Entre todos, o prendera a personalidade de Sócrates: ninguém fazia um esforço tão sincero na busca da verdade; por ela abandonara o seu ofício de escultor, descuidara a família, vivia como um pobre, atido ao seu pequeno patrimônio e aos favores de amigos e discípulos; ninguém se mostrava mais penetrante na dialética, batendo facilmente os antagonistas que se lhe apresentavam, levando os interlocutores, como numa demonstração geométrica de conceito em conceito solidamente estabelecidos; por outro lado, pareciam habitar naquele homem gordo, baixo e calmo, de nariz achatado e os olhos afundando-se sob as espessas sobrancelhas, todas as Graças e todas as Musas dos homens e dos deuses: apesar do seu método de perguntas e respostas, falava com eloquência, com entusiasmo e ironia, parecia a um tempo plenamente interessado na batalha e longe de tudo, como se homens e horas e lugares fossem a seus olhos como o tempo perante a eternidade; era certamente um grande filósofo, mas era talvez mais ainda um perfeito exemplo de serenidade, de coragem, de amizade, inteligente e contida, por todos aqueles jovens que o rodeavam. Depois, outro aspecto de Sócrates que passava despercebido a muitos, impressionava Platão: a inteligência não era, naquele homem tão inteligente, a força que ele próprio mais prezava; de quando em quando por mais claros que fossem os argumentos a favor de tal ou tal ação, Sócrates preferia seguir a voz de um demônio [*daímon*] interior que ninguém ouvia senão ele: havia misteriosas ligações entre Sócrates e os deuses: parecia ainda que a inteligência inquiridora e esclarecedora não representava o fundamental no mundo; era talvez mais um instrumento de trabalho do que uma essência; mas Sócrates nunca definia a "divindade" ou o "bem" de que falava: porventura, seria, por sua natureza, indefinível.

Entretanto, o mundo à volta seguia o seu caminho que parecia ir longe de todas as normas e desejos dos filósofos; Atenas fora batida e os espartanos tinham favorecido a formação de um governo autoritário que fizera calar a Assembleia e começara perseguindo os democratas mais notáveis; todas as simpatias de Platão e todas as suas esperanças estavam com os Trinta Tiranos: por uma hábil união da liberdade ateniense com a disciplina espartana, saberiam instaurar na cidade um regime que desse aos cidadãos todas as possibilidades de cultura e de vida, mas sem as desordens que tinham marcado os últimos anos da democracia; tinha que se fazer de cada cidadão de Atenas um verdadeiro homem livre, um aristocrata, tal como o entendia Platão, isto é, um ser levado pela sua inteligência e não pelos seus instintos, capaz de discutir qualquer assunto com a clareza, a calma, a fundamental honestidade de um geômetra, e depois de seguir sem hesitação o que o raciocínio lhe tivesse determinado como melhor. As esperanças, porém, não se realizaram: a ordem que os Trinta impuseram foi um misto de vinganças pessoais, de incompreensão dos direitos do espírito, de subserviência perante Esparta vitoriosa, de capa protetora dos ganhos ilícitos de cada um dos governantes; o próprio Sócrates esteve ameaçado quando se recusou a ser cúmplice da prisão e morte de cidadãos; e as forças da oposição não tardaram em ganhar alento: tinham por si a tradição, certos interesses materiais, os erros dos novos dirigentes, a ajuda de muitas cidades. Por fim a revolução triunfou, e os democratas mostraram-se tão intolerantes e tão incompetentes como os homens do governo anterior; suspeitaram o grupo de Sócrates de apoio ao regime derrubado, o que era falso, e de hostilidade perante o novo governo, o que era bastante verdadeiro; sob o pretexto de uma infração de caráter religioso e moral, Sócrates foi levado perante os tribunais e condenado; nada se pôde fazer para impedir a execução e os discípulos tiveram de exilar-se ou de passar a viver sem dar o mínimo motivo de perseguição governamental; Platão escolheu o primeiro caminho e, durante anos, viajou pela Grécia, pelo Egito, pelas colônias gregas da Itália.

Enquanto teve possibilidades, estudou com mestres gregos as disciplinas matemáticas que mais o interessavam; a matemática sempre lhe parecera fundamental para a compreensão do mundo: nela se uniam, como em nenhuma outra atividade do espírito, uma suprema exatidão e uma suprema beleza; não havia leis de lógica mais rígidas que as da matemática, e era sempre impossível passar de uma noção a outra sem que a primeira estivesse firmemente estabelecida; ao mesmo tempo, a mais elementar demonstração era como uma flor divina de beleza abrindo-se para além de todos os limites de tempo e de lugar; era um perfeito exercício da inteligência e uma perfeita iluminação da alma; a matemática apontava a que a divindade de que tinha falado Sócrates era, na sua essência, um perfeito entender; e, no entanto, certas dificuldades a que a matemática tinha chegado, como a dos números irracionais, davam ideia de que a inteligência, só por si, apenas era um dos aspectos de Deus; mas o outro, o mistério donde emergia o demônio socrático, esse aparecia na matemática como o elemento com que trabalhava, mas que realmente era em si próprio irredutível e incompreensível. Pareceu-lhe que deste último aspecto mais se tinham aproximado os egípcios do que os gregos; visitou os templos estranhos, as grandes massas de arquitetura, imóveis para a eternidade à beira do rio de águas paradas; contemplou as estátuas que pareciam perdidas num êxtase perante uma profunda e imediata revelação da natureza de Deus; eram ao mesmo tempo perfeitas, exatas, como lembrança de um homem, em certo dia, em certo lugar, e intemporais, quase inapreensíveis, como o devia ser o fundamento do mundo; na arte egípcia havia como que fusão da eternidade e do tempo; como dirá mais tarde num dos seus diálogos, o tempo, ali, era a imagem eternamente móvel da eternidade.

Se a experiência mais profunda veio dos matemáticos gregos e da arte egípcia, a visita à Magna Grécia restabeleceu a sua confiança nas possibilidades de uma organização social de base filosófica e abriu o caminho às esperanças de uma experiência definitiva. Em Tarento, os discípulos de Pitágoras, sob a guia de Arquitas, tinham feito triunfar as ideias do mestre; a cidade era governada por filósofos, e havia nela a liberdade e a disciplina que vinha do esclarecimento interno de cada um; os governantes sabiam realmente o que queriam e não tinham apenas que defender interesses de momento, ou de ludibriar com habilidade as habilidades dos adversários; os governados, restringidos apenas no que lhes podia ser mau, e restringidos aí com mão de ferro, viviam uma vida calma, pura, dedicados ao comércio, à indústria, à agricultura os de menores predileções espirituais, estudando filosofia e matemática os que se levantavam acima das necessidades materiais; como os pitagóricos, Platão nunca teve a ideia da necessidade da experiência do erro: para ele, uma cidade bem ordenada era aquela em que o governo só deixava que os cidadãos seguissem o caminho que o próprio governo considerava bom, e o seria talvez; o seguir cada cidadão o caminho que a ele cidadão parecia bem, foi sempre para Platão e os seus amigos um perfeito absurdo: no fundo, a oposição entre o platonismo, tal como aparece pensado na política, e a tirania não vinha de uma condenação de atitude e de processos: vinha de uma oposição de doutrinas filosóficas; ou melhor, da oposição entre uma construção lógica que lhe parecia sem falhas – e o era no campo filosófico, mas de modo algum na passagem à prática – e o solto, incoerente procedimento da maioria dos tiranos com quem entrara em contato. Nesse particular, foi da maior importância a sua viagem à Sicília: o tirano, Dionísio, vivia uma vida de fausto, mas cercado de guardas que o defendiam da população; no fundo, era ele que estava sendo escravizado: dominavam-no instintos de animal, ou antes, uma pervertida inteligência de homem, e um medo constante que o derrubassem do poder; como Dion, parente do tirano, se mostrou entusiasmado com as ideias de Platão, houve esperança de que se desse um milagre e de que se pudesse fazer de Dionísio, pelo menos, um dócil executor do que determinassem os dois.

Mas nem as viagens nem os interesses públicos faziam que Platão esquecesse a sua vocação de escritor e perdesse a lembrança de Sócrates; simultaneamente, como ensaio das suas possibilidades e como defesa viva do mestre que a democracia abatera, escreveu diálogos filosóficos, em que adotava a forma dos mimos de Sófron, que naturalmente conhecera na Sicília; era a melhor aproximação possível da construção teatral e o conteúdo participava da filosofia, da história e, como hábil defesa, do discurso judiciário; na *Apologia de Sócrates*, em que ainda fala apenas um dos interlocutores, é evidente o intuito de reabilitação do mestre; no *Êutifron* e no *Críton*, que se lhe devem ter seguido em redação, já o sentido de defesa se alia mais intimamente com a composição dramática: no primeiro, o opositor de Sócrates, com a sua ignorância e a sua impossibilidade de compreender, no segundo, a figura do amigo que pretende salvá-lo, são apresentados com um tal acento de personalidade, com uma vida tão capaz de independência que de imediato denunciam o homem de teatro que havia em Platão; depois o sentido de caricatura torna-se um pouco mais pesado nos dois *Hípias*, mas jamais se excedeu a capacidade de amizade discreta, de ternura levemente irônica, de admiração e de consciência da superioridade, que se revelam no *Cármides*, no *Laques* ou no *Lísis*, quando se trata de fazer ressurgir à volta de Sócrates o ambiente das longas conversas de ginásio: de novo os jovens deixam os exercícios para ouvir o velho que tenta apenas chegar a uma definição da coragem ou da virtude; de novo chegam audazes e tímidos, capazes de todas as coragens e corando por um nada, ainda tensos e frementes do esforço físico, mas já com um vivo olhar cravado na fisionomia de Sócrates ou sorrindo perante a confusão dos generais e dos sofistas; por um milagre de arte, só com uma leve indicação de lugar ou de paisagem, todos se movem num ambiente de perfeita nitidez e de vida palpitante: nenhuma das personagens é uma abstração de filósofo, mas um serviço que participa de um jogo de inteligência e de beleza.

Nos outros diálogos que pertencem ainda a este período, o *Eutidemo*, o *Protágoras*, o *Górgias*, o *Mênon*, talvez o *Banquete* e o *Fédon*, a maior atenção ao conteúdo filosófico de nenhum modo fez diminuir a qualidade artística da forma; parece que, pelo contrário, a tornou ainda mais poderosa dos seus meios, sobretudo nos dois últimos: a construção do *Banquete*, extremamente simples, deu, no entanto, a Platão possibilidades de utilizar ao máximo os seus recursos de autor dramático; a ordenação das falas, a imitação do estilo particular de cada um dos convivas e, mais do que do estilo, das particularidades de pensamento, o desfecho ruidoso e alegre, mas em que se entrelaça, como um segundo motivo de sinfonia, a elevação e a serenidade de Sócrates, tornam o diálogo talvez o mais belo de todos os que escreveu Platão e põem-no como uma das obras mais perfeitas da literatura universal; no *Fédon*, o dramatismo das últimas cenas está bem à altura da discussão sobre a imortalidade da alma, o tema de Sócrates na sua derradeira reunião com os discípulos. No entanto, todos os diálogos da fase socrática estão possuídos de um sentido trágico mais profundo do que aquele que pode surgir dos choques entre as personagens ou do encadeamento das situações; o final do *Fédon* é pressentido desde o início: todos os diálogos são como cenas de uma tragédia que tem no *Fédon* o seu momento final; há um destino suspenso sobre a cabeça de Sócrates e todos os seus atos, voluntários, tomados em perfeita liberdade, vão quebrando um a um os fios que poderiam salvá-lo; o próprio Sócrates sente o que vai suceder e não hesita: caminha para o seu fim, que ele sente ser também um dos passos do mundo, sem um momento de hesitação, sem um arrependimento ou um temor: ali um verdadeiro deus se sacrifica pela existência de verdadeiros homens;

nesse sentido, os diálogos de Platão, na fase socrática, são o maior drama da literatura grega: nenhuma composição de Ésquilo, de Sófocles ou de Eurípides atinge a superior grandeza dos diálogos.

É possível, contudo, ir ainda mais alto, subir a um conflito perante o qual pouco significa a luta entre a cidade e Sócrates: o conflito entre o uno e o múltiplo, que veio através de toda a filosofia grega e cuja resolução é o ponto fundamental do pensamento platônico. Desde Tales de Mileto até aos últimos representantes do que se convencionou chamar a filosofia pré-socrática, a Grécia esforçou-se por determinar qual o elemento constante, o que permanece imutável, fixo, no que parece uma desvairada diversidade de fenômenos; de um modo geral, apesar das reações de um Heráclito ou de um Anaxágoras, tinha-se apresentado sempre um substrato material: o íntimo fundamento do mundo seria uma das substâncias que nele apareciam, chegando a considerar-se o espaço como um desses elementos; mas a derrota dos pitagóricos, perante a incomensurabilidade da diagonal com o lado do quadrado, e as críticas de Zenão, expressas nas "aporias" célebres, tinham abalado por completo a confiança numa explicação materialista do universo. Voltou-se ao reino da multidão inextrincável dos fenômenos, sem possibilidade de lei comum; os que se contentavam mais facilmente com soluções superficiais ou os que tinham particular interesse em as aceitar proclamaram imediatamente que não havia princípios gerais: cada qual se tinha de regular pelas circunstâncias de momento, ao sabor do que se lhe oferecia como mais conveniente ou fácil. Perante as consequências de uma tal doutrina, o instinto moral de Sócrates, e essa era nele porventura a mola mais profunda, reagiu fortemente: havia que procurar um termo comum, um fundamento, um alicerce de toda a construção intelectual e moral; encontrou-a na "ideia geral" ou, mais simplesmente, na "ideia", que permite, segundo cria, reconhecer e agrupar os fenômenos: sabe-se que uma percepção é uma casa ou um homem pela ideia que se tem de casa ou de homem; a ideia como que preexiste no espírito ao fenômeno. Se isso é assim, a ideia suprema, a de ser, é preexistente ao ser: há, perante o que se tem de fazer, um modelo a seguir; naturalmente o próprio Deus criador do mundo, o demiurgo, a seguiu no seu trabalho; em qualquer caso, nós a temos de seguir.

Sócrates não teve nem o tempo nem talvez as possibilidades de construção metafísica suficientes para assentar em dois elementos: o da natureza das ideias e o da possibilidade de conhecimento das ideias que têm os homens; disse, se disse, que a suprema ideia se confundia com o supremo bem; por outro lado, que todo o conhecimento das ideias vem de uma vida anterior à que levamos na terra e que é por essa lembrança que devemos procurar pautar o nosso procedimento. Platão procurou dilucidar os dois problemas, mas a dificuldade do assunto, o seu gosto da imaginação poética, o não falar nunca senão por intermédio de personagens, e ainda a atitude de espírito que nós próprios levamos à leitura dos textos, tornam muito incerta a interpretação do seu pensamento. Parece, no entanto, e quanto ao primeiro ponto, o da natureza das ideias, que Platão repeliu tudo o que pudesse fazer supor uma simples transposição do mundo dos fenómenos ao mundo dos conceitos: é evidentemente ridículo ter-se, eternamente fixada num mundo eterno e puro como o das ideias, a ideia de um vaso quebrado ou a de uma queda na rua; o que Platão designa como ideia é, segundo parece, a relação que permite definir tal ou tal fenómeno, quaisquer que sejam os aspectos particulares que ele venha a tomar; a ideia não é, portanto, como o nome grego o fez supor, a forma ou representação mental de um objeto ou de uma ação; é exatamente o que na ciência moderna se designa por lei; não existe na realidade no mundo dos fenómenos, porque neste só o fenómeno existe; mas se a lei desaparecesse, se fosse possível uma inexistência das leis, todos os fenómenos desapareceriam, porque a lei é a sua essência, a sua razão e o seu critério de existir: só a lei é estável e eterna. Por outro lado, o desaparecimento dos fenómenos significaria o desaparecimento da lei, porquanto só dela se toma consciência através dos fenómenos. Eternidade e tempo aparecem assim fortemente ligados: poderia dizer-se que, para Platão, o tempo é coetâneo da eternidade, a extensão a irmã inseparável do pensamento; logicamente, o corpo teria na sua essência o mesmo valor que a alma: mas as preocupações morais e políticas de Platão e, como é provável, uma confusão entre alma e espírito, fizeram que a sua doutrina ficasse a esse respeito pouco clara.

Mas o que é verdadeiramente importante é que tenha estabelecido com a possível segurança uma concepção do mundo como uma tessitura de relações, como uma vasta rede de legalidades, naturalmente encontrando-se numa lei suprema, ou melhor, numa suprema noção de lei; o bem, que era talvez para Sócrates alguma coisa mais de sentido do que de pensado, adquiriu com Platão uma estrutura perfeitamente racional: é a ideia das ideias, a lei das leis, o próprio fundamento do mundo, o seu grande motor na luta, e a vitória contínua, do criado sobre o incriado, do ser sobre a não existência. É, segundo parece, nesse sentido apenas que podemos falar do aparecimento de um Deus na filosofia de Platão, se considerarmos o seu deus demiurgo, fabricador do universo, como um simples mito, uma forma poética de exprimir outra ideia que é essencial no sistema: a de que a lei suprema, sendo uma eterna e fundamental relação e tendo, portanto, um caráter de imobilidade é, ao mesmo tempo, a criadora de tudo quanto existe como fenómeno; o Deus platónico é, por consequência, imanente ao criado; a criação é nele um acontecimento contínuo, uma perpétua manifestação, não um caso determinado em tempo e lugar; sendo a completa quietude, ele é simultaneamente a ação perfeita; e, podendo discutir-se a inteligibilidade desse deus, não se poderá negar que foi pelo caminho da razão que se chegou a concebê-lo; com Platão fica definitivamente afastada a impossibilidade de um conhecimento intelectual do último fundamento do universo, o que não fora conseguido pelo esforço dialético de Sócrates.

O problema do conhecimento foi, no entanto, um daqueles sobre que mais se demorou Platão; posto de parte o conhecimento que apenas consiste em noções vagas, em impressões das coisas e que provêm de opiniões um pouco mais seguras, mas ainda indecisas, apresenta-se como primeira forma de verdadeiro conhecimento o que se estabelece sobre provas lógicas e procura ligar os fenómenos pelo que têm de geral: é uma reflexão do homem sobre o que tem à sua volta, e a reflexão mais alta a que pode chegar, pondo-se como sujeito perante o objeto exterior que lhe cai sob o domínio dos sentidos; é esse o conhecimento a que podemos chamar científico, expresso no seu plano mais elevado pela construção matemática; mas, para Platão, ainda se trata de um conhecimento de certo modo rudimentar: não pode chegar a mais do que probabilidades, o que é exatamente a afirmação da ciência moderna; basta a impossibilidade para o homem de apreensão simultânea de todas as causas agentes no mundo para que todo o resultado científico se apresente sem absoluta exatidão; o que sucede é complicado demais para que possamos dominá-lo.

Se assim é, temos que nos voltar, como única fonte de conhecimento seguro, para o que não sucede, para o que é eterno, isto é, para a suprema legalidade; será um conhecimento sintético, perfeitamente límpido, uma intuição, quer dizer, uma visão clara e segura de todo o mecanismo do mundo, uma iluminação; o problema está apenas em saber como se atinge esse conhecimento; é pela inteligência, porque não há em nós outra faculdade de conhecer, mas, agora, por uma inteligência que se não exerce sobre o mundo exterior, por uma inteligência que se volta sobre si mesma: o sujeito é o seu próprio objeto; mas, pensar no sujeito como seu próprio objeto é pensar num estado anterior ao da existência de todos os fenômenos: na inteligência que se perscruta há um deus que se contempla; por outras palavras: o verdadeiro conhecimento reside na própria estrutura do espírito; conhecemos com segurança, dominamos perfeitamente tudo o que existe, tudo se torna claro aos nossos olhos quando, despindo-nos de todas as preocupações de fenômeno, procuramos a verdade no espírito puro, numa Lei que reside no mais profundo da nossa consciência, ou melhor, numa Lei que é a nossa própria consciência; Deus, que já era uma imanência no mundo é, para Platão, uma imanência em nós: não está em parte alguma senão na nossa consciência; e a chegada ante ele, porque se trata da Lei Suprema, dar-nos-á, juntamente com a perfeita contemplação, a possibilidade da ação mais eficiente em todos os campos, sobretudo no moral e no político, que era, possivelmente, o que mais preocupava Platão.

Para encontrar o ambiente que lhe permitisse estudar com todo o pormenor as suas ideias fundamentais de uma estrutura legal do universo; de um deus que sendo a lei suprema era a suprema liberdade, que sendo a absoluta contemplação era a ação absoluta, e que, não existindo, era a possibilidade de tudo; de uma moralidade a estabelecer por um regresso à consciência, fundou Platão, no regresso da sua viagem, uma instituição que era ao mesmo tempo um lugar de meditação, onde o pensador poderia encontrar o seu refúgio, uma universidade onde se ensinava aos jovens os resultados da investigação, um seminário em que se realizavam em grupo trabalhos de filosofia e de ciência, um núcleo de educação moral e política e uma irmandade religiosa consagrada ao culto das Musas. Estabeleceu-a nos subúrbios de Atenas, nos jardins que tinham pertencido a Academos, daí tirando o seu nome de Academia; durante vinte anos, ensinou Platão discípulos escolhidos, submetidos a uma estrita disciplina científica, e pôde reunir à sua volta alguns dos espíritos mais notáveis do tempo; da Academia saíram filósofos, matemáticos, moralistas, conselheiros políticos que iam tentar, junto de democracias ou tiranos, reformas de organização social; o trabalho científico, sobretudo, teve uma grande importância para o desenvolvimento da matemática e da astronomia. Foi durante esses vinte anos que Platão escreveu a *República*, o *Fedro*, o *Teeteto*, o *Parmênides*, além de cursos que se perderam e em que havia realmente toda a estrutura lógica do seu sistema; os diálogos são uma obra para o público, circunstância em que nem sempre se tem atentado quando se trata da interpretação dos mitos: é-se levado a crer que Platão recorria às parábolas poéticas por deficiência de conceitos intelectuais bastante claros; mas o que nele houve, pelo menos até esta fase da sua vida como escritor, foi um sentido artístico bastante seguro para não querer sobrecarregar os diálogos com pensamentos abstratos.

De todas as obras, é a *República* aquela que parece ter tido para ele maior importância; é um tratado do verdadeiro governo tal como o entendia Platão: a organização de um Estado de modo que desse a todos os cidadãos a possibilidade de aproveitar inteiramente as suas faculdades. A primeira ideia em que assenta a cidade de Platão é a de que existem tendências particulares a cada homem: nem todos são por natureza filósofos, como nem todos são por natureza trabalhadores manuais: nasce-se especialista; a segunda ideia é a de que há uma hierarquia de especialidades: para Platão, um comerciante vale menos que um matemático; a terceira ideia é a de que uma forte disciplina fixada em leis imutáveis pode assegurar a duração e o bom funcionamento de um grupo humano; a quarta ideia, a de que qualquer espécie de posse, qualquer propriedade, de pessoas ou de coisas, é prejudicial ao desenvolvimento de capacidades superiores. Como consequência desses fundamentos, Platão organiza o seu estado em três classes: a inferior é a dos trabalhadores manuais, a dos comerciantes, a dos industriais, encarregada de tratar da economia do agrupamento: são homens com instintos de posse, capazes da batalha por dinheiro e desejosos de bens materiais; acima deles, vem a classe dos guerreiros, encarregados da defesa exterior e da ordem interna: são os homens de ação, guiados pelo sentimento da honra e pelo amor da glória; a primeira classe é a dos governantes, preparados cuidadosamente com estudos de ciência e de filosofia, depois de uma rigorosa seleção: são oniscientes, de perfeita sensibilidade moral, de penetrante inteligência, tanto de compreensão como de criação, e capazes, portanto, de resolver todos os problemas de governo, de educar a nação, isto é, de a manter nas normas estabelecidas que são, por definição, as do bem, e de preparar novos dirigentes, logo que terminem eles próprios o seu tempo de serviço; nenhuma paixão vil os domina; vivem em economia coletiva, educam os filhos em comum; livres de todos os cuidados materiais, podem dedicar-se inteiramente aos trabalhos do espírito.

Acreditando nos homens como pensador, e não podia ser de outro modo desde que punha a Lei como residindo na consciência, Platão, como homem, desprezava-os; as circunstâncias políticas à sua volta e, sobretudo, o choque da morte de Sócrates, levaram-no a tomar como fundamental o que é um puro acidente; esqueceu-se de que o único valor do homem reside em ser humano e de que um governo que mantenha cada um na sua condição, não procurando elevá-lo cada vez mais alto, é um governo que falhou por completo à sua missão. A *República* é um dos melhores exemplos do que tantas vezes aparece na história da filosofia, o drama do pensador traído pelo homem que leva consigo, ou pelos seus contemporâneos, ou pelo momento da história em que apareceu. Para ser lógico, Platão teria, quando muito, admitido o seu Estado como uma organização provisória, até que todos tivessem passado à categoria de seres plenamente racionais; como ideal, teria visto uma sociedade com o mínimo de trabalho material, o mínimo de coação administrativa, o máximo de liberdade individual em todos os setores, o máximo de contemplação; teria estendido a todos o regime de libertação da posse que estabeleceu para a classe superior, vendo justamente nos sistemas econômicos que a exigem o motivo essencial de rebaixamento da natureza humana; e teria exprimido a sua fé nas possibilidades que têm todos os homens, porque Deus neles vive, de ascender a planos perante os quais nada significará toda a diferença de vocações de trabalho.

Em Platão, nunca houve esperanças na possibilidade de uma redenção total dos homens; só foi até ao ponto de ter confiança no aparecimento de um governante que pudesse realizar o sonho da *República* e estabelecer um governo de filósofos. Foi este o determinante da segunda viagem à Sicília; Dionísio morrera e sucedera-lhe o filho, também chamado Dionísio; Dion, o velho amigo de Platão, que durante esses vinte anos se mantivera fiel ao mestre, no meio de todas as dificuldades da tirania, fez-lhe um apelo para que viesse tentar junto do filho o que não conseguira com o pai; Platão hesitou; tinha de abandonar os seus jardins, os seus amigos, os seus discípulos, todo o seu trabalho de pensador e de escritor; mas era uma oportunidade que se não podia desprezar: Dionísio mostrava-se inclinado à filosofia e não parecia muito pervertido pelos costumes da corte; manter-se em Atenas significaria que, por falta de coragem da sua parte, cairia sempre sobre os filósofos a acusação de que eram inúteis na prática; o mundo poderia salvar-se se ele não se furtasse à ação, porque um governo bom estabelecido na Sicília se estenderia rapidamente a todos os pontos do mundo civilizado. Por fim, partiu; ao contrário do que esperava, as dificuldades não vieram do tirano: era um moço relativamente dócil, de inteligência suficiente para entender a filosofia do mestre, pelo menos no mais apreensível, e que, no fundo, não desejava senão o bem de todos, embora convencido de que só ele o poderia dispensar aos seus povos; o grande obstáculo veio dos que estavam à sua volta: como sucederia à maior parte dos tiranos, Dionísio era na realidade uma criatura de vontade débil, manejado a seu belo prazer pelos que tinham interesse em que o regime continuasse. Espalharam imediatamente rumores de que se tratava de uma tentativa de influência estrangeira e, para combater o prestígio intelectual de Platão, mandaram regressar da Itália um certo Filisto, que anteriormente tinham desterrado e que estava disposto a pensar e escrever segundo a paga; era preciso defender a honra da pátria e mobilizaram-se todas as forças; o tirano, fraco, cedeu: Dion foi obrigado a exilar-se, e Platão voltou a Atenas, apesar de todas as pressões de Dionísio que desejava mantê-lo junto de si: ganhara o gosto das discussões filosóficas, sobretudo desde que adquirira a certeza de que não implicavam nenhuma mudança de vida; a metafísica parecia-lhe ser suficientemente complicada e suficientemente incerta para que se pudesse continuar discutindo dia após dia, pondo em dúvida os princípios já assentes, voltando ao início, intricando-se em questões de pormenor, mas não passando jamais a uma linha de ação; mas o desejo da tranquilidade da Academia ajudou em Platão a repugnância perante a moleza e as evasivas do tirano e levou-o a romper todos os laços.

Nem por isso se desinteressou do problema: tinha de deixar estabelecido um governo modelo e, apesar de tudo, não havia ninguém mais bem preparado do que Dionísio; talvez viesse nova ocasião. Enquanto esperava, carteando-se com o tirano e conversando e escrevendo a Dion, que aproveitara o exílio para estudar na Academia e percorrer os principais centros de cultura da Grécia, redigiu ou, pelo menos, preparou o *Sofista*, o *Político*, o *Filebo*, o *Timeu*, talvez mesmo o *Crítias* e as *Leis*; eram obras mais difíceis do que qualquer das que escrevera anteriormente, e o estilo, a composição geral, depois toda a parte de imaginação propriamente literária ressentem-se do excessivo tecnicismo dos assuntos, do maior gosto pela abstração, da perda das faculdades juvenis de invenção poética exterior. Por outro lado, e é o *Timeu* o mais atingido, a ciência de Platão, se excetuarmos o lado puramente matemático, não se encontra ao mesmo nível da sua metafísica ou da sua moral: a astronomia, a geologia, a geografia, a física, têm a marca da infantilidade; trata-se de ciências em que a especulação se não podia estabelecer de golpe como na filosofia e, de certo modo, na matemática, mas tinha de se apoiar numa observação de séculos, num paciente recolher de fatos que mal se tinha iniciado.

De resto, não pôde ficar por muito tempo no sossego dos plátanos e ciprestes dos jardins filosóficos; mas tinham decorrido cinco anos depois da sua volta da Sicília quando o chamaram de novo, ou antes, se intensificaram os pedidos de Dionísio; Dion, por seu turno, animava-o na empresa; iam voltar todos e desta vez haviam de vencer; o próprio Arquitas de Tarento se lançava a grandes esperanças; Dionísio decerto vira que era errado escutar os que o cercavam e que devia confiar nos conselhos da filosofia. Platão foi recebido como um rei e encontrou estabelecida em Siracusa uma escola em que se ensinava o seu pensamento ou aquilo que se julgava ou convinha ser o seu pensamento; o próprio tirano, cheio de entusiasmo, se pusera a redigir um manual de filosofia platônica. Não tardaram, porém, a surgir os atritos entre Dion e Dionísio, mas a questão resolveu-se rapidamente, desta vez pelas armas; o tirano foi batido e expulso, e Dion ficou no posto de governador da república; conseguira-se ainda melhor do que tornar-se filósofo um homem de estado: era um filósofo que subira a um lugar de governo; a oportunidade chegara; Platão vencera pela sua confiança no destino, pela constância da sua resolução, pelo desinteresse e coragem do seu procedimento.

Simplesmente, o povo de Siracusa, sem a inteligência de Platão e de Dion, mas com um seguro instinto de liberdade vital, defendeu-se das imposições de um governo racionalmente perfeito; Heráclides, um chefe democrata que também fora perseguido durante o período de tirania, levantou-se contra Dion, que o venceu e lhe perdoou a revolta, seguro de que a sua generosidade traria paz à Sicília. Platão, entretanto, regressara a Atenas, convencido de que não era necessária a sua presença junto de Dion; o seu amigo estava bastante imbuído de boa filosofia e era bastante perspicaz no domínio do prático para se encarregar sozinho de toda a tarefa; e ele próprio faria obra mais útil estudando, escrevendo, guiando-o de longe, ao mesmo tempo que preparava outros para idênticos trabalhos. E novamente as ilusões duraram pouco: Heráclides revoltou-se outra vez e com tal felonia que Dion, impaciente, resolveu tomar pelo caminho habitual e ordenou a execução do seu adversário; mas o golpe que destruiu a oposição destruiu também em Dion a força de avanço, a sua confiança na ação filosófica; nunca mais teve o antigo entusiasmo e a energia que o tinham sustentado nos tempos difíceis de Dionísio e do exílio.

Para Platão, o choque foi ainda mais violento; o seu único discípulo verdadeiro acabava no desastre e ao contrário do que sempre pensara, não fora um filósofo a organizar, a ordenar a Sicília: a nação só encontrou paz quando um general, homem prático e simples, se dispôs a intervir e tomou conta do governo. Na sua própria cidade, como em todas as da Grécia, a decadência acentuava-se; todas tinham ficado enfraquecidas pela guerra civil e esgotavam-se em questões de política interna que não tinham a menor importância; já não estava longe o tempo em que os bárbaros viriam pisar o solo sagrado e em que durante séculos e séculos andaria remota a possibilidade de um governo inteligente dos homens. Depois, as duas últimas viagens tinham-lhe abalado a saúde: impressionavam a sua palidez e as faces encovadas: só os olhos brilhavam como anteriormente quando se discutia um problema filosófico e a voz era sempre a voz quente, expressiva, a voz de orador e de artista que sempre tinha encantado os seus ouvintes; mas o que havia nele como habitual era uma tristeza profunda e calma. Sentia que, tendo atingido uma segurança intelectual perfeita, que tendo elaborado uma concepção do mundo que se não poderia ultrapassar, não viera daí a salvação humana que tinha desejado acima de tudo e que fora, possivelmente, a determinante de todo o seu trabalho, tal como o tinha sido em Sócrates; falhara; e só restava esperar, serenamente, a morte que não poderia tardar muito, e que veio de fato, em 347.

Provavelmente nunca lhe surgiu no espírito a ideia de que a humanidade só pode ser salva por um esforço integral de todas as suas faculdades, não pelo desenvolvimento de uma delas em prejuízo das outras; o trabalho de Platão fora quase exclusivamente um trabalho de inteligência e a sua filosofia abriu como nenhuma outra o caminho para que a essência suprema pudesse ser atingida por meio do compreender; com Platão ficou solidamente estabelecida a noção de uma identidade do espírito humano com o espírito divino: a filosofia platônica prova a inteligibilidade do mundo. Mas não podia ser uma doutrina de salvação porque faltavam em Platão, como homem, elementos que são fundamentais na humanidade e que têm de entrar numa visão completa da vida. Em primeiro lugar, não havia nele um sentimento de fraternidade humana: a existência dos escravos não o preocupa em nada, e a *República* parecia-lhe perfeita mesmo com a condenação da maioria dos homens ao cuidado dos bens materiais; em segundo lugar, faltou-lhe a ideia de que, para o apuramento da personalidade, mais vale o erro próprio do que o acerto alheio: a sua disciplina do bem era, no fundo, uma tirania tão injusta como outra qualquer, mais ainda talvez, porque o bem não se estabelece nas almas pela experiência do bem, mas pela experiência corajosa do mal; em terceiro lugar, a sua vontade aparece em revolta contra a vontade do mundo: Platão não aceita o destino, é uma peça de máquina que se recusa à máquina, o que destrói uma verdadeira identidade com Deus, no aspecto em que Deus é Lei; por fim, Platão põe os instintos como atividades inferiores que sufocam e abatem o espírito quando, na verdade, são meios de libertação tão poderosos como a inteligência. Certo na sua doutrina, não viu que o seu domínio era estreito, ou não pôde ver porque não chegara ainda o momento da história em que tal seria possível. A humanidade tinha que fazer experiências que iam para além da experiência de Platão; no fim de tudo, e quaisquer que sejam os acidentes de marcha, a metafísica do futuro será metafísica platônica, a ciência será ciência platônica; mas haverá, no conteúdo propriamente humano, um enriquecimento que fará derrubar todos os limites que a Platão pareceram indestrutíveis e eternos.

Nota de Livros[1]

Além das Histórias da Filosofia de Émile Bréhier, Wilhelm Windelband, Paul Janet e Gabriel Séailles, Ernst von Aster, podem consultar-se sobre Platão:

Philip Leon. *Plato*. Londres: Thomas Nelson and Sons, 1939.

Alfred Edward Taylor. *Plato*. Londres: Archibald Constable, 1908.

August Diès. *Platon*. Paris: Flammarion, 1930.

Walter Pater. *Platon et le platonisme*. Tradução de S. Jankélévitch. Paris: Payot, 1923.

---

[1] Os elementos de referenciação constitutivos da bibliografia originalmente indicada nessa "nota de livros" foram revistos, completados e, quando necessário, também corrigidos. [N. do O.]

*O Pensamento de Epicuro**

Durante cerca de um século, desde antes da guerra contra os persas, por 500 a.C., até o fim da luta que se travou entre as duas cidades principais, Atenas e Esparta, nos fins do século V a.C., deu a Grécia o mais alto exemplo de cultura de que o mundo tem conhecimento. Organizada em pequenos estados, o que era devido, por um lado, às condições geográficas e, por outro lado, ao individualismo dos gregos, soube desenvolver ao máximo a personalidade dos cidadãos, dando-lhes todas as possibilidades de realizarem o que neles havia de mais perfeito em tendências sociais, artísticas e de pensamento puro. Atenas, sobretudo, com a flexibilidade e o livre jogo da sua democracia, fez dos seus habitantes seres superiores pela finura e penetração da sua inteligência, pelo equilíbrio e pela delicadeza do seu sentido estético.

Dos gregos nos vieram quase todos os grandes princípios que ainda hoje constituem um ideal humano; na política, demonstraram, em face dos despotismos orientais, que só pela liberdade o homem é capaz de criar as grandes obras que o dignificam e que o regime de Atenas, com todos os seus erros e todas as suas hesitações, deu o ambiente adequado ao trabalho dos gênios que surgiram; na literatura, produziram o mais belo conjunto de obras-primas que jamais o mundo conheceu; na ciência, lançaram os fundamentos da matemática e da física modernas, e quase não há hoje uma teoria científica de que não tenham tido o pressentimento genial; na arte, criaram obras de tal superioridade pelo elevado da concepção, pela perfeição da técnica, pela maravilhosa harmonia de conjunto, que, até hoje, ninguém conseguiu excedê-los; finalmente, na filosofia, com os sistemas que tentaram explicar a totalidade do universo ou com a aplicação dos princípios gerais aos problemas particulares da política

---

* Agostinho da Silva. *O pensamento de Epicuro*. Lisboa: Edição do Autor, 1940. (Iniciação: cadernos de informação cultural, 1.ª série.) [N. do O.]

e da moral, tornaram-se modelo de especulação e forneceram as bases donde partiram os pensadores dos séculos seguintes.

As condições econômicas e de organização social – limitação dos mercados e transportes, relativo isolamento em face do mundo bárbaro do Oriente e do Ocidente, injustiça fundamental da existência dos escravos – fizeram que essa civilização não pudesse ter passado aos outros povos senão adulterada e diminuída no que nela havia de mais delicado e fino; de resto, os homens que recolheram a herança grega não tinham as condições de cultura e de intelectualidade suficientemente desenvolvidas para que pudessem compreender plenamente a atitude da inteligência grega. Pela sua curiosidade que não tinha limites, pelo admirável espírito crítico, pelo equilíbrio de todas as suas concepções, pela sempre renovada audácia do seu pensamento, os gregos constituíram um tipo humano superior que ficou para modelo das gerações futuras, modelo que talvez essas consigam atingir ou ultrapassar se souberem construir o regime político e econômico que convém às grandes obras.

Ao alargamento da cultura grega às regiões do Mediterrâneo oriental, que foi a tarefa de Alexandre e dos seus sucessores, correspondeu um abaixamento de nível intelectual e moral; toda a Grécia ficou submetida a uma tirania, que era decerto inteligente e bastante compreensiva das diferenças entre os homens e entre os povos, mas que não deixava de exercer uma ação repressiva sobre o que havia de mais vivo e de mais íntimo no gênio grego; a democracia de Atenas, depois dos macedônios terem conquistado a Grécia, é puramente fictícia; o civismo, que fora uma das características dominantes da vida grega no seu melhor tempo, desaparece quase por completo; cada homem, desprezando os cargos públicos, desinteressando-se da política, volta-se para o que apenas o fere ou lhe dá prazer na sua vida particular; a arte decai e, perdida a nobreza de outrora, vai adornar os túmulos dos grandes senhores ou exprimir sentimentos desequilibrados e românticos; a literatura torna-se um domínio de eruditos e um entretenimento efeminado, em que nada passa da grandeza e perfeição dos escritores clássicos.

Na filosofia, naturalmente, sucede quase o mesmo; a vastidão de pensamento de um Platão ou de um Aristóteles como que assusta os homens débeis que o regime novo fez aparecer na Grécia; os filósofos ou discutem nos seus pormenores as doutrinas que lhes legaram os mestres ou, apoiando-se nas suas concepções gerais, vão preocupar-se sobretudo com a resolução do problema do comportamento do homem na vida. Deve, porém, notar-se que a questão aparece posta de uma forma completamente nova; ao passo que um Sócrates, por exemplo, trabalha pela construção de uma moral que é um conjunto de regras de ação no que respeita a nós e aos outros, que é um sistema de normas que nos permitirá modelar uma existência perfeita, os pensadores da época de que nos ocupamos agora procuram estabelecer um certo número de princípios que permitam aos homens suportarem a vida; nada há neles que exija de cada ser humano esforço de criação, energia de ataque, manhã que rompa num céu novo; trata-se de tornar a existência suportável a cada um, de fornecer meios de defesa contra uma vida de que desapareceram todos os motivos nobres e sérios que pode haver para que se viva; não se trata de saber como poderemos ser mais viris, mais enérgicos, mais inteligentemente ativos; o ideal é descobrir o meio de se sofrer menos; na atitude da moral anterior a Alexandre há todo o gosto de combate, toda a segurança e toda a força do atleta que inicia a batalha; nos moralistas do século III a.C., o pugilista vencido procura cobrir-se contra os golpes. A característica geral é o pessimismo e a amargura; vida monótona, preocupada com o material e somente com ele, vida afinal de homens presos para todo o sempre, sem uma esperança no céu e terra; vida de terrores contínuos perante toda a espécie de tiranos, naturais ou sobrenaturais; como poderemos conseguir nós alguma espécie de tranquilidade, como poderemos passar até o fim, sem desesperos e sem lágrimas? Eis o problema que se tem de resolver e para o qual Epicuro, entre outros, apresenta a sua solução.

    O filósofo nascera em Atenas ou Samos, ainda no século IV a.C., e era filho de um ateniense que vivia como colono em território da ilha de Samos. O pai devia ter os meios suficientes para lhe dar uma educação cuidada e parece que, ainda em Samos, o rapaz teria ouvido as lições de Pânfilo, filósofo platônico, que tiveram por efeito afastá-lo por completo do pensamento de Platão. O mesmo não sucedeu com o ensino de [Nausífanes de] Teos, pensador que seguia a doutrina de Demócrito de que Epicuro vai tirar tudo o que diz respeito à constituição do universo. Aos dezoito anos, obedecendo à lei, presta em Atenas o seu serviço militar; conserva-se na cidade até à morte de Alexandre, em 323 a.C., e ocupa decerto o seu tempo ouvindo algum dos numerosos mestres que davam as suas lições pelos ginásios e pelos jardins tradicionalmente consagrados à filosofia; esteve depois alguns anos em Colofonte e voltou, segundo parece, em 306 para abrir a sua própria escola, onde logo acorreram numerosos discípulos; em Atenas se conservou até o ano da morte que devemos poder fixar em 270 a.C.

O jardim de Epicuro era célebre pela sua beleza e, sobretudo, pelo encanto que a presença do filósofo parecia ter emprestado a todo o lugar; ninguém entrava em contato com Epicuro sem que se sentisse imediatamente preso pela inteligência e pela graça amável do mestre; nada havia que o fizesse perder a benevolente serenidade, a moderação de juízos sobre a ação dos homens; a paralisia que o atacou nos últimos anos e que lhe provocava dores terríveis não abalou a atitude resignada de Epicuro e fê-lo dar provas de uma coragem sorridente e modesta que fundamente impressionava quem o via. Quando morreu, veneraram-no os discípulos como um deus; era a ele que estava consagrado o jardim em que ensinara e que legara à sua escola para que nela se continuasse a ensinar a doutrina que tinha formado.

Embora lhe parecesse que era o problema do procedimento do homem a questão essencial que se apresentava ao filósofo, não achava Epicuro que se devia desprezar o que respeitava a uma concepção geral do mundo; como o homem é atormentado por dúvidas acerca do que existe para lá do plano que os órgãos dos sentidos lhe permitem atingir, como a existência dos deuses e a penetração, pela morte, num mundo desconhecido, constituem problemas que se levantam diante de todos e a todos perturbam, convirá em primeiro lugar que se definam ideias sobre todos esses assuntos e só depois se passe a examinar a questão fundamental; seria mesmo absurdo estabelecer normas de felicidade, deixando em aberto alguns dos problemas que podem tornar o homem mais infeliz.

Por outro lado, uma vista de conjunto é sempre necessária para se avaliar da importância e da realidade do particular; quem não possui uma concepção geral do mundo não pode manter, perante o acidente, perante o fenômeno que lhe surge de novo, a atitude de serenidade que convém; a multidão de pormenores desorientaria por completo o homem que não tivesse formado qualquer ideia sobre o grande todo em que cada um dos fenômenos se vai inserir e, decerto modo, explicar; é, pois, necessário que se comece por estabelecer o que há de seguro quanto ao universo em geral.

E será possível uma tal concepção? Certamente, segundo Epicuro; o universo é inteligível e racional; somos capazes de o penetrar com a nossa inteligência, embora ela seja fraca e a tarefa requeira da nossa parte toda a atenção e persistência. As leis por que o mundo se rege são perfeitamente acessíveis às nossas capacidades de pensamento, contanto que não avancemos sem que o degrau anterior esteja bem firme e nos não deixemos arrastar por fantasias sem coerência e sem sentido. Será possível assim chegar-se a uma explicação racional que não seja destruída pelas várias manifestações do próprio mundo; o filósofo só se pode considerar na posse da verdade quando todo o fenômeno encontrar no seu sistema uma explicação conveniente. Será essa, porém, a verdade absoluta? Talvez não; é, no entanto, a verdade que interessa ao homem e o pode ajudar a ser feliz; mais feliz até do que o poderia fazer a convicção de que descobriu a "única" verdade; porque nessa altura, julgando-se um ser superior perante os outros homens, poderia cair na intolerância e no orgulho que para sempre lhe destruiriam a tranquilidade.

De Demócrito, toma Epicuro a teoria atômica; todos os corpos que nós conhecemos são formados de átomos, isto é, de partículas pequeníssimas que nós nunca podemos ver, mas de que temos de admitir a existência por vários motivos: assim, compreende-se que seja possível ir dividindo um corpo em fragmentos cada vez mais pequenos, até que se chegue a um mínimo que já se não possa cortar, sem que desapareçam as propriedades do corpo; depois, tudo o que existe de alguma coisa provém e nalguma coisa se resolve quando desaparece: não podemos aceitar, para um e outro fenômeno, senão a explicação de que tudo vem dos átomos e tudo se dispersa em átomos; por fim, há certos fenômenos, como a evaporação da água, a transmissão dos cheiros, o crescimento e a diminuição, que seriam incompreensíveis sem a existência do átomo.

Os átomos, que são de tantas espécies quanto as espécies dos corpos que existem, são em número infinito e são os únicos componentes dos corpos e, por assim dizer, as suas sementes: o ferro virá dos átomos do ferro, a água dos átomos da água; fora dos átomos só há o vácuo perfeito; como, para Epicuro, os átomos têm peso, é evidente que estão em contínuo movimento, numa queda que nunca se suspende. Mas surge aqui uma dificuldade: se os átomos caem todos em virtude do peso e nada existe fora deles, devem cair em linhas paralelas, mantendo-se sempre à mesma distância uns dos outros; e, de duas uma: ou alguns átomos já vêm combinados, formando corpos, e nessa altura não poderão separar-se, não havendo, portanto, nem corrupção nem morte, ou vêm perfeitamente livres uns dos outros, e, então, nunca poderão juntar-se para dar origem aos corpos.

Epicuro afronta a objeção dotando os seus átomos de uma "força de declinação" que pode contrariar ações de peso e levá-los a tomar trajetórias oblíquas que provocam, pelo encontro, a combinação; fica assim o átomo com uma vontade livre, com um poder de se decidir por tal ou tal caminho. Não deixaram já os filósofos antigos de achar bastante estranha essa qualidade dos átomos; mas Epicuro respondia que a existência de uma vontade humana livre, e, por outro lado, a resistência do corpo que nós sentimos perante as nossas "ordens" vêm provar que os átomos têm uma certa liberdade; efetivamente, se assim não fosse, donde viria a liberdade do homem? Por que razão não obedeceria o corpo imediatamente?

Poderíamos pensar num espírito, numa alma em que essa liberdade residisse; Epicuro certamente admite a existência do espírito: mas é ainda formado de átomos, muito sutis, muito ligeiros, mas tão materiais como os outros; além disso, os átomos do espírito não estão concentrados, estão dispersos entre todos os outros que formam o corpo. É por isso mesmo, ensina Epicuro, que é absurdo pensar-se na imortalidade da alma; a morte do corpo significa a morte total, a separação dos átomos que, combinando-se, nos tinham produzido. A morte não deve, por consequência, assustar os homens; é o fim de todas as intranquilidades, a perda na inconsciência completa, o aniquilamento total; também não desejável, visto que nada sendo, não pode ter qualidades que nos atraiam, como não tem defeitos que nos repugnem.

Assim como se dispersam os átomos do nosso corpo, um dia se dispersarão os átomos do nosso mundo, e outros porventura hão de surgir muito diferentes do atual para sucumbirem por sua vez; o universo que nos rodeia não tem nenhuma espécie de privilégio, não há razão nenhuma para que o consideremos eterno; conserva momentaneamente uma certa ordem e um certo aspecto de segurança; amanhã pode ter desaparecido. Não devemos também crer que os deuses velem com especial solicitude pelo nosso mundo; Epicuro não vai até o ponto de negar a existência dos deuses; como nada pode vir do nada e o semelhante provém do semelhante, estaríamos, se não admitíssemos que há deuses, na impossibilidade de explicar não só a ideia que temos da divindade, como também as imagens que nos aparecem em sonhos. Mas esses deuses, libertos de todos os cuidados e perturbações humanas, porque conhecem os segredos do universo, passam uma existência calma, sem se importarem com as nossas preces e com as nossas angústias; as superstições e os cultos religiosos são, pois, atividades vãs que o homem esclarecido não considera de outro modo.

Pela única adoção da física atomística, pela formação de um corpo de doutrinas racionais e científicas, o homem vê-se liberto de algumas das suas mais graves preocupações; não há providência divina, os deuses são indiferentes a tudo o que possa suceder-nos; não há um destino que nos esmague com a sua mão poderosa, mas uma liberdade que contraria o determinismo do peso e restabelece a confiança no poder da nossa vontade; não há, portanto, possibilidade alguma de se adivinhar o futuro, ninguém se deve deixar perturbar pelas profecias de desgraça próxima; finalmente, negada a imortalidade da alma, o homem pode encarar com firmeza a sorte que partilha com tudo o que existe no mundo.

Desse modo, tem a ciência, no pensamento de Epicuro, um papel essencial na libertação do homem e na construção de uma vida que lhe dê o máximo de felicidade. Não quer que se trate de um puro jogo intelectual ou de uma busca desinteressada da verdade; é uma atividade eminentemente útil, talvez a mais útil de todas aquelas a que nos podemos entregar, visto que é ela que nos dará a segurança sobre o mundo exterior, nos dissipará todos os vãos receios e nos fará passar os breves anos da nossa vida sem inquietações quanto aos deuses, ao futuro e à morte. A primeira condição para ser feliz é saber, sendo, no entanto, necessário que a procura da verdadeira realidade não venha, por seu turno, criar uma nova angústia; nisto mesmo, é preciso ser moderado e calmo.

Desde que o homem tem liberdade e é capaz de construir a ciência, dominando por ela as forças naturais e aprendendo a não recear o que lhe não pode fazer mal, não se deve julgar cercado de fatalidades que não poderá vencer; supor-se num mundo que é mau, sem possibilidades de o transformar, é próprio do ignorante, do que não conhece, por um lado, a orgânica do universo, por outro lado, a história da humanidade; uma e outra asseguram que a nossa vontade é capaz de vencer condições desfavoráveis, de a pouco e pouco as ir batendo, até se constituir o meio ótimo para que a nossa vida se desenvolva; diante de nenhuma situação, por mais complicada e difícil que seja, nos deve tomar o desespero; a humanidade tem conseguido dominar tão graves crises que não há razão alguma para que nos julguemos vencidos; o trabalho obstinado e sereno, sempre apoiado na ciência, derrubará todos os obstáculos que, à primeira vista, se tinham afigurado intransponíveis.

A ideia de um progresso da humanidade, da passagem incessante de um nível de vida inferior a um nível de vida superior, aparece nitidamente marcada em Epicuro; no seu sistema, nenhum deus criador e onisciente faz, logo de princípio, um universo perfeito e imutável; é a humanidade que se tem construído, a partir do bruto primitivo que nem sabia cobrir-se de peles, só comunicava por grunhidos, e se alimentava do que o acaso lhe oferecia em animais ou frutos. O que se tem feito até hoje garante-nos que muito mais se poderá fazer, sobretudo se nos conseguirmos despojar da ignorância e do medo; são essas as duas forças que mais retardam o progresso e são elas que Epicuro combate com maior decisão.

Pode, no entanto, supor-se um homem em que não exista nenhum desses defeitos e que não tenha, apesar disso, conseguido encontrar a tranquilidade superior; alguma coisa lhe falta; sem inquietação quanto ao universo e quanto às possibilidades dos outros homens, é consigo próprio que se não sente satisfeito, é em si mesmo que sente a necessidade de trabalhar para que toda a sua vida se desenrole numa harmonia perfeita.

O primeiro passo para que se atinja esse ideal consiste em observar o que se dá com os animais, os seres vivos que mais perto estão de nós; todos eles satisfazem as necessidades que a natureza lhes impõe, sem qualquer espécie de preocupação moral e sem que tentem impedir o curso natural das coisas; comem, bebem, reproduzem-se e dormem, com a tranquilidade que vem de um acordo completo com o ritmo geral do universo.

O mal do homem, segundo Epicuro, tem sido pregar-se que se devem reprimir essas manifestações naturais da vida, criando assim um estado de corpo e de espírito que o impossibilita de alcançar os planos de sabedoria perfeita. Não devemos negar-nos ao que a natureza nos pede; o corpo tem exigências que, quando não são satisfeitas, geram a inquietação e, portanto, a infelicidade. Simplesmente, é necessário ver-se bem que se trata de satisfazer as exigências naturais e não as que provêm de um erro de visão dos homens, de uma artificialidade introduzida na sua existência. Matar a fome e sede é natural e indispensável à construção de uma vida bem fundada; os banquetes abundantes e de iguarias preciosas são condenáveis porque vão além do que é natural e podem gerar a dor.

Eis um ponto que se deve ter bem presente quanto aos prazeres: devem-se evitar todos aqueles que trazem consigo o sofrimento; dará provas de falta de inteligência e de compreensão do mundo, todo o homem que por uma hora de gozo presente se esquecer de todas as dores que o podem assaltar nos dias futuros. Por consequência, no que respeita à satisfação das necessidades naturais, devemos ser o mais moderados possível: uma fatia de pão, um copo de água, duas tábuas em que o corpo repouse são o suficiente para que concedamos à natureza o que ela de nós exige. Assim, o epicurismo, pela sua insistência no que é naturalmente indispensável, vem a dar normas de vida que são, na realidade, a expressão de um ascetismo.

Notaremos, porém, que o caráter do ascetismo de Epicuro é completamente diferente do que aparece no ascetismo pregado por certas religiões e por certas filosofias; o epicurista não despreza as complicações da comida e da cama por ódio ao seu corpo ou por exercício da vontade; fá-lo apenas porque tal atitude lhe garante um prazer mais intenso e mais puro. A virtude, nele, não é um sacrifício e uma áspera estrada eriçada de espinhos; é um gozo mais delicado do que os outros, um caminho de delícias que se percorre com uma voluptuosidade que o brutal ou o asceta que se tortura nunca poderão compreender.

Epicuro distingue claramente duas espécies de prazer: "o prazer de movimento" e o "prazer de repouso"; na primeira categoria incluem-se o prazer da mesa e o do sono, por exemplo; na segunda, cabe tudo o que na vida pode apreciar quem se libertou, quem reconheceu como grau inferior de prazer os "prazeres do movimento", quem evita antes de tudo a dor. Efetivamente, basta que se suprima a dor para que sentir-se viver seja um gozo; um corpo sólido sobre a terra magnífica é uma fonte contínua de felicidade; a dor é o inimigo a abater: conseguirão vencê-lo os que tiverem uma ideia segura do mundo e os que forem moderados nos "prazeres de movimento".

Não deixa, porém, Epicuro de reconhecer que, num universo de ação e reação de átomos uns sobre os outros, a dor não depende apenas de nós; pode assaltar-nos sem que a nossa vontade intervenha ou sem que surja como consequência de um temor e de uma ignorância; o seu próprio corpo paralisado e dorido lho lembrava a cada momento. Mas mesmo aí o filósofo se não encontra desarmado; a dor pode ser diminuída, eliminada até, pela lembrança de um bem passado ou pela esperança de um bem futuro; Epicuro alivia o seu sofrimento, recordando as conversas que teve com os seus discípulos, antevendo o que vai ser a chegada de um amigo querido; no próprio plano do presente, a dor pode ser combatida: basta que me não deixe dominar pelo sofrimento e lhe oponha um prazer; se os membros me doem, posso atenuar essa dor, discutindo questões de doutrina ou simplesmente olhando como a vida à volta é doce e clara.

Quanto às dores morais, grande parte delas se encontra logo excluída pela concepção epicurista do mundo; o terror do destino e da morte não mais poderá atormentar quem reconheceu como verdadeira a física dos átomos.

As outras desaparecem com a atitude geral de desprendimento que o filósofo toma perante o mundo; satisfeito o corpo, é possível como que pairar acima da própria vida, num estado inexprimível de repouso e de calma; o verdadeiro sábio não terá nenhuma espécie de ambição, não procurará alcançar nenhuma das posições que o geral da humanidade considera importantes; os cargos políticos da cidade não o interessam, nem pelas possibilidades de domínio, nem como fonte de riqueza; não quer mandar nos outros homens, não precisa para nada do ouro, visto contentar-se com pouco.

Reconhece, porém, que tem obrigações na sociedade. Para Epicuro, o estado social resulta de um pacto, embora não expresso, feito pelos homens, para assegurar a cada um, pela ajuda mútua, o máximo de conforto e segurança; cada um faz parte da sociedade por amor de si próprio, por prazer, e a sociedade tem por missão essencial prover ao bem de todos; não há uma felicidade social, distinta da felicidade de cada homem; mas, naturalmente, todos têm o dever, porque recebem, de dedicarem uma parte da sua atividade ao bem dos outros. A obrigação do filósofo consistirá em esclarecer os seus concidadãos e todos os homens do mundo, abrindo-os para uma vida mais ampla, mais segura, mais generosa; a política do sábio é a da preparação do futuro, sem que o afetem grandemente as vicissitudes do presente e sem perder de vista, no entrechoque das várias correntes, o que a ele parece essencial na humanidade e na sociedade que se tem de construir.

Livre assim de todas as preocupações que atormentam o homem vulgar e tendo adotado diante da vida uma atitude que é ao mesmo tempo de inteligente renúncia e de ação inteligente, o filósofo epicurista pode estar seguro de que atingiu o mais alto grau possível de felicidade humana e ascendeu de certo modo até os deuses. Como consequência exterior, todos o verão cheio de amenidade e de serena alegria, tratando igualmente os homens livres e os escravos, jamais usando de violência, jamais se deixando perturbar pelos acasos do mundo.

O êxito da doutrina foi muito grande na Antiguidade; os discípulos eram seduzidos a um tempo pelo que reconheciam de justo nas ideias, e pelo prestígio das qualidades de Epicuro; ao contrário do que acontece com outros filósofos, sobretudo nos tempos modernos, Epicuro não se limita a apregoar a sua doutrina: vive-a também e é um exemplo de todas as qualidades que preconiza; quem ia aos seus jardins ou lia os seus escritos infalivelmente sentia a influência do homem puro e bom, embora muitas vezes lhe não aceitasse facilmente as ideias.

Dentre todos os discípulos de Epicuro, o mais notável é o romano Lucrécio, do século I a.C., que no poema *De rerum natura – A natureza –*, expõe a doutrina do mestre; o vigor científico do trabalho, a piedade profunda pelos males dos homens, o desejo generoso de os libertar de todos os terrores dos deuses e da morte, o vigor másculo do verso tornam o *De rerum natura*, talvez, a obra mais importante que a poesia latina produziu. Pelo que respeita ao estudo do epicurismo é uma fonte indispensável; o gênio romano tem pequena capacidade inventiva e, segundo parece, Lucrécio limitou-se a reproduzir o pensamento de Epicuro sem lhe acrescentar nada de novo; vem, portanto, completar o que acerca do epicurismo podemos saber por Diógenes Laércio, que incluiu Epicuro nas suas *Vidas dos Filósofos*, e pelas alusões de outros autores gregos que o atacaram ou defenderam.

Com o aparecimento do cristianismo, decai a popularidade de Epicuro; a nova religião não podia deixar de lhe ser hostil; a ideia de deuses que se não interessam pelo mundo, a negativa da imortalidade da alma, um ascetismo que se não apresentava como um martírio do corpo, eram completamente incompatíveis com as doutrinas cristãs. Só no século XVI se assiste ao renascimento do epicurismo, embora haja notícia de discípulos de Epicuro durante toda a Idade Média: o interesse pela Antiguidade e a reação contra a vida medieval, no que ela tinha de desprendimento da terra e do culto exclusivista do espírito, fazem que certos escritores voltem ao estudo de Epicuro, timidamente a princípio, depois com mais segurança; há epicurismo em Montaigne, e Vanini, nos princípios do século XVII, é supliciado em virtude das suas ideias epicuristas; mais tarde, Gassendi e Hobbes renovam Epicuro, e Espinosa sofre a sua influência, que se prolonga, por intermédio de quase todos os "enciclopedistas" franceses, até Bentham e Stuart Mill, já no século XIX.

Nota de Livros[1]

Tradução de textos de Epicuro:

Épicure. *Doctrines et maximes*. Tradução de Maurice Solovine. Paris: Félix Alcan, 1925.

Épicure. *Lettres et pensées*. Tradução de Alfred Ernout, in Alfred Ernout e Léon Robin. *Lucrèce, De rerum natura*: commentaire exégétique e critique. Tomo 1, livros I e II. Paris: Les Belles Lettres, 1925.

Tradução de Lucrécio:

Lucrèce. *De la nature*. Tradução de Alfred Ernout. Paris: Les Belles Lettres, 1920.

Tito Lucrécio Caro. *A natureza das coisas*, 2 tomos. Tradução de Antônio José de Lima Leitão. Lisboa: Typ. Jorge Ferreira de Matos: Typ. A.J.F. Lopes, 1851 e 1853.

Lucrécio. *Os seis livros de Tito Lucrécio Caro, poeta romano, sobre a natureza das coisas*. Tradução de Agostinho de Mendonça Falcão. Coimbra: Imprensa da Universidade, 1890.

Exposição da doutrina:

Ernst von Aster. *Historia de la filosofía*. Tradução do alemão de Emilio Huidobro e Edith Tech de Huidobro. Barcelona: Labor, 1935.

Émile Bréhier. *Histoire de la philosophie*, tomo I-2: L'Antiquité et le Moyen Âge. Période hellénistique et romaine. Paris: Félix Alcan, 1931.

Léon Robin. *La pensée grecque et les origines de l'esprit scientifique*. Paris: La Renaissance du Livre, 1923.

Albert Rivaud. *Les grands courants de la pensée antique*. Paris: Armand Colin, 1929.

André Cresson. *Le problème moral et les philosophes*. Paris: Armand Colin, 1933.

Jean-Marie Guyau. *La morale d'Épicure et ses rapports avec les doctrines contemporaines*. 7.ª ed. Paris: Félix Alcan, 1927.

---

[1] Os elementos de referenciação constitutivos da bibliografia originalmente indicada nessa "nota de livros" foram revistos, completados e, quando necessário, também corrigidos. [N. do O.]

O Estoicismo[*]

Quando no III século antes de Cristo, apareceu no *Stoá*, um dos pórticos de Atenas, o primeiro filósofo que ensinou a doutrina a que se daria o nome de estoica, já a cidade não tinha a importância intelectual e política dos dois séculos anteriores; o excessivo particularismo dos estados gregos lançara-os numa luta que os enfraquecera e de que se tinha aproveitado o gênio político e militar de Filipe da Macedônia e de Alexandre Magno para lançar os fundamentos de um grande império que abrangia toda a Grécia, as colônias helênicas, e ainda quase todo o território entre o Mediterrâneo oriental e a Índia; a transformação de costumes e de interesses fora enorme, mesmo depois que o império se fragmentou nas mãos dos generais de Alexandre, que lhe tinham sucedido, e um grego do período áureo não reconheceria nos súditos dos reis do Egito ou de Pérgamo nenhuma das qualidades que mais prezara: o gosto da liberdade morrera, ninguém pensava em ressuscitar o espírito de discussão, de confronto de opiniões que fizera a grandeza das assembleias políticas de Atenas; os homens cada vez mais se agrupavam em rebanhos e, cansados da batalha contínua, preferiam a paz que lhes ofereciam, a troco de uma estrita obediência, os novos soberanos; em arte, substituía-se à serenidade clássica dos grandes escultores e dos grandes pintores de cerâmica uma expressão quase romântica e uma complicação de formas que nada tinha da simplicidade de outrora; a literatura ganhava cada vez mais a forma de erudição, como se o gênio criador se tivesse estancado, e só de onde a onde o romance, o diálogo satírico, a poesia pastoril, apresentavam obras que, sem a grandeza das produções do período de esplendor, davam, no entanto, mostras de um certo espírito sutil e delicado; nos domínios da filosofia, como nos da ciência, a preocupação

---

[*] Agostinho da Silva. *O estoicismo*. Lisboa: Edição do Autor, 1941. (Iniciação: cadernos de informação cultural, 4.ª série.) [N. do O.]

dominante era a de tirar as últimas conclusões do que tinham afirmado um Platão ou um Aristóteles, ou de continuar a exploração da natureza que alguns filósofos tinham iniciado; ao sopro largo e forte de criação da praça pública de Atenas, substituíra-se em tudo o ambiente limitado das bibliotecas e anfiteatros do Museu de Alexandria.

Não foi, porém, o estoicismo uma filosofia que tivesse ficado perfeitamente estabelecida com o primeiro pensador que a imaginou; do século III a.C. ao século III da nossa era, a doutrina é retomada, ampliada, modificada e toma em cada um dos espíritos que de novo a pensam uma ressonância pessoal; o estoicismo de Zenão de Cítio, que nos aparece como iniciador da escola, é predominantemente lógico e moral e em ambos os domínios com uma secura, uma rigidez que denuncia o semita; com Crisipo, nos fins do século III [a.C.], a lógica desenvolve-se e o ideal do moralista quase se perde no emaranhado das proposições e dos silogismos; era, contudo, esse aspecto moral o que maior influência havia de exercer; mas tem de se esperar pelos romanos para que ele mais claramente se acentue; Epicteto fixa as linhas nítidas e duras de uma regra de ação; Sêneca, banqueiro e filósofo, moralista e preceptor de Nero, é um diretor de consciência, conhecedor do mundo e bem disposto a perdoar-lhe, e a si próprio, como parte do mundo, o afastamento cotidiano das normas mais severas; por fim, Marco Aurélio dá ao estoicismo a marca da sua personalidade compreensiva e fraterna: o seu entendimento dos homens, a resignação perante as lacunas e defeitos, a inesgotável bondade, a modéstia, o amor das obras que mais salvam do que as doutrinas, a discreta melancolia, tudo contribui para que a filosofia estoica tenha no seu livro uma tonalidade que a aproxima do cristianismo.

Se é, porém, certo que a diferença de condições sociais em que viveu cada um desses pensadores e a diferença de temperamento que entre eles existia fizeram do estoicismo uma doutrina que não chega intacta até o momento em que a sua influência se abate, certo é também que se torna possível estabelecer as características gerais da escola; há traços comuns que unem a dureza de Zenão à contida, nervosa eloquência de Epicteto e à nobreza de alma, à humana sensibilidade de Marco Aurélio, outros que é possível surpreender na massa dos representantes da escola; apesar do maior ou menor interesse que tomavam pelas questões de física ou de lógica, todos reconhecem que é necessário ter uma certa concepção do mundo, ter refletido sobre o que pode ser a máquina do Universo, para que se possa estabelecer uma norma de procedimento moral bem justificado, bem assente, para que a nossa ação na vida esteja de acordo com a ação geral de tudo quanto existe; por outro lado, tem-se a obrigação de ser coerente, de ser lógico: é impossível, para um estoico, ser-se honesto moralmente, desde que haja falhas de raciocínio; um homem de caráter é também, pela íntima estrutura do seu espírito, um homem de pensamento perfeitamente encadeado; mas, sabe-se que não temos que nos demorar muito em cogitações metafísicas ou lógicas; aí quase se não transformou a doutrina: os primeiros estoicos põem uma concepção do mundo, organizam um corpo de lógica, e os últimos aceitam quase sem retoques o que lhes legaram os predecessores; o que importa, acima de tudo, para o estoico, é o procedimento moral e entendido, ainda, não como a ação ou pedagógica ou de censura que exercemos sobre os outros, mas como a educação que fazemos de nós próprios; o estoico, mesmo quando procura dar leis à humanidade, mesmo quando faz, como Epicteto, um catecismo de moral, está refletindo sobre si próprio, a si próprio tenta educar-se; e o livro de pensamentos de Marco Aurélio é exatamente um diário íntimo em que o esforço maior se não dirige sobre os outros homens, mas todo converge para a educação do próprio espírito; para o estoico, quem pretende ser moralista começa por ser moral e, se alguma coisa espera da educação, mais vê a força educadora no exemplo do que na palavra: esta é sobretudo o que pode tornar mais explícito o exemplo à alma de quem o contempla; porque o interesse pela humanidade não deixa de existir: seguindo, no domínio do espírito, o que tentavam no plano do político[1] o império de Alexandre e o império romano, o estoico é universalista; todo o homem é seu irmão, todo o mundo a sua pátria; acha a ideia de cidade

---

[1] Em vez de "no plano do político", o texto da primeira edição traz "no plano do espírito", que atribuímos a algum lapso ocorrido na elaboração ou editoração deste caderno *Iniciação* quando de sua publicação original. [N. do O.]

e a ideia de nação concepções mesquinhas que a inteligência e a sensibilidade moral têm obrigação de ultrapassar; e, se vê que a ação moral sobre os outros é uma tarefa secundária e talvez pouco produtiva, não prega por isso o isolamento do homem: ele deve cooperar com os seus irmãos, trabalhar com eles pelo bem comum; o ser moral inclui o ser cidadão; por fim, a doutrina apresenta-se como um bloco perfeitamente pensado e coordenado: uma certa física implica uma certa política e quem aceita uma parte do estoicismo não pode repelir as outras; tende assim naturalmente para uma rigidez dogmática que o afasta das características de busca de soluções e de discussão de ideias que tinham sido em grande parte as filosofias anteriores.

O que primeiro tem de aceitar o estoico é que existe um mundo e, em face desse mundo, pensando-o, o seu espírito e o espírito dos outros; a existência do mundo exterior nunca foi posta em dúvida pelo estoicismo, embora a sua aceitação traga, como veremos, certas dificuldades graves para o sistema; dum modo geral, o mundo age sobre o nosso espírito, ao passo que o nosso espírito não age sobre o mundo, senão por intermédio das ações de nosso corpo; se me é possível afastar um objeto empurrando-o com a mão, é-me impossível afastá-lo apenas porque penso que ele se deve afastar; não explicou o estoico por que razão, não podendo eu dispor do mundo quando o penso, disponho do meu corpo que faz parte do mundo; para o estoicismo, só o que é material tem ação sobre o que é material; o que é material tem também, no entanto, ação sobre o espírito; a impressão que me causam no espírito as coisas, os objetos sensíveis, chama-se a ideia, a qual também pode ser causada por um objeto não sensível, como por exemplo um argumento; por outras palavras, o espírito também exerce ação sobre o espírito; como resumo das relações entre matéria e espírito, podemos pôr que, para o estoico, o espírito pode ser impressionado pela matéria e pelo espírito, mas só pode exercer a sua ação sobre o espírito; a matéria só pode ser movida pela matéria. A ação do espírito pode naturalmente exercer-se dentro dele próprio; a nossa alma pode comparar duas ideias recebidas e estabelecer qual delas lhe parece melhor; pode até exercer-se sobre si próprio: posso examinar se uma ideia corresponde ou não àquilo que se passa na realidade e, enquanto o não faço, posso suspender o meu juízo;

suponhamos que, enquanto escrevo, ouço um estrondo: em lugar de me assustar e fugir, suspendo o meu juízo até poder examinar se há um perigo real, isto é, se a impressão de perigo que tive a princípio corresponde realmente a um movimento perigoso do mundo exterior; aqui surge de novo uma dificuldade: ou se tem que admitir que a decisão de que já não há perigo real só pode vir depois que eu compare a impressão produzida a princípio – a ideia de perigo – com a impressão produzida depois – ideia de segurança –, e então o meu espírito apenas pode comparar ideias, sem nunca poder assegurar que há uma realidade por detrás delas; ou se admite que a impressão provocada pelo que é real é evidente, isto é, se impõe ao espírito como uma certeza intuitiva; neste caso é impossível a suspensão do juízo, visto que nem chegou a formar-se; a correlação entre uma maior e uma menor evidência já seria posterior e ia fazer-me recair no primeiro caso, o de uma comparação entre ideias, que nada me poderia garantir sobre o mundo exterior; os estoicos passavam sobre o problema e afirmavam que me é possível conhecer quando uma ideia compreende, ou não, uma realidade externa; admitindo isso, e também que o meu espírito tem a possibilidade de suspender os seus juízos, é claro que se tem de aceitar um ponto essencial do estoicismo: o de que, não dependendo de mim o ter uma ideia, não dependendo de mim ter a ideia do barulho ou do perigo, depende de mim aquiescer a essa ideia, depende de mim construir sobre ela o meu ambiente de espírito ou a minha ação.

    Se me não deixar vencer pela ideia, se suspender o meu juízo e só aquiescer quando lhe reconheça a veracidade, eu, realmente, não apreendo a ideia: vou além disso, porque apreendo a própria realidade, apreendo o objeto; a este conhecimento real em que passam as próprias qualidades do objeto chama-se a ideia compreensiva; o comum dos homens não tem ideias compreensivas, porque o seu juízo se exerce imediatamente: o sábio, porém, não aquiesce logo, espera e só marcha num mundo de certezas; a primeira razão do péssimo proceder da maior parte da humanidade encontra-se exatamente aqui: quase todos nós andamos, segundo o estoico, num mundo de ilusões; somos uma cera demasiado plástica e passiva; toda a impressão do mundo exterior em nós fica e nos impele, sem que o nosso espírito se imponha e estabeleça uma distinção entre a impressão real e a falsa; um bom julgar será, portanto, condição essencial para que o meu comportamento moral seja bom. Não basta, no entanto; posso ter no meu espírito uma série de ideias reais e pouco melhorar; é necessário que essas ideias reais estejam fortemente ligadas entre si pelos laços da lógica e que, verificada a solidez do sistema e a solidez do método pelas ideias reais que depois adquirir, eu possa chegar a certezas que não são diretamente apercebíveis pelos sentidos, mas que derivam dos princípios que eu tiver estabelecido; só assim, arranjando uma sólida base para os futuros raciocínios e aceitando uma forma de caminhar, a lógica, que me não deixa cair em armadilhas, eu poderei chegar a uma concepção do mundo perfeitamente arquitetada e que corresponde, ponto por ponto, ao que na realidade o mundo é; este conhecimento total e coerente do universo é uma ciência; sem que estabeleça uma ciência, uma física, não pode o estoico chegar aos preceitos morais; e todos os grandes estoicos, mesmo os que, como Marco Aurélio, parecem mais afastados dessa preocupação, a põem como base das suas normas de moral, embora se limitem a adotar a física dos primeiros mestres que, por sua vez, a tomaram, com leves modificações, de pensadores mais antigos; para todos eles, uma ação no mundo baseia-se num conhecimento do mundo; poderia objetar-se que por uma física será sempre impossível chegar-se a uma concepção moral: efetivamente, a ciência diz-nos o que é, não o que deve ser; para um homem de ciência, o criminoso é um objeto de estudo tão interessante, mais interessante talvez do que o homem honesto; o moralista julga-o inferior, porque compara as ações cometidas com o que estabeleceu como ideal de ação e faz mais ainda, porque estabelece que o dever do homem é não as praticar; o sábio verifica, o moralista valoriza e ordena; são dois mundos diferentes e não se vê como se poderiam ligar; os estoicos, porém, afirmaram que as ideias do bem, da justiça, não são independentes da física, derivam também de impressões causadas pelo real e da aceitação do que apareceu como evidente; sendo assim, a junção está feita e um conhecimento perfeito do mundo não só serve de base a uma perfeita moral, como até a inclui; a norma de moral não é mais do que a explicitação do que já se continha na física.

Construído desse modo, o mundo dos estoicos é um todo perfeitamente lógico, sem nenhuma espécie de irracionalidade; o acaso, que alguns filósofos tinham admitido, desaparece por completo do universo estoico; a marcha do mundo é lógica e toda deriva dos primeiros princípios; uma suprema inteligência que conhecesse num dado momento todo o estado do universo, e as leis segundo as quais evolui, poderia predizer com toda a segurança o que se passaria no momento seguinte; tudo é efeito duma causa e causa dum efeito, tudo sucede como tinha de suceder, sem nenhum lugar para a invenção, para a iniciativa, para a fantasia; é decerto uma visão científica do mundo; o que se torna difícil de compreender é como o estoico pode inserir nesta sua concepção do universo a ideia de dever; para que eu possa justificadamente indicar um dever a alguém é necessário que admita que esse alguém pode cumpri-lo; caso contrário seria inútil; mas, se todo o mundo está determinado, se o indivíduo é em cada instante o que pode e não o que desejaria ser, a norma é incompreensível; como não aconselhamos os cães a terem outras orelhas, porque já sabemos que não podem ter outras orelhas, não teremos que aconselhar a um homem que não seja ladrão: será ladrão, ou não, conforme a sua natureza e o ambiente; por outro lado, se os homens são o que são, não se percebe que os valorize segundo uma ideia de bem para estimar os bons e desprezar os maus; tudo se tem que aceitar como natural; só poderia dizer que um homem é mais útil que outro a mim ou à sociedade: o homem honesto mais útil que o ladrão; mas isto mesmo, dentro do estoicismo, não seria razoável porque para os pensadores da escola todo o mundo está racionalmente construído, e construído em vista dos deuses e dos homens: não posso, portanto, decidir se é o ladrão ou o homem honesto quem me é mais útil; tudo é útil. A objeção não deixou de ser feita na Antiguidade e os estoicos não conseguiram dar-lhe resposta satisfatória: redarguiram que há lugar para uma certa liberdade num mundo determinado; mas uma ideia de certa liberdade implica a ideia de certo determinismo, e uma ideia de determinismo limitado equivale à ideia de determinismo indeterminado, o que é absurdo; a pretensão de estabelecer normas morais obrigava à aceitação de uma liberdade que era muito difícil de conciliar com o determinismo universal; a doutrina estoica ficou sempre pouco clara sobre este ponto que era, no entanto, essencial; e os que mais se inclinaram às preocupações morais admitiram sempre que havia determinismo no mundo, mas que também havia da parte do homem a possibilidade de se pôr ou não de acordo com essa ordem racional do universo; existia no homem alguma coisa de espírito divino que paira acima do mundo e pode ou não aquiescer às impressões, às ideias recebidas; a adesão ao real dá a felicidade, a adesão à ideia falsa dá a infelicidade; o ser o homem livre, se lhe trazia a possibilidade de errar, afastando-se da ordem do mundo, da razão universal, salvava-o, por outro lado, de ficar sujeito à indiscriminação das impressões, como um lago recebe indistintamente as pedras que lhe perturbam a serenidade e as flores que o adornam; o homem é uma água miraculosa que pode repelir as pedras e só acolher as flores; superior, portanto, ao mundo não humano.

É também essa a origem de todo o mal, de toda a desordem que podemos encontrar no mundo; se admitíssemos que o universo estava totalmente governado por uma razão superior, que tudo subordinava a si, e não admitíssemos ao mesmo tempo que o homem tem a liberdade necessária para obedecer ou se insurgir contra essa razão, muito difícil se tornaria explicar a existência do mal; a culpa é nossa e já veremos de que maneira a poderemos apagar; por agora, o que importa fixar é que o mundo está perfeitamente coordenado, não tem falha alguma na sua natureza racional; é uma ordem, uma harmonia, um ser em que nada existe de ininteligível; dois elementos o compõem, como se disse, a matéria e o espírito; a este último podemos dar ainda o nome de razão universal e o de providência; se quisermos – mais, porém, como uma concessão aos nossos hábitos de adorar um deus, de, por algum modo, personalizar a alma divina – podemos chamar-lhe Zeus ou Júpiter; a razão universal é ao mesmo tempo o impassível contemplador do mundo e o seu motor e o seu regulador; é uma inteligência que vê, ordena, e se inclina sobre a vida do homem para o amparar e lhe dar possibilidades de salvação; o estoicismo faz a ligação entre a razão dos filósofos anteriores, o Zeus majestoso que, serenamente, fora das limitações do tempo e do espaço, contempla um mundo eterno e o deus semita que intervém nos destinos do homem, o vigia e o educa; esse espírito penetra todo o mundo, intimamente se une a ele; em cada objeto, porque é bem ordenado e porque é útil ao homem, há uma parcela do espírito divino; nunca o estoicismo penetrou fundamente neste problema da ligação do espírito e da matéria no mundo; e há um ponto da doutrina em que a falta de uma concepção segura era particularmente grave: afirmavam os estoicos que o mundo é perfeito, mas não é eterno; ao contrário de outros pensadores, admitiam que pode existir a perfeição no movimento e na fugacidade; ao fim de um grande ciclo, sempre de duração igual, o espírito absorvia o mundo, como uma chama consome o material combustível que lhe lançamos; e durante algum tempo, nos espaços infinitos, nada mais havia do que o espírito; depois outra vez se criava o universo pela separação dos elementos e outros homens, iguais a nós, se encontrariam noutro mundo igual ao nosso; ora, se o espírito divino absorvia todo o mundo sem que ficassem nenhuns resíduos, só poderia ser porque o mundo era da mesma natureza que o espírito, caso contrário haveria alguma coisa de inassimilável; ou temos que aceitar que o espírito é material ou que a matéria é espiritual; o estoico a quem se pôs o problema, inclinou-se para a primeira das soluções: o espírito era material; não se pode dizer que tivesse escolhido a mais isenta de dificuldades, porque, se o espírito é material, tudo quanto existe no mundo é material e está efetivamente determinado, como criam os estoicos; tudo sucede por uma série de ações mecânicas dos corpos materiais uns sobre os outros; nesse caso, é impossível explicar a existência de ideais, de objetivos morais; as bolas que se chocam e pelos choques sucessivos se entrecruzam, se repelem, se reforçam, não têm ideais, não têm alvos que se fixaram e pretendem atingir; e se digo que algum jogador calculou os efeitos e as lançou em determinadas direções para que parassem numa posição desejada, então admito a existência de um espírito por essência diferente das esferas e volto à primeira posição; a solução contrária, a de que o mundo é de natureza espiritual teria evitado as dificuldades; mas o estoicismo, nesta parte da sua doutrina, aparece-nos demasiado preso ao "bom senso" e às tradições populares para que ousasse adotá-la. Notemos, por outro lado, que a ideia de eterno retorno é incompatível com a ideia de liberdade humana; só num mundo perfeitamente determinado é possível a repetição exata dos fenômenos, exata pelo menos à nossa escala humana; desde que ponha a existência dum homem livre, não posso garantir que as suas ações venham a ser exatamente as mesmas; posso até garantir que sucederá o contrário, porque, a não ser assim, a vê-lo repetir, sem qualquer variação, as ações praticadas nos outros ciclos, não teria nenhum elemento para afirmar a liberdade do homem; não poderia distinguir o seu proceder do proceder de um homem determinado; é preciso que ele faça diferente para que se afirme a sua liberdade; e o diferente é inconciliável com o eterno retorno; restaria dizer que, mesmo no caso de perfeita igualdade, nós temos a consciência a afirmar-nos que somos livres; mas a consciência engana-nos em muitos outros assuntos.

Faz-nos, por exemplo, diziam os estoicos, supor que no mundo há falhas, que algumas vezes ele agride os homens, não porque estes o não entendam, mas porque não há acomodação possível; puro engano: todo o mundo foi criado para uso dos deuses e dos homens; há aqui duas ideias que convém distinguir; a primeira é a de que tudo tem finalidade; a segunda é a de que essa finalidade consiste no serviço dos deuses e dos homens; tão convencidos estavam os estoicos que chegavam a absurdos desta natureza: as pulgas picam-nos para que não durmamos demais; mas as dificuldades surgiam: em primeiro lugar, a já notada de que, se tudo é útil, também o são os maus, que passam nesse caso a ser bons; eu próprio, mau, sou útil aos outros, todo o defeito é uma qualidade; num mundo tão bom é absurda a pregação moral; poder-se-ia dizer, e disse-se, que a minha maldade sendo útil aos outros, me torna, no entanto, infeliz; o querer tornar-me bom é apenas uma busca da felicidade própria; mas, como se explica que, sendo eu bom para todos, só para mim seja mau? Como se explica que pondo os estoicos, como uma das características verdadeiramente humanas e divinas, o serviço dos outros homens, eu, que tanto os sirvo com os meus defeitos como com as minhas qualidades, me sinta infeliz porque os sirvo? Se estou de acordo com a ordem universal, por que sofro? Pondo já de parte a questão da moral, que é, no entanto, importantíssima num sistema que declara que se não pode ser honesto sem uma sólida concepção geral do universo, a finalidade oferece outro aspecto de difícil explicação; se há em tudo uma finalidade, o último fim que se atinge era já o último fim desde o primeiro passo do mundo; o último fim atingido no mundo estoico é esse abrasamento do mundo, essa sua absorção pelo espírito e não a grandeza do homem; mas talvez se tenha que entender este finalismo estoico do seguinte modo: em cada momento da sua evolução, o mundo tem por fim o serviço do homem; nesse caso, há alguns momentos em que o não tem: perto do fim do mundo, quando os elementos já não constituem homens, e logo depois do começo, quando os elementos ainda não constituem homens. A única solução que parece possível é a de admitir apenas a parte do serviço de Deus; o mundo todo existe para glória de Deus: é outra ideia semita; simplesmente, se, por assim dizer, Deus é mais divino quando o mundo não é outra coisa senão espírito, não se percebe por que razão Deus diminui voluntariamente a sua glória, criando o mundo material; se admitirmos que a glória de Deus permanece constante, com o mundo material ou sem ele, resta explicar como é que nessa existência em que tudo é perfeitamente igual se pode inserir uma ideia de objetivo.

A física e a metafísica do estoicismo eram, como se vê, eriçadas de dificuldades e o que nos foi conservado da argumentação com que respondia aos adversários não mostra que se tivesse desembaraçado das objeções que lhe faziam. Era, no entanto, sobre essa base pouco sólida que edificavam a moral que teve como representantes um Epicteto ou um Marco Aurélio; tem-se um pouco a impressão de que houve sobretudo temperamentos estoicos, não pensadores estoicos, e que foi para justificar uma certa maneira de proceder que eles tentaram construir uma concepção do universo. Seja como for, principiavam os estoicos a sua arquitetura moral por dizer que, se fôssemos o que devíamos ser, passaríamos toda a nossa vida na adoração deste pensamento universal que penetra o mundo e que tudo ordenou tão magnificamente; seria esta a verdadeira religião e todos os nossos atos seriam atos de culto; a adesão a Deus e aos seus desígnios marcaria o homem perfeito; é porque somos inferiores à nossa própria natureza que precisamos de templos, de ritos e de preces; mas o sábio, que de algum modo se vai desprendendo dos defeitos e que pode mesmo atingir o mais alto estado imaginável dentro da sua condição humana, esse despreza a religião popular e comunica diretamente com Deus num movimento que participa do claro entender do homem de ciência e das efusões do místico; nenhuma cerimônia lhe é indispensável, nem crê que para Deus elas sejam mais do que a pobre linguagem que usam, para exprimir o seu anseio e a sua veneração, os que não puderam entrar nas esferas mais altas; e a prece não é para o estoico senão um certo estado de espírito, uma tensão do pensamento; a parcela de divino que tem o sábio e que, pelo seu esforço, consegue libertar-se das limitações humanas plenamente se une à grande alma de Deus. Quem assim compreendeu a razão universal, quem pode assim contemplar, como se fosse um Deus, a ordem perfeitíssima do mundo não pode deixar de ser calmo, impassível perante tudo o que sucede, porque tudo sabe ordenado para um fim e porque, ante cada acontecimento, tem sempre uma ideia compreensiva; toda a ilusão se rasgou perante o sábio e é o encanto supremo do mundo racional que o torna indiferente ao dia a dia, que o faz desprezar as riquezas e as honras, ser pobre em espírito, ser humilde em espírito; é essa mesma contemplação o que o leva a agir: lamenta que os outros homens não possam ser como ele e faz o possível por os instruir e guiar, suportando todas as suas reações com a mesma calma perfeita. Ninguém poderá negar beleza e superioridade a essa concepção; mas não parece muito lógica, porque, se a calma é perfeita, não se percebe como, ao mesmo tempo, a perturba a desgraça dos outros homens; ou o sábio sofre com a inferioridade humana ou não sofre: se sofre, não está sereno, se não sofre, nada o solicita para a ação; poderemos dizer que tudo se passa como com o médico que trata o doente e não sofre ele próprio? Não esqueçamos, porém, que o estoico é um médico que se trata a si próprio e que pretende curar sobretudo pelo exemplo. Não parece que, logicamente, a calma perfeita possa ser outra coisa senão a perfeita indiferença; perturbação e ação estão intimamente ligadas, o que não exclui os momentos de serenidade e de êxtase; mas no estoicismo o êxtase quer ser eterno; e de todos os grandes estoicos é Marco Aurélio o único que nos mostra o espetáculo emocionante de uma alma que luta consigo própria, se bate com a imperfeição que sente dentro em si e sofre, resignadamente, porque não consegue dominar-se.

Que nos impede então de alcançar a desejada serenidade? Em primeiro lugar, a perversão das nossas inclinações: é certo que nascemos com boas tendências, mas o meio social corrompe-nos; os costumes, já maus, da nossa família, dos nossos amigos, de toda a gente com quem se anda em contato não deixam de exercer a sua influência e de nos impedir de desenvolver toda a humanidade que em nós existe; o período mais perigoso é naturalmente o que decorre até à mocidade; por isso Marco Aurélio agradece comovidamente à providência o ter-lhe concedido parentes, companheiros e mestres que já tinham descoberto a verdade e souberam formá-lo, dar-lhe bons exemplos, despertar-lhe o gosto da virtude. Por outro lado, os estoicos aceitam a doutrina socrática de que os homens fazem o mal por ignorância; se fôssemos amplamente esclarecidos, se soubéssemos o que é verdadeiramente o mundo, se nos inundasse a alma o esplendor da razão universal, nenhum de nós mostraria a inferioridade de que os nossos atos estão cheios; não se trata de erudição, de cultura, no sentido vulgar da palavra; é um saber que consiste em se ter identificado com o mundo e, portanto, com o bem; quem alcançou tal ciência não pode, mesmo que o queira, praticar o mal. E, como também está dentro das suas possibilidades aquiescer ou não ao que vem de fora, como o que todos consideram mau pode ser para ele bem, o sábio estoico está livre de todo o mal que lhe quiserem fazer; nada conseguirá perturbar-lhe a calma, visto conservar em cada momento o domínio da sua inteligência.

O sentir-se superior a toda a humanidade deu muitas vezes aos representantes do estoicismo uma rigidez, um orgulho que feriram os contemporâneos e chamaram as atenções dos escritores satíricos; muitos faziam gala da sua insensibilidade e iam até consequências desumanas quando pregavam a absoluta indiferença que se deve mostrar perante a morte de um parente ou de um amigo; a ideia de que nada os deveria atingir acabava por lhes empedernir o coração; mas, nos melhores, não há tão absoluto desprendimento e o que domina é um entender de tudo o que sucede, uma aceitação o mais calma possível da ordem do mundo, um interesse afetuoso pela vida dos outros homens; não declaram que vale o mesmo a saúde e a doença, a pobreza e a vida abastada; só afirmam que os homens instruídos e fortes podem ser pobres e felizes, doentes e felizes; de nenhum modo pretendem que, para o comum da humanidade, se deve pôr como secundária a questão do bem-estar. No lidar com os outros homens, o estoico aceita o que deles vem, louvor ou incompreensão, boa vontade ou má vontade, com a mesma serenidade e o mesmo contínuo desejo de os servir; se há momentos em que o vão vencer a irritação e o desânimo, lembra-se de que os seus próprios defeitos são talvez ainda maiores, que tem de empregar sobre si mesmo um grande esforço de correção e que deixar-se perturbar pelo que lhe fazem não é senão uma prova de que ainda não alcançou os planos do verdadeiro saber. De resto, o homem é também uma parcela de Deus pela razão que o anima; fundamentalmente, é um irmão do sábio e o dever que se põe é o de cooperar, o de trabalhar com ele, através de todas as dificuldades, pacientemente e tenazmente, para que a vida seja um dia na terra muito mais bela e mais nobre; a legislação social de Marco Aurélio é inspirada por esse sentimento de fraternidade e pela ideia de uma possível vida superior; tem que se dar ao pobre os meios materiais e espirituais de vir a compreender toda a beleza racional do universo, libertando a sua alma dos cuidados mesquinhos que a impedem de atingir a desejada serenidade; trabalho longo e difícil; quanta vez, durante ele, lamentaremos que nos falte o tempo para ler, para meditar, para nos concedermos o prazer de passear num bom dia de sol e de nos demorarmos um pouco mais, conversando com os nossos amigos; quantas vezes desejaremos que os homens fossem menos injustos e menos estreitos; mas cada um desses momentos de fraqueza só mostra a tua imperfeição: trabalha a alma, reflete bem nos princípios que nos legaram os mestres, lembra-te de que só és um verdadeiro estoico quando o que é mau para os outros não o for para o teu espírito; pode não haver tempo para ler, mas há sempre tempo para ser bom; por muito maus que sejam os homens, tu és talvez pior; vieste ao mundo para servir os deuses e os teus irmãos; para teres sempre fixo na tua alma um ideal de razão e de justiça; para teres sempre, animando-te na ação, o desejo de que toda a humanidade possa, como tu o fazes, contemplar a harmonia universal; para nunca perderes a qualidade verdadeiramente humana da benevolência e do amor; tudo o que tiveres feito, nesse espírito de servir, mesmo com sacrifício, uma nobre ideia, contribuirá para que um dia se forme sobre a terra a grande república universal em que os homens serão iguais entre si e iguais aos deuses; paciência, amor, persistência e confiança nos destinos do homem, eis as grandes palavras finais do estoicismo; e os erros de metafísica ou de lógica todos se apagam perante a lição de trabalho constante e a visão de um magnífico futuro que nos deixaram os maiores representantes da escola.

Nota de Livros[1]

Textos [de autores estoicos]:

Arriano. *Manual de Epicteto*, in Agostinho da Silva (org.). *Antologia*: introdução aos grandes autores. Lisboa: Edição do Autor, 1941, 1.ª série.

Marc Aurèle. *Pensées* (extraits), in André Cresson. *Marc-Aurèle, sa vie, son œuvre, avec un exposé de sa philosophie*. Paris: Félix Alcan, 1939.

Antologia publicará na sua 5.ª série uma seleção dos *Pensamentos*.[2]

Exposições do sistema:

R. Lafon. *Les stoïciens*. Paris: Paul Mellottée, 1922.

F. Ogereau. *Essai sur le système philosophique des stoïciens*. Paris: Félix Alcan, 1885.

Ver igualmente os livros de Von Aster, Bréhier, Robin, Rivaud e Cresson citados em Agostinho da Silva. *O pensamento de Epicuro*. Lisboa: Edição do Autor, 1940. (Iniciação: cadernos de informação cultural, 1.ª série.)[3]

---

[1] Os elementos de referenciação constitutivos da bibliografia originalmente indicada nessa "nota de livros" foram revistos, completados e, quando necessário, também corrigidos. [N. do O.]

[2] No ano seguinte à publicação de *O estoicismo*, saiu com efeito na 5.ª série da coleção *Antologia*, uma seleta dos *Pensamentos* desse imperador romano que foi também filósofo. Cf. Marco Aurélio. *Pensamentos*, in Agostinho da Silva (org.). *Antologia*: introdução aos grandes autores. Lisboa: Edição do Autor, 1942. A admirável iniciativa agostiniana dos Cadernos de Divulgação Cultural, marco que foi para toda uma geração de leitores portugueses de fins dos anos 1930 e dos anos 1940, era composta por três coleções: *À volta do mundo*: textos para a mocidade (ou "textos para a juventude", segundo modificação ulterior no subtítulo), *Iniciação*: cadernos de informação cultural e a há pouco mencionada *Antologia*: introdução aos grandes autores. Em todos os cinco textos que compõem a seção "Agostiniana", na parte final deste volume, encontrar-se-ão menções às coleções dos Cadernos de Divulgação Cultural, numa amostra do quão se tornaram célebres, inclusive entre as classes trabalhadoras, público a que eram especial e emancipadoramente destinadas, enquanto "campanha de educação do povo" (Agostinho da Silva *dixit*), naquele Portugal de meados do século XX submetido à ditadura obscurantista de Antônio de Oliveira Salazar. [N. do O.]

[3] No presente volume, *vide* p. 220. [N. do O.]

A Escultura Grega*

Fazer a história da escultura grega consiste sobretudo em executar uma tarefa de reconstituição, em que a hipótese, o preenchimento de vazios entre documento e documento, a exploração de trabalhos literários têm grande papel a desempenhar; a descoberta de um novo fragmento de estátua, o esclarecimento de um texto podem derrubar toda a construção que parecia solidamente travada; nesse domínio, mais do que em qualquer outro, a história aparece-nos, não como a narrativa ou a apreciação de uma sequência de fatos, mas como um tecido de suposições que apenas tem o mérito, que é no entanto essencial, de ser coerente, de englobar tudo que se conhece no mesmo plano de conjunto. Em comparação com tudo o que os escultores helênicos produziram, as obras que podemos ver nos museus são uma parte mínima: o resto serviu para o fabrico de cal, ou perdeu-se nos terremotos, ou foi abatido pelos bárbaros, ou destruído pelos cristãos na altura em que triunfou a nova religião; pouco sabemos do que fizeram os gregos neste ramo de atividade e somos forçados a adivinhar muito, a tirar de simples fragmentos consequências que são talvez fantasiosas; temos de reconstituir conjuntos, por exemplo os dos frontões dos templos, com bocados de relevos ou de estátuas, e de confiarmos, para certos artistas, apenas no que dizem os que lhes viram as obras ou no que esculpiram os discípulos; acresce ainda que muitas estátuas chegaram até nós em cópias romanas e que decerto perderam muito na beleza do mármore, na finura do trabalho, no tom geral da obra, que, por ser romano, era mais pesado, menos atento à chama interior, mais trabalho de operário do que de artista; por outro lado, somos levados ao esquema, sempre perigoso; somos tentados pela uniformidade onde certamente, porque é lei humana e principalmente foi

---

* Agostinho da Silva. *A escultura grega*. Lisboa: Edição do Autor, 1941. (Iniciação: cadernos de informação cultural, 5.ª série.) [N. do O.]

lei grega, houve a variedade, o gosto de invenção, a tentativa de processos novos; quase temos de fazer silêncio sobre a pluralidade de escolas e julgamos um artista talvez somente por uma das suas fases, talvez somente por um momento de indisposição, de infelicidade no trabalho; fazemos, com linhas gerais demasiado retilíneas, o resumo do que foi vida, com toda a sua aparente falta de lógica; e não podemos deixar de notar que as verdades a que chegamos são talvez apenas os erros menos graves em que poderíamos ter caído.

Em todo o caso, parece que é fazendo hipóteses e tendo o cuidado de as não tomarmos senão como jogo intelectual, não como realidade que seja necessário aceitar dogmaticamente, que mais nos aproximamos desse espírito grego que deu, na construção coerente de linhas imaginárias que veio a ser o Partenon, na construção coerente de imaginárias hipóteses que veio a ser a filosofia de Platão, na construção coerente de imaginárias explicações que veio a ser a história de Tucídides, os mais altos exemplos do que pode a inteligência humana e deixou para todo o sempre no mundo o gosto da perfeição, de corpo e de alma, o ideal duma civilização em que predominasse o espírito crítico, a ordenada iniciativa, a fantasia artística, a transposição a planos superiores dos homens que desejam entender-se, não dominar-se. Além de tudo, ficar-nos-á da história da escultura, com todas as limitações já apontadas, a recordação de dois ou três princípios fundamentais, das duas ou três coordenadas com que é possível marcar qualquer momento da arte grega e distingui-la da arte dos povos que precederam e seguiram os helenos; e nesse demarcar de grandes características há uma lição mais funda do que todas as que nos podia dar uma história segura, se a pudesse haver, dos escultores gregos. A arte helénica desenvolve-se e atinge todo o seu esplendor em pequenas cidades livres, palpitantes de vida, comerciais e aventureiras, enamoradas do conto, das viagens maravilhosas ao país das sereias, do azul do céu, da linha nítida dos montes no ar puríssimo, da nudez forte e elegante dos efebos, da filosofia e das dançarinas dos banquetes, da rudeza das batalhas e da tranquilidade da paz, do prazer simples de comer azeitonas e do prazer complicado de inventar geometrias; uma raça inteligente, de grande sentido estético, de poderosa imaginação, de gostos dialéticos, tem a sorte de habitar um país que lhe oferece um quadro magnífico e de surgir no momento histórico que lhe permite realizar-se, e ensina os homens a amar a vida em todas as suas manifestações, a procurar o equilíbrio das tendências, mas sem que se amorteça o ímpeto de construir uma vida melhor, vida sem remorsos, vida sem recusas, vida que não faz do mundo um vale de lágrimas, mas um espetáculo admirável e um ponto de apoio para que se alcancem mais altos objetivos; vida elevada e nobre, pura, porque é inteligente, serena, porque acima de tudo se procura o justo meio, ardente, porque o espírito não para na sua busca de beleza.

É pelo século VIII a.C. que termina o período de formação do povo grego, aquilo a que poderíamos chamar, se estas aproximações não fossem sempre arriscadas, a sua Idade Média; dois grandes grupos se partilhavam a península, as ilhas do Mar Egeu e a Ásia Menor; nas Cíclades, nas costas do Levante e na Ática habitavam os jônios, no Peloponeso tinham-se estabelecido os dórios; mais tarde, os jônios fundaram colônias para o Oriente, até ao Mar Negro, do lado do Norte, e ao Delta do Nilo, pelo lado do Sul; os dórios exerceram a sua influência para o Ocidente, com as colônias da Itália meridional e da Sicília. O ramo jônico apresentava em mais alto grau a imaginação, o encanto de viver, o riso fácil, o gosto do contato com povos estrangeiros, uma certa tendência para a moleza, para a voluptuosidade, para a adoção de todo o costume que favorecesse o ócio e o prazer; para o dório, o ideal está na simplicidade, na reflexão grave, no domínio de si próprio, na capacidade de julgar com juízo calmo e são; um admira de preferência o que é elegante e fino, o outro o que se mostra vigoroso, ordenador; o jônio tem sempre consigo o perigo da dispersão, do projeto que se não realiza, da preponderância do ornamento sobre o sólido plano arquitetônico; o dórico será, nos seus períodos piores, um atleta de caserna, um soldado brutal que tem por ambição suprema morrer sem uma queixa e que maltrata os escravos. Poderiam esses dois ramos não ter conseguido uma síntese e ter os dois desaparecido, deixando apenas aos vindouros mais um exemplo de homens incompletos; mas a Grécia é a verdadeira terra dos milagres e as qualidades dos dórios e dos jônios juntaram-se para produzir a suprema flor da humanidade que foi o grego de Atenas; é a força dórica, é a contenção dos instintos, é a fria inteligência que vão limitar a voluptuosidade jônica, vertebrar todos os brilhos dispersos, sem matar, no entanto, tudo o que havia de livre imaginar, de fantasia, de mocidade e de frescura na alma do jônio; o dórico viril lança a arquitetura do Partenon, mas o jônico adorna-a com o friso do cortejo e as métopas das histórias divinas; é dórica a inscrição platônica em que se veda o ingresso nas escolas de filosofia a quem não seja geômetra, mas é jônico o mito das almas e a história do Amor e de Psique; depois de se bater em Salamina, o ateniense coroado de flores desfila em procissão perante os deuses, dança num chão de violetas, considera que as heteras podem ser as companheiras dos filósofos.

A escultura helênica, em que andam sempre presentes as duas tendências e que vai ter em Atenas os seus mais puros artistas, principiou, possivelmente, por ser escultura decorativa e decorativa de templos; nos edifícios dóricos, havia que preencher com esculturas os frontões, espaços triangulares nas duas fachadas dos templos, e as métopas que ficavam no entablamento exterior, também no interior, se o templo era grande, e que oferecia ao artista um campo retangular; nos edifícios jônicos, os frontões, mais estreitos, ficam inutilizáveis e a decoração faz-se em friso, logo por cima da arquitrave. Os frontões, que representam uma criação original dos gregos, eram muito difíceis de decorar, pela diferença de altura entre o centro e os cantos, mas faziam, por outro lado, grande apelo ao sentido de equilíbrio, e de simetria; a princípio, na inexperiência da sua arte, o escultor emprega as serpentes, os bustos de animais e até figuras que nada têm que ver com o conjunto, só para que fiquem preenchidos os ângulos; no frontão de Delfos, já o carro de Apolo, a centro, divide naturalmente a cena, e no frontão ocidental do templo de Egina apresentou o artista, com domínio do campo, o tema da batalha entre deuses e homens. As figuras começam por ser em alto-relevo, mas depressa se verifica que não era esse o modo de trabalhar que convinha ao frontão, que tinha de ser visto de longe e de baixo; as estátuas desprendem-se do fundo e os escultores concebem-nas de modo que a parte inferior não possa, em caso algum, ocultar a superior; nas métopas, o problema era semelhante, com a diferença de que o quadro favorecia o artista; podia representar as suas personagens todas do mesmo tamanho e as linhas laterais limitavam naturalmente a cena; tinha, no entanto, que realizar relevos que não destoassem das linhas severas e rígidas dos tríglifos que, dum lado e doutro, enquadravam as métopas; o trabalho da métopa caracteriza-se, por conseguinte, pela sobriedade e robustez. Nos templos jónicos da Europa, o elemento de decoração é o friso, imitado dos povos orientais, que difere da métopa pela sua continuidade e do frontão por ter sempre a mesma altura; é o campo ideal para a narrativa duma história, subdividida ou não em episódios: de início, aparecem assuntos diferentes colocados lado a lado, depois combates em que a extensão ocupada é já maior e, no Tesouro de Sifnos, em Delfos, aparece tratado em cada face um tema único. Rapidamente, o artista grego soube adotar para os problemas que lhe punham soluções cheias de sabedoria e de elegância; há muitos erros técnicos, muita rigidez nas formas, mas já se nota a força de avanço, o impulso interior que dará as obras-primas do século V.

Na escultura não decorativa, o artista começou por trabalhar a madeira e das estátuas desse tempo nenhuma chegou até nós; mas, como sempre acontece nos progressos humanos, a técnica da madeira continuou a aplicar-se nos primeiros tempos do emprego da pedra e, pelo trabalho do período inicial da escultura arcaica, podemos fazer ideia do que eram as rígidas figuras em que os gregos representavam os seus heróis e os seus deuses; passou-se depois à pedra branda, em seguida aos mármores, das ilhas, da Lacónia ou da Ática, que os escultores helénicos preferiam a todo o outro material; o bronze emprega-se primeiro em folhas marteladas sob uma armação de madeira, mas, desde que os egípcios ensinaram aos gregos a fundição, os escultores do Peloponeso adotaram-na imediatamente: e o bronze era decerto o material mais próprio para as figuras de atletas, para exprimir a alma vigorosa do guerreiro lacedemônio. Todas as estátuas dessa época obedecem à chamada lei de frontalidade: o corpo é apresentado de frente, com a cabeça direita e fixa, sem qualquer espécie de flexão no abdômen ou no pescoço; a origem da posição deve ser ritual, mas ao passo que o egípcio não se liberta da tradição religiosa, o grego em pouco tempo anima as suas figuras e as leva à diversidade de atitudes que a estatuária helénica apresenta; o espírito de independência e de iniciativa triunfa sobre as pressões sociais e aligeira-as ao máximo, pelo mesmo processo de sucessivas adaptações, de experiências inteligentes, de compreensão dos campos e dos meios com que o escultor decorativo aproveitou o frontão e a métopa. Os dois grandes tipos da escultura grega arcaica são o *Kouros* e a *Kore*; o *Kouros* é o moço atleta, sólido, rígido, bem assente no solo, de braços colados ao corpo, pelo menos até ao cotovelo, de cabeça levantada, perna esquerda avançando; está nu, como no ginásio, e tem nos lábios o sorriso de quem se domina, de quem não cede à fraqueza de mostrar os seus sentimentos íntimos; a rigidez do *Kouros* é ainda um pouco ascética, própria de quem não sente ainda o espírito superior que constrói os equilíbrios e se defende, então, pela recusa; mas há nele também a esperança dum futuro de serenidade e confiança [figura 1]; a *Kore* é a rapariga elegante, bem-vestida, adornada de joias, de cabeleira encanudada, que vai, sorridente também, oferecer aos deuses flores, coroas ou pássaros [figura 2]; por debaixo do vestido, e porque a mulher nua não era tão facilmente observada como o ginasta, sente-se-lhe um corpo masculino, de espáduas largas, de ancas estreitas, de membros fortemente musculados; a aprendizagem do corpo feminino vai ser, para o artista grego, uma tarefa longa e difícil.

O mais importante, para o escultor da primeira época da arte grega, é, por conseguinte, o estudo do corpo masculino e do arranjo do vestuário da mulher; por um lado, é sua preocupação dar humanidade aos corpos, fazer que se movam livremente, arrancá-los a tudo o que o ritualismo religioso lhes deu de imobilidade e de rigidez; por outro lado, e durante o mesmo lapso de tempo, três quartos do século, procura fazer que o ar circule entre os tecidos e o corpo, que o vestuário tenha uma vida própria, ao mesmo tempo deixando adivinhar as formas que recobre. É um trabalho de contínua observação do modelo, de estudo crítico dos resultados, de audácia no conceber e no executar, mas que de nenhum modo absorve por completo as atenções dos escultores; ao lado dos *kouroi* e das *korai*, aparecem outras obras de escultura que representam ou tentativas isoladas ou exemplos de correntes artísticas de que não possuímos mais documentação; são os homens vestidos, as figuras de deuses sentados, as estátuas de animais, cavalos com os seus cavaleiros, cães e, mais presos num arcaísmo de caráter religioso, os leões dos templos. Todas essas esculturas eram pintadas e a policromia continuará a ser, até o final, uma das regras da estatuária grega; como estamos acostumados a ver as esculturas em peças de museu que já o tempo despojou da pintura, achamos que os trabalhos em novos, deveriam ter sido menos belos; mas, no país de céu limpo que é a Grécia, o mármore, ao ar livre, fortemente batido pelo sol, perderia todas as qualidades de que se reveste na luz suave das salas dos museus; de resto, os gregos não faziam mais do que aplicar à escultura de pedra o que ainda hoje aplicamos à escultura de madeira. Nos frontões e nas métopas, o fundo tinha uma cor uniforme, sem modelado, vermelha ou azul escura, e sobre ele assentavam as figuras pintadas, exatamente como os *kouroi* e as *korai*, do seguinte modo: o moço nu tem os lábios vermelhos, vermelhos também os cabelos e a íris dos olhos, o que nos lança nas audácias de um Van Gogh, pretos os olhos e as sobrancelhas; o resto do corpo é branco, da cor do mármore; simplesmente para amaciar o que pode haver de dureza no brilho da pedra, esfregavam-no com azeite e cera virgem; as raparigas com os seus magníficos vestidos, os seus bordados, as suas joias, ofereciam ao pintor campo mais vasto; a cabeça era pintada como a dos *kouroi* e tudo o que fosse carne era igualmente deixado em branco; os animais também tinham pinturas: nos cavalos, por exemplo, as crinas e a cauda eram vermelhas ou azuis, as ventas vermelhas, os olhos vermelhos e negros; o resto do corpo ficava na cor do mármore.

Pelos fins do século VII e princípios do século VI, já aparecem estátuas em que se não observa a lei de frontalidade; os guerreiros e os atletas animam-se nos movimentos, começam a viver como cidadãos livres, prontos a toda a aventura, não como adoradores temerosos de um poder sobrenatural; aos próprios deuses se comunica o ímpeto revolucionário e, por meados do século VI a.C., já a Vitória alada de Arquermos de Quios se desprende por completo dos modelos arcaicos. Logo a seguir, aparece Pitágoras de Régio de que não conhecemos nenhuma obra, mas de cujo estilo nos pode talvez dar ideia o Cocheiro de Delfos; a contida energia do atleta vencedor, a dignidade com que se domina e o impulso que em todo ele se sente para nova carreira, o equilíbrio de serenidade e força, o formalismo das pregas sabiamente dispostas e o realismo da desigualdade das faces [figura 3], mostram-nos o que teriam sido as estátuas do homem de que os gregos falavam como dum artista genial, cheio de veemência e de reflexão, de inteligência e de vigor; foi ele também, segundo os escritores, o que primeiro introduziu na escultura a noção de simetria e de ritmo essencial na arte: fizera perceptível a relação harmoniosa que tem de existir entre os vários movimentos da estátua, e, pela ordenada disposição das forças no material que tinha ao seu dispor, soube dar, com elementos do atual e do vivo, o sentimento de alguma coisa que paira eternamente, como substrato e realidade última, para além das aparências de momento; a contemplação de uma estátua de Pitágoras despertava afinal no espírito a mesma ideia de harmonia do universo que o seu homônimo matemático procurara dar por outros meios. É com Míron, no entanto, que a escultura grega atinge todas as suas possibilidades e oferece já o campo ótimo para a ação de um Policleto ou de um Fídias; Míron, como todo o artista que sabe em que consiste a verdadeira originalidade, aproveitou todos os recursos da arte do seu tempo e tomou o melhor de cada corrente de escultura para dar nas suas estátuas, juntamente com a posição mais característica, o momento em que o impulso de energia mais fortemente se revela, quer no que respeita ao domínio físico, por exemplo, no Discóbolo [figura 4], quer no domínio psicológico, por exemplo, no grupo de Atena e Mársias, mas em que se revela sem perda de qualquer das qualidades de equilíbrio que devem existir, por todos os lados, na boa estátua.

O Doríforo de Policleto, cujo comentário estético escrito pelo próprio artista se perdeu, representava para os gregos o cânone, a regra, o modelo de escultores, pela perfeição das proporções, pelo cuidado que o artista pusera na observância dos ritmos [figura 5]; Policleto era a um tempo capaz de surpreender as formas da vida e de as transpor nos moldes de uma severa arquitetura que, de princípio, se aproxima da dureza lacônica, mas depois, sobretudo pela influência de trabalhos de Fídias, se adoça, se apura em elegância, se aproxima do dórico mais fino do Partenon; mas, como linha de ligação entre todas as suas estátuas, aparece nas figuras de Policleto a mesma calma, a mesma tranquilidade, o mesmo movimento de vida, a mesma esplêndida saúde de atleta, a mesma força que nada poderia dominar, mas que nunca se manifesta em desordenada violência; não pairam acima do mundo, já desprendidas das contingências, como as estátuas de Fídias, mas são na terra, em todos os seus atos, música viva, harmonia que em si própria encontra renovação e apoio. Por outro aspecto, já não é uma escultura que, como as estátuas arcaicas, alguma coisa conceda ao espectador e desça para o tomar e torne fáceis os caminhos de acesso; os atletas de Policleto obrigam quem os contempla a um esforço de penetração, não se revelam ao primeiro que lhes surge; têm já, na sua aparência sensual de corpos, a castidade das almas que perpassa na grande arte; a preparação prévia que exigem torna-as verdadeiramente educativas, sem que, talvez, no entanto, tivesse sido essa a intenção do artista. E é esta reserva, esta sólida arquitetura, este domínio da forma, este atingir de plenitude, que se revelam, do mesmo modo, no frontão de Leste do templo de Afaia, nos frontões do templo de Zeus em Olímpia; certamente que há diferenças entre os artistas; o de Afaia soube ordenar, com sabedoria e com um grande sentido das possibilidades do campo, decorar as suas figuras equilibradas e puras, soube trabalhar com todo o cuidado, mesmo nas partes da estátua, pés ou reverso, que não eram visíveis do solo; o artista de Olímpia, cheio de robustez e de fogosidade, trabalha a grandes golpes, exprime sobretudo a ação e a força e, delineado o quadro geral, bem destacadas as figuras do fundo triangular, não se importa com o pormenor inútil; é uma arte de vigorosa simplicidade, de forte amplidão, ao passo que a de Afaia irá dar na decadência a mole graciosidade alexandrina.

A grande época da escultura grega, no século V a.C., tem por centro Atenas; o prestígio político que lhe tinha dado a vitória da guerra contra os persas, a força econômica que lhe vinha dos tributos que pagavam as cidades da Confederação de Delos, o ter encontrado como dirigente um homem como Péricles, que foi o mais nobre, o mais digno dos políticos que o mundo tem conhecido, fizeram que as qualidades dos jônicos da Ática pudessem desenvolver-se ao máximo; apesar da atividade artística de quase todas as cidades gregas, Atenas atrai a si os melhores escultores, dá-lhes os meios de realizar as suas obras, toda se recobre de um manto de estátuas e de templos; trabalha-se em Ramnunte, no cabo Sunio, sobre o marulho das vagas, em Elêusis, nos terrenos sagrados, na Acrópole, que domina a cidade, e onde se levantam o Partenon e os Propileus; trabalha-se rapidamente, como para aproveitar o momento único que passa, e sob a direção de Fídias, que Péricles nomeara intendente das construções, vão surgindo da terra, há pouco talada pelas hordas de bárbaros, algumas das mais belas obras de arte de toda a história humana. Se Fídias é mal conhecido como escultor, sente-se em todo o trabalho dos seus discípulos o mesmo sinal de unidade que deve provir dele e que se caracteriza pela calma, pela majestosa serenidade, pela união, nunca mais igualada, da simplicidade e da grandeza, do plano em que se movem os deuses, do à vontade com que falam os discípulos de Sócrates e da nobreza com que Atena aceita as homenagens da cidade; todos os esforços anteriores, toda a busca de soluções que foi, até ao século V, a estatuária grega, têm aqui o seu ponto de chegada, têm aqui o resultado magnífico de todo o poder de iniciativa, de toda a contínua superação, de toda a procura, para além dos tablados da vida, dum lugar em que uma superior humanidade contemple, mais que viva, uma existência superior; e esta consciência de que plenamente se desenvolveu dá à escultura da época de Fídias uma serenidade interior, um esplendor de espírito que nunca mais será possível alcançar, que os homens, perdidos de novo na inumerável aventura da história, hão de sempre levar perante si como um ideal de futuro, a cada passo desanimando de o poder realizar, a cada passo se voltando, em busca de novas energias, para os antepassados que, apesar de todas as suas imperfeições, ao menos uma vez o tiveram incorporado a si, o tiveram brilhando nos momentos melhores da vida em volta.

Nos dois frontões do Partenon, onde se contavam o nascimento de Atenas e a criação da oliveira, tudo era perfeito, figuras vestidas e figuras nuas, tudo se movia, se dispunha nos quadros triangulares como se eles não existissem, como se o milagre os tivesse lançado para além de todos os limites do espaço; nos frisos, a toda a volta do templo, e quebrando a tradição dos assuntos separados, desfilava a procissão em que toda a cidade de Atenas, velhos, raparigas, mulheres, jovens guerreiros, magistrados e sacerdotes, vinham oferecer à Deusa o peplos bordado; eram cerca de quatrocentas figuras de pessoas, mais de duzentas figuras de animais, num espaço de cento e sessenta metros, e tudo se ordenava harmoniosamente, tudo seguia com a mesma calma gravidade, a mesma alma em flor, a mesma elegância, o mesmo ardente recolhimento; a plenitude das almas e dos corpos, a poderosa serenidade, a segurança de atitudes, eram bem dignas do povo que Péricles sonhara modelo de povos e cada vez mais próximo dos deuses imortais [figura 6].

Embora a influência de Fídias se tenha feito sentir em toda a arte da época, mesmo nas oficinas locais de Lemnos, de Paros ou de Creta, certo é que há caracteres originais nas inúmeras Afrodites, Palas, Deméteres e Apolos que os escultores produzem, nas Cariátides que sustentam o entablamento do Heracleio[1], na chamada Vênus de Fréjus[2], nas Vitórias da balaustrada do templo da Acrópole, com o seu tratamento um pouco artificial das roupagens, na Vitória de Olímpia, com o puro jogo do vento no vestido, nos retratos realistas de Demétrio, tão diferentes dos bustos idealizados de que é bom exemplo o de Péricles. Mas o tom geral é, sem dúvida, pelo menos no estado presente da documentação, o da ideal humanidade das estátuas do Partenon, mesmo nos relevos votivos, mesmo nas estelas do Cerâmico em que se perpetuava a memória dos mortos: nos pequenos quadros, em que estão juntos os que partiram para sempre e os que ficam no mundo, não há dor violenta, nem protesto contra a sorte, nem a tristeza que limita e perturba; é uma serena melancolia, com a aceitação do que é inevitável, um resignado movimento, como se, de fato, ainda vivos mas já sem corpo, fossem passando como sombras na paisagem sem cor das pedrarias do Elísio [figura 7].

Como todo o momento perfeito, esse foi um momento e nada mais; na escultura posterior vão acentuar-se os caracteres de decadência, apesar do gênio de um Praxíteles, de um Escopas ou de um Lísipo; o nu feminino aparece como um dos caracteres dominantes e rapidamente passa de uma forma de beleza, banhada em ar divino, afastada de todo o impulso de desejo, para as Vênus helenísticas em que prepondera o sensual e em que o vestuário, se algum existe, apenas serve para sublinhar a provocação da nudez; ao amor, sentimento forte e digno, raro no mundo, iniciador, com Platão, na beleza universal, substitui-se

---

[1] Caberia indagarmos, aqui, se em lugar de "Heracleio" Agostinho da Silva não teria querido dizer "Erecteion", em referência a um dos importantes templos da Acrópole de Atenas, em cuja parte sul figuram as célebres esculturas das Cariátides, as quais, na condição de colunas, dão sustentação justamente ao entablamento daquela parte do edifício. [N. do O.]

[2] "Vênus de Frejo", no texto da primeira edição, com aportuguesamento do nome da vila francesa de *Fréjus* (*Forum Iulli* à época da dominação romana), onde a referida escultura foi encontrada, no século XVII, vindo daí a sua denominação. [N. do O.]

a voluptuosidade que está mais ao alcance de uma sociedade em decadência; o fim da democracia aristocrática, a influência das civilizações asiáticas, o desprezo da cidadania, por um lado nos grandes reinos governados por déspotas, por outro lado no individualismo mais forte do que tudo o que era possível no esplendor de Atenas, leva os homens a aceitar facilmente o que é temporal, o que se mostra como aparência, abandonando a busca das essências que se apresentavam ao grego do século V como a mais nobre ocupação humana, como a única verdadeiramente digna de homens; entram na arte o sofrimento e a miséria, a alegria que explode violenta e se não mantém como força de alma, a dor que abre, romanticamente, a boca das estátuas e romanticamente lhes contorce os braços; entram na arte as representações de velhos e de crianças, que não têm, como é evidente, interesse humano superior, e que a escultura do grande período punha de lado, numa nítida preferência pelo adulto na plena posse dos seus meios, na plena consciência das suas possibilidades. Ao mesmo tempo, porque a mestria técnica é perfeita e porque as ideias não são agora o principal, o artista é tentado pela virtuosidade e dá-nos produções que se assemelham muito às da época barroca na arte moderna. No que temos de imperfeito, de transitório, de avanço doloroso para um mundo melhor, impressiona-nos mais profundamente a arte da decadência, mais aberta à complexidade da vida, mais atenta às fraquezas dos homens; mas, se nos desprendermos do nosso tempo, se for a face da eternidade a que procuramos contemplar, então a arte do século V impõe-se-nos como a que há de durar para além das provações momentâneas, para além do que é mero episódio nos destinos do mundo.

É com Praxíteles que primeiro se afirma o trabalho voluptuoso do mármore; o artista escolhe em geral o de Paros, mais penetrável à luz, e em que pode juntar à sua obra de escultor, pela transparência das superfícies, pelo jogo do claro-escuro, os artifícios do pintor; depois, o louro-brando dos mármores dá melhor o aveludado das carnes das cortesãs e dos efebos; Praxíteles representa sobretudo a adolescência e dá-lhe todas as qualidades de graça, de sonho e de voluptuosidade que estão dentro do espírito da sua época [figura 8]. Já Escopas apresenta na maior parte dos seus trabalhos outro aspecto da arte grega do século IV; o romantismo da violência, da agitação, das paixões que se não podem conter e que se exprime no ritmo geral dos corpos, mas principalmente na profundidade e na lonjura do olhar, nos lábios que se abrem como incapazes de reprimir a queixa que se levanta do peito; cada escultura de Escopas, no que tem de mais característico, é um drama, não já o nobre, sublime drama de Sófocles, mas um drama de Eurípides todo cortado de paixões nitidamente humanas, torturado de dúvidas, infiel às regras clássicas de serenidade e domínio [figura 9]. Com Lísipo, que foi sobretudo um artista do bronze e que inaugurou a moda dos corpos finos e esbeltos com pernas elegantes e cabeça pequena, a escultura dá um passo decisivo na sua história, porque deixa de ser um trabalho de figuras que se consideram sempre projetadas sobre um fundo, na recordação dos frontões, dos frisos e das métopas, para ser uma construção de volumes que, exatamente como os corpos humanos, se move livremente na atmosfera; é a vida inteira que se apodera da escultura e tão sutil é a arte de Lísipo que as suas estátuas, por vezes, dão muito mais a ideia duma intenção de movimento do que do próprio movimento [figura 10]. Ao lado das obras desses escultores, outras aparecem muito notáveis, mas todas elas se podem ligar a uma das correntes, embora o artista conserve e afirme a sua personalidade [figura 11]; excepcionalmente, a obra aparece com certo caráter de originalidade: é o que sucede com a Vitória de Samotrácia, que celebra uma vitória naval, e em que o escultor soube dar, no trabalho do vestuário, o arfar e o quebrar impetuoso das vagas, o sopro do vento, o inchado das velas e fazer do tecido, na perna esquerda, uma água pura, transparente, que foge como a onda que rebentou contra o navio e o cobriu, por um instante, dum manto reluzente; e o voo da estátua é um voo de triunfo, sendo bem difícil encontrar na história da escultura outra obra que exprima de igual modo o impulso do movimento e o entusiasmo da vitória [figura 12]. O que aparece depois vale pouco e entra mais nos domínios da virtuosidade do que nos domínios da arte, se excetuarmos algumas obras que ainda estão próximas das grandes correntes do passado; a Grécia esgotou-se, o facho vai passar a outras mãos; mas o trabalho que realizaram os seus escultores ficará para todos os artistas como ideal e modelo; através dos desvios inevitáveis em que, por vezes, tanto se ganha, o objetivo a atingir será sempre o da união de simplicidade, de força, de elegância que foram o dom de um Policleto ou de um Fídias.

Nota de Livros[3]

Henri Lechat. *La sculpture grecque*. Histoire sommaire de son progrès, de son esprit, de ses créations. Paris: Payot, 1922.

Charles Picard. *La sculpture antique*, vol. I: des origines à Phidias, vol. II: de Phidias à l'ère byzantine. Paris: H. Laurens, 1923 e 1926.

André de Ridder e Waldemar Deonna. *L'art en Grèce*. Paris: La Renaissance du Livre, 1924. (Col. L'Évolution de l'Humanité.)

Max Sauerlandt. *Griechische Bildwerke*. Düsseldorf; Leipzig: Karl Robert Langewiesche, 1908.

Jean Charbonneaux. *La sculpture grecque archaïque*. Paris: Éditions de Cluny, 1938.

---

[3] Os elementos de referenciação constitutivos da bibliografia originalmente indicada nessa "nota de livros" foram revistos, completados e, quando necessário, também corrigidos. [N. do O.]

Imagens e Legendas

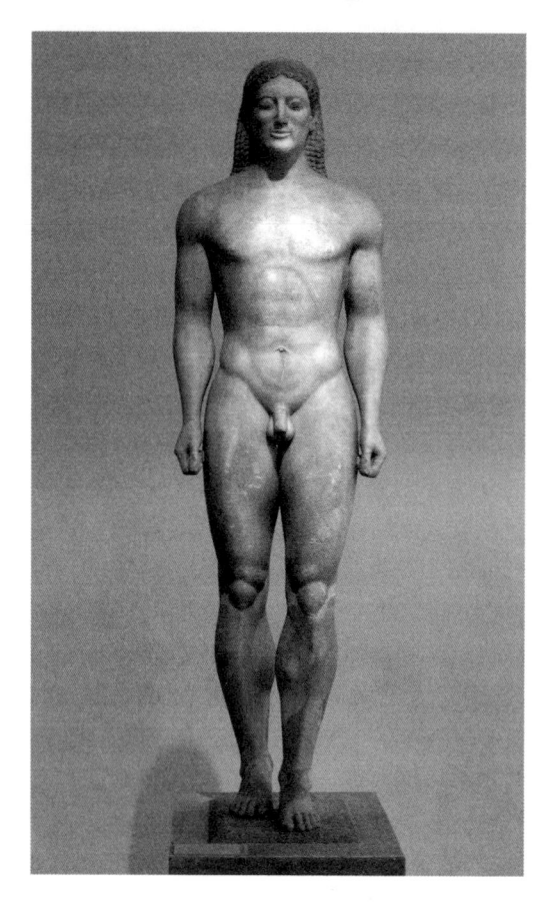

FIGURA 1. *Kouros* arcaico. Cerca de 530 a.C. Mármore pariano. Museu Arqueológico Nacional, Atenas. Encontrada em Anavissos, Ática. A escultura do *Kouros* cuja imagem foi reproduzida na edição original deste caderno *Iniciação*, em 1941, figura em perspectiva lateral. Como todas as demais ilustrações ali estampadas, não se encontra apresentada em reprodução com nível qualitativamente suficiente de acabamento e impressão, dado o próprio tipo de suporte, originalmente papel-pergaminho, em forma de folheto, entre outros motivos. De modo que editorialmente optamos pela alternativa de substitui-las por imagens outras das mesmas obras esculturicas – sempre que possível segundo os mesmos ângulos e planos fotográficos –, em nível condizente de resolução. No caso do *Kouros* em questão, a mais qualificada imagem que a pesquisa iconográfica realizada nos propiciou, foi esta em ângulo frontal. Quanto às demais ilustrações aqui reproduzidas, observamos que sempre que nada for dito em contrário, trata-se de imagens coincidentes com aquelas originalmente publicadas no referido caderno, tanto em termos de obra escultórica quanto em termos de ângulo de visualização. [LEGENDA DO ORGANIZADOR]

FIGURA 2. *Kore* arcaica. Cerca de 520-510 a.C. Provavelmente proveniente de Quios. Mármore. Museu da Acrópole, Atenas. Encontrada em 1886 (cabeça) e 1888 (corpo) nas imediações do Partenon. [L. do O.]

FIGURA 3. O Cocheiro de Delfos. Cerca de 470 a.C., bronze, Museu Arqueológico de Delfos, em ângulo ligeiramente diferente do da imagem que consta na edição original de *A escultura grega*. Encontrada em 1896 no Santuário de Apolo, Delfos. [L. do O.]

FIGURA 4. O Discóbolo. Cópia romana em mármore, do século II d.C., de original grego em bronze, de cerca de 450 a.C., Museu Nacional Romano, Palazzo Massimo alle Terme, Roma, em ângulo discretamente distinto do da imagem reproduzida na 1.ª edição deste caderno *Iniciação*. Imagem em que distinguimos um registro da admirável reconstrução em gesso que o arqueólogo italiano Giulio Emanuele Rizzo, diretor do Museu Nacional Romano, fez em 1906 do Discóbolo de Castel Porziano. Acima, por sua vez, o que se visualiza é um símile, o antológico Discóbolo Lancellotti. [L. do O.]

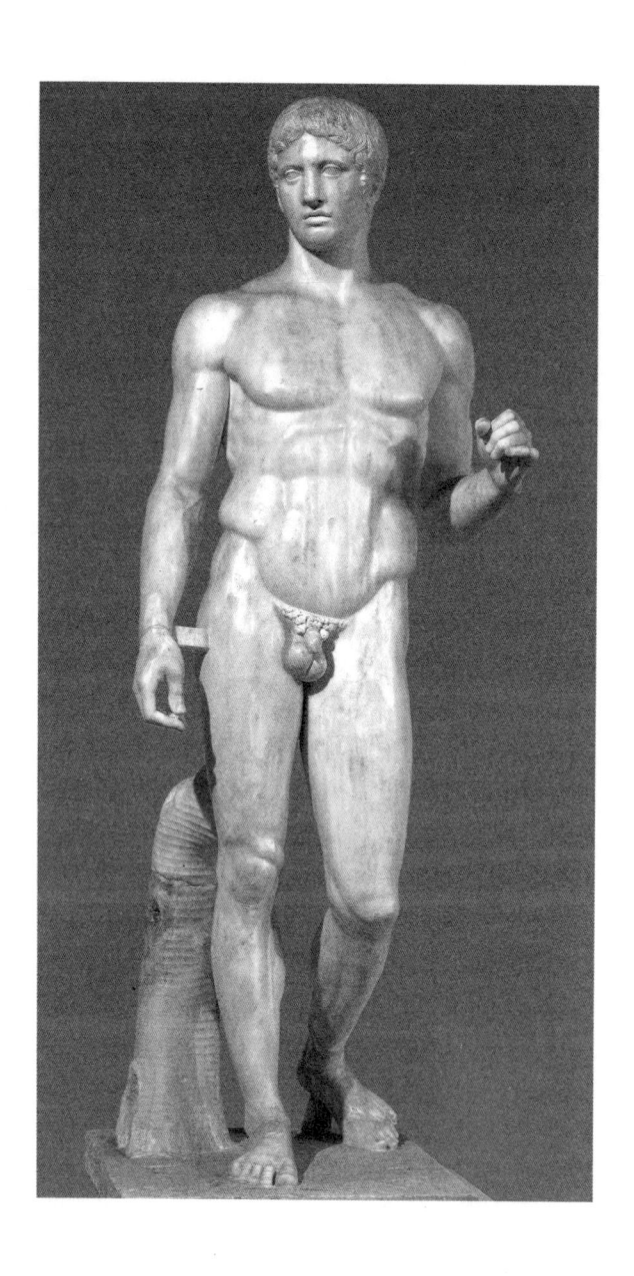

FIGURA 5. O Doríforo de Policleto. Cópia romana em mármore, do século I a.C. ou I d.C., de original grego em bronze, de cerca de 440 a.C. Museu Arqueológico Nacional de Nápoles. [L. do O.]

FIGURA 6. Procissão panatenaica: cortejo das Ergastinas. Fragmento do friso leste do Partenon. Esculpido à volta de 445-438 a.C. sob a direção de Fídias. Mármore pentélico. Museu do Louvre, Paris. Encontrado em inícios da década de 1780 nas proximidades do Partenon. Em seu conjunto, as placas que compunham o friso leste encenavam o ponto culminante da procissão das Grandes Panateneias, festas realizadas a cada quatro anos em honra e celebração de Palas Atena. Tratava-se da cerimônia de entrega do peplos sagrado, espécie de túnica feminina, geralmente de lã, oferecida à deusa protetora da cidade de Atenas, do qual as Ergastinas, jovens mulheres da alta aristocracia ateniense, eram tradicionalmente as tecelãs e bordadeiras. Na 1.ª edição deste caderno *Iniciação*, a imagem reproduzida consiste num recorte que mostra apenas as quatro figuras centrais do total de seis na placa retratadas. Notemos ainda que, entre essas seis, se encontram dois teletarcos (sacerdotes encarregados da cerimônia e dos ritos) representados a recepcionarem as donzelas, trajadas em seus próprios peplos, cujo cortejo solene ruma em direção ao altar sobre o qual repousa a grande estátua de Atena, no interior do Partenon. [L. do O.]

FIGURA 7. Estela tumular de Hegeso. Cerca de 410-400 a.C. Mármore pentélico. Museu Arqueológico Nacional, Atenas. Encontrada em 1870 no antigo cemitério ateniense do Cerâmico (*Kerameikos*). Atribuída ao escultor Calímaco, século V a.C. Originalmente disposta na capa do folheto *A escultura grega*, optamos aqui por vincular diretamente a imagem ao ponto do texto que lhe concerne, por aí realizando, de forma mais objetiva, o seu potencial de ilustração. [L. do O.]

FIGURA 8. Afrodite de Cnido. Cópia romana em mármore, do século II d.C., a partir de original grego de meados do século IV a.C., da autoria de Praxíteles. Museu Nacional Romano, Palazzo Altemps, Roma. Na 1.ª edição de *A escultura grega*, Agostinho da Silva publicou um recorte do busto (tronco superior e cabeça), em perfil, dessa Afrodite de Cnido, extraído da obra ricamente ilustrada do historiador da arte alemão Max Sauerlandt, *Griechische Bildwerke* (cf. Nota de livros). Do conjunto de ilustrações dessa mesma obra, aliás, é que provieram as reproduções de sete outras imagens estampadas nas páginas daquele caderno *Iniciação*, a saber: O Discóbolo, a Placa dita das Ergastinas, a Estela de Hegeso, o Doríforo de Policleto, o Busto de efebo, o Hermes em repouso e a Vitória de Samotrácia. [L. do O.]

FIGURA 9. Cabeça de Héracles ou, mais provavelmente, de Télefo, filho de Héracles com Auge, filha do rei Aleu da cidade arcádia de Tégea. Cerca de 340 a.C., mármore, oriunda do frontão oeste do templo de Atena Alea, em Tégea. Atribuída à escola de Escopas de Paros. Pertencente ao Museu Arqueológico de Tégea, antes de furtada em 1992. Disposta aqui em ângulo de visualização não muito distinto do da edição original deste caderno *Iniciação*. [L. do O.]

FIGURA 10. Hermes em repouso. Cópia romana em bronze, do século I a.C., de original grego em bronze da escola de Lísipo, do século IV a.C. Museu Arqueológico Nacional de Nápoles. Encontrada, em 1758, na Vila dos Papiros, suntuosa e polivalente residência aristocrática romana localizada nas imediações de Herculano, e à semelhança desta e de Pompeia, soterrada pela erupção do Vesúvio em 79 d.C. Perspectivada, aqui, desde um ponto de vista menos lateral do que o da imagem exibida no caderno em sua 1.ª edição. [L. do O.]

FIGURA 11. Busto de efebo. Século I a.C. Escultura romana em bronze, provavelmente cópia de original grega do século IV a.C. Museu Arqueológico Nacional de Nápoles. Encontrada na Vila dos Papiros em 1752. [L. do O.]

FIGURA 12. Vitória de Samotrácia. Cerca de 190 a.C. Mármore de Paros. Museu do Louvre. Encontrada em 1863 no Santuário dos Grandes Deuses, na Ilha de Samotrácia, norte do Mar Egeu. Ao que parece, a imagem da Vitória de Samotrácia publicada na 1.ª edição de *A escultura grega* é a de uma cópia. Belíssima, mas cópia, e não indicada enquanto tal em *Griechische Bildwerke*, o livro de Max Sauerlandt de onde sua reprodução fotográfica foi extraída, como já dito (ver legenda da figura 8). Num ângulo de visualização não tão de perfil quanto o apresentado pela referida imagem, o que se perspectiva acima é um registro da escultura original. [L. do O.]

Literatura Latina[*]

Tomado no seu conjunto e mesmo nos melhores representantes, o povo romano não apresenta de modo algum as qualidades de inteligência desinteressada e de sentido estético que foram características dos gregos; com extrema habilidade para o prático, capazes de construir com segurança quase para a eternidade, sabendo, dentro de todos os limites impostos por uma vocação imperialista, regular as relações entre homens, os romanos são políticos, engenheiros, administradores e juristas; organizam um domínio europeu que, apesar de todos os defeitos, mantém a paz na Europa durante cerca de quatro séculos, desenvolve as relações comerciais, lança até povos bárbaros à corrente de civilização que vinha de Atenas; mas tudo o que fizeram no campo da ciência e da arte ou é imitação do que tinham realizado outros povos, sobretudo os helenos, ou, no que tem de original, não possui qualquer significado largamente humano. Na literatura, a não ser no que se refere a gêneros que se ligavam a trabalhos do real ou tinham qualquer interesse político, nada encontramos que valha as criações de escritores que na literatura grega se podem considerar secundários; o romano é, quando muito, correto, bom discípulo, consciencioso no seu trabalho; todo o voo amplo de inspiração, toda a forte originalidade lhe faltam por completo; de novo, apenas se encontram duas notas, a do orgulho patriótico e a da melancolia elegíaca: não se pode, porém, dizer que se trate de dois sentimentos superiores; no grego, o patriotismo é sempre uma exaltação do homem, não a exaltação dum pequeno, passageiro organismo político, e a melancolia sobe sempre à grandeza trágica para merecer uma expressão. Acresce ainda que a língua em que se exprimem os escritores latinos, com todas as suas qualidades de nobre andamento, de nitidez e de força, é um instrumento rígido demais para que nela se possam executar grandes realizações artísticas.

[*] Agostinho da Silva. *Literatura latina*. Lisboa: Edição do Autor, 1942. (Iniciação: cadernos de informação cultural, 6.ª série.) [N. do O.]

Antes da influência da Grécia, e pondo de parte uma epopeia primitiva que se quis reconstituir sobre vestígios de certas pinturas murais, os romanos possuíam apenas uma literatura rudimentar que não mostrava grandes possibilidades de desenvolvimento visto que já cristalizara em formas tradicionais que lhe seria bastante difícil romper. Pelo que se refere à poesia, cantavam-se numa procissão religiosa que se realizava pelo mês de maio, numa noite de lua cheia, uns versos, o *Carme dos irmãos Arvales*, em que os doze sacerdotes conhecidos por esse nome invocavam possivelmente os deuses Lares; havia também um canto dos Sálios que se executava numa procissão acompanhado de danças, umas *Naeniae*, ou cantos funerários, cantos de banquete, em que se elogiavam homens célebres, cantos satíricos, em que o romano sempre foi hábil, umas comédias improvisadas a que se dava a designação de atelanas, de Atela, cidade dos Oscos, e os cantos fesceninos, de Fescênio, bastante grosseiros. Na prosa, e à falta de melhor, costuma citar-se como literatura a Lei das XII tábuas; do resto, orações de tribunal, políticas e fúnebres, tratados jurídicos e história, sabe-se apenas por vagas referências que lhe fazem os autores da época clássica.

Nesse campo, como noutros, foi o gênio grego o educador de Roma; os latinos tinham já sofrido a influência das colônias estabelecidas no sul da Itália, mas, a partir das guerras púnicas, séculos III-II a.C., essa influência torna-se muito mais considerável, começando a literatura dos romanos a ser uma imitação de todos os gêneros que os gregos já tinham aperfeiçoado; apesar de combatido pelos conservadores como Catão, o helenismo é apoiado por outros membros da aristocracia, e os primeiros autores, considerados pelas massas populares como simples parasitas, encontram neles apoio e proteção. Lívio Andrônico, do século III a.C., que viera como escravo para Roma depois da tomada de Tarento, e que o dono tinha libertado, traduz a *Odisseia* em verso saturnino, de que se sabe pouco, compõe tragédias de assunto grego, um *Aquiles*, um *Egisto*, um *Ájax* e comédias de que nem mesmo os títulos se conhecem com precisão. Névio, do século III, já era latino; bateu-se na primeira guerra púnica, tomou parte nas lutas entre patrícios e plebeus, sempre do lado do povo; escreveu a primeira tragédia em 235 e tratou frequentemente assuntos romanos: uma peça contava a educação de Rômulo e Remo, outra a vitória de Clastídio sobre os gauleses; nas comédias, fazia numerosas alusões satíricas aos seus adversários, por exemplo, os Cipiões; *A Guerra Púnica* era uma epopeia em versos satúrnios: nos primeiros quatro cantos, o poeta contava a história de Roma e fazia já alusão a Eneias que depois Virgílio aproveitará. Ênio, que viveu de 239 a 169, nasceu na Calábria, passou alguns anos em Tarento e veio depois a Roma onde foi bem acolhido pelos aristocratas, a cuja influência ficou devendo o privilégio de cidadão romano; foi um dos autores que mais contribuíram para a introdução da cultura grega: as tragédias eram quase todas traduzidas de Eurípides, e do grego traduziu também a *História Sagrada* de Evêmero; compôs também comédias de que restam poucos fragmentos, um trabalho sobre gastronomia intitulado *Heduphagetica* ou *O que há de bom para comer*, umas *Saturae*, em que se continham narrativas, fábulas, retratos de personagens características, um *Cipião*, poema épico em que se cantavam as glórias do Africano e, como obra mais notável, uns *Anais*, também epopeia, em dezoito cantos, de que restam cerca de seiscentos versos; era já em hexâmetros e narrava toda a história romana, com três cantos para as guerras púnicas, outros três para a submissão da Grécia; a poesia de Ênio tem já certa grandeza e vigor. Pacúvio, século III-II, escreve tragédias, imitadas do grego e também uma *praetextata*, isto é, uma tragédia em que as personagens trajavam a *praetexta* ou toga romana: o título era *Paulus* e contava possivelmente episódios da vida de Paulo Emílio num estilo que os contemporâneos consideravam douto e que não era talvez senão artificial e pedante. Ácio ou Átio, que deve ter nascido por 170 e que contribuiu bastante, sobretudo pelo seu intratável orgulho, para que os romanos respeitassem mais a profissão de escritor, fez representar cerca de quarenta tragédias imitadas de obras gregas, com *Aquiles*, *Alcestes*, *Medeia*, *Bacantes* e *Clitemnestra*, e peças com assuntos romanos, como um *Bruto* e um *Décio*; na *Didascálica* expunha as suas ideias, sobre arte, e escrevera também uns *Anais* em verso hexâmetro, como os de Ênio, e ainda outros poemas, *Parerga*, *Pragmática*, sobre cujo assunto se podem apenas fazer hipóteses mal fundamentadas.

Com Plauto, do século III a.C., surge o primeiro escritor latino que verdadeiramente conhecemos; atribuíam-lhe cento e trinta peças, mas parece que dessas só vinte e uma lhe pertenciam na realidade e que as outras se deviam a hábeis imitadores; as vinte e uma peças autênticas chegaram até nós, quase todas com prólogos em que Plauto, ou outros autores, imitando nisto a nova comédia grega, expõem ao público o entrecho da obra; a originalidade de Plauto repousa sobretudo no fato de se não terem encontrado ainda nenhumas das comédias gregas que deve ter adaptado, mas é fora de dúvida que, em grande parte das suas personagens, se deve ter servido de modelos romanos; a peça assenta, em geral, sobre uma intriga em que entra um pai que, depois de ter praticado todas as devassidões, põe limites ao filho, um escravo quase sempre de péssima qualidade moral, um proxeneta, um soldado fanfarrão, tipo que devia abundar em Roma, um parasita que vive em casa dos ricos e pratica para se sustentar na sua posição toda a espécie de baixezas, finalmente mulheres que têm quase todas costumes nada exemplares; Plauto tem talento de composição, vivacidade nos diálogos, sentido do cômico, que tem na maior parte das vezes como base a grosseria, ritmos de linguagem que denunciam intenções de apuramento do estilo; algumas das suas peças, como *Anfitrião*, *Aululária (A panela)*, *Os Cativos*, *O Fanfarrão*, *Menaechmi (Os irmãos gêmeos)*, desenvolvem temas que foram aproveitados por comediógrafos posteriores.

No século II, Terêncio, que foi escravo dum senador e depois amigo de Cipião e de Lélio, compôs seis comédias, menos originais do que as de Plauto e constituídas até, em grande parte, pela junção de cenas de várias peças gregas; não há nas comédias de Terêncio a brutalidade plautina; tudo é em meios-tons, com os caracteres delicadamente marcados, finuras de reflexão sobre a vida, um espírito geral de cultura que fazia que às suas peças preferisse o povo romano as representações dos acrobatas; *Os Adelfos, Os Irmãos*, que é a sua última comédia, e a mais perfeita, põe em termos bastante modernos o problema da educação.

O gosto satírico dos romanos encontrou o seu grande representante dessa época em Lucílio (180-103 a.C.), que escreveu as suas obras em trinta livros, de que restam apenas uns mil e trezentos versos; as sátiras de Lucílio, segundo parece, eram poesias curtas, geralmente em hexâmetros, em que se criticavam personagens ou acontecimentos, ao mesmo tempo que se estabelecia, ou por contraste implícito ou explicitamente uma doutrina moral ou política ou literária; a sátira era o grande título de glória dos romanos, visto que, apesar de Arquíloco ou de Aristófanes, não encontravam na literatura grega nenhum gênero que lhe fosse comparável; podemos naturalmente apreciar mal a obra de Lucílio, que teve grande êxito junto dos contemporâneos, mas parece que possuía um estilo vigoroso com toques de brutalidade, pouco apuro nas expressões, descuido na métrica.

Na prosa, além dos analistas, de que restam apenas fragmentos e que, segundo se supõe, escreveram a sua história com o escrúpulo possível a cronistas patrióticos, aparecem oradores que estudam os modelos deixados pelos gregos e os adaptam às necessidades do ambiente especial dos tribunais e da política: o autor desconhecido de uma *Retórica a Herênio*, em que a par das regras de eloquência aparece a defesa da política de Mário, jurisconsultos e gramáticos, depois Catão com a sua *Agricultura* que só por falta de outro material se pode ter incluído na história literária.

A época seguinte, denominada de Cícero, e que abrange quase todo o século I a.C., já apresenta progressos notáveis sobre a anterior, embora as características gerais de utilitarismo e de imitação dos gregos continuem a ser as mesmas. Marco Túlio Cícero (106-43) é sobretudo um orador, que se estreia aos vinte e cinco anos com um *Pro Quinctio* e faz o seu último discurso no próprio ano de 43, pronunciando no Senado a XIV *Filípica*, que era na realidade contra Antônio, mas cujo nome vem das orações de Demóstenes contra o rei da Macedônia; Cícero é o tipo do orador latino, abundante e retórico, que possui principalmente a arte de dizer sempre o mesmo por palavras diferentes, como se tivesse de encher de qualquer modo um tempo determinado ou como se confiasse pouco na inteligência dos ouvintes; ao passo que o orador grego sobe à tribuna para expor rapidamente a situação e defender com sobriedade, que não exclui de modo algum a eloquência, o seu ponto de vista, Cícero multiplica as descrições, os argumentos, com habilidade, por vezes com graça, com sentido do pitoresco e do patético, com estilo bem ritmado e forte, mas com uma incompreensão absoluta de que uma questão de tribunal ou de assembleia não é o que existe de mais importante no mundo; para o orador latino, o ideal não está em nada no resumir o assunto, no apontar apenas dos traços essenciais, na arte, supremamente difícil, de em poucas palavras dizer tudo; e parece poder contar-se como um desastre para a cultura ocidental o fato de, no Renascimento, se ter encontrado Cícero em lugar dos sóbrios, dos claros, dos inteligentes oradores gregos. No entanto, dentro do seu gênero, Cícero é excelente e, se deve o seu êxito aos defeitos dos ouvintes e leitores que amam, porque mais fácil, a retórica e o martelamento, é inegável que o deve também às reais qualidades de que deu provas; o *Pro Milone*, o *De Signis*, uma das orações contra Verres, algumas das *Filípicas* são perfeitas no talento de ordenação, na limpidez e na energia da prosa. Como filósofo, vale Cícero bastante menos; o romano não tinha vocação filosófica e Cícero, como todos os outros, não fez mais do que seguir as correntes do pensamento grego, procurando ser um divulgador, às vezes, no entanto, numa tentativa de chegar a um ecletismo que, como todos os ecletismos, pouco vale sob o ponto de vista do pensamento; é, antes, uma hesitação entre as várias metafísicas e as várias morais, uma recusa a pronunciar-se, do que o resultado dum esforço construtivo, de uma busca sincera da verdade; exprimiu-se quase sempre por diálogos, forma talvez ideal para a filosofia, mas de nenhum modo podemos encontrar nessas obras a elegância, a naturalidade, a inspiração poética, o desenho de caracteres, o ambiente geral dos diálogos de Platão; são dissertações honestas e cuidadas que se seguem sem grande travação lógica e sem elevado sentido artístico. Talvez a correspondência valha mais para a glória de Cícero do que todos os seus discursos, todos os seus diálogos, todas as suas obras de retórica: há naturalidade no estilo vivo e gracioso, inteligência penetrante no apreciar dos acontecimentos, finura no retrato psicológico.

Pondo de parte Quinto Cícero, irmão do orador que escreveu um tratado sobre a maneira de se ganhar as eleições para o consulado, e Varrão que dissertou, em prosa de valor literário bastante reduzido, sobre a língua latina e a vida agrícola, aparecem-nos como dois excelentes prosadores, Júlio César e Salústio; os *Comentários da Guerra das Gálias* e os *Comentários da Guerra Civil* que o primeiro escreveu, são dois trechos de história bastante exatos quanto à narrativa dos acontecimentos, embora César, por motivos políticos, faça o possível por assegurar o seu prestígio; são sobretudo duma clareza de composição, de uma vivacidade de andamento, de uma elegância sóbria de frases que os tornam dos melhores exemplos de simplicidade e pureza que podemos encontrar em toda a literatura latina; Salústio, que pretendia apagar por uma atividade de escritor moralista as imoralidades que anteriormente praticara como homem, é, na *Guerra de Jugurta* e na *Conjuração de Catilina*, mais afetado do que César, arcaizante, para que no tom da prosa se sentisse a velha austeridade romana; mas as qualidades de concisão, de rapidez, de compreensão psicológica, de invenção de quadros são inegáveis; não se trata de história imparcial; são verdadeiros panfletos em que o velho democrata ataca a aristocracia, mostrando como ela era corrupta e incapaz de pretender ao governo de Roma. Cornélio Nepos, de cuja obra, bastante extensa, nos restam apenas algumas partes das *Vidas dos Homens Ilustres*, uma *Vida de Catão* e uma outra de Ático, vale pouco como historiador e porventura menos ainda como estilista.

Dos poetas bastante numerosos que aparecem na época, só dois conhecemos bem, Lucrécio e Catulo. O primeiro compôs o poema *De rerum natura*, *A Natureza*, em que expõe a filosofia de Epicuro, mostrando como todo o mundo é formado por átomos que turbilhonam no vácuo, como é absurda a crença nos deuses, como se produzem naturalmente todos os fenômenos naturais; o poema é bem ordenado, cortando-se donde-a-onde o fio da dissertação por invocações à Natureza ou a Vênus, por elogios de Epicuro e de Atenas; apesar de todos os esforços do autor, não se pode colocar o *De rerum natura* entre as grandes obras poéticas do mundo: a preocupação didática faz que muitas das suas páginas sejam extremamente áridas, embora noutras o entusiasmo de Lucrécio tenha conseguido vencer as dificuldades e comunicar à rude língua em que trabalhou uma certa beleza. Catulo, que pertencia a uma escola de poetas que sofreu a influência dos alexandrinos, com preferência pelas pequenas poesias, pelo trabalhado de linguagem, pelos assuntos amorosos, escreveu mais de uma centena de composições; as mais belas são as que dedicou a Clódia: o poeta soube traduzir com eloquência e elegância os seus ímpetos de paixão, a sua ternura, o seu desespero perante as infidelidades, reais ou supostas, da sua amada; as poesias que dirige aos amigos são quase todas de alegre vivacidade, com uma linguagem simples, tornada por vezes bastante natural pelo emprego de certos provincianismos; os seus dois poemas mais extensos, *Núpcias de Tétis e Peleu* e a *Cabeleira de Berenice*, são bem menos interessantes que as poesias ligeiras; o artificialismo de inspiração e de verso torna a leitura fatigante, apesar de alguns efeitos de ritmo que indicam uma finura estética pouco vulgar nos latinos.

Com Augusto, que toma o principado em 29 a.C., inaugura-se em todo o império romano uma época de paz e de prosperidade que, apesar de todas as limitações governativas, dá possibilidade de desenvolvimento literário; Mecenas, Polião, o próprio Augusto, protegem os poetas e prosadores, em parte por um maior apuramento de gosto, em parte porque esperavam que eles colaborassem com o poder no restabelecimento das antigas virtudes. As primeiras composições de Virgílio (70-19 a.C.), dez poesias pastorais a que se deu o nome de *Bucólicas* ou *Éclogas*, não trazem ainda nenhuma preocupação cívica, embora já apareçam, muito discretamente, agradecimentos e elogios a Augusto e Polião; são, no fundo, imitações de idílios de Teócrito, mas sem o realismo, o vigor, o puro ar livre das obras do poeta grego; há uma delicadeza maior, os pastores são pastores de corte, as emoções são mais finas, a linguagem, a harmonia dos versos mais apurada do que no modelo. No poema seguinte, as *Geórgicas*, já Virgílio entra nos planos de Augusto; trata-se de despertar o interesse dos romanos pela agricultura, de os reconduzir das cidades aos campos, sobretudo de levar os soldados, cuja ociosidade poderia ser perigosa para o príncipe, a fixarem-se nas terras que lhes tinham sido concedidas; dessa obra de propaganda fez Virgílio, que realmente possuía talento poético, o mais suportável de todos os poemas didáticos que se têm composto, melhor mesmo do que *Os Trabalhos e os Dias* de Hesíodo, que de resto o poeta aproveitou; ensina a maneira de se tratar dos campos, dos vinhedos e das árvores frutíferas, dos rebanhos e das abelhas; a descrição dos prodígios que acompanharam a morte de César, o elogio da Itália, feito com grandeza, o elogio da vida campestre, a descrição da peste dos animais, o episódio de Aristeu cortam o que poderia haver de demasiado seco no poema; quanto a estilo, a métrica e a ciência de composição, as *Geórgicas* são a melhor obra de Virgílio; além de tudo, o poeta tem de exprimir a beleza da vida rural que na verdade sentia, o que lhe dá possibilidades de envolver todo o poema no amor da paisagem italiana, na simpatia pelos camponeses, no sentimento da graciosidade dos animais.

A *Eneida* é nitidamente uma obra que entra no plano de Augusto: tratava-se de dar aos romanos o orgulho patriótico, que no entanto já possuíam em grande escala, a certeza de que Roma fora encarregada pelos deuses de dominar e civilizar o mundo inteiro e, ao mesmo tempo, de ligar a história do império à história ilustre de gregos e troianos; Virgílio, que morreu sem ter aperfeiçoado a sua obra, desempenhou razoavelmente o seu encargo, embora o seu gênio não fosse de modo algum o de um poeta épico; desconheceu a viril mocidade, o ardente gosto dos combates, a energia, a violência, a grandeza de Homero; mas supre-as por um grande cuidado de composição, pela importância dos acontecimentos que narra, pela beleza de ritmo, pelo sentimento patriótico, pela verdade psicológica das suas personagens; o seu herói, Eneias, não é um Aquiles, nem um Ulisses: mas é piedoso, diplomata, fundador de cidades, bom administrador e excelente pai; as virtudes épicas, substituiu-as Virgílio pelas que ao príncipe pareciam mais desejáveis nos seus súditos.

Horácio, outro poeta pensionista, também colaborou até certo ponto nos planos de Augusto, embora os gostos pessoais o levassem de preferência para os bons vinhos de Quios ou de Falerno, para as leituras repousadas entre o perfume dos roseirais e para os jogos da beleza e do amor; Horácio é um epicurista que ficou na primeira parte da filosofia de Epicuro, que não se preocupa muito em olhar a vida como uma missão, mas antes como um breve tempo de luz, de graça e de prazer, entre dois mundos em que as trevas parecem dominar; não aspira a grandes faustos, teme, por outro lado, a pobreza importuna: o seu ideal está na dourada mediocridade que, aliviando-o de todos os trabalhos que lhe poderiam roubar tempo, lhe permitia ter a sua casa de campo, conversar com os amigos, escrever sossegadamente as suas odes e as suas sátiras; há em Horácio, apesar dos ataques de cólera que o tomam de onde-a-onde, uma benevolência universal: se troça de alguém, a zombaria é sempre benigna e com íntimos desejos de que o satirizado continue com os seus defeitos, que tornam o mundo tão gracioso, tão variado, tão habitável; mesmo na *Arte Poética* em que era tão fácil ser superior e pedante, Horácio se mantém no tom familiar e cortês que lhe era próprio; como arte, as poesias de Horácio são de uma perfeição de estilo, de uma nitidez de trabalho, de uma clara harmonia de linguagem, de uma precisão e sobriedade de imagens que as tornam as de mais apurada técnica de toda a poesia latina.

Contemporâneos de Horácio são Tibulo, Propércio e Ovídio, além de outros poetas menores, cuja obra se perdeu ou pouco vale. Tibulo e Propércio são os grandes mestres da elegia romana, que o retor Quintiliano apontava como o gênero em que os latinos eram capazes de desafiar os gregos; nas poesias de um e de outro se contam os amores do poeta, com todos os episódios de embevecimento, de dúvida, de desespero, de rancor, de reconciliação que são de uso em todas as paixões literárias; Tibulo acentua mais o seu gosto da tranquilidade do campo, a tristeza perante a morte, e o seu estilo é mais harmonioso, mais claro e mais fácil do que o de Propércio. Ovídio, desterrado por volta do ano 10 d.C., por motivos desconhecidos, mas que deviam ser muito graves, cantou, enquanto esteve em Roma, toda a beleza, toda a facilidade da vida, depois todo o desespero, toda a melancolia do exilado que não vê possibilidades de regressar à sua pátria; nas *Heroidas*, nas *Metamorfoses*, nos *Fastos*, aproveita as lendas que se contavam acerca dos heróis e dos deuses e, com a sua facilidade extraordinária de versejar, di-las de novo, sem lhes juntar qualquer interpretação, apenas pelo prazer de narrar historietas que nem sempre eram de excessivo bom gosto; na *Arte de Amar* e no *Remédio de Amar*, dá-nos possibilidade de ver alguns dos aspectos da sociedade romana que se pervertera completamente, apesar de todas as virtuosas ordenações de Augusto; nas *Tristes* e nas *Pônticas*, que são as suas obras mais pessoais e vivas, Ovídio diz as tristezas de viver no país terrível dos sármatas, a saudade das festas, dos amigos, de todo o ambiente de Roma.

O grande prosador da época de Augusto é Tito Lívio, que tinha pertencido ao partido de Pompeio, mas que o príncipe chamou, protegeu e levou a escrever uma história romana que narrasse tudo o que se sabia sobre o assunto, desde a fundação da cidade; Tito Lívio compôs cento e quarenta e dois livros, reunidos em grupos de dez (décadas) pelos gramáticos posteriores, mas só restam trinta e cinco, divididos em dois grupos, um, livros 1-10, que narra a história de Roma desde a origem até o ano 293 a.C., outro, livros 21-45, em que se conta a segunda guerra púnica e os acontecimentos que se seguiram até ao triunfo de Paulo Emílio (167 a.C.); Tito Lívio tem como objetivo exaltar a grandeza de Roma, fazer, em prosa, a epopeia que Virgílio realizou em verso; não tem, portanto, que se exigir uma exatidão histórica absoluta, embora se tenha de reconhecer que, no conjunto, os acontecimentos foram contados com verdade; como convinha a tal empresa, o estilo é majestoso, de largo movimento, com uma sábia sintaxe que amplifica o período, ao mesmo tempo que lhe dá facilidade e clareza; mais cerrado e vivo nos raros retratos e nas passagens dos discursos que o pediam, o estilo de Tito Lívio mostra toda a sua magnificência nas longas orações de aparato ou nas magníficas descrições de batalha; é o historiador perfeito do momento em que Roma contempla a sua obra e, desprezando os pequenos incidentes pouco lisonjeiros, se deleita com o espetáculo de grandeza e de força que lhe coube dar ao mundo.

Já na época seguinte, que vai da morte de Augusto à morte de Marco Aurélio (14-180), a história toma um caráter completamente diferente; entrara-se na batalha política e na confusão econômica que vai levar Roma à decadência, e os historiadores, desinteressando-se da grandeza do passado, preferem estudar a baixeza do presente. Tácito, do fim do I século, começo do II, depois de escrever o *Diálogo de Oradores*, a *Vida de Agrícola* e *Os Costumes de Germanos*, compõe as *Histórias* em que narra os principados de Galba, Otão, Vitélio, Vespasiano, Tito e Domiciano, e mais tarde os *Anais*, que eram a história de Tibério, Calígula, Cláudio e Nero, mas de que restam apenas seis livros sobre Tibério, dois para o fim do principado de Cláudio, quatro para os tempos de Nero. Tácito é um republicano que só aceita o império porque se não pode voltar às épocas antigas e que fez porventura da sua história um panfleto de oposição; não se põe em dúvida a sinceridade de Tácito, mas parece que o seu pessimismo sobre a natureza humana, um excessivo interesse pelo que se passava em Roma, com desprezo pela administração das províncias, o gosto do dramático e do traço impressionante o fizeram ter dos imperadores uma ideia um pouco exagerada no que se refere a perversões. Os outros historiadores contemporâneos, Veleio Patérculo, Valério Máximo, Floro, Suetônio não têm a grandeza de Tácito, os seus dons de narrador e de estilista; arquivam os fatos, pacientemente, sem grande capacidade de juízo e de prosa; o melhor de todos é Suetônio, com as suas *Vidas dos Doze Césares*. Quinto Cúrcio, que escreveu uma *História de Alexandre*, entra demasiado pelos domínios do romance.

Plínio, o Velho (24-79) escreveu numerosas obras, mas só conhecemos a *História Natural*, vasto arquivo de todos os fatos, bem averiguados ou não, que o autor leu nas centenas de livros consultados, ou ouviu contar, ou viu e julgou ver nas viagens de explorações científicas, a última das quais, ao Vesúvio, durante a erupção que destruiu Pompeia, lhe causou a morte; o valor literário é reduzido, mas as informações são por vezes curiosas e nelas encontram os eruditos muito elemento de trabalho que não lhes fornecem os outros gregos ou latinos; no mesmo setor das ciências, em que o romano, como em tudo o que se referia a criações de espírito, avançou pouquíssimo, aparecem as obras de Celso, autor de uma enciclopédia de que só resta a parte referente à medicina, de Pompônio Mela, que escreveu uma *Corografia*, de Columela, natural de Espanha, como Pompônio, cuja *De re rustica* ensina a tratar de uma quinta, de Aulo Gélio que nas *Noites Áticas* acumula as suas notas sobre direito, arqueologia, gramática, história. A *Institutio Oratoria*, de Quintiliano, expõe os preceitos que se devem seguir para se ser bom orador e faz ao mesmo tempo algumas críticas literárias sobre os grandes oradores gregos e romanos.

Plínio, o Moço, sobrinho do autor da *História Natural*, deixou nos seus nove primeiros livros de cartas, pormenores curiosos sobre a vida de Roma, com as suas leituras públicas, os seus incidentes literários, os seus boatos políticos, as suas intrigas de sociedade; o X livro, em que juntou a correspondência dirigida a Trajano, mostra-nos como se administrava uma província (a da Bitinia), que relações se mantinham com um bom imperador e como se tratavam, caso dos cristãos, os movimentos que podiam ameaçar a segurança do império; no estilo, Plínio pretende imitar Cícero, mas traem-no o artificialismo do seu tempo e a falta da vivacidade de inteligência do seu predecessor. Bom documento para o estudo da sociedade da época é o romance de Petrônio intitulado *Satíricon*, em que se contam aventuras de personagens pouco recomendáveis sob o ponto de vista moral; parte da obra perdeu-se, mas o *Banquete de Trimalcião* e o *Conto da Matrona de Éfeso*, dois dos episódios de romance, são narrativas admiráveis, cheias de realismo, de força satírica, de poder de criação de ambiente. O romance de Apuleio, *A Metamorfose* ou *O Burro*, conta a transformação de Lúcio num burro, pela virtude de unguentos, e todas as aventuras por que passa, com bandidos, escravos, soldados, sacerdotes, mercadores, até que numa festa de Ísis retoma a forma humana; o romance é em parte copiado de obras gregas semelhantes e o estilo complicado, cheio de arcaísmos e trocadilhos, não torna a leitura muito fácil.

Sêneca, do I século, natural de Córdoba, autor de tragédias que não têm grande valor, de doze livros de *Diálogos*, de *Cartas a Lucílio*, das *Questões Naturais* e de uma obra satírica, a *Apocolocintose*, em que narra a transformação de Cláudio em abóbora, foi preceptor de Nero, advogado e banqueiro e, ao mesmo tempo, filósofo estoico, quase cristão, que pregava a simplicidade de vida, o desprezo dos bens do mundo; era um homem no qual a inteligência valia mais do que a vontade e que facilmente se deixava perturbar pela tentação do poder e do fausto, ao passo que o medo exercia sobre ele, apesar dos impulsos de coragem, uma ação decisiva; nas suas dissertações acerca da ira, da constância do sábio, dos benefícios ou da brevidade da vida, que incluiu nos *Diálogos*, há finas observações morais, justeza de pensamento filosófico, mais acentuado ainda nas *Cartas a Lucílio*; em todas as obras, o estilo é relativamente fácil e natural, mas são também abundantes os trechos em que sacrifica ao amor do brilhante e do precioso.

Dos poetas da mesma época, que foram em grande número, ficaram as obras de Fedro, Pérsio, Juvenal, Marcial, Lucano e de poetas épicos secundários. Fedro compôs quase todas as suas fábulas sobre dados de Esopo e fê-lo numa linguagem simples, quase sempre de perfeito bom gosto.

Pérsio e Juvenal são poetas satíricos; o primeiro, que parece sobretudo recitar uma lição bem aprendida, compõe num estilo pesado e obscuro; o segundo, cujo contato com a vida foi muito mais amplo e profundo do que o de Pérsio, tem uma sincera indignação contra os vícios da sociedade romana do seu tempo, mas exprime muita vez essa indignação em formas retóricas, enfáticas, que lhe diminuem o alcance; é, no entanto, cheio de audácia, de vigor, de capacidade verbal, de esplendor de imagens, quer ataque os hipócritas, ou as mulheres, ou os parasitas, ou se queixe da dificuldade de viver em Roma e do luxo excessivo dos festins. Marcial, de Bilbilis, em Espanha, compõe mais de mil e quinhentos epigramas, com finura e sutileza, mas sem grande interesse. A epopeia de Lucano, intitulada *Farsália*, canta a guerra civil entre César e os partidários de Pompeio e faz parte do grupo de obras em que se exprime a oposição republicana; apesar do gosto declamatório, da extensão das descrições, do prosaísmo de estilo, há uma certa eloquência e um sentido moral que salvam da mediocridade a obra de Lucano. As *Argonáuticas* de Valério Flaco, a *Guerra Púnica* de Sílio Itálico, a *Tebaida* e a *Aquileida* de Estácio não têm nenhuma espécie de valor poético.

Depois de Marco Aurélio, entra-se em plena decadência da literatura latina; os poemas de Ausônio (séc. IV), com toda a sua facilidade e toda a sua elegância, o *Rapto de Proserpina* de Claudiano (séc. IV), a narrativa da viagem que escreveu em verso Rutilio Namaciano (séc. V), os livros de Avieno (séc. IV) sobre o Universo, a *História Augusta* que narra a vida dos imperadores que vão de Adriano a Carino (117-285), os trabalhos de Amiano Marcelino sobre história romana, o *Sonho de Cipião* de Macróbio (séc. IV-V) e as *Saturnais* do mesmo autor, são obras sem inspiração, sem grandeza, sem reais contatos com a vida, embora alguns dos escritores possuam certo talento técnico; só o advento do cristianismo, pregando novos ideais, poderá provocar o aparecimento de autores que não tratem retoricamente puros temas retóricos.

Nota de Livros[1]

René Pichon. *Histoire de la littérature latine*. Paris: Hachette, 1897. (7.ª ed. rev., 1919.)

Clovis Lamarre. *Histoire de la littérature latine*. Depuis la fondation de Rome jusqu'à la fin du gouvernement républicain, 4 vols. Paris: CH. Delagrave, 1901.

Clovis Lamarre. *Histoire de la littérature latine au temps d'Auguste*, 4 vols. Paris: Jules Lamarre, 1907.

Alfred Gudeman. *Historia de la literatura latina*. Tradução de Carlos Riba. Barcelona: Labor, 1930.

Aurelio Giuseppe Amatucci. *Storia della letteratura romana*, vol. I: dalle origini all'età ciceroniana, vol. II: da Augusto al sec. V. Nápoles: Francesco Perrella & C., 1912 e 1916.

---

[1] Os elementos de referenciação constitutivos da bibliografia originalmente indicada nessa "nota de livros" foram revistos, completados e, quando necessário, também corrigidos. [N. do O.]

FILOSOFIA E TEATRO

*Apresentações e ensaios prefaciais
a traduções de textos clássicos*

Sileno com o pequeno Dionisos. Museu Chiaramonti, Vaticano.

Rei Édipo, Sófocles*

NOTÍCIA ACERCA DE SÓFOCLES

Sófocles nasceu em Colono, burgo da Ática, por volta de 496 a.C. Era, segundo parece, filho de um armeiro rico e teve a melhor educação que se podia obter em Atenas; aprendeu com especial cuidado os poetas épicos, sobretudo Homero, e os poetas líricos e teve, para a música, um dos mais reputados mestres do seu tempo; afirmou-se logo como uma inteligência penetrante e calma a que se unia uma sensibilidade delicada, cheia de moderação e de finura. O gosto pelas ocupações intelectuais e artísticas não o apartava dos exercícios da palestra; foi coroado nos jogos como um perfeito atleta; e tal era o prestígio da sua graça e da sua elegância que foi escolhido em 480 para chefiar o coro de adolescentes que entoou os cantos de vitória à volta do troféu de Salamina.

Atenas atravessava a sua melhor época; vencidos os persas e firmado o domínio sobre o mar, a cidade enriquecia-se com o tributo dos aliados e mandava construir o Partenon, em que trabalhava Fídias; na Assembleia, os melhores oradores discutiam os negócios públicos, diante de cidadãos que tinham o duplo amor da política e das frases harmoniosas; Ésquilo reinava no teatro; em tudo e em todos penetrava a finura intelectual, a íntima cortesia, a serenidade, o domínio de si próprio, a perfeita nobreza que, melhor que ninguém, exprimiam Fídias nos seus deuses e jovens do Partenon, Platão nos *Diálogos*, Sófocles nas tragédias.

O seu temperamento encontrou o ambiente próprio; interessou-se pela política, foi eleito por três vezes para cargos públicos, fez parte de uma comissão para reforma das leis fundamentais, mas apartou-se dela logo que percebeu em grande número de atenienses intuitos antidemocráticos; bem sabia que o

---

* Sófocles. *Rei Édipo*. Tradução e prefácio de Agostinho da Silva. Lisboa: Editorial Inquérito, 1939. (Col. Cadernos Inquérito, Série H – Literatura Clássica III.) [N. do O.]

regime fizera a grandeza de Atenas e que toda a flor da cultura desapareceria num governo autoritário; ao seu equilíbrio, à nobreza do seu espírito, à elevação dos seus princípios morais, ao doce instinto de convivência repugnavam os processos dos tiranos, quer para os exercer, quer para os suportar; queria ser um homem livre entre homens livres.

Em todos os atos da sua vida, procurava vencer pela razão e pela calma os impulsos da paixão que não era nele nem fraca nem rara; amou, de todo o amor ateniense, mas nunca deixou que se lhe perturbasse a inteligência; sabia parar a tempo, moderar-se, dominar o ardor da sensibilidade e, recebendo tudo o que o mundo lhe trazia, utilizava apenas o que podia elevar e aperfeiçoar a sua humanidade. Todos os contemporâneos o viram como um homem de perfeita bondade, sociável e feliz, cheio de serena força dominadora, de uma rara majestade que se sentia no porte, no sorriso, nas palavras, e que vinha da harmoniosa evolução, do progresso equilibrado que conseguiu que fosse a sua vida.

Representou as suas primeiras peças aos vinte e oito anos e logo alcançou o primeiro prêmio, embora o velho Ésquilo se tivesse apresentado no mesmo concurso; depois, de dois em dois anos, apareceram as suas tragédias, até 405 a.C., data da morte. Foi quase sempre o vencedor e obtinha pelo menos o segundo lugar; a regularidade na produção e na vitória traduz, na produção literária, a serenidade da vida e o perfeito domínio de si mesmo e dos outros. Como os maiores dramaturgos, algumas vezes entrou como ator nas suas peças; mas abandonou a cena logo que a velhice lhe perturbou a clareza e o vigor da voz.

Deve ter escrito pelo menos umas cento e vinte tragédias, embora os números apresentados pelos biógrafos e críticos antigos discordem bastante entre si; a questão, de resto, não tem grande importância, porquanto só nos ficaram as sete peças que a Antiguidade considerou melhores e que a vulgarização em antologias e livros de texto salvou da perda total; são, pela ordem cronológica que se tem como a mais segura, *Ájax*, em que descreve o suicídio do herói da guerra de Troia, *Antígona* (420 a.C.), cuja protagonista é uma das mais belas figuras do teatro mundial, *Electra*, sobre um episódio da tradição épica ligada à guerra de Troia, *Rei Édipo*, *As Traquínias*, que trata da morte de Hércules, *Filoctetes* (409), sobre a vida do herói que fora abandonado pelos gregos numa ilha deserta, e *Édipo em Colono*, em que reaparecem, no episódio da morte do velho rei, as figuras de Antígona e de Édipo.

Em todas essas peças mantém Sófocles as suas características essenciais de harmonia e de equilíbrio; menos líricas do que as de Ésquilo, as suas tragédias apresentam uma ação mais desenvolvida, sem caírem nos defeitos melodramáticos das composições de Eurípides. Todos os episódios decorrem naturalmente dos dados iniciais e do caráter próprio dos personagens, sem que se possa notar em qualquer ponto a intervenção de artifícios ou o propósito de complicar a intriga. Aparecendo tudo o que é necessário para que a ação se desenvolva e se crie o interesse dramático, nada há que se possa classificar de supérfluo e que um artista mais sóbrio pudesse dispensar.

Os caracteres já se apresentam em Sófocles, ao contrário do que sucede nas peças de Ésquilo, com uma certa complexidade; mas sabe refrear a tendência para a análise excessiva, para a busca de sutileza, que serão, um pouco mais tarde, o gosto do romântico Eurípides; nesse ponto, como em todos os outros, Sófocles representa a perfeita maturação da tragédia grega, já liberta das rudezas primitivas de Ésquilo e ainda sem o rebuscado doentio que lhe há de dar Eurípides. As figuras de Sófocles são todas elas, mesmo as dos tiranos como Creonte, modelos da humanidade; são verdadeiras e ideais ao mesmo tempo, tomadas da realidade, como ponto de partida, depois levadas a uma esfera superior de serenidade e heroísmo; Sófocles trabalha como Fídias: são os homens e as mulheres da Ática que lhe servem de modelos, são os heróis atemporais e sobre-humanos o que resulta da sua elaboração.

Outros artistas representarão com mais vigor um grande drama de humanidade ou porão em cena com mais vida uma paixão ou penetrarão com mais agudeza os problemas filosóficos que a existência faz surgir perante o homem; em alguns pontos são Ésquilo, Eurípides, Shakespeare e Racine superiores a Sófocles; nenhum dá, porém, no conjunto da sua obra, a lição superior de sereno domínio, de perfeito equilíbrio, de união completa do racional e do sensível que podemos receber das peças de Sófocles; nos tempos modernos, poderíamos comparar-lhe Goethe: mas Sófocles é-lhe ainda superior; porque teve pelos outros homens um interesse humano e não apenas a atitude de deus olímpico, tantas vezes incompreensiva, que adotou Goethe; este, na sua grandeza, é ainda alemão; Sófocles pode tomar-se, com Platão, Fídias e Péricles, como o melhor exemplo das qualidades do gênio grego.

*

A tragédia *Rei Édipo*, considerada por muitos a obra mais perfeita de teatro de todas as literaturas, apresenta um dos episódios da vida de Édipo. Filho de Laio e de Jocasta, reis de Tebas, anunciara o oráculo a seus pais que Édipo mataria o pai e se casaria com a mãe; para evitarem essa desgraça, mandaram pôr o menino numa serra deserta; um pastor levou-o consigo e entregou-o a Políbio, rei de Corinto, que tratou a criança como se fosse seu filho. Édipo, já homem, consultou o oráculo e, vendo o que lhe profetizava, saiu de Corinto para não matar Políbio; na viagem encontrou Laio e assassinou-o sem saber de quem se tratava; depois passou por Tebas e decifrou o enigma da Esfinge, libertando a cidade do monstro; reconhecidos pelo serviço que lhes prestara, os tebanos deram-lhe o trono, vago pela morte de Laio; para mais se ligar à sua nova pátria, Édipo casou com Jocasta.

A ação da peça principia no momento em que Tebas é devastada por uma peste pelos deuses indignados pelos crimes de Édipo – que, de resto, lhes não poderia fugir porque eram fatais –, e termina pelo exílio do rei. Tudo que há entre uma e outra cena é constituído por episódios que revelam pouco a pouco o procedimento de Édipo e que são exatamente provocados pelo próprio rei; essa esmagadora fatalidade, esse necessário progredir para a catástrofe, são apresentados por Sófocles com uma admirável arte de composição.

*

A tradução que se vai ler não foi feita com um propósito de fidelidade absoluta ao texto; a linguagem dos trágicos gregos não admite a transposição para outra língua; há expressões que, conservadas tal qual, seriam ridículas para nós, outras cujo sentido nos escaparia; procurou-se, pois, acima de tudo, recriar a impressão que o texto de Sófocles causaria nos seus ouvintes e leitores gregos: deve-se, porém, dizer desde já que nenhuma tradução poderá dar, senão de forma muito imperfeita, a beleza dos coros, o trágico das lamentações de Édipo, a ansiedade e a rapidez dos diálogos travados verso a verso.

Defesa de Sócrates, Platão*

VIDA DE SÓCRATES

Nascido em Atenas por volta de 470 a.C., era Sócrates filho de Sofronisco e de Fenareta; o pai exercia o ofício de escultor, a mãe o de parteira. Embora de família pobre, deve ter recebido a educação física e intelectual que se dava a todo o ateniense de condição livre. Começou por seguir a profissão do pai; depressa a abandonou para se dedicar aos estudos filosóficos.

Frequentou, então, todos os lugares em que ensinavam os mestres de maior fama, leu, entre outras, as obras de Anaxágoras, procurou instruir-se em toda a ciência do seu tempo e, sobretudo, pelas conversas na praça pública ou nos ginásios ou nos banquetes, no conhecimento da alma humana; assentou as bases do seu pensamento filosófico e apurou a sua habilidade dialética; acostumou-se a associar intimamente as doutrinas metafísicas e a vida real.

Soldado, bate-se em Potideia, onde causa a admiração de todos pela paciência do frio e da fome, pela coragem, pela resistência à fadiga; em Délio, na batalha em que foram derrotados os atenienses, retira serenamente no meio da desordem geral, sem apressar o passo e socorrendo os que tombavam; em Anfípolis, onde o exército ateniense foi de novo vencido, conserva a mesma atitude, calma e firme; os generais fugiam e era à volta de Sócrates, confiadamente, que se reuniam os soldados, era ele quem mostrava o caminho a seguir.

---

* Platão. *Defesa de Sócrates* e *Críton*. Dois ensaios de tradução. Tradução, prefácios e notas de Agostinho da Silva. Vila Nova de Famalicão, Portugal: Grandes Oficinas Gráficas Minerva, 1946. (Edição do Autor) Publicado anteriormente em: Platão. *A Defesa de Sócrates*. Tradução, prefácio e notas de Agostinho da Silva. Lisboa: Seara Nova, 1937. (Cadernos da Seara Nova – Textos filosóficos.) Sem o prefácio e dividida em quatro partes, a tradução foi ainda estampada, semanalmente, na *Seara Nova*, revista de doutrina e crítica, ano XVII, n. 522 a 525, entre 14 de agosto e 4 de setembro de 1937. [N. do O.]

Pouco intervém como político nos negócios da cidade; uma vez exerceu a pritania e tornou-se notado por ter sido o único membro da assembleia que votou contra a ilegal condenação dos generais atenienses que não tinham recolhido os náufragos do combate das ilhas Arginusas. Anos depois, quando os Trinta Tiranos aterrorizavam a população pelas prisões e pelas frequentes condenações à morte, recusou-se tranquilamente a cumprir uma ordem que lhe tinham dado.

No entanto, as suas doutrinas e o seu procedimento levantavam muitos ódios; o costume que tinha de interrogar toda a gente que encontrava – poetas, filósofos, artistas, generais, professores e políticos – e de quase sempre demonstrar a completa ignorância e a falta de precisão intelectual que caracterizavam as pessoas mais bem colocadas movia os despeitos e provocava a vingança; por outro lado, os democratas conservadores não só notavam a ingerência de algum discípulo de Sócrates no governo tirânico dos Trinta, como também não entendiam as suas ideias acerca dos deuses, da moral, da educação e da política; acusavam-no de ateu e de corruptor da juventude.

Foi dessa corrente que se fizeram representantes Meleto, Anito e Licon, quando depuseram a sua queixa perante o tribunal; o ambiente que se formara à volta de Sócrates fazia prever uma condenação; o tom da defesa apresentada pelo réu não era de molde a desviar os juízes das suas intenções; em todo o caso, a condenação foi pronunciada apenas por uma pequena maioria. Dispunha a lei ateniense que o acusado e o acusador, no caso de o primeiro ser condenado, deveriam propor cada um a penalidade que julgassem adequada; Meleto pediu a pena capital; Sócrates declarou que, merecendo em sua consciência uma recompensa, não poderia sugerir um castigo: lembrava, pois, que o mandassem sustentar à custa da cidade; tal comportamento pareceu aos juízes desprezativo e irônico; a maioria hostil a Sócrates aumentou e condenaram-no à morte.

Conduzido à prisão, esteve à guarda dos Onze[1] durante um mês; não se podia executar em Atenas nenhuma sentença de morte sem que voltasse de

---

[1] "Funcionários encarregados de guardar os presos condenados à morte", conforme nota explicativa de Agostinho da Silva apensa à tradução de que o presente texto é o prefácio. Com efeito,

Delos o navio em que todos os anos iam os peregrinos ao templo de Apolo; os seus amigos, sobretudo Críton, aproveitaram esse tempo para o tentarem convencer de que devia fugir; Sócrates recusou; no dia seguinte ao da chegada do barco, depois de uma longa conversa com os discípulos sobre a imortalidade da alma, em que foi, como sempre, lúcido, paciente e bem-disposto, bebeu com tranquilidade a taça de cicuta; deu ainda um passeio pelo quarto; em seguida, estendeu-se no leito e morreu (c. 400 a.C.).

O PENSAMENTO DE SÓCRATES

A linha essencial da personalidade de Sócrates parece ser a de uma perfeita subordinação de todos os atos da sua vida às normas que, racionalmente, se lhe apresentavam como melhores; a forma de procedimento que estabelecera pela inteligência tinha de realizar-se na prática, quaisquer que fossem as dificuldades levantadas; o perigo não estava na pobreza, nas perseguições ou na morte que tivesse de sofrer pela fidelidade ao ideal que formara; o que havia verdadeiramente a evitar eram a incoerência e as concessões ao mundo.

Temperada por uma grande bonomia, pela propensão às atitudes irônicas e por uma funda compreensão dos móbeis e do mecanismo das reações humanas, a sua ação nada tinha da agressividade e da secura do estoico; mais exortava do que censurava e sente-se nele, sempre, a crença na possibilidade que tinha o adversário de reconhecer o seu erro e emendar-se; a dureza em Sócrates

---

os *Héndeka* (os Onze), eram os responsáveis pela direção das prisões, nas quais, mais especificamente, desempenhavam funções de vigilância e de condução das execuções dos condenados à morte. Contribuíam também para a manutenção da ordem pública, na medida em que, sob sua alçada, se encontrava a repressão a fugas e rebeliões de escravos ou a contenção de conspirações políticas de certos setores da sociedade. Para esse fim, vigiavam suspeitos, efetuavam prisões e encaminhavam ações penais, constituindo-se, no exercício dessas atribuições, numa das segmentadas forças policiais – havia uma polícia dos mercados e dos portos como uma polícia dos reservatórios de cereais, ou ainda uma polícia das águas e outra da religião e dos costumes – atuantes nas cidades gregas à época de Sócrates, de Platão e/ou de Aristóteles. [N. do O.]

é ainda pedagógica e ditada por um carinho de mestre; a sua ironia é filha do afeto e da sociabilidade, prepara, ante os compreensivos, a reflexão e o acordo.

A facilidade na discussão – não isenta por vezes de certa habilidade pouco honesta –, a audácia que o levava a afrontar os homens mais em evidência, a paciência com que lhes respondia às perguntas, o interesse que tomava pelo seu progresso intelectual e moral conquistaram-lhe a amizade dos rapazes atenienses e deram-lhe, sobre eles, uma influência a que nenhum escapou; Platão abandona, ao encontrá-lo, as suas tentativas de dramaturgo, Alcibíades não consegue libertar-se da sedução do "Sileno" de feio rosto e belíssima alma.

Mesmo sobre os mais velhos, como Críton, se faz sentir o império de toda a autoridade que lhe dão a completa concordância dos atos com as ideias, a tolerância sempre pronta, o contínuo esforço pela construção de uma vida lógica e humana, a altura, um tanto mística, a que por vezes lança, quando fala dos conselhos dos deuses e da sua voz interior; a sua lição perdura, por amigos e discípulos, através dos séculos; os próprios Padres da Igreja, exceção feita de um rude Tertuliano ou de um Lactâncio, o hão de respeitar como a um exemplo quase perfeito das virtudes cristãs.

Se a sua personalidade se desenha para nós em linhas nítidas, já é bastante difícil expor em que consistia, esquematicamente, o seu pensamento; as fontes que possuímos para tal trabalho não são de confiança. Pondo de parte Aristófanes, cujas *Nuvens* procuravam sobretudo o efeito cômico, contamos com os diálogos de Platão e com as obras de Xenofonte; ora, não podemos garantir que o primeiro não tenha alterado, com a sua maior capacidade filosófica e a sua imaginação de poeta, as ideias do mestre e que o segundo, bom historiador, mas um pouco limitado, as tenha percebido à perfeição; a hipótese mais provável é a contrária.

Em todo o caso, poderemos talvez aceitar que Sócrates procurou, por um lado, averiguar quais seriam ao certo as possibilidades que oferecia a inteligência humana para um conhecimento completo do mundo, por outro lado, fundar em alicerce sólido um ensinamento moral. Pela primeira parte da sua atividade, criticava Sócrates, indiretamente, os físicos jônios e todos os pensadores da primeira época da filosofia grega que tinham tentado uma interpretação integral do universo, sem se darem à tarefa de estabelecer que o homem é capaz de fazê-lo; pela segunda, entrava em conflito com os sofistas que se preocupavam mais com o brilhantismo exterior e com a utilidade da ação do que com a solidez interna e a sua concordância com um critério prévio e superior de verdade e justiça.

Cada indivíduo se deve acostumar à discrição e à dúvida sobre o próprio valor e a não caminhar, para a descoberta de um ponto fixo a que depois se refira, senão com toda a cautela e reflexão de que for capaz; assente um princípio de ação tudo se deve depois encadear logicamente e sem uma falta de coerência. Só pode lançar-se à conquista intelectual do mundo quem for internamente seguro e possuidor da força que não deixa admitir um erro ou introduzir-se uma falsa conclusão.

Convencido de que em todo o ser humano, por sua própria natureza, há a possibilidade de uma tal linha de vida, Sócrates não ensina, nem prega; examina para fazer notar as contradições e a fragilidade dos apoios e para isso se serve das armas dialéticas; e, se o examinado está de boa-fé e de boa vontade, nada mais resta do que levá-lo a tomar consciência do que, estando em seu espírito, só espera ocasião de se manifestar e exercer-se; Sócrates, nesta última fase da sua ação, desempenha, perante as almas, o ofício que sua mãe exercia perante os corpos; eis em que consiste a maiêutica (de *maieno*, fazer dar à luz).

Preocupado com a descoberta e o culto do Bem, não podia Sócrates aceitar a maior parte dos hábitos mentais e morais dos atenienses do seu tempo; em duas direções principais parece ter-se exercido a sua crítica: repugnava-lhe a ideia vulgar e grosseira que os poetas e o povo faziam dos deuses; é possível que tenha chegado à concepção de uma divindade superior, mas não única; o politeísmo, despido de mitos e das fábulas brutais, prendia-o ainda. Quanto à política, embora defensor da liberdade – e sabendo o que lhe devia – reprovava os processos demagógicos dos oradores, a ignorância e a irreflexão do povo nas assembleias; as suas preferências iam, provavelmente, para uma república do modelo espartano que, à distância, se mostrava excelente; mas, com certa segurança, podemos afirmar que o sistema de governo que mais lhe agradaria era uma democracia de Sócrates; por esse ideal de uma cidade consciente e intelectualizada, sem vagas de sentimentos e paixões, sem perigos de desordem nem de ordem, viveu e morreu.

NOTA[2] – Sobre Sócrates, podem ler-se os seguintes trabalhos facilmente acessíveis:

Émile Bréhier. *Histoire de la philosophie*, tomo I-1: L'Antiquité et le Moyen Âge. Période hellénique. Paris: Félix Alcan, 1931.
Albert Rivaud. *Les grands courants de la pensée antique*. Paris: Armand Colin, 1929.
Émile Boutroux. *Études d'histoire de la philosophie*. 4.ª ed. Paris: Félix Alcan, 1925.
Mario Meunier. *La légende de Socrate*. Paris: L'Édition d'Art H. Piazza, 1926.
Ernst von Aster. *Historia de la filosofía*. Tradução do alemão de Emilio Huidobro e Edith Tech de Huidobro. Barcelona: Labor, 1935.
Jonas Cohn. *Los grandes pensadores*. Introducción histórica a la Filosofia. 2.ª ed. Barcelona: Labor, 1927.

---

[2] Os elementos de referenciação constitutivos da bibliografia originalmente indicada nessa "nota" foram revistos, completados e, quando necessário, também corrigidos. [N. do O.]

A Paz, Aristófanes*

NOTÍCIA ACERCA DE ARISTÓFANES

Aristófanes, o maior dos comediógrafos gregos e o único de quem nos restam peças completas, nasceu na Ática, no burgo de Cidateno, por volta de 445 a.C.; os pais, que parecem ter sido lavradores com alguns bens, devem ter-lhe dado a educação de todos os atenienses, tanto no que respeita à aprendizagem dos clássicos e da música, como no que se refere à ginástica; nenhum dos seus biógrafos nos deixou, porém, quaisquer pormenores sobre essa fase da sua vida.

De uma grande precocidade, apresenta a sua primeira peça, *Os Convivas de Héracles*, que se perdeu, no concurso de 427, tendo obtido o segundo lugar; tanto esta comédia, como a seguinte, *Os Babilônios*, foram apresentadas, em vista da idade do autor, com o nome de dois atores seus amigos, Filônides e Calístrato; não evitou, porém, que Cléon, violentamente atacado nos *Babilônios*, movesse um processo ao poeta, que se conseguiu defender da acusação que lhe fazia o político.

Em 425, representou-se *Os Acarnânios*, em que satirizava os partidários da guerra, e em 424 *As Nuvens*,[1] em que atacava Sócrates, talvez confundindo-o com os sofistas, em todo o caso tomando-o como o tipo de filósofo que, pela educação que dava à juventude, destruiria os costumes tradicionais da cidade; ao passo que a primeira peça teve grande êxito, a segunda só obteve o terceiro lugar no concurso; o poeta remodelou-a e é a segunda versão a que hoje possuímos.

Em 422 escreve *As Vespas*, em que põe em cena um ateniense atacado da mania dos processos; logo depois, em 421, representa-se *A Paz* e, talvez, duas

---
* Aristófanes. *A Paz*. Tradução, prefácio e notas de Agostinho da Silva. Lisboa: Editorial Inquérito, 1939. (Col. Cadernos Inquérito, Série H – Literatura Clássica I.) [N. do O.]
[1] A primeira encenação da peça *As Nuvens* é também datada do ano 423 a.C. [N. do O.]

outras peças, *Os Lavradores* e *Os Navios de Carga*, que insistem na ideia de que se acabe a guerra e se faça a conciliação de todos os gregos. Em 414 aparecem *As Aves* e dois anos depois *Lisístrata* e *As Tesmofórias*,[2] a primeira novamente a favor da paz, a segunda contra Eurípides, o poeta trágico, que ataca também nas *Rãs*, de 405.

A derrota de Atenas e o estabelecimento por Lisandro do governo dos Trinta Tiranos afastam o poeta dos temas políticos imediatos; *A Assembleia das Mulheres*, de 392, discute o comunismo que preconizavam alguns filósofos, e, em 388, o *Pluto*, de que já dera uma primeira versão em 408, trata do problema da distribuição das riquezas. As suas duas últimas peças, *Cócalo* e *Eolósicon*, representadas em nome do filho, não chegaram até nós. O poeta morreu poucos anos depois.

*

É impossível ler Aristófanes sem se ser tomado imediatamente pela impetuosa corrente de fantasia, de audácia criadora, de força íntima que parecem constituir o fundo do seu espírito, a facilidade e o inesperado das criações, a imaginação sempre desperta, o fogo interior que cintila e flameja em cada verso, fazem dele um dos melhores representantes do espírito grego, no que tinha de capacidade inventiva, de espontaneidade, de viva inspiração, de ataque otimista ao que o mundo exterior lhe fornece como ambiente.

E como um grego também, sabe dominar o espírito pelo espírito, sabe disciplinar a torrente inspirada, com uma segurança, um bom gosto quase sempre presentes; o equilíbrio da composição, a simplicidade dos meios que emprega, o tato com que refreia a tempo a imaginação que se excedia, o fundo de bom senso, de calma, de ironia intelectual, que aparece por detrás das suas maiores audácias, permitem apontá-lo, descontando as características particulares do gênero a que se dedicou, como um representante do classicismo ao mesmo tempo criador e crítico.

---

[2] Ambas as peças são também datadas do ano 411 a.C. Quanto ao título da segunda, *As Tesmofórias*, tem sido igualmente traduzido, desde o grego, como *As tesmoforiantes* ou, ainda, *As mulheres que celebram as Tesmofórias*. [N. do O.]

É este um equilíbrio que se apercebe em toda a sua atividade espiritual; interessado pela política, como todo o homem superior, é ao mesmo tempo conservador e revolucionário; deseja que se não derruam as instituições que deram a Atenas a sua grandeza, exige que se proteja o lavrador e que a educação seja severa e perfeita; mas, ao mesmo tempo, ataca os demagogos que nada têm de verdadeiramente revolucionários, está pelos povos contra os seus governantes, sabe mostrar as molas ocultas, sobretudo as financeiras; os seus ataques não vão contra a democracia, que os permite, como não vão contra a democracia os ataques de Sócrates e Platão; vão contra os que se dizem democratas e governam como tiranos, satisfazendo as paixões e os interesses desprezíveis, contra os incompetentes e os falhados que se lançam na política como em recurso fácil.

O mesmo gosto da seriedade, o mesmo horror dos cômodos enganos nos surgem no problema religioso; todos os comentadores põem em relevo a maneira por que Aristófanes trata os deuses, apresentando-os com todos os vícios dos homens, satirizando-os, ridicularizando-os; é, no entanto, mais uma prova de que, ao contrário do que muitos querem, Aristófanes não confunde o tradicional com o excelente, nem é partidário de que se mantenha o povo numa ignorância confortável para os chefes; a ideia que a gente humilde faz da divindade é, para Aristófanes, inferior e condenável; o combate ao Hermes e ao Zeus e ao Héracles tradicionais não significa o ataque à religião, pelo contrário; é a expressão do desejo de que a religião se eleve, purificando-se, tornando-se digna de homens verdadeiramente racionais.

Aristófanes deixou nos seus contemporâneos uma impressão profunda de espiritualidade, de delicadeza, de vivacidade e de feliz equilíbrio; é o que exprime, melhor que tudo, o epitáfio atribuído a Platão: "As Graças procuraram um templo imortal e escolheram a alma de Aristófanes".

*

A comédia que se vai ler e que, como se disse, foi representada em 421, escreveu-a o poeta pouco antes de se concluir a "Paz de Nícias", que põe termo a um dos períodos da guerra do Peloponeso, travada entre Esparta e Atenas.

O general dos atenienses, Cléon, e o seu adversário Brásidas tinham morrido junto de Anfípolis, no mesmo combate, desastroso para Atenas. Eliminados os dois partidários da guerra, parecia fácil negociar-se uma trégua; assim se fez e a paz foi assinada em abril de 421, poucos dias depois de representada a comédia, que deve ter exercido certa influência no espírito público.

A peça tem uma ação extremamente simples: Trigeu, camponês da Ática, farto da guerra e de todos os males que ela traz consigo, e desconfiado de que mais valeria a ação direta de um homem do povo do que todas as entrevistas e combinações dos políticos, vai ao céu para falar com Zeus e perguntar-lhe como se há de resolver o problema; Zeus está ausente, mas recebe-o Hermes que lhe revela tudo e o ajuda a tirar a Paz do fundo duma caverna onde a meteram os seus inimigos; o Coro, composto de gregos de todas as idades, auxilia também Trigeu e a Paz volta para a terra. A segunda parte, depois do elogio que o poeta faz dos seus méritos, mostra todos os bens que a Paz trouxe, a abundância nos campos, a tranquilidade nas casas, alegria e bem-estar por toda a Grécia, e o desespero dos fabricantes de armas que lucravam com as hostilidades; a comédia termina pelo casamento de Trigeu com Opôra, a deusa das colheitas.

Toda a comédia é simbólica – A Paz, a Guerra, o Tumulto, o Lavrador, a Abundância, o Interesse – e, no entanto, não aparece nem vestígio da frieza vulgar deste gênero; Aristófanes, solidamente preso ao mundo vivo, dá-nos, em lugar de abstrações, caracteres cheios de realidade, figuras substanciais, com as suas qualidades e os seus defeitos, as suas ternuras e os seus ridículos. Ao mesmo tempo, no acontecimento presente e particular, ele soube ver o que havia de eterno e de geral; não é só a guerra entre Atenas e Esparta, é a guerra de todos os homens contra todos os homens; é o divórcio entre os interesses dos governos e os interesses dos povos, é a educação belicosa dada às crianças, com exercícios e canções de guerra, é o elemento primordial dos lucros das fábricas de armamento; em 421 a.C., há vinte e quatro séculos, Aristófanes soube marcar que não há ódios entre os povos, que um ateniense tem os mesmos interesses que o espartano e viverá em paz com ele, se os políticos e os metalurgistas e os fornecedores de mantimentos os não vierem perturbar na sua marcha para o entendimento, a colaboração e a paz perpétua.

Críton, Platão*

PLATÃO

Platão nasceu em Atenas no ano de 428 ou 427 antes de Cristo. Pertencia a uma família das mais nobres e ricas e era parente de Crítias, um dos Trinta Tiranos a quem Esparta entregou em 404 o governo de Atenas. Teve uma educação extremamente cuidada e distinguiu-se nos exercícios ginásticos. Parece que escreveu várias tragédias e poemas líricos, mas, ao encontrar-se com Sócrates, destruiu tudo quanto tinha composto e passou a dedicar-se inteiramente à filosofia. Acompanhou Sócrates durante uns oito anos e, quando o mestre foi condenado à morte, fez tudo o que lhe era possível para o salvar. A execução de Sócrates provocou a dispersão dos discípulos; Platão deixou Atenas e começou uma série de viagens que são mal conhecidas; é quase certo, no entanto, que visitou o Egito, Creta e a Itália meridional; esteve na Sicília e, possivelmente, na Ásia Menor.

Por volta de 387 regressou a Atenas e abriu, nos jardins de Academos, perto de um ginásio, uma escola destinada a investigações científicas e ao estudo da filosofia. Nela ensinou ou dirigiu os trabalhos durante quarenta anos. Não se contentando com a especulação pura e fortemente interessado pela política, atividade que várias circunstâncias exteriores lhe não permitiam exercer

---

* Platão. *Defesa de Sócrates* e *Críton*. Dois ensaios de tradução. Tradução, prefácios e notas de Agostinho da Silva. Vila Nova de Famalicão, Portugal: Grandes Oficinas Gráficas Minerva, 1946. (Edição do Autor) Publicado anteriormente em: Platão. *Críton*. Tradução e prefácio de Agostinho da Silva. Lisboa: Seara Nova, 1934. (Cadernos da Seara Nova – Textos filosóficos.) Sem o prefácio e dividida em duas partes, a tradução foi ainda estampada na *Seara Nova*, revista de doutrina e crítica, ano XIII, n. 410 e 412, em 11 e 25 de outubro de 1934, respectivamente. [N. do O.]

em Atenas, Platão fez segunda viagem à Sicília, em 367, com o intuito de, pela sua influência no ânimo de Dionísio, o Moço, realizar o seu ideal de cidade. Não o conseguiu dessa vez, nem, mais tarde, em 361-360; neste último ano esteve mesmo para ser assassinado por ordem de Dionísio. De volta a Atenas tomou novamente a direção da Academia e aí morreu em 347.

Postos de lado alguns diálogos seguramente apócrifos e as *Cartas*, que são duvidosas, a obra de Platão compreende, além da *Apologia de Sócrates*, reconstituição do discurso proferido por Sócrates ante o tribunal que o condenou, vinte e seis diálogos cuja cronologia é desconhecida. Podem-se, no entanto, dividir em dois grandes grupos: um em que se nota profunda influência das ideias e do método socráticos, outro em que as doutrinas expostas são propriamente as de Platão. Ao primeiro grupo devem pertencer o *Críton*, o *Êutifron*, o *Cármides*, o *Hípias Menor* e o *Hípias Maior*, o *Laques*, o *Íon*, o *Menêxeno*, o *Protágoras*, o *Mênon*, o *Górgias*, o *Eutidemo*, o *Crátilo*, o *Lísis*, o *Banquete* e o *Fédon*; no segundo incluem-se a *República*, o *Fedro*, o *Teeteto*, o *Parmênides*, o *Político*, o *Filebo*, o *Timeu*, o *Crítias* e as *Leis*.[1] O valor artístico desses diálogos iguala o seu valor filosófico, pela variedade e elegância do estilo, pela sobriedade das descrições, pelo voo poético da imaginação, pela perfeição da técnica dramática, pelo poder de criação de personagens, pela ironia verdadeiramente ateniense, pela emoção discreta, pela humana sinceridade que anima todas as páginas de Platão.

O seu pensamento, extraordinariamente rico e complexo, não é dos que se resumem facilmente. Podem, contudo, distinguir-se nele dois movimentos principais que se entrecruzam, que se não deixam distinguir cronologicamente: um que parte do mundo sensível para chegar ao mundo inteligível, outro que, partindo do mundo inteligível, procura modelar, afeiçoar o mundo sensível. Filia-se o primeiro nos esforços que sempre fez a filosofia grega, desde os tempos de Tales de Mileto, para atingir a realidade última, para determinar o substrato do universo; liga-se o segundo sobretudo às doutrinas

---

[1] Aos títulos do segundo grupo, acrescentemos o *Sofista*, de maneira a perfazermos a soma referida de vinte e seis diálogos platônicos citados. Cf., a esse propósito, *Platão*, Caderno de Informação Cultural constante deste volume, à página 216. [N. do O.]

pitagóricas que pretendiam essencialmente estabelecer um certo número de regras de vida que estivessem perfeitamente de acordo com os resultados da especulação. Há, pois, na filosofia de Platão, considerada em esquema, duas tendências: uma metafísica, a outra moral e política; ambas, como dissemos, indissoluvelmente unidas.

Só os espíritos grosseiros como, por exemplo, os de certos sofistas ridicularizados nos diálogos, podem supor que os "fatos", o que é contingente e transitório, constituem o que há de "real" no universo; para o filósofo, só o eterno é real e a sua missão está exatamente em descortinar e fixar o permanente por detrás da névoa móvel e incerta do passageiro. Consegue-a por meio do estudo atento dos fenômenos (observação científica) e da utilização racional dos dados recolhidos (dialética); é a dialética que vai relacionar a ideia que surgiu da contemplação do fenômeno com todas as outras ideias afins e estabelecer o que há de verdadeiramente real, de eterno, no campo percorrido.

Chega-se assim à concepção de um mundo puramente inteligível, despido de fenomenalidade e constituído pelo conjunto das *ideias* ou formas puras de que as formas terrestres, os fenômenos, não são mais do que um reflexo, uma pálida imitação. Esse é o mundo da filosofia, aquele em que vivem os que têm a força de vontade suficiente para se desprenderem das vaidades da terra e das opiniões vulgares e se lançarem, amorosamente, no caminho da investigação, no, por vezes, áspero trilho da dialética. Porque todos os homens têm em si a possibilidade de o fazerem; noutra vida, cada alma teve a oportunidade de contemplar as formas puras; basta um esforço para que a reminiscência desperte e o homem se recorde das ideias que contemplou; para Platão, o conhecimento é essencialmente lembrança.

Reconhecido como única realidade o mundo inteligível das ideias e hierarquizadas essas ideias de modo a colocar no cimo da escala a ideia do Bem, o filósofo, que é, por definição, sincero, sente-se obrigado a modelar a sua vida e a vida dos outros segundo os resultados metafísicos a que chegou. Consegue o primeiro fim pela moral, o segundo pela política, que não é mais do que um alargamento, uma extensão da moral. O primeiro passo, portanto, para uma reforma da cidade encontra-se numa reforma do indivíduo. É preciso dar-lhe, pela contemplação das ideias, o amor do Bem, da Beleza e da Justiça; o desejo da harmonia, o respeito pela liberdade, a fidelidade aos compromissos, a obediência às leis. É difícil, no entanto, chegar a tal resultado com os que tiveram uma educação e um ambiente que os guiavam a outros portos; Platão viu-o bem pelo exemplo de Sócrates; e eis porque se torna necessário modificar as normas pedagógicas, insistir na ginástica, dando-lhe como fim último não a vitória mas a proporção, e no cálculo, na astronomia e na dialética; banir os modos voluptuosos e deprimentes da música, deixando apenas a robustez, a virilidade do modo dórico; expulsar os poetas que não sigam as normas da razão, que não sejam simultaneamente filósofos, que possam perturbar as almas das crianças. Na organização da cidade, busca Platão essa mesma harmonia e essa mesma justiça em que procurava formar o cidadão; as suas concepções foram naturalmente influenciadas pelas condições políticas contemporâneas e podem em certos pontos repugnar ao espírito moderno; o que lhe não repugnará jamais é a ideia de que a cidade perfeita deve assentar nos princípios eternos da Justiça, aproveitar ao máximo as possibilidades de Bem e de Beleza de todos os cidadãos, respeitar a liberdade e a lei.

O *CRÍTON*

É exatamente essa obrigação moral que têm os cidadãos de respeitar a lei o tema do *Críton*. O diálogo, entre Sócrates e um dos seus mais afeiçoados discípulos, passa-se na prisão de Atenas, no intervalo que mediou entre a condenação de Sócrates e a execução da sentença; efetivamente, a lei não permitia que se executasse qualquer condenado enquanto não chegasse o navio que todos os anos levava às festas de Delos a representação ateniense. Nas vésperas do dia em que se esperava a entrada do barco, Críton procura Sócrates para lhe pedir que se evada; Sócrates recusa e expõe as razões que o levam a agir desse modo. Em primeiro lugar, o respeito da lei, que não pode depender da opinião que os outros formam de tal ou tal ato, mas apenas do ponto da escala de valores em que cada qual tiver colocado a justiça; Sócrates, durante toda a vida, sempre a considerara como um dos princípios essenciais do homem e do cidadão virtuosos; não a poderia agora pôr de lado, por uma pura questão de interesse pessoal. Mas é acaso ofender a justiça furtar-se a uma condenação injusta? Certamente; Sócrates foi condenado segundo as leis, tudo se passou legalmente; se o não absolveram foi porque ele o não quis ou o não soube obter; desde que se submeteu ao tribunal – que acharia bom se o absolvesse –, tem que aceitar de ânimo igual a condenação. Não seria, porém, justa a revolta contra as leis que permitem a condenação de um Sócrates? Tem o cidadão de obedecer a todas as leis? É um escravo do Estado? Não podemos falar genericamente de Estados; é forçoso atender à constituição de cada um deles; numa democracia, em que as leis são discutidas e votadas pelos cidadãos, em que tem cada um o direito de persuadir os seus compatriotas a modificá-las ou derrogá-las, a lei promulgada tem de ser cumprida; quem o não quiser fazer tem um recurso: o exílio; ora, Sócrates nem protestara contra as leis, sempre as achara justas, nem se exilara, sempre tinha demonstrado por Atenas mais amor que todos os outros cidadãos. Se Sócrates procedesse por impulsos sentimentais, fugiria; mas procede segundo os ditames da razão, as suas ações de agora não se poderão defender se não forem a consequência lógica das suas atitudes anteriores.

Por outro lado, o respeito absoluto pela justiça leva também a nunca prejudicar ninguém, mesmo o injusto; a fuga de Sócrates, pelo valor moral e pelo prestígio do fugitivo, teria efeitos desastrosos para Atenas, traria à cidade a condenação de todos os gregos. Sócrates, por patriotismo, não deve evadir-se. E ainda por dignidade pessoal: que diriam de um Sócrates que se escapasse de noite da prisão, vestido de escravo, receoso de todos os vultos, trêmulo de inquietação, para ir depois, porque era pobre, viver à custa dos outros numa terra estrangeira? Conviria tal ação ao filósofo, ao homem que continuamente, chamando os atenienses ao culto da razão, os chamava por isso mesmo ao culto da dignidade humana? É evidente que não. Sócrates aguardará a morte com serenidade e Críton pode estar seguro de que os não censurarão nem a um nem a outro os homens justos e bons – os únicos cuja opinião interessa.

Da Natureza, Tito Lucrécio Caro*

Fundada a cavaleiro do Tibre, no ponto de encontro das estradas comerciais que atravessavam a península de norte para sul e de leste para oeste, Roma fora logo de início uma colônia de mercadores e de soldados, que a hostilidade dos povos vizinhos ou os desejos de conquista tinham obrigado a uma severa disciplina interna e que de resto encontravam nessa disciplina, nesse gosto da organização, um meio de exprimir as tendências mais profundas do seu espírito.

Efetivamente, os romanos apresentam-se desde o começo como um povo escassamente dotado para as tarefas da inteligência criadora ou da intuição artística e em nenhum momento da sua história conseguiram modificar a sua íntima estrutura, embora de onde a onde alguns tenham levado a cabo, como pura realização de caráter individual, a construção de obras que, sem os colocarem em lugar de primeiro plano na história do espírito humano, lhes asseguram no entanto algum motivo de estima. É, porém, de notar que nenhuma dessas obras pertence aos campos em que mais se revelam a imaginação, a fantasia, o impulso e a liberdade de criar. Os romanos não produziram nenhuma grande obra artística no campo da plástica, não construíram nenhum grande sistema filosófico e, pelo que respeita à ciência, os oito séculos de civilização romana são como que inexistentes para a humanidade.

---

* Tito Lucrécio Caro. *Da Natureza.* Organização, prefácio, tradução, notas e glossário de nomes próprios por Agostinho da Silva. Estudos introdutórios de Emmanuel Joyau (sobre Epicuro) e Otto Ribbeck (sobre Lucrécio). Antologia de textos de Epicuro segundo Hermann Usener e Rodolfo Mondolfo. Porto Alegre: Editora Globo, 1962. (Col. Biblioteca dos Séculos.) Entre as muitas reedições posteriores dessa obra organizada e traduzida por Agostinho da Silva, destaque-se a efetuada no âmbito da célebre coleção Os Pensadores, no volume dedicado a Lucrécio, Cícero, Sêneca e Marco Aurélio. Cf. *Os Pensadores.* História das grandes ideias do mundo ocidental, vol. V. São Paulo: Abril Cultural, 1973, p. 7-143. [N. do O.]

A escultura de retrato, se vale pelo duro realismo da concepção e pela simplicidade da fatura, não tem nenhum dos elementos idealistas que na glíptica dos gregos faziam do retratado um tipo humano, nem o toque de absoluto que tornava cada retrato egípcio uma revelação da eternidade na tessitura do tempo. Na pintura, quer na mural quer na de cerâmica, há apenas imitação da arte grega ou da etrusca; nas artes menores, o caráter essencial mais os aproxima dos fenícios do que de qualquer outro povo. Só na arquitetura foram grandes, embora não tenham inventado nenhum dos elementos de estrutura que se lhes levaram a crédito e tenham sentido toda a construção arquitetônica muito mais como engenheiros do que como artistas; mas, nesse ponto, possivelmente tiveram razão: o jogo da arquitetura é na realidade um jogo de volumes, não um jogo de ornatos, como tanta vez se tem julgado; e os volumes são acima de tudo determinados pelos materiais, pelos meios e processos técnicos e pelos fins da edificação: e nesses três aspectos os romanos foram mestres de sentido prático, de clareza de visão e de bom senso; a sua arquitetura é uma arquitetura de engenheiros, e por isso boa. Mas todo o restante da sua arte é uma arte de juristas, de comerciantes e de soldados, uma arte de semelhança física, para efeitos de identificação; ou monumental, para louvor do Estado; ou de prazer, mas tardio e sem convicção, como de funcionários aposentados; é uma arte sem voo poético e que pouco se levanta acima do plano da estrita utilidade.

No que se refere à ciência e às suas aplicações técnicas, os romanos não deram um passo; na construção teórica é mesmo possível que não tenham compreendido perfeitamente as concepções dos gregos: eram, ou pareciam, demasiado abstratas, demasiado longe do mundo para que se pudessem firmar em mentes que de preferência se orientavam para a prática; a matemática, no fundo, é domínio de poetas, mais talvez ainda do que a própria poesia, onde tanto entra de habilidades verbais e de sensibilidade aos coloridos, às formas e aos sons; os romanos apenas assimilaram cuidadosamente o que mais lhes servia, mas não houve progresso; e, mesmo quanto à prática, apesar de toda a sua vocação de engenheiros, o que é certo é que os romanos se limitaram a pequenos aperfeiçoamentos sem importância de futuro; deixaram, por exemplo, de lado as aplicações do vapor como força motriz. Pode dizer-se, em resumo, e com perfeita segurança, que os romanos fizeram em grande o que os outros já tinham realizado em pequeno.

A literatura, com as suas várias modalidades, depõe mais a favor do gênio inventivo de Roma, mas não tanto como se tem apregoado e, o que é curioso de notar, menos nos gêneros em que melhor se poderia exprimir um sentimento coletivo do que naqueles que representam um afastamento, uma reclusão, no fundo uma desistência cívica do artista. Com efeito, Plauto é inferior, apesar de todas as suas qualidades, aos comediógrafos gregos que tanto imitou; Terêncio salva-se, porque é na realidade muito mais um moralista, delicado e tímido, do que um homem de teatro, que é uno com o seu público, ou exprimindo-o ou combatendo-o; as tragédias de Sêneca são simples exercícios de gabinete; Cícero fica a uma distância imensa de Demóstenes, não porque lhe falte o domínio da linguagem, ou a força de eloquência, ou, na maior parte das vezes, a seriedade de propósitos: mas um orador existe para que os outros o escutem, não para que ele se escute a si; e Cícero foi toda a vida o seu próprio auditor, o que o tornou retórico no pior sentido da palavra, e o que fez que fosse um desastre para a cultura ocidental o renascimento italiano que o trouxe de novo a um lugar de príncipe. A própria sátira, tão dentro da linha romana, é de qualidade inferior: já o devia ser com Lucílio, mas o estado em que nos chegou o texto não permite nenhum juízo seguro; e sem dúvida alguma o é em Juvenal e em Pérsio, violentos, grosseiros e superficiais, tão bons representantes do povo que transformava as alcunhas de defeitos físicos em nomes próprios de família (Naso, Cícero, Macer, Crassus); a *Apocolocintose*[1] aparece-nos como a perfeição do gênero; e o próprio Catulo e o próprio Marcial não são em muitos pontos superiores ao que a tradição lhes punha como nível.

A grande literatura dos romanos é a que vem dos espíritos feridos, magoados, esmagados pela incompreensão do mundo à volta: é a de um Virgílio que louva acima de tudo os ócios que um acaso da história lhe proporcionou e que lhe permitem viver bastante longe, no tempo e no espaço, do que se passa na

---

[1] *Apocolocintose do divino Cláudio*, obra da autoria de Sêneca. Cf., neste volume, *Literatura latina*, p. 286. [N. do O.]

Roma imperial de César Augusto; é a de um Tibulo ou de um Propércio mergulhados nos entusiasmos ou nos desânimos dos seus amores; é a de um Horácio, defendido pela *aurea mediocritas* e por um cinismo um pouco forçado e literário; é a de um Tácito mesmo, metido na sua carapaça de velho republicano e lutando já sem esperança de vitória contra a corrupção de Roma. É a literatura de todos aqueles que sabiam da grandeza da sua terra e lhe viam o império universal e sabiam da majestade dos corpos legais e lhe agradeciam mesmo a perfeita paz que lhes permitia a eles pensar e escrever garantidos contra toda a ameaça de caráter geral dos bárbaros externos ou internos, mas que tinham ao mesmo tempo a plena consciência de todo o imenso vazio que a vida romana representava, com uma religião que ainda era, apesar da assimilação aos deuses gregos, a religião puramente contratual dos negociantes e guerreiros da primitiva Roma, e, portanto, com toda a sua atividade humana voltada para a terra, e para uma terra que só se apresentava à grande maioria dos seus concidadãos como um campo de tarefas práticas.

Os melhores romanos têm a certeza de que se trata, por isso mesmo, de uma civilização condenada, de uma civilização sem saída, em que todos estão como prisioneiros de um destino que eles próprios fabricaram, por incapacidade, ou por descuido, ou por orgulho; de qualquer modo, por não terem atendido acima de tudo aos valores do espírito que deviam ter herdado dos gregos e que lhes competia ter espalhado pelo mundo, realizando o trabalho em que Alexandre falhara.

Os de menores exigências refugiavam-se em religiões exóticas, vindas do Egito e da Síria ou de regiões mais remotas; os de qualidade superior, os que desejavam satisfazer ao mesmo tempo a sensibilidade e a inteligência, procuravam um sistema filosófico que lhes pudesse dar uma explicação do mundo, uma metafísica, e uma lei moral, uma norma de vida, uma ética. Mas os romanos eram incapazes de criar uma filosofia: e então, como tinham feito com as artes, com as ciências, com os próprios fundamentos do direito, que sempre se tem apontado como obra puramente romana, dirigiram-se de novo à Grécia e procuraram, na sua longa evolução filosófica, uma doutrina ou um conjunto de doutrinas, que lhes pudesse dar, se não entusiasmo pela vida, crença nos destinos do mundo, atividade construtiva, pelo menos o repouso de espírito, a resignada tranquilidade, a intelectual apatia em que pudessem com sossego esperar a morte.

*

Os gregos, no início dessa sua evolução filosófica, tinham-se comportado, ao mesmo tempo, como era de esperar de qualquer povo e da maneira que os tornaria uma nação única na história: tinham atendido, sem nenhuma espécie de preconceito ou de segunda intenção, às realidades que o mundo lhes desdobrava na frente, mas buscavam-lhe simultaneamente uma explicação que fosse simples, coerente e abraçasse a totalidade dos fenômenos. Para dizê-lo doutro modo, os gregos fundavam uma filosofia, quando até aí houvera apenas esboços de explicação parcial, ou simples avanços nos domínios pragmáticos, ou se entregara tudo, mais comodamente, ao poder universal e multímodo dos deuses.

Fundavam, porém, uma filosofia de caráter realista e até, para que se ponha o assunto com mais precisão, de caráter materialista. Os físicos jônicos, os Tales, os Anaximandros e os Anaxímenes, com que principia a história da filosofia grega, são efetivamente físicos, não só no sentido pretérito da palavra, isto é, de estudantes da natureza ou de tudo o que existe, mas também numa acepção mais moderna: contemplam, estudam e tentam explicar o mundo físico, o mundo fenomenal; não por meio do jogo de leis, na trama sutil e imaterial de ondas de probabilidade e de corpúsculos, como hoje, mas fazendo atuar realidades concretas: aparece, como princípio de tudo, a água ou o fogo ou o ar, ou o "alguma coisa", suficientemente plástico e potencial para que possa vir a ser tudo, ou, segundo outras hipóteses, uma pluralidade de substâncias, funcionando separadas ou em conjunto, mas sempre substâncias, sempre matéria, sempre realidades, sempre o que é medível, pesável, visível, sensível.

Talvez tenhamos de abrir uma exceção para certos pensadores mais tardios, como um Heráclito ou um Anaxágoras, mas mesmo aí a questão nos aparece como bastante discutível; de resto, o amor de vida física dos gregos, o seu sentido plástico, a sua esplêndida imaginação de formas os conduziam em linha reta a uma explicação materialista; é muito difícil abstrair, quando se não é, naturalmente, um habitante dos países abstratos; nos gregos, abstrair foi um puro ato de inteligência voluntária, em todos os domínios, e é difícil dizer até que ponto, na geometria e na arquitetura, se não conservam vestígios dos antigos gostos sensuais.

Mas, em filosofia, a passagem à abstração foi mais do que um ato de inteligência voluntária: foi o resultado dum drama. Efetivamente, era impossível continuar a defender-se uma hipótese materialista como explicação geral depois que Pitágoras, ou a sua escola, tinha encontrado a incomensurabilidade da diagonal do quadrado, e depois que Zenão de Eleia provara, pela impossibilidade de pensar o movimento, que o espaço não podia ser constituído por um conjunto de pontos materiais; o aparecimento da raiz quadrada de dois e as aporias de Zenão punham um termo brusco ao desenvolvimento de uma filosofia materialista.

E ninguém conseguia encontrar outra. Entrou então nos espíritos a ideia de que não havia nenhuma verdade objetiva e portanto nenhuma filosofia, nenhuma ética, nenhuma política que fossem verdadeiras; cada um se podia guiar pelos seus caprichos ou pelos seus interesses: é a época em que florescem os sofistas com as suas afirmações de que a verdade é a medida do homem, com as suas lições espetaculares e a sua influência desastrosa no equilíbrio moral da Grécia.

Como era de esperar, o sinal dum ressurgimento veio de uma forte consciência moral, à qual repugnava a possibilidade de uma tal desordem na economia do mundo; na realidade, Sócrates, a quem se deve a revolução, parte da ideia, que não é ainda racional, de que pode não existir coisa alguma, mas que existe, sem sombra de dúvida, uma lei moral; Sócrates, digamos, é já kantiano e baseia-se nessa certeza, nesta sua inabalável consciência de uma lei moral para reformar o mundo filosófico. E, embora todos os textos que existam sejam de tal condição que não permitem mais do que conjecturas sobre o que teria sido o verdadeiro Sócrates, parece que a sua grande descoberta foi a das ideias gerais: conversando com os educadores, com os generais, com os políticos, com os pensadores de Atenas, Sócrates chega à conclusão de que tudo o que havia de confuso e de desordenado, de real ignorância, na sua época, vinha de poder cada um apreciar bastante bem os casos individuais, mas sem que daí se elevasse à consideração do geral; sabia-se ou julgava saber-se que tal homem era justo, que tal outro piedoso, que tal outro valente: não se sabia, porém, e isto era indispensável para um verdadeiro conhecimento, o que eram a piedade, a justiça, a valentia.

É nessa linha de apuramento das ideias gerais que segue o trabalho de Platão: mas a tarefa é para ele muito mais difícil do que tinha sido para Sócrates. Para o mestre, tratava-se de pôr a necessidade, por exemplo, da ideia geral de justiça; mas para Platão, que procura transformar os esboços de Sócrates num sistema filosófico, trata-se de incluir todas as ideias gerais, inclusive a de cavalo ou a de mesa, de as ordenar hieraticamente, de explicar como se nos revelam e de as relacionar com o mundo da experiência. Embora seja muito difícil e arriscado qualquer juízo nesse assunto, é muito provável que Platão tenha falhado na sua empresa e por dois motivos: primeiro, porque, apesar de tudo, a sua mentalidade ainda era mítica e plástica e tendia a pôr as ideias como formas puras, com a sua existência num universo supraterreno; em segundo lugar, porque a noção de lei, tal como hoje a temos através da física, não existia, nem podia existir no seu tempo. A filosofia de Platão está de um modo geral certa se substituirmos à sua hipótese de ideia a hipótese de lei; mas, tal como a deixou, pode perfeitamente ter merecido a crítica dum Aristóteles, embora este, pelas suas fortes tendências realistas, pela sua marca de enciclopedista de ciências naturais, não tivesse feito na parte construtiva senão barrar alguns dos caminhos do futuro; de qualquer modo, a crítica aristotélica pode ter obrigado os pensadores seguintes a desmaterializar as ideias de Platão e ter, apesar dos desvios, ajudado a levar o pensamento até os portos do idealismo moderno.

Fosse como fosse, os dois sistemas, o de Platão e o de Aristóteles, tinham salvado o precipício que se abria com a crise do materialismo; a inteligência assegurara os seus direitos e daí por diante seria impossível, filosoficamente, uma explicação materialista do mundo.

Simplesmente, levados pelo racionalismo, e de acordo com as características da sua época, nenhum dos dois filósofos se tinha importado muito com a sensibilidade, com os anseios mais ou menos românticos, com os temores e as inquietações da grande maioria dos homens; ora, as circunstâncias históricas do Oriente Médio cada vez levaram mais a dar-se especial importância a todos os movimentos íntimos que platonismo e aristotelismo tinham passado em claro.

No meio da decadência política, econômica e religiosa, o afetivo reclamava os seus direitos; o mundo dos Apolos e das Palas Atenas acabava para sempre: surgia um mundo de Laocoontes e de gladiadores feridos e de Alexandres mais tocados de *páthos*, do que de *lógos*; o que se queria, no fundo, era uma nova religião que não fosse apenas uma religião cívica; queria-se uma proteção, terrena ou extraterrena, para o indivíduo batido, oprimido, incerto, num mundo em que todas as seguranças tinham bruscamente desabado; por uma parte, dá-se grande importância ao mundo material, porque é dele que vêm os golpes: a realidade existe; por outro lado, busca-se o mundo "para além", onde a paz possa existir; esse mundo para além pode ser o do céu, o do palácio dos deuses, o que vem com a morte, ou o que se pode obter em vida por uma transformação, pela mudança da alma.

O primeiro domínio é propriamente o das religiões; o segundo, o das filosofias; só mais tarde, e precedido pelos esboços dos neoplatônicos, aparecerá, obtendo a vitória, um pensamento, o cristianismo, em que se reúnem os dois aspectos; por agora, ou se tem as religiões orientais, com o seu acompanhamento de mistérios, ou se tem uma das duas filosofias que se disputam a preeminência: de um lado, o estoicismo, com o seu "sofre e abstém-te", que será o preferido das almas fortes que não recusam o combate; do outro lado, o epicurismo, que faz mais apelo aos que estão dispostos a escolher o caminho da evasão, tirando da vida todo o prazer que ela lhes pode dar, resignando-se a pagá-lo com os males que não deixarão de assaltar a cada um; e, em troca do consolo que tais doutrinas lhes podem trazer, de bom grado abrem mão os seus adeptos de todas as conquistas que a inteligência podia apresentar no seu ativo.

*

E o epicurismo, talvez ainda mais do que o estoicismo, é típico sob esse ponto de vista; encarando o assunto pelo aspecto estritamente filosófico, poucos sistemas, se é que se lhe pode dar o nome de sistema, depõem menos a favor da capacidade especulativa do espírito humano. Em primeiro lugar, é uma filosofia que aparece dirigida, isto é, que não constitui apenas um esforço no sentido do conhecimento, o que marcou talvez os pontos mais altos atingidos pela maré do racionalismo grego; o epicurismo é uma filosofia construída para que, por meio dela, se possa alcançar a felicidade.

É evidente que a felicidade deve ser um dos fins do homem e parece também evidente, apesar de todos os desastres na tentativa de explicar o aparecimento do mal, que um sistema filosófico perfeitamente válido concluiria pela impossibilidade de se pensar o ser essencialmente infeliz; mas também é certo que todo sistema filosófico que se põe qualquer espécie de objetivo, além da construção de um conjunto coerente de relações, está condenado a uma distorção de que pode não se dar conta o seu autor ou os adeptos, mas que efetivamente o inutiliza como valor científico.

Quanto ao epicurismo, chega-se até um nível da mais alta gravidade: tem-se frequentemente a impressão, na medida em que os textos e os testemunhos o permitem, que Epicuro e seus discípulos sentiram a fraqueza do sistema e se abstiveram de discutir e de aprofundar os pontos em que mais facilmente se poderia abrir brecha. O que torna o estudo do epicurismo pouco atraente é que é muito difícil não atribuir certas inconsequências e certas vistas superficiais a uma real covardia dos que o adotaram como seu guia filosófico; e é esse um dos pontos que o aparentam muito mais a uma das crenças religiosas de caráter sentimental da sua época do que a um puro ato intelectual de conhecimento especulativo.

Seja como for, os epicuristas punham à filosofia uma tarefa, e essa tarefa era a de tornar os homens felizes; de bom grado, abandonariam todo o trabalho filosófico se não estivessem convictos de que há um prêmio para o filósofo: o de poder, do lugar que a doutrina fortifica, contemplar em sossego os desvarios do mundo; por este lado, o epicurismo é aquilo a que se tem chamado uma doutrina de salvação; mas a diferença com outras doutrinas de salvação, como o era de certo modo o platonismo e o foi depois, por exemplo, o pensamento de Espinosa, é que a salvação não vem como consequência do conhecimento;

é este que tem de desenvolver-se e construir-se na medida em que tal se torna necessário para a salvação.

De resto, a felicidade do epicurista, tal como ele a concebe, é uma felicidade de aniquilamento, uma felicidade que diríamos de nirvana, se fosse possível continuar a dar-se ao termo budista o significado que se lhe atribuiu em alguns setores da filosofia alemã do século XIX; não é uma felicidade de energia, de ação, uma felicidade de colaborar com os deuses ou com Deus na criação e conservação e aperfeiçoamento do mundo: é uma felicidade de abstenção, de afastamento dos trabalhos, de desistência, de ataraxia: no fundo, o epicurismo, como todos os materialismos, é uma filosofia pessimista: o mundo é alguma coisa de cego, ou de absurdo, ou de hostil que, de qualquer modo, devemos ter o mais possível longe de nós.

Para se chegar a tal ponto, o primeiro passo é o de cortar todas as ligações espirituais possíveis à nossa volta, todas as obrigações, todos os deveres, todo o amor, tudo o que nos leva para além de nós próprios e pode, pelos contatos a que nos força, criar-nos complicações na vida. O epicurismo tem, portanto, de estabelecer-se sobre uma explicação materialista do universo, de tal modo que tudo se transforme numa imensa e grandiosa oficina, com máquinas umas em face das outras, realizando cada qual a sua tarefa tranquilamente, pacificamente, sem loucuras de inquietação afetiva. Para que se pudesse firmar com segurança esta concepção de uma paz desolada e mecânica, Epicuro tomou como inabalável alicerce a hipótese atomística de Demócrito e Leucipo: todo o mundo é composto de átomos e nada mais há senão os átomos e, naturalmente, o espaço em que eles se movem; átomos eternos, imutáveis, indivisíveis e capazes, pelas suas combinações, de produzir tudo o que existe no universo, inclusive as nossas almas.

Simplesmente, a hipótese atomística era uma hipótese de físicos (e apesar da enganadora semelhança de nomes, muito diferente da atomística moderna); Epicuro, porém, trabalhava como moralista, isto é, como um homem que tem de pôr acima de tudo, como fundamento da moral, a capacidade de ser livre; para se manter consequente com Demócrito, Epicuro só podia ser um mecanicista; mas, para ser, como pretende, um guia de moral, tem de pôr de lado o mecanicismo. Consegue-o de uma forma muito fácil: em lugar de atribuir aos átomos um simples movimento de queda no vácuo por ação da gravidade, o que de resto tornaria impossível o universo tal como o conhecemos, dá-lhes um predicado novo, o da declinação: em qualquer momento da sua trajetória, o átomo pode desviar-se: se o pode sem que nada o obrigue, por outras palavras, sem causa física, é porque quer; e a junção do poder e do querer produz a liberdade. Em última análise, o homem é livre porque existe a declinação atômica; poderia dizer-se que o homem como ser livre é o ressoador ou o amplificador perfeito do *clinamen* ou declinação dos átomos, e aqui nos encontramos estranhamente com a hipótese emitida em nossos dias sobre uma liberdade dos elétrons de que o homem também seria um ressoador, hipótese, segundo parece, de maus físicos e de péssimos místicos; mas única saída que podem encontrar, como sucedeu com Epicuro, para um universo a que dão no fundo uma estrutura materialista e mecanicista.[2]

De posse de tal liberdade, da liberdade atômica, o homem pode decidir do seu destino, pode libertar-se das ambições, das preocupações do dia a dia ou dos terrores com que a religião procura aniquilar a sua capacidade de ser feliz. Então o seu primeiro dever é o de conhecer as leis físicas do mundo, saber como tudo se produz, de modo a ter certeza de que nada acontece por virtude de poderes sobrenaturais: os deuses existem, mas não se importam com o mundo; o que nós temos de fazer é imitá-los, não procurando na vida nada que tenhamos que abandonar com a morte, e esforçando-nos por que os dias que temos ao nosso dispor corram sossegados e plácidos, como sossegados e plácidos correm os dias dos seres divinos.

Não temos, pois, que procurar postos de governo, nem que invejar os que os detêm, não temos que nos preocupar com as riquezas, nem sequer com o saber, na medida em que ele é uma ação de posse; convém-nos mandar o menos possível, possuir o menos possível, agir o menos possível; só assim conseguiremos

---

[2] Na primeira edição, de 1962, "mecanista" – em "[...] uma estrutura materialista e mecanista" –, que aqui fixamos como "mecanicista", por se tratar de variante de uso mais disseminado e corrente. Aliás, como demonstrado neste mesmo parágrafo, no qual já na publicação original tal variante ocorre por duas outras vezes, adjetiva ou substantivamente. [N. do O.]

todo o prazer que nos é dado obter da vida; de prazer que nunca é, ao contrário do que em geral se supõe, um prazer grosseiro, o qual traz sempre consigo, segundo pensa Epicuro, a preocupação do espírito ou a doença do corpo.

No fundo, o epicurismo é uma ascese, que pretende deixar o espírito o mais livre, o mais despojado, o mais puro possível para a apreensão dos prazeres que são os únicos que valem a pena buscar: o prazer da leitura, da contemplação da ordem do mundo ou da conversa entre os amigos esclarecidos, o sentimento da fraternidade que une os homens livres; quando a morte vier, recebê-la-emos serenamente, primeiro porque tivemos cada hora presente como um tesouro precioso, sem nunca chorarmos o passado ou sonharmos o futuro, depois porque sabemos que a morte é o grande sono sem sonhos de que já falava Sócrates. Na sua melhor forma, o epicurismo aparece-nos como perfeita indiferença pela vida, como um pôr-se à margem do surto de energia que possivelmente é o âmago de tudo; e teria convindo a Schopenhauer, para apoio da sua doutrina, muito mais do que o budismo adulterado que popularizou no Ocidente; mas o faro filosófico de Schopenhauer, bem vivo, apesar de todas as suas tendências literárias, fê-lo sentir que era impossível aceitar-se o materialismo ingênuo, e ainda mais absurdo do que ingênuo, do pensamento de Epicuro.

*

Apesar de não ter base alguma, qualquer das acusações de devassidão que se têm feito ao epicurismo, o qual poderia até apresentar-se, visto perseguir o mais absoluto dos prazeres – o que não deixa nenhuma dor, o que de certo modo não se liga a flutuações do tempo –, como um pensamento ascético, compreende-se que, por outro lado, a doutrina tivesse sido a preferida pelos que apoiavam o império, ao passo que os estoicos recrutavam os seus adeptos, desde Catão de Útica, entre os que apareciam como adversários das tiranias. O epicurismo, ensinando-lhes o desdém da ação, pondo-lhes como modelo a vida dos deuses, calmos e indiferentes, num Olimpo distante, levava-os a aceitar o governo que vinha de cima, com todos os problemas resolvidos e todas as tarefas preparadas, sem preocupações que os perturbassem nas suas leituras, nas suas festas mais ou menos discretas, nas suas reuniões de amigos; e dava-lhes também, se não a força de alma, pelo menos a compreensão e o desprezo suficientes, para que bem morressem quando o imperador, por acaso, se sentisse ofendido por alguma palavra ou algum gesto.

Mas o que surpreende é que se tenha de contar entre os epicuristas romanos a um Lucrécio, numa época em que o domínio dos Césares ainda vinha longe, em que de certo modo se conservavam as antigas virtudes de Roma, muito mais propícias ao estoicismo, e, pelo que sabemos de testemunhos ou podemos perceber através do poema, com um temperamento que de modo algum o aparentava aos, afinal mais céticos que epicuristas, da época de auge do império.

Quanto à biografia de Lucrécio, os textos são incertos; mas, fundando-nos num passo de São Jerônimo, nos seus aditamentos à *Crônica* de Eusébio, num outro de Donato, na sua *Vida de Virgílio*, numa nota do manuscrito de Munique, *Monacensis 14429*, e num texto de 1502 de Hieronymus Borgius[3], que deve, no entanto, ser apenas derivado de São Jerônimo, podemos fixar a data de nascimento de Lucrécio entre os anos de 99 e 94 a.C., e a morte aos quarenta e três ou quarenta e quatro anos anos de idade; São Jerônimo, que é o mais amplo em pormenores, diz-nos também que o poeta foi atacado de loucura por ter bebido um filtro amoroso, que escreveu o poema nos intervalos da doença e que veio a suicidar-se; o poema teria sido, posteriormente, corrigido por Cícero, naturalmente Marco Túlio, o orador, e não Quinto, o retórico.

Pelo que respeita às datas, não há possibilidade, com os dados atuais, de as estabelecer com maior precisão, nem tal se torna necessário; interessa mais o ter sido, como todos concordam, bastante curta a vida de Lucrécio; não parece, no entanto, ter pertencido à raça, considerada ditosa, daqueles que os deuses levam cedo, porque muito os amam; o tom frequentemente amargo do poema, a menção de muito fato que mais deve provir de experiência pessoal do que de leitura ou de simples observação, a própria força de ataque e de ironia dão-nos

---

[3] Agostinho da Silva refere-se respectivamente ao bispo, exegeta e historiador Eusébio de Cesareia (c. 263 - 339/340), ao gramático e professor de retórica Élio Donato (c. 310 - 363) e ao humanista Girolamo Borgia (1475 - c. 1550). [N. do O.]

a ideia de que Lucrécio estará provavelmente melhor no grupo dos que uma vida intensa rapidamente devora, dos que se queimam no espírito, daqueles que uma paixão prontamente reduz às fibras essenciais e tomam o ar direto, despido e seco que em geral apenas aparece com a velhice dos artistas.

Sobre a natureza da paixão é que podem surgir dúvidas; nada impede que se tenha tratado de uma paixão amorosa, como o afirma São Jerónimo, se o afirma; é de notar, no entanto, que os textos dos Padres da Igreja não devem em geral ser tomados como testemunhos seguros quanto aos acontecimentos do mundo antigo: a batalha era ainda muito viva entre pagãos e cristãos, para que se pudesse ter a serenidade do historiador, e era-se naturalmente levado a preferir dentre as várias versões possíveis aquelas que menos favoráveis podiam ser para os adversários; basta atentar no que sucede quanto aos textos sobre os imperadores para que marchemos nesse ponto com a maior prudência.

Tem-se posto a hipótese de uma paixão pela verdade, mas não é a paixão pela verdade que anima em geral os epicuristas que melhor conhecemos; antes parece preferível inclinarmo-nos para o lado da violência e supormos que Lucrécio escreveu o seu poema movido pelo ódio à religião do tempo, com todas as superstições, todas as inferioridades de sentimento e de inteligência que fazia nascer e cuidadosamente conservava na alma dos fiéis. A parte positiva de Lucrécio seria assim menos importante do que a sua parte negativa, se é que de algum modo se pode qualificar de negativo ter-se esforçado por aniquilar uma religião de caráter inferior. Não o moveria um sereno amor da verdade, uma atitude de sábio, mas um sólido, sagaz e calmo ódio àquilo que via como oposto, exatamente como um político apaixonado e com seus visos de *condottiere*. Embora não pondo comparações históricas sempre perigosas, poderíamos dizer que se assemelha Lucrécio a um Dante que tivesse apenas escrito a primeira parte da *Divina Comédia*.

Pelo que se refere a ter sido o poema composto nos intervalos da loucura, também nada há que nos afaste imediatamente do texto de São Jerónimo, embora nenhum outro consigne informação idêntica. Em primeiro lugar, e sob o ponto de vista da economia interna do poema, não existe nenhum impedimento a aceitar-se que tenha sido composto a espaços mais ou menos longos, entremeados por períodos de desvario; não se trata de uma obra de alto e sustentado raciocínio, mas de um trabalho em que havia apenas que dar força poética ao que tinha sido exposto e reexposto por Epicuro e seus discípulos.

Em segundo lugar, seriam favoráveis à hipótese a falta de ligação exata entre muitos dos passos, o tom desalinhado de certos trechos e, descontando já os erros e lacunas dos manuscritos, o que possa ter sido deixado incompleto pelo poeta e o que se deve talvez atribuir a uma revisão apressada de Cícero, a verdadeira desordem que reina em trechos por vezes bastante longos, o que tem levado os eruditos, nuns por estrita necessidade, noutros por mero gosto filológico, a alterar a ordem de dezenas de versos, a inseri-los ou a cortá-los.

De resto, e já que se falou de Dante, poderia dizer-se que o gênero de paixão e violência do poeta italiano é bem diferente do de Lucrécio; no primeiro, como convinha a um bom escolástico, nada escapa ao domínio meticuloso da razão, que pode não acertar ou exercer-se sobre fantasias, mas que, de qualquer modo, sempre se exerce; em Lucrécio, a cada passo suspeitamos a possibilidade de um irromper súbito de fundas ondas que despedacem a carapaça de raciocínio e ponham a nu a alma atormentada, tempestuosa, a um tempo livre e fanatizada do poeta.

Além de tudo, Dante, apesar das lendas que à sua volta se formaram, não foi um solitário, nem na sua vida íntima, nem no que se poderia chamar a sua vida de família, nem ainda na sua atuação pública, como político e como professor; mas o ambiente de Lucrécio é o de uma solidão que ele sentisse desgarrada e amarga, só levantando seu peso quando o poeta se encontra em contato com a natureza; esta deve ter sido, mais do que Epicuro, a sua grande consoladora; a minuciosa observação da vida do campo, dos costumes dos animais, e, ainda mais do que isso, o jeito e o gosto de contemplar surpreendem-se a cada passo nas comparações e nas descrições do poema: Lucrécio foi um dos poucos romanos que preferiram o ambiente rural ao da cidade e que não viram no campo somente uma fonte de réditos ou um lugar de exílio, mas uma fonte de vida, um surto recriador de uma outra existência mais profunda.

Nada, porém, o tirava por muito tempo das suas preocupações fundamentais, e temos sempre de concluir que, sem amigos conhecidos, sem interesses políticos, sem vida social de qualquer espécie, o abrasava na sua solidão o ódio aos laços religiosos que, segundo o que lhe parecia, impediam que o homem gozasse da felicidade que o epicurismo lhe podia oferecer. O *De rerum natura* não é nem de longe uma obra de paz; é uma arma de guerra e brandida com toda a decisão, com toda a violência, com toda uma vontade heroica de vencer.

E percebe-se, então, que o epicurismo o tenha seduzido mais do que o estoicismo: na doutrina do Pórtico, o essencial, pelo menos dentro das circunstâncias romanas, é a resistência ao mal que avança, o qual transforma o sábio numa espécie de ilha de moralidade e que acabará, para dar satisfação ao seu anseio de morte heroica, por subvertê-lo por completo. Mas, no materialismo dos epicuristas, vê Lucrécio um instrumento de ataque e de vitória: recusa suicidar-se, como faziam os estoicos (e é por essa e por outras razões altamente improvável a afirmação de São Jerônimo, pelo menos como afirmação de suicídio voluntário); e prefere que desapareçam os que, segundo pensa, ajudam a manter o mal.

Lucrécio é um guerreiro sem íntima vontade de fracasso e só os acidentes da vida o podem ter prostrado; no fundo, e seguindo aqui a visão pouco exata que tinha de seu mestre Epicuro, Lucrécio contempla-se como um herói mitológico que tivesse conseguido vencer definitivamente um monstro que lhe aparece muito mais terrível do que todos aqueles que a fábula atribuía aos trabalhos de um Hércules; e de fato é bem difícil dizer até que ponto, e fazendo tingir-se de injustiça a hostilidade dos cristãos, contribuíram livros como o de Lucrécio, pelo ataque desferido à religião velha, para a vitória da religião nova.

*

A própria finalidade do livro de Lucrécio o levou a encarar por limitado aspecto a doutrina de Epicuro; efetivamente de pouco lhe poderia servir um largo desenvolvimento sobre a canônica ou teoria do conhecimento; decerto fala de que tudo o que sabemos nos chega pelos sentidos e que os sentidos, postas de parte as ilusões facilmente verificáveis, jamais nos podem enganar; mas passa de leve sobre o assunto, que tem, no entanto, uma importância fundamental em qualquer especulação filosófica. De resto, neste evitar-se tratar a fundo o problema, concorre ainda, tanto quanto a inutilidade da canônica como arma de combate, a propensão realista de Lucrécio, pouco dado ao raciocínio puramente abstrato; é possível, também, que na própria obra do mestre o assunto não tivesse sido versado com a profundidade requerida; de qualquer modo, a falta da canônica põe logo de parte o *De rerum natura* como uma exposição integral do epicurismo.

A ausência da teodiceia, a não ser em breves páginas ou em versos incluídos no tratamento de outros assuntos, também não deve surpreender-nos; falar nos deuses, mesmo insistindo no seu afastamento do mundo, na sua indiferença pelas questões que agitam os homens, seria ainda chamar sobre eles a atenção e de qualquer modo dar certa força a religiões vigentes; a tática de ignorar os deuses, já usada por Epicuro, levou-a Lucrécio quase às suas últimas consequências.

Mais de estranhar seria a falta de uma ética, como parte independente do poema, se não tivéssemos posto como hipótese que o fim essencial de Lucrécio é o ataque às superstições ou crenças que podem perturbar a felicidade humana. Ele não quer propriamente dar normas de vida, indicar uma linha de procedimento: quer demonstrar que os terrores inculcados nos homens pela religião são absurdos e que deles nos devemos libertar pelo estudo dos fenômenos e pelo conhecimento, pela bem-aventurada contemplação do jogo das leis da natureza.

Por consequência, o *De rerum natura* é principalmente um poema de física, mesmo quando trata de assuntos alheios à física. Tem-se de aprender, em primeiro lugar, que todo o universo é composto de átomos, de elementos indivisíveis, diferentes de estrutura entre si, uns mais lisos, outros mais ásperos, uns mais redondos, outros mais agudos, de elementos eternos, que, só por si, e pela dança variada dos choques e das trajetórias, pelas combinações incessantes, podem formar tudo o que existe à nossa volta.

O movimento dos átomos exerce-se no vácuo, ou vazio, no espaço absoluto, que é, digamos, o lugar do universo; e nada mais existe no mundo: não há nada que não seja matéria, átomo, coisa; uma e outra vez insiste Lucrécio, depois de ter consagrado inúmeros versos à questão, sempre que tal vem a propósito; e, com efeito, trata-se do alicerce fundamental do seu livro: se tudo é matéria, tudo é regido por leis naturais, sem que intervenham deuses, demônios ou espíritos, sem que tenha razão de ser qualquer das superstições em curso.

Ligados intimamente a essa questão da estrutura material do mundo, aparecem dois outros problemas: o da alma e o da morte. Lucrécio, seguindo Epicuro, vai mais longe do que muitos materialistas e não se demora sequer com a possibilidade do espírito ser um epifenômeno da matéria: para ele o espírito é efetivamente matéria, tecido de átomos, apenas mais sutis, mais etéreos, mais ágeis e frágeis do que os átomos que constituem os corpos; as reações do nosso espírito são, por conseguinte, para ele, reações da matéria e devem ser estudadas e cuidadas como puros fenômenos materiais, com o desprendimento, a serenidade científica com que estudaríamos a queda dum grave ou a trajetória dum astro.

Se a alma é composta de átomos e se a morte, quanto ao corpo, significa a dispersão dos átomos que o constituem, é evidente que a morte significaria o fim da alma; por consequência, não é de modo algum possível[4] uma imortalidade anímica pessoal: se quisermos falar de imortalidade, temos de designar por tal palavra a imortalidade da matéria, a conservação eterna do conjunto de elementos que constituem os corpos e os espíritos.

Não haverá, portanto, nenhuma eternidade das almas: elas nascem com os corpos e com os corpos hão de morrer; não temos que recear nenhum castigo depois da morte: os desvios que tenhamos tido das regras morais pagam-se na vida; a morte é a absoluta inconsciência, o puro não ser, porque aquilo que existia capaz de consciência se dissipou no espaço; podem os elementos vir a constituir outra alma, mas a memória terá desaparecido; e só pela memória se poderia garantir a eternidade consciente.

---

[4] No texto da primeira edição, o que figura é "impossível", termo que leva o trecho a uma incongruência assinalável de sentido. Em vista disso, e objetivando-se alcançar precisão no teor da formulação, este ponto do texto foi fixado como "possível", atribuindo-se a ocorrência do antônimo a um lapso na elaboração ou editoração da publicação original. [N. do O.]

Resolvida a questão da estrutura do mundo e da estrutura das almas, e abatido o temor que a morte pudesse inspirar aos homens, Lucrécio como que toma prazer em revelar os segredos de todos os fenômenos, em descrevê-los e em explicá-los, e a tal ponto [que] chega a esquecer as leis de arquitetura geral do poema que ele vem a terminar duma forma estranha e abrupta pelos versos sobre a peste de Atenas. Não sabemos em que medida as explicações pertencem a Lucrécio ou aos epicuristas seus predecessores; cremos que mais virão destes do que dele; em geral, pouco valem à luz da ciência moderna e sobretudo nos impressiona, habituados como estamos a um clima de rígida causalidade[5], o fácil abandono à teoria tão epicurista da possibilidade de uma explicação plural; mas, o que decerto vem de Lucrécio é a exata descrição do fenômeno, o perfeito rigor de observação, o gosto pelo mundo material.

Lucrécio, apesar da sua solidão, do recolhimento em si próprio, do fogo sombrio que o anima e devora, foi um dos homens para os quais o mundo exterior existiu com maior intensidade. E por aqui, segundo parece, se salvou o poema de todos os defeitos que em geral acompanham o didatismo. Não há poesia que valha sem mistério e quase todas as tentativas de poema didático têm fracassado exatamente porque todo o mistério desaparece: o poema real é substituído por um compêndio de zoologia ou de física; o poeta didático só pode evitar o desastre quando, pela agudeza da observação, pelo dom de descrição pictórica, pelo amor artístico do mundo, e diríamos místico se a palavra não parecesse estranha quando aplicada a Lucrécio, consegue como que recriar esse mesmo mundo. Não há apenas uma realidade, um conjunto de fenômenos que se expõem e se explicam; há uma nova e presente criação que vai ao mesmo tempo sendo e revelando as suas leis harmoniosas: aí o mistério indispensável se reintroduz na poesia; o espírito do poeta, mesmo quando julga estar apenas decompondo o mundo, está de fato renovando perante nossos olhos o ato amorável da criação, o porventura ininteligível momento inicial; e é isso o que faz, entre

---

[5] No texto da primeira edição, "casualidade", cuja ocorrência deve-se certamente a lapso na editoração. [N. do O.]

os predecessores de Lucrécio, a qualidade de um Hesíodo, o que garante, entre os que lhe sucederam, a eternidade dum Virgílio.

A alma vibrátil, intensamente emotiva, impressionável de Lucrécio, animada pela força das suas convicções, que tantas vezes roça pelo fanatismo, pôde produzir uma obra que está, paradoxalmente, muito acima do epicurismo que lhe serve de base; o homem valia muito mais do que a sua doutrina, o que é fenômeno menos raro do que se julga. E foi realmente o comportamento do poeta ante as ideias e os fatos, se há que distingui-los, foi a sua paixão, a sua sinceridade, a sua coragem, o seu devotamento integral à tarefa que empreendeu, juntamente com a severidade, em certos pontos a graça, noutros a majestade, de seu verso, favorecido pelas formas arcaicas, ou arcaizantes, do latim que empregou, que asseguraram a sobrevivência de Lucrécio e levaram os maiores espíritos da Antiguidade e dos tempos modernos, quaisquer que fossem as suas convicções filosóficas, a tomá-lo, não só como um dos maiores poetas que têm existido no mundo, mas também como um dos homens que mais ardentemente procurou, pelo aprofundamento da sua condição de homem, fazer brilhar com mais vivo clarão a centelha divina que palpita em cada um de nós.

*

A presente tradução teve por objetivo primacial o ser fiel ao texto latino, mesmo nas suas imperfeições de estilo, que tão fácil seria corrigir; incorreu-se, por isso, na repetição de formas e manteve-se o jeito, mais filosófico do que poético, das ligações lógicas entre um e outro trecho da obra de Lucrécio. De um modo geral, seguiu-se a edição de Ernout, Paris, 1924, mas acentuou-se ainda mais o caráter conservador do texto, mantendo-se quanto possível as lições dos manuscritos; não se puseram, porém, de lado as indispensáveis correções de, entre outros, Lachmann e Munro.[6]

---

[6] Cf., respectivamente, Lucrèce. *De la nature*, 2 vols. 2.ª ed. revista e corrigida. Texto traduzido e estabelecido por Alfred Ernout. Paris: Les Belles Lettres, 1924; Titus Lucretius Carus. *De rerum natura libri sex*. Edição de Karl Lachmann. 4.ª ed. Berlim: Georg Reimer, 1871;

Como introdução à leitura de Lucrécio, pareceu útil transcreverem-se os estudos de Joyau (*Épicure*, Paris, 1910) e de Ribbeck (*História da Poesia Latina*, ed. Droz e Kontz, Paris, 1891)[7] e dar-se uma antologia dos mais importantes textos de Epicuro, segundo a edição de Usener e, mais ou menos, na ordenação de Mondolfo.[8] A bibliografia indica os livros mais importantes para prosseguimento de um estudo do assunto.

As notas são de preferência de caráter filosófico, visto que seriam descabidas as de matéria filológica ou literária sem a presença contínua do texto. O glossário de nomes próprios dá os esclarecimentos suficientes para que se entendam as alusões históricas ou mitológicas do poeta.

Junho de 1944.

Karl Lachmann. *In T. Lucretii Cari De rerum natura libros commentarius*. 4.ª ed. Berlim: Georg Reimer, 1882; e Titus Lucretius Carus. *De rerum natura libri sex*, 3 vols. 4.ª ed. revista. Edição, tradução e comentário de Hugh Andrew Johnstone Munro. Cambridge: Deighton Bell, 1886. [N. do O.]

[7] As referências completas, respectivamente, são: Emmanuel Joyau. *Épicure*. Paris: Félix Alcan, 1910; Otto Ribbeck. *Histoire de la poésie latine jusqu'à la fin de la République*. Tradução de Edouard Droz e Albert Kontz. Paris: Ernest Leroux, 1891. [N. do O.]

[8] Acerca dessa menção a Hermann Usener e Rodolfo Mondolfo, as obras em questão são *Epicurea*, que consiste na monumental edição científica de referência, elaborada por Usener, para o estudo crítico dos textos, fragmentos, cartas e testemunhos concernentes a Epicuro e ao epicurismo (cf. a bibliografia disposta por Agostinho da Silva ao final deste ensaio prefacial); e Rodolfo Mondolfo. *Il pensiero antico*. Storia della filosofia greco-romana, esposta con testi scelti dalle fonti. Milão: Società Editrice Dante Alighieri, 1929. Perseguido pelo regime fascista e antissemita de Benito Mussolini, Mondolfo exila-se a partir de 1938 na Argentina, onde *Il pensiero antico* foi revisto, ampliado, traduzido para o castelhano e editado: *El pensamiento antiguo*. Historia de la filosofía greco-romana, vol. I: desde los orígenes hasta Platón, vol. II: desde Aristóteles hasta los neoplatónicos. Tradução do italiano de Segundo A. Tri. Buenos Aires: Losada, 1942. (Col. Biblioteca Filosófica, sob a direção de Francisco Romero.) [N. do O.]

Bibliografia[9]

Vittorio Enzo Alfieri. *Lucrezio*. Florença: Le Monnier, 1929.

Epicurus; Cyril Bailey. *Epicurus, the extant remains*. Edição e tradução de Cyril Bailey. Oxford: Clarendon Press, 1926.

Epicuro; Ettore Bignone. *Epicuro*: opere, frammenti, testimonianze sulla sua vita. Tradução, introdução e comentário de Ettore Bignone. Bari: Gius. Laterza & Figli, 1920.

Gaston Boissier. *La religion romaine, d'Auguste aux Antonins*, 2 vols. 7.ª ed. Paris: Librairie Hachette, 1909.

Victor Brochard. *La Morale d'Épicure*, in Victor Brochard. *Études de Philosophie Ancienne et de Philosophie Moderne*. Organização e introdução de Victor Delbos. Paris: Librairie Félix Alcan, 1912.

Ivo Bruns. *Lucrez-Studien*. Freiburg I. B.: Akademische Verlagsbuchhandlung von J. C. B. Mohr, 1884.

Guido della Valle. *Tito Lucrezio Caro e l'epicureismo campano*. 2.ª ed. Nápoles: Accademia Pontaniana, 1935.

Épicure. *Doctrines et maximes*. Tradução de Maurice Solovine. Paris: Félix Alcan, 1925.

Pierre Gassendi. *Philosophiae Epicuri syntagma*, in Pierre Gassendi. *Opera Omnia in sex tomos divisa*, tomo 3. Lyon: Laurent Anisson & Jean Baptiste Devenet, 1658.

Pierre Gassendi. *Ad librum decimum Diogenis Laertii Notae; De vita et moribus Epicuri*, in Pierre Gassendi. *Opera Omnia in sex tomos divisa*, tomo 5. Lyon: Laurent Anisson & Jean Baptiste Devenet, 1658.

Émile Gebhart. *Histoire du sentiment poétique de la nature dans l'antiquité grecque et romaine*. Paris: Librairie de A. Durand, 1860.

Carlo Giussani. *Studi Lucreziani*. Turim: Ermanno Loescher, 1896. (*T. Lucreti Cari De rerum natura libri sex*, vol. 1.)[10]

---

[9] Os elementos de referenciação constitutivos da Bibliografia originalmente indicada foram revistos, completados e, quando necessário, também corrigidos. [N. do O.]

[10] Cf. Titus Lucretius Carus. *T. Lucreti Cari De rerum natura libri sex*, 4 vols. Revisão de texto, comentário e estudos introdutórios de Carlo Giussani. Turim: Ermanno Loescher, 1896-1898. [N. do O.]

Theodor Gomperz. *Herkulanische Studien*, 2 vols. Leipzig: B. G. Teubner, 1865-1866.
Jean-Marie Guyau. *La morale d'Épicure et ses rapports avec les doctrines contemporaines*. 2.ª ed. revista e ampliada. Paris: Germer Baillière, 1881.
Herculanensium voluminum quae supersunt, 11 vols. Nápoles: Ex Regia Typographia, 1793-1855.
Herculanensium voluminum quae supersunt collectio altera, 11 vols. Nápoles: E Museo Publico, 1862-1876.
Constant Martha. *Mélanges de littérature ancienne*. Paris: Librairie Hachette, 1896.
Constant Martha. *Le Poème de Lucrèce*: morale, religion, science. 7.ª ed., avec un appendice sur "Lucrèce et Cicéron". Paris: Librairie Hachette, 1909.
John Masson. *Lucretius*: epicurean and poet, 2 vols. Londres: John Murray, 1909.
Karl Friedrich Merbach. *De Epicuri canonica*. Weida: Thomas et Hubert, 1909.
Rodolfo Mondolfo. *Moralistas Griegos*: La conciencia moral, de Homero a Epicuro. Tradução do italiano por Oberdan Caletti. Buenos Aires: Iman, 1941.
Pierre Montée. *Étude sur Lucrèce considéré comme moraliste*. Paris: A. Durand, 1860.
Paul Elmer More. *Hellenistic Philosophies*. Princeton: Princeton University Press, 1923.
Epicurus; Peter von der Mühll. *Epicuri epistulae tres et ratae sententiae a Laertio Diogene servatae*. Edição e prefácio de Peter von der Mühll. Leipzig: B. G. Teubner, 1922.
Carlo Pascal. *Epicurei e mistici*. 2.ª ed. revista. Catania: F. Battiato, 1914.
Carlo Pascal. *Figure e Caratteri*. Palermo: Remo Sandron, 1908.
Carlo Pascal. *Studii critici sul poema di Lucrezio*. Roma: Società Editrice Dante Alighieri, 1903.
M. Patin. *Études sur la poésie latine*, 2 vols. Paris: Librairie Hachette, 1868-1869.
Johannes Paulson. *Index Lucretianus continens copiam verborum quam exhibent editiones Lachmanni, Bernaysi, Munronis, Briegeri et Giussani*. Göteborg: W. Zachrisson, 1911.
François Picavet. *De Epicuro novae religionis auctore, sive de diis quid senserit Epicurus*. Paris: Félix Alcan, 1888.
Otto Regenbogen. *Lukrez*: seine Gestalt in seinem Gedicht. Leipzig: B. G. Teubner, 1932.
Marcel Renault. *Épicure*. Paris: Librairie Paul Delaplane, 1903.
William Young Sellar. *The Roman Poets of the Republic*. Edinburgh: Edmonston and Douglas, 1863.

Agostinho da Silva. *O pensamento de Epicuro*. Lisboa: Edição do Autor, 1940. (Iniciação: cadernos de informação cultural, 1.ª série.)

Édouard de Suckau. *De Lucretii metaphysica et morali doctrina*. Paris: A. Durand, 1857.

Onorato Tescari. *Lucretiana*. Turim: Società editrice internazionale, 1935.

Pierre-Félix Thomas. *De Epicuri canonica*. Paris: Félix Alcan, 1889.

Gaetano Trezza. *Epicuro e l'epicureismo*. 2.ª ed. ampliada e corrigida. Milão: Ulrico Hoepli, 1883.

Epicurus; Hermann Usener (ed.). *Epicurea*. Leipzig: B. G. Teubner, 1887.

Titus Lucretius Carus; Mario Untersteiner. *Il Sistema di Lucrezio*: passi scelti e tradotti dai libri I-V. Turim: Chiantore, 1925.

Joseph-Lucien Windenberger. *Suscipitur Epicuri defensio in Physicis*. Paris: Alph. Picard, 1899.

A Comédia Latina, Plauto e Terêncio*

Como se sabe, os gregos possuíam, com muitos outros povos da Antiguidade, a tradição de que em tempos remotos tinham os homens vivido num estado de perfeita inocência e numa felicidade só comparável à dos deuses; tratavam-se todos como irmãos, alimentavam-se de frutos das árvores. Desconheciam as disputas e a guerra; havia entre eles e a natureza uma completa comunhão, a tal ponto que nem mesmo distinguiam entre si próprios e o mundo que os rodeava; e poderiam ter prosseguido nesta existência beatífica se não se tivesse dado uma corrupção dos costumes, se da Idade de Ouro se não tivesse passado para a Idade de Ferro, a atual, em que todas as aberrações se tornaram normais na humanidade.

Acreditou-se durante muito tempo que essa idade de bem-aventurança tinha sido uma pura invenção dos gregos, sem que correspondesse a realidade alguma; tudo seria apenas uma forma poética de manifestar o seu desgosto dos costumes do tempo presente e as suas aspirações a uma vida de entendimento e de paz.

À medida, porém, que se foi estudando a natureza dos mitos e encontrando-os sempre relacionados quer com fenômenos naturais, quer com acontecimentos históricos, surgiu a suspeita de que tivesse realmente existido uma idade perfeita, um estádio de humanidade, livre de todas as misérias em que posteriormente tinham caído os homens. A questão, no entanto, era ainda de inclinação pessoal e de fé; os que propendiam a crer a natureza humana egoísta, batalhadora e agressiva arrumavam as suspeitas dos etnólogos, juntamente com a poesia teogônica dos gregos, no compartimento destinado às fantasias

---

* Tito Mácio Plauto e Públio Terêncio Afro. *A comédia latina*: Anfitrião, Aululária, Os Cativos e O Gorgulho, por Plauto; Os Adelfos e O Eunuco, por Terêncio. Prefácio, seleção, tradução e notas de Agostinho da Silva. Porto Alegre: Editora Globo, 1952. (Col. Biblioteca dos Séculos.) [N. do O.]

sem motivo e sem base. Não houvera tal Idade de Ouro e os homens tinham sido sempre o que a vida os mostrara: implacáveis na defesa da sua existência e dos seus bens e só capazes de se conter por um corpo de leis que, atendendo ao bem comum, reprimisse quanto possível os apetites e os impulsos individuais.

Mas, pelos fins do século XIX, e confirmando-se principalmente com os trabalhos dos etnógrafos e dos viajantes dos princípios do século XX, surgiu a descoberta de pequenas populações, na África, na Oceania, na América e na Ásia, que viviam uma existência totalmente diversa da que é habitual aos homens e correspondente ponto por ponto à descrição que tinham feito os gregos da humanidade dos primeiros tempos.

Os mais primitivos desses povos, os que se apresentavam com mais puras características, sem interferência alguma de povos em mais adiantado grau de civilização, viviam dos frutos que colhiam nas florestas, às vezes de caça e pesca, eram extremamente alegres, fidelíssimos às instituições monogâmicas, dando perfeita igualdade de tratamento às mulheres, incapazes de castigar as crianças, e sem nenhuma espécie de propriedade, sem organização social e sem nenhum vestígio de religião organizada.

Agora já não havia nem tradição de gregos nem simples fantasia de poetas; existiam homens que viviam ainda em plena Idade de Ouro; e era fora de dúvida que para se passar dessa Idade de Ouro, desse paraíso, para o que o mundo fora depois, tinha sido necessária uma revolução radical, uma quase transformação de natureza, uma queda, para usarmos de uma terminologia que muitos julgam ainda não histórica.

Não se via, no entanto, como se tinha dado a mudança, nem existe ainda hoje nenhuma hipótese perfeitamente satisfatória; crê-se, porém, que deve entrar em linha de conta um fator biológico importantíssimo, o da fome. A certa altura, tendo rareado os frutos da floresta, o homem ter-se-ia voltado para a alimentação animal fornecida pela caça e pela pesca, e para uma forma primitiva de agricultura, a que se teria seguido uma forma primitiva de pecuária. Em lugar do contato perfeito com a natureza, só possível com uma alimentação frugívora, o homem entrava agora em guerra com a natureza, no que respeita às atividades de caça e pesca.

Por outro lado, a agricultura conduzia à escravização da mulher, a pecuária à escravização dos animais. E é então que aparecem as primeiras sociedades, que devemos cuidadosamente distinguir do simples agrupamento humano, as primeiras religiões organizadas, o sentido da posse; é então que aparece a educação das crianças, a pedagogia de que tanto nos orgulhamos, e que não é mais do que a submissão e extinção gradual dos instintos e das espontaneidades criadoras que não podem ter cabimento na vida social; surge tudo o que depois se tomou por natureza humana e que não é senão o resultado da pressão e da deformação a que, por necessidade de defender a vida, foi submetido o homem.

Não nos interessa neste momento saber se haverá redenção para tal queda e se algum dia se poderá voltar à Idade de Ouro, com o fim da guerra à natureza que tem sido a existência histórica da humanidade, com o fim da escravidão dos homens e da submissão de mulheres e de crianças; o que importa fixar agora, para que possamos compreender a essência do teatro, tal como ele se nos apresenta surgindo na Grécia, é que houve uma separação entre a natureza humana e o comportamento humano, que se trocou a espontaneidade pela regra, a alegria pelo sacrifício, a natureza pela sociedade; se não receássemos ir longe demais, diríamos que se trocou o instinto pela razão ordenadora; houve uma quebra entre os impulsos mais profundos e a necessária vida social; foi-se obrigado a remar contra a corrente do rio e só em raras ocasiões pôde o homem voltar a esse profundo, íntimo, identificante contato com o mundo natural.

Uma dessas ocasiões era a festa das colheitas, sobretudo a da vindima; é o momento em que o homem tem ante si os frutos prontos ao consumo e em que se dá como que a renovação do milagre antigo de haver sempre à disposição de todos os alimentos necessários; tudo o que fora trabalho, disciplina, ciência e esforço organizado, tudo desaparecia e se esquecia diante da colheita que vinha garantir um ano mais de existência. E espontaneamente surgiam os cantos e as danças, os cortejos ruidosos; Dioniso, deus dos instintos e da natureza, quebrava a calma, a serenidade, e o racional saber de Apolo; com a fabricação do vinho, as festas foram um grau mais alto, porque a bebida lhes dava a facilidade de esquecerem, não a vida, mas a morte lenta e contínua em que andavam mergulhados; e era bebendo que eles reencontravam a vida verdadeira, a outra, a da alegria sem limites, a da irresponsável liberdade, a dos instintos sem grilhões.

Com o vinho, porém, não só se estava usando, para reentrar em contato com a natureza, dum meio não natural, o que era contraditório, como também, com o despertar da embriaguez, mais duramente se sentia a estreiteza do mundo real, do mundo social, daquele em que se tinha de viver. O conflito entre o apetite e o dever punha-se ainda duma forma mais aguda; o que era a festa de Dioniso, o que era o reatar dos laços que se tinham quebrado, não se conseguia ver livre do domínio, da presença, da paradoxal sombra de Apolo.

Na realidade, dadas as condições de vida que existiam, o homem nada mais conseguia fazer que não fosse um conflito perpétuo entre a força do instinto e a da inteligência previsora, entre a fusão completa com a natureza e a distinção entre um sujeito que pensa e um objeto que é pensado. Os gestos e as palavras das festas da colheita, vindima e vinho novo nada mais eram do que a expressão desse conflito que parecia insanável ao homem e que provavelmente o é, neste sentido – de que só haverá paz para a consciência humana quando não existir distinção alguma entre o "eu" e o "outro".

Por um lado, aludiam ao conflito, visto no seu aspecto mais profundo, envolvendo a toda a humanidade, mas essencial para a salvação, primeiro biológica, depois até espiritual, da própria humanidade; falavam da disciplina contra a paixão, da honra contra o amor, do dever contra a piedade. Por outro lado, representavam-no em pequenos casos individuais, que não envolviam o destino humano, mas que eram, através das extravagâncias dum temperamento, aspectos do mesmo conflito. Do primeiro enfocamento do problema vinha a tragédia, do segundo a comédia; bastaria que o aspecto individual sobrelevasse ao coletivo para a tragédia se tingir de comédia, e foi o que sucedeu mais tarde, com o drama satírico e com a tragédia à maneira de Eurípides; e bastaria que a comédia apontasse a aspectos coletivos para que o tom de tragédia se fizesse sentir.

Todo o teatro grego vem da consciência do conflito entre natureza humana e história humana; é segundo se põe em aspecto de predominância uma outra das faces da batalha que encontramos ou a tragédia de Ésquilo, ou a comédia de Aristófanes.

*

Não há porventura ponto mais difícil de elucidar, no campo da etnologia ou da história das religiões, do que aquele que se refere às crenças religiosas dos povos primitivos: a princípio afirmou-se que possuíam crenças religiosas e ritos de culto, mas é fora de dúvida que a afirmação provinha não da realidade observada tal qual era, mas dum quadro de imaginação que se substituía ao fenômeno exato. Os estudos posteriores, feitos com mais rigor científico, chegaram à ideia contrária, à de que os povos primitivos, os verdadeiramente primitivos, não teriam nenhuma espécie de religião, isto é, não acreditavam na existência de ser ou seres superiores a eles e não lhes prestavam culto por meio de cerimônias rituais; a ideia de um deus só aparece com a evolução social, na mesma altura em que surgem a noção de propriedade e, embora rudimentarmente, a noção de Estado. O fato da inegável simultaneidade fez surgir a hipótese da relação de causalidade, hipótese sempre perigosa: teria sido para se estabelecer, ou por se estabelecer uma economia de propriedade privada que a ideia de Deus e as religiões positivas teriam surgido no mundo.

O problema, no entanto, não se pode resolver com uma tal simplicidade; em primeiro lugar, a ideia dum deus transcendente, ao qual, por consequência da sua posição ante o universo e o homem, se prestará culto, mesmo que seja o de "em espírito e verdade", tem por si bastantes argumentos filosóficos, bastantes bases na estrutura do mundo para que se lhe atribuam origens meramente econômicas e políticas; tudo quanto se poderia dizer sobre esse ponto é que, ao dar-se a transformação social, se insiste de preferência, por ser mais útil ao fim em vista, no aspecto transcendente de Deus. Em segundo lugar, a experiência mística de todos os séculos, de todos os países e de todas as religiões demonstra que o auge do sentimento religioso consiste numa fusão entre objeto do culto e sujeito do culto, num transformar-se o amador na coisa amada, num aparecimento da unidade perfeita onde a dualidade existia. Para um observador de fora, um homem intrinsecamente religioso, em perpétuo êxtase religioso, poderia dar a impressão de não estar prestando nenhum culto a nenhum deus; e, na vida prática, esse homem comportar-se-ia com a alegria, a espontaneidade, o desprendimento do selvagem, sem que também fosse necessário, fatal, o aparecimento de qualquer espécie de rito: esse homem teria reconhecido a identidade fundamental de tudo quanto existe no universo, teria reconhecido Deus em si e nos outros e viveria, naturalmente, sem tu e sem eu, de igual a igual, num universo inteiramente divino.

Não queremos dizer de modo algum que seja isso o que sucede com os primitivos: provavelmente não é; provavelmente o que existe é uma inconsciência religiosa; o que desejamos que fique bem claro é que se não pode afirmar que não tenham vida religiosa; ela pode ser bastante profunda para que escape aos nossos observadores civilizados só capazes de surpreender vidas religiosas imperfeitas.

O mais seguro, no entanto, é que a vida religiosa, ou melhor, a religião, só tenha aparecido, conscientemente, com a primeira ideia dum Deus transcendente, de um ser além do humano, e que todo o progresso nesse assunto tenha consistido em apurar essa noção de transcendente até ao ponto de ter sido possível o aparecimento de uma noção imanente de Deus, sem que, porém, seja necessário o opor-se uma à outra, e que todo o progresso futuro, pela insistência, agora, sob o aspecto imanente, leve a uma vida religiosa, que, externamente, se não distinga da vida religiosa, se a têm, dos primitivos atuais, realizando-se por aí o sonho místico de um misticismo universal.

Seja como for, o que é inegável é que, desde que se surpreendem manifestações religiosas incontestáveis, elas têm sempre um caráter de totalidade; nos tempos históricos mais longínquos todo o mundo é sagrado aos olhos dos homens, sagrado para bem ou para mal; não importa agora a distinção; o que importa é fixar-se que não há nenhuma ação da vida que não tenha marca sobrenatural e que não seja ocasião de cerimônias rituais; tem-se frequentemente a impressão de que o único ser considerado natural num universo sagrado, num universo que supera a natureza, é o homem que está prestando culto; tudo se passa como se apenas ele se tivesse desprendido de uma vida inteiramente sagrada.

À medida, porém, que a civilização evolui, sempre no sentido dum maior poderio técnico, a noção de sagrado vai atenuando-se; todos os atos da vida passam a ser civis, desligando-se de qualquer ideia de sobrenatural; o mundo aparece não como um conjunto de sinais de Deus, que o homem venera, teme ou respeita, e de que participa pelas formas sacramentais, mas um domínio laico, como uma propriedade a seu inteiro dispor e em que ele exerce todos os direitos de usar, gozar e abusar, com que se define a noção clássica de propriedade.

O homem vive, desde então, não para adorar o que vê, como outrora, não para fazer de todos os seus atos uma tentativa de reconquistar o paraíso perdido, mas para se aproveitar do que existe, para dominar, para se afastar cada vez mais da inocência da Idade de Ouro, com o risco de nunca poder reencontrar o caminho; o que seria bem trágico, porque já está na posse dos meios materiais que lhe permitiriam viver a vida do primitivo, sem os inconvenientes da incerteza e da fome, sem correr os riscos de ter de novo que percorrer a longa, perigosa e dramática aventura da história; cada vez mais o homem se tem posto e considerado mais no mundo como o dono do mundo, com o direito de destruir os animais e as plantas, de escravizar os irmãos homens, de transformar a vida inteira nalguma coisa que não tem outro fim senão o de sustentar a sua vida material.

A vida tornou-se laica e tornou-se feroz, implacável e, o que é pior ainda, sem sentido nenhum que eleve a vida além da vida. É uma série de momentos em que se produz para se consumir e se consome para se poder produzir de novo. As relações do finito com o infinito, da parte com o todo parecem, em instantes mais críticos, correr o risco de se perder por completo; o ato gracioso da oferta aos seres fraternos ou aos seres superiores, a gratuidade de viver, desaparecem rapidamente de um mundo que se dessacraliza.[1]

---

[1] No original de 1952, "dessacratiza", termo não usual nem no português nem noutras línguas neolatinas, como o castelhano, o italiano e o francês, em que são correntes *desacralizar*, *desacralizzare* e *désacraliser*, respectivamente. Exímio conhecedor do latim, é provável que Agostinho da Silva tenha derivado "dessacratizar" de *sacratus*, "sagrado". [N. do O.]

Costuma-se dizer que o progresso técnico superou o progresso moral; mas o que há na realidade é que o progresso técnico se fez à custa do fundo moral da humanidade, do seu fundo divino; e as grandes épocas de crise são exatamente aquelas em que o progresso técnico é o mais elevado possível e a consciência moral uma luz mínima que parece a cada momento ir apagar-se de todo no fragor das tempestades econômicas e políticas.

O que é certo, porém, é que a fome, na vida do homem primitivo, pôs em risco a sua alma porque não pode haver real sentido do divino com estômagos vazios; a salvação da alma do homem implicava a luta contra a fome, o que se fez e se está fazendo pelo progresso técnico; os descobrimentos científicos vão permitir viver com segurança, abater pela primeira vez os espectros da fome e vão permitir que as almas se salvem; vão permitir o regresso ao divino; mas os riscos da viagem têm sido enormes e têm-se marcado, como nos manômetros se marca a pressão, pelo laicismo progressivo da vida; e todo o esforço dos grandes pensadores, dos grandes artistas, dos grandes cientistas, dos grandes chefes religiosos, tem sido exatamente o de impedir que a centelha do sentimento do sagrado se apague de todo neste mundo.

*

Se o teatro nasceu da separação entre o homem e a natureza, ou, mais profundamente, de uma distinção entre sujeito e objeto, se aparece como parte de um festival sagrado, senão como o próprio festival sagrado na sua totalidade, e se, por outro lado, o grupo humano se foi progressivamente tornando menos sensível ao sagrado, é de esperar que o teatro tenha seguido esta marcha de dessacralização[2] da humanidade e que, do plano sobrenatural do início, tenha resvalado aos domínios naturais, realistas, digamos civis, em que o homem se foi habituando a viver.

É certo, no entanto, que já mesmo no teatro primitivo havia, por sua própria natureza, dois planos: o plano divino, sobrenatural, de eternidade, o do

---

[2] Na publicação original, "dessacratização", termo que, no desenrolar do texto, volta a aparecer ali por mais três vezes, tendo sido aqui sempre fixado como "dessacralização". [N. do O.]

amor absoluto, o da comunhão de todos os seres, o da redenção do humano pelo sacrifício, e o plano da ação humana que não era afinal mais do que o desenrolar no tempo da luta entre a natureza humana e as circunstâncias históricas, luta porventura correspondente a uma realidade metafísica essencial na máquina do mundo.

Desses dois elementos do teatro, só um poderia sofrer, sem que desaparecesse, o processo de dessacralização; e esse elemento era naturalmente o da ação humana; o outro devia conservar-se tal qual e especializar-se nessa representação de ação divina ante o divino, transformando os homens pela sua própria participação no ato, dando-lhes categoria de eternidade; foi este último elemento o que se refugiou nos mistérios e que, depois, ao surgir como que um segundo ciclo da humanidade ocidental, com o aparecimento do cristianismo, se constituiria em liturgia, em que do real só aparece quando muito uma estilização.

O elemento humano foi tendo ligações cada vez mais remotas com o elemento sagrado até que de todo se separa, sem que no entanto o teatro tenha perdido o primitivo caráter mágico de fazer do ator e do espectador um participante na vida de outros seres; ou melhor, de o transformar num outro ser, fazendo-o entender assim a identidade de todos os aspectos da criação.

O teatro foi-se tornando cada vez mais realista, tanto na tragédia como na comédia, cada vez se afastando mais de fazer participar um grande número de homens no que devia ser um sacramento; o que de máximo se concedeu foi o poder transformá-los, por uma hora ou duas, em outros seres puramente humanos, enredados num jogo de paixões puramente humanas; nunca mais foi possível transportá-los a um país de fantasia, que era na verdade o país real, o das ideias que são eternas, o dos sonhos que são eternos, o das ações em que o tempo não conta; quem não mais podia considerar um ato sagrado ver nascer o Sol, comer pão, ou ajudar seus irmãos em circunstâncias difíceis, quem passava a ter empregos, fazia repastos apressados e emprestava a juros, não podia de modo algum manter o teatro como cerimônia sagrada.

Do drama de Dioniso, preso nas redes de Apolo, da realidade da vida plena na plena participação com o Universo, e no seu renascimento miraculoso na festa das colheitas, passava-se a um drama realista do mundo, à batalha em que cada um tem de ser ele, e só ele, sob pena de perecer; passava-se ao mundo da família, sustentada pelas leis e não pelo amor; ao mundo político em que se busca apenas o domínio; dos predecessores de Ésquilo aos sucessores de Ibsen; de um ato religioso a um espetáculo puramente civil. Só a liturgia se conservou na sua pureza primitiva, mas quase inútil, porque a mentalidade do tempo a tornou incompreendida no seu sentido mais profundo; e, às vezes, mesmo incompreendida nos seus aspectos mais fáceis.

Quanto à comédia, o processo de dessacralização começou já na própria Grécia e, como era natural, foi muito mais rápido que na tragédia. Conhecemos muito mal os antecessores de Aristófanes para nos podermos pronunciar sobre o que teria sido nas origens a produção cômica; parece, no entanto, que o fundo seria constituído pelas manifestações de alegria tumultuosa dos vinhateiros, pela comunhão com o mundo à volta, o que se fazia de dois modos: pela transformação do ator num ser natural, animal ou fenômeno, e pela humanização do que passara a ser estranho ao homem. O cortejo de que derivaram as representações da comédia devia ser extremamente semelhante a tudo o que se imaginou sobre o cortejo de Dioniso, mas dele fazia parte a representação da natureza, num sentido de animação cósmica, e de restabelecimento da unidade quebrada; e o elemento realista não devia passar de alusões aos feitos e defeitos de alguns dos componentes do cortejo ou daqueles que assistiam à sua passagem.

Dum modo geral, pode dizer-se que a comédia de Aristófanes ainda se conserva na linha primitiva. Todas as suas peças dão, e duma forma extraordinária, a impressão de marcha, de desfile impetuoso e turbilhonante, em que, num mundo de fantasia, irreal e livre, se incluem as críticas de indivíduos ou de costumes sociais. O coro das *Rãs*, o coro das *Nuvens*, o coro das *Vespas*, são, com toda a sua pujança de transformação imaginativa e de audácia na transposição de planos, o momento de auge da comunhão naturalista; o regresso da *Paz* é ainda o tumulto, a vibração, o dinamismo do cortejo primitivo; mas o elemento realista é já muito mais desenvolvido do que fora a princípio e só raras vezes, como, por exemplo, nas *Aves*, se consegue elevar a um plano de sobrenaturalidade; apesar de toda a imaginação do Aristófanes, o real principia a pesar-lhe: e não há dúvida de que nas peças como *A Assembleia das Mulheres* e o *Pluto* o elemento sagrado quase que desaparece e as comédias poderiam transformar-se, com pequena modificação, em composições de tipo laico.

No entanto, a sociedade grega era ainda, não obstante todo o aspecto civil que possa ter a nossos olhos, uma sociedade de deuses, de sagrado e de sacramental; as linhas coletivas das assembleias políticas e das festas cívicas mantinham este sentido de unidade, e tão fortemente, que contra ele se chocaram alguns dos que estiveram nas origens do que seria mais tarde o pensamento laico.

A transformação social, no sentido duma dessacralização, só se dá mais tarde com o triunfo da Macedônia; nas cidades, o Estado quase não existe e quase não aparece nenhum dos elementos que o afirmam, lhe dão prestígio e o mantêm; mas com Filipe, tudo muda: o objetivo agora é o de agrupar todos os homens, com o máximo de disciplina, para um trabalho comum de domínio e de organização utilitária da terra; tudo se modela mais ou menos segundo o tipo ideal do exército; não do exército tido como escola moral, à maneira de Esparta, mas do exército eficiente como máquina de guerra, num renascimento e num aperfeiçoamento dos assírios.

Então a comédia, num breve lapso de tempo, num máximo de cinquenta anos, perde todas as qualidades de fantasia irresponsável que tinha em Aristófanes; o seu plano passa a ser o da vida real, o da vida cotidiana, o da vida do indivíduo, dos casos individuais, dos interesses individuais; em Menandro, Apolodoro, Filêmon ou Dífilo, tanto quanto podemos julgar pelos fragmentos que nos restam e pelas imitações romanas, não há o mínimo sopro da liturgia primitiva, o mínimo vestígio de vida coletiva, o mínimo interesse pelo que possa ir além da existência social ou econômica do homem considerado como um ser à parte da natureza.

*

Historicamente, a Idade Romana não é mais do que a continuação dos esforços de Filipe e de Alexandre; mas ao passo que estes falharam na sua tentativa de unificar o mundo, derrubando as barreiras dos particularismos gregos, de modo a que as descobertas helênicas pudessem chegar a todos os homens, os romanos conseguiram pela sua aparelhagem militar, jurídica e administrativa, uma construção política que deu paz aos homens e tornou patrimônio de cultura geral o que até aí fora reservado apenas a uma reduzida minoria.

A síntese, porém, não foi ainda bastante ampla: os defeitos de mentalidade dos romanos, que tinham sido, por outro lado, auxiliares da sua empresa, não lhes permitiram conceber uma noção de personalidade humana suficientemente vasta para que nela pudessem caber, por exemplo, os povos bárbaros; e a deficiência dos meios técnicos de produção não lhes permitiu também a libertação do escravo, o que tornou fatal a abertura de novos capítulos na história da aventura humana.

De qualquer modo, Roma constituiu um dos pontos mais importantes da evolução da humanidade, no sentido de domínio da natureza pelo desenvolvimento das técnicas; sob esse ponto de vista foi até muito mais importante do que os gregos; simplesmente, esta idade técnica só foi possível pela organização dos romanos como um povo de soldados e de juristas; tudo quanto é espontaneidade, liberdade de criação, fantasia, imprevidência até, nos aparece extremamente reduzido, inexistente quase, durante os cinco ou seis séculos em que Roma exerceu a sua ação primacial; Roma é um grande exército ordenado a um grande fim, e um forte corpo de leis, civis e religiosas, que estritamente travam os movimentos do indivíduo. Cada um tem de fazer o que a disciplina lhe indica e ficam banidos todos os arroubos de alma, todas as tentativas de comunicação direta com a divindade, todas as tentativas mesmo de comunicação direta de ser a ser; durante todo o tempo de Roma, os homens marcham lado a lado, como nas fileiras de um regimento, atentos à harmonia e à eficiência do conjunto, de modo algum interessados pelos sonhos, ou os desejos de uma vida livre.

A grandeza de Roma, que se confunde aí com a quase vitória da humanidade sobre a fome, esmaga tudo o que seja aspiração ou saudade das almas; há um objetivo em vista e é este objetivo que se tem de alcançar, quaisquer que sejam os sacrifícios, quaisquer que sejam as barreiras impostas aos sentimentos que estariam mais de acordo com a verdadeira natureza humana. Foi o romano que deu ao mundo o modelo do soldado heroico: a sentinela sepultada no seu posto pelas cinzas do Vesúvio é mais que uma figura histórica e mais que um símbolo de Roma; é a própria imagem da humanidade correndo o risco de se petrificar porque se recusa ao abandono das posições de combate que lhe permitirão, se a batalha for ganha, assegurar então para sempre, na liberdade e na vida criadora, a paz que Roma só conseguiu por quatrocentos anos, na escravidão e no esmagamento do espírito.

A República, depois de assegurado o domínio do Mediterrâneo, e o Império, marcam um dos tempos em que a humanidade, a troco da segurança, cedeu um máximo de liberdade; e teria caído, se não houvesse recursos humanos ou, pelo menos, mais humanos, com que contar; os bárbaros, dum lado, os escravos e as mulheres, do outro, salvaram o mundo: o cristianismo, propagado pelos últimos e confirmado pelos primeiros é, fundamentalmente, um processo de ressacralização[3] do mundo, pela afirmação da unidade do homem e da unidade da criação no imenso amor de Deus. O objetivo essencial que se marca não é o da segurança, mas o da liberdade, não é o da disciplina, mas o do afeto, não é o da atenção a tudo quanto possa manter unido e eficiente o corpo social, mas o da contemplação dos voos das aves pelo céu e do colorir das floradas pelos prados; a "disciplina militar prestante" parece fechar-se com Jesus; o reino de Deus que ele anuncia é o da Idade de Ouro, mas ampliado pela alegria da redenção. As realidades humanas, porém, ainda se não prestavam à modelação do sonho e o modelo de Roma havia de ser, ainda por muitos séculos, embora sob vários aspectos, o modelo do mundo.

É muito difícil saber até que ponto vai a originalidade de forma e de conteúdo da comédia latina, embora se lhe possa marcar um espírito diferente da dos gregos e disposto no sentido da evolução realista de que se acaba de falar. Efetivamente, todos os testemunhos históricos, inclusive o dos próprios

---

[3] No texto da primeira edição, "ressacratização", no da presente, "ressacralização", conforme o antes observado. [N. do O.]

poetas interessados, são concordes em afirmar que o teatro cômico romano não é mais do que uma adaptação às exigências das plateias latinas, das obras dos comediógrafos gregos da comédia chamada "nova", por oposição à comédia antiga de Aristófanes e seus contemporâneos. Dumas vezes, as peças são-nos apresentadas como sendo puras traduções dos originais gregos; doutras vezes, como tendo sofrido o processo da *contaminatio*, isto é, da fusão de duas ou mais peças, geralmente duas, numa só; os testemunhos são irrefutáveis, de modo que teremos de admirar, mesmo que pretendêssemos salvaguardar o máximo de originalidade dos romanos, que a invenção estaria quando muito nos pormenores de caráter local; no entanto, mesmo no que se chamaria de pormenor, pode romper a originalidade de um autor, transformando quase por completo o original, não importando agora pôr a questão de as modificações se fazerem para melhor ou para pior; é o que sucede, por exemplo, com as traduções de Molière realizadas por Castilho; e é muito provável que tenha sido esse o caso dos comediógrafos romanos e que se trate dum empréstimo de formas e de intrigas, o que tem realmente pouca importância; no entanto, a carência dos textos gregos e a falta de precisão dos eruditos e críticos da Antiguidade não permitem chegar a qualquer conclusão segura.

Como noutros elementos da civilização romana, deve ter-se realmente dado uma importação das ideias fundamentais; o romano foi um inventor medíocre e foi buscar aos povos vizinhos a base de todas as suas realizações, mesmo a do direito, que nos aparece tantas vezes apontado como sua obra exclusiva; mas o que deu a todos esses elementos, apoiando-os solidamente nas suas características nacionais, foi uma solidez e uma força de expansão que, em geral, não tivera a obra dos outros povos das civilizações mediterrâneas. Pelo que respeita ao teatro, a característica nacional mais importante era a do gosto do cômico, mas dum cômico de feição pessoal, individual, amigo de se demorar nas troças dos defeitos de cada pessoa, visando-os quase sempre com uma grosseria brutal, e incapaz de compreender as situações gerais.

O que nas comédias de Plauto e de Terêncio foge dessa linha, o que é, raramente, estudo de tipos ou situações mais delicadamente tratadas vem, por um lado, do fato de se tratar de adaptações, por outro lado, de fato mais importante ainda e que muitas vezes se ignora, o de os dois autores serem estrangeiros. De Plauto, o que veio da Úmbria, pouco podemos dizer, porque só muito mais tarde a sua terra entrou na luz da história; mas, no que se refere a Terêncio, não podemos deixar de atribuir ao seu contato com a cultura da Magna Grécia tudo quanto nele há de sensibilidade, de ternura, de fina melancolia, de graça que não insiste nos seus inventos, de recusa ante as exigências duma plateia mais habituada aos saltimbancos do que aos poetas comediógrafos.

Contudo, o que neles aparece de mais notável, e é comum aos dois, nem veio das suas pátrias nem da cultura que tiveram nem da sensibilidade humana, que era sem dúvida mais profunda do que teve ocasião de mostrar-se; o que há de mais importante em Plauto e Terêncio, como em todo grande comediógrafo, e basta para isso lembrarmo-nos do *Misantropo* de Molière, é o tom de tragédia que tão facilmente, pela palavra duma personagem ou pelo incidente do enredo, tinge as suas composições cômicas; em Aristófanes essa qualidade aparece menos nas personagens do que nos discursos ao povo em determinadas situações gerais; mas nos comediógrafos romanos, como nos que se lhes seguem dentro do mesmo espírito, é no indivíduo que ela se encontra; decerto com muito menos força, com muito menos entusiasmo poético do que nas peças de Aristófanes, mas também, sem dúvida alguma, com mais pungente espírito trágico: fez-se de todo o divórcio entre a natureza e o homem; este já aprendeu bem a ser o lobo do homem; e de quando em quando sente a saudade da sua verdadeira natureza e sente a sua solidão perante os outros que o hão de devorar se os não abate.

Deus está longe e perto a luta pela vida. Num relance, o que é episódio individual atinge a grandeza do coletivo; e do mercador de escravas, do servo maltratado, do pai enganado pelo filho, do amante ludibriado pela amada, sobe como numa onda a amargura e a revolta perante o destino que se não compreende, perante o destino que parece ter para sempre afastado os homens do paraíso onde o espírito divino respirava, e longamente e perdidamente os fez atravessar os desertos onde as esperanças quase morrem.

E é talvez esta a nota que mais fica vibrando fundo no espírito depois de se ter lido a comédia latina, porque é a nota que mais intimamente nos une aos antecessores de há muitos séculos. Mas há outra que, por mais baixa, e mais difícil de ouvir, não é menos dolorosa nem talvez menos duradoura: o que há provavelmente de mais terrível nessas comédias é a tranquila mentalidade com que se aceita a existência, por exemplo, do escravo, sem aparecer, como nos gregos, a menor explicação, a menor tentativa de justificar que tal se desse; decerto o fato nos impressiona e nos deixa, no fim da leitura de cada peça, a certeza de que realmente o mundo antigo estava condenado a desaparecer; mas podemos também pensar que dentro de dois mil anos se lerão as nossas comédias e que porventura muitas das nossas instituições irão impressionar da mesma forma o espírito dos leitores, embora possamos ter a esperança de que já não seja a mesma a sua angústia. A esperança, mas não a certeza. Pode ser que durante muito tempo se ache muita coisa tão natural como eles achavam os escravos e os parasitos e que durante muito tempo a educação para servir seja fundamentalmente a educação dos homens.

*

Como o mundo antigo não continha em si próprio nenhum elemento de salvação, só era possível um novo avanço da história pelo desabar de tudo quanto tinham construído os homens e pela criação duma existência nova. É como se a humanidade tivesse de resolver de novo todos os seus problemas, como se se tivesse voltado às idades primevas da história. Nesse sentido, a formação da Idade Média é o verdadeiro Renascimento e o outro, o dos séculos XIV a XVI, o regresso da vida antiga que, depurada dos elementos que lhe impediam a marcha, volta a tomar posse da humanidade, a arregimentá-la de novo e a lançá-la com gênio implacável no caminho que a poderá levar um dia a libertar-se do fatalismo das necessidades físicas.

E imediatamente o teatro se afirma na sua primeira natureza: durante toda a Idade Média, a representação é sagrada e litúrgica e tudo gira à volta da separação do homem do mundo sobrenatural, ora porque se representa a própria queda, ora porque se abrem aos olhos dos espectadores os mistérios do que existe para além da sua vida passageira. Representa-se nas igrejas como outrora se representava junto aos altares de Dioniso; a vida levou a humanidade ao desterro e a cada possibilidade ela volta para contemplar o que devia ser a sua pátria verdadeira e todas as fases do drama em que a envolveu a luta pelo existir, por um existir pleno, sem o terror e a fome.

O teatro medieval, de fundamento não realista, atento não à vida ativa mas à vida contemplativa, dá bem a medida do que poderia ter sido a nova época da história, se os romanos tivessem resolvido os problemas técnicos da produção; o conjunto dos homens medievais é um corpo místico governado por um espírito santo; todo o ato da sua vida é ou deve ser uma comunhão em Deus; toda a graça de obra que se levanta é uma obra coletiva; a ideia de irmandade entre os homens passa além de todas as travas políticas e econômicas; há a recusa ao nacionalismo e a recusa à comunicação direta do indivíduo com Deus, desde que para isso se tenha de abandonar os irmãos que não os podem acompanhar.

Não é por acaso que a estatuária do melhor período medieval se parece estranhamente com a estatuária grega: é a expressão da mesma plenitude, da mesma fidelidade à verdadeira natureza humana, quaisquer que sejam ainda os obstáculos e as imperfeições. Mas na realidade todo o tempo medieval era mais descanso que chegada; os homens tinham parado a muito menos de meio caminho da economia, da política e da técnica; tinha de se ir mais longe: então, novamente se desfaz a grande irmandade dos homens.

O real supera o ideal; o profano sobreleva ao sagrado; e o teatro reflete essa ressurreição da vida antiga que se julgava inteiramente morta. As representações cada vez mais se afastam do âmago da igreja; as constituições dos bispados cada vez vão ser mais severas ante a invasão do profano; ainda um momento se representou na portaria dos templos; depois, já desfeito o encanto que as tomara, já plenamente na batalha da vida, as representações, quase sem lembrança do sagrado, fazem-se fora da igreja. Pareceu durante algum tempo que nem tudo se perdia e que, por um milagre, seria possível conciliar os dois elementos presentes, o da busca e o da unidade, o da religião e o da ciência, o da mística individual e o da mística da coletividade. É este, provavelmente, o sentido profundo da ação dos portugueses e dos espanhóis; tentou-se uma ciência que vai certamente contra Aristóteles, mas que é de linha franciscana, isto é, que nunca daria, como deu a ciência protestante, o quase esmagamento da natureza humana; tenta-se uma forma de vida religiosa que dando liberdade aos voos do espírito individual, que, reconhecendo-lhe a presença de Deus, não deixa de insistir no entanto na ideia do Corpo Místico da Igreja e na ideia dum Deus transcendente que assegure a inteligibilidade e continuidade do espírito humano.

E é exatamente na península que o teatro, por mais tempo, se conserva fiel às linhas gerais da Idade Média e se recusa a submeter-se às concepções romanas que, naturalmente, dada a similitude dos tempos, logo vieram e dominaram no direito, na economia, na política, e nas manifestações artísticas, que, por serem criação no tempo, tão fortemente lhe estão ligadas; portugueses e espanhóis lutam, com os seus místicos, os seus navegadores e exploradores, os seus artistas e os seus autores de teatro, com um Gil Vicente, um Calderón de la Barca ou um Lope de Vega, pela permanência dos ideais cristãos da Idade Média, sem prejuízo de tudo quanto era necessário para que se reconquistasse o paraíso perdido.

Mas acabariam vencidos; o capitalismo, o cientismo e o protestantismo mais ou menos laico dos povos nórdicos eram movimentos demasiadamente fortes e estavam demasiado dentro da lógica da história para que as esperanças peninsulares pudessem ter qualquer possibilidade de triunfo; por desgraça, também se não encontrou nenhuma doutrina bem estruturada e bem sólida, capaz de resistir aos embates das circunstâncias; houve um vislumbre de vitória com as ideias erasmistas: mas, no fundo, faltava a Erasmo a noção do sagrado; e a vitória, quando veio, foi, sob aspectos, cores e nomes diferentes, a vitória da secura, da brutalidade e da eficiência dos romanos; o Renascimento é na realidade a volta a Roma do filho pródigo.

Daí por diante, a influência da comédia romana não fez mais do que acentuar-se: é comédia romana a de Maquiavel, a de Villalobos, a de Dryden, a de Molière, a de Beaumarchais, a do "Judeu", a de Alencar; é comédia romana a do nosso tempo e, provavelmente, pelo seu realismo sem limites, pela completa solidariedade com "a vida tal como é", a mais romana de todas as comédias.

As sementes remotas, porém, não morreram de todo e serão capazes de germinar num terreno que se lhes apresente favorável; é quase certo que está muito mais perto do que geralmente se julga o fim do tempo do sacrifício e de batalha; temos hoje à nossa disposição os meios técnicos de dominar a fome e a miséria e de dar ao homem uma liberdade sem limites para exprimir a sua verdadeira natureza; o que ainda trava o nosso caminho é a convicção em que nos encontramos quase todos de que o homem é um animal egoísta, batalhador e feroz, convicção que adquirimos em toda a longa experiência histórica e nos faz tomar por estrutura o que é simplesmente acidental; só a fé no homem, nas possibilidades divinas do homem nos pode levar de novo à Idade de Ouro, tal como a representaram os poetas: tempo de fraternidade e de amor, sem angústia e sem dramas, tempo de contemplação e de absorção em Deus, tempo de ação mental, a mais verdadeira e a mais eficaz de todas as ações. E o teatro será então por completo litúrgico e sagrado, sem nenhuma tragédia e sem nenhuma comédia, porque o homem se integrará na natureza ou levará a natureza ao nível do seu próprio espírito; será o teatro da fantasia do sopro lírico, da pura dança, do louvor a Deus e da oferta a Deus, do esplendor que inundará as almas, depois do longo, do penoso, do quase desesperado caminhar.

Nota sobre a tradução

De todos os autores latinos, são provavelmente os comediógrafos os mais difíceis de verter para uma língua moderna. Por um lado, as formas arcaicas do latim, incompreendidas e adulteradas pelos copistas de idades mais recentes, tornam o texto muitas vezes incerto; por outro lado, o uso, como uma das fontes do cómico, dos jogos de palavras e de frases de duplo sentido, as alusões a factos e costumes que eram atuais, e, numa palavra, a atmosfera diferente da época republicana de Roma e da nossa época, fazem que em muitos pontos a tradução, para se tornar inteligível, tenha de ser, de certo modo, uma adaptação.

Não é também de somenos importância que se traduza em prosa um original em verso, e em versos que são dos mais difíceis e dos mais complicados que podemos encontrar na métrica latina; a variedade de ritmos perde-se por completo na versão e é fora de dúvida que, na maior parte das vezes, o sentido, ou a impressão sobre o leitor não é exatamente a mesma; de resto, até para um romano, a impressão sobre um leitor seria diferente da que sofreria um espectador, visto serem cantados alguns dos trechos, outros recitados com certa entonação musical.

A presente versão procurou seguir o mais possível o original e em caso nenhum se sacrificou a fidelidade à elegância de dicção ou à facilidade de inteligência; teve-se igualmente em mira conservar quanto possível o tom geral da linguagem, que era, como se sabe, não o latim literário de Cícero ou de César, nem o latim vulgar, que deu o acervo essencial das línguas românicas, mas, basilarmente, o latim familiar ou coloquial de Roma, empregado na conversação das pessoas cultas.

Nota biográfica acerca de Plauto

Tito Mácio ou Maco Plauto, que nasceu na Úmbria, provavelmente por volta do ano 224 a.C., durante a guerra com os cartagineses, veio para Roma em data incerta e aí se dedicou logo ao teatro, dizendo-se que teria representado a primeira peça aos dezessete anos de idade. Parece, no entanto, que os ganhos financeiros, dada a magnificência com que as peças eram apresentadas, não corresponderam aos ganhos de reputação, e que o poeta, por não ter pago as suas dívidas, se teria visto reduzido à condição de escravo, o que lhe deu certamente ótima oportunidade para conhecer os costumes dos seus colegas e de todo o mundo de parasitos, cortesãs, militares fanfarrões e filhos-família aventureiros que tinham nas habilidades dos escravos ponto de apoio para os seus perigosos empreendimentos.

Durante o seu tempo de cativeiro, fazendo girar as mós de um moinho, teria Plauto composto três ou quatro peças, de que restam apenas fragmentos, mas que, pelo êxito junto do público, lhe garantiram a liberdade. É então que verdadeiramente começa a sua carreira de autor e ator; segundo os testemunhos antigos, o número de comédias composto por Plauto subia a cento e vinte; Varrão, no entanto, submetera o conjunto a um exame crítico e não pusera como autênticas mais de vinte e três peças: as que nos restam são em número de vinte: *Anfitrião, Asinária, Aululária* (comédia da Panela). *As Baques, O Cartaginês, Casina, O Cesto, A Corda, Os Cativos, Epídico, O Fantasma, O Gorgulho, O Mercador, Menecmos, O Prodígio, Pseudolo, O Persa, O Rústico, O Soldado Fanfarrão, Estico.*

O êxito de Plauto foi constante; superior, intelectual e moralmente, aos seus ouvintes, soube, no entanto, satisfazê-los pela vivacidade da ação, o bem travado da intriga, a insolência e a violência cômica dos militares, dos parasitos e dos escravos, o realismo das cortesãs, dos velhos que defendem o sossego da sua casa, a segurança do seu dinheiro ou a tranquilidade dos seus prazeres, dos moços que se deixam vencer por encantos fáceis e quase sempre falsos; às vezes, mesmo pela coloração quase romântica e ingênua de certos tipos de moça.

É certo que frequentemente sacrificou à grosseria do público; mas a sua tendência mais profunda era a que, por exemplo, se surpreende nos *Cativos*: tendência de moralista e de poeta lírico, um pouco melancólico, mas disposto sempre a agir quando preciso; aceitava com realismo o mundo à sua volta, mas lavrava, no entanto, o seu protesto sempre que o julgava necessário contra as desigualdades da organização e da sorte.

Embora os textos não sejam muito seguros, Plauto teria tido uma vida bastante curta; o mais provável é que tivesse falecido cerca de 182 a.C.

Nota biográfica acerca de Terêncio

Terêncio era africano e deve ter nascido por volta de 192 a.C., talvez na própria cidade de Cartago; veio para Roma como escravo de guerra de um senador, Terêncio Lucano, que, reconhecendo-lhe os talentos, o mandou educar e o fez depois entrar em contato com os romanos mais cultos e mais capazes de compreender a arte. Destes, os que mais o influenciaram foram Lélio e Cipião Emiliano, e a tal ponto que se afirmou terem sido as suas peças, pelo menos em parte, compostas pelos dois patrícios.

Quando liberto, tomou o nome da família do senador, o prenome de Públio, e juntou aos dois nomes o que lhe marcava a origem – Afer. Foi com esses três nomes, Publius Terentius Afer, que fez representar em Roma as suas peças. Mas o êxito, ao contrário do que sucedera com Plauto, foi quase nulo; não sabia adaptar-se como este ao gosto do público, não possuía as qualidades de audácia e de força que tinha Plauto, nem a coragem de lutar que o outro tomara como hábito na dura luta pelo direito à existência material.

Todo o temperamento de Terêncio o inclinava à reflexão moralista, quase à meditação filosófica, e a linguagem geralmente delicada das suas personagens não era a mais apropriada para prender a atenção do público dos teatros romanos. Por outro lado, a sua ligação com os aristocratas deve-o ter prejudicado junto do povo e oferecia campo fácil de ação às intrigas dos que lhe eram adversos; faziam tudo quanto podiam para lhe diminuir a originalidade e o talento.

Além da acusação de que Cipião e Lélio colaboravam nas peças, levantaram a de que na realidade as suas comédias nada mais eram do que remodelações de peças anteriores, já representadas em Roma, ou traduções de comédias de autores gregos: neste último ponto, era fora de dúvida que tinham razão, como também a teriam quanto a Plauto; sabe-se que Terêncio, quando morre aos trinta e cinco anos, morre de desgosto por se terem perdido num naufrágio cento e oito peças que, numa viagem à Grécia, traduzira em alguns meses apenas; mesmo, porém, que não houvesse esse informe, era fácil concluir, por testemunhos internos e externos, que se aproveitara dos trabalhos de Apolodoro, Menandro e Dífilo, porventura de outros ainda.

É preciso, no entanto, marcar-se bem claramente que, num autor dramático, o mais importante não é a intriga, nem o dispor da ação, nem sequer a invenção das personagens; o que vale é o esforço de construção psicológica, as ideias fundamentais e o estilo; qualquer que seja a parte de imitação nas comédias de Terêncio, é inegável que, em cada um desses três pontos essenciais, deixou ele a marca do seu gênio, e a tal ponto que muitos dos críticos antigos o colocaram, pela *Ândria, Os Adelfos (Os irmãos gêmeos), O Eunuco, O Formião, Hecira, O Heautontimorumeno (O que se castiga a si próprio)* e outras peças de que não temos conhecimento, como príncipe de poetas, a par de autores como Virgílio e Homero.

Nota bibliográfica[4]

Augustin Cartault. *La poésie latine*. Paris: Payot, 1922.
Carl Conradt. *Die metrische Composition der Comödien des Terenz*. Berlim: Weidmannsche Buchhandlung, 1876.
August Couat. *Aristophane et l'ancienne comédie attique*. Paris: Lecène, Oudin et Cie, 1889.
Maurice Croiset. *Aristophane et les partis à Athènes*. Paris: Albert Fontemoing, 1906.
Jacques Dénis. *La comédie grecque*, 2 vols. Paris: Librairie Hachette, 1886.
Émile Deschanel. *Études sur Aristophane*. Paris: Librairie de L. Hachette, 1867.
Édélestand du Méril. *Histoire de la comédie*. Paris: Didier, 1864.
Jules Girard. *Études sur la poésie grecque*. Paris: Librairie Hachette, 1884.
Guillaume Guizot. *Ménandre*. Étude historique et littéraire sur la comédie et la société grecques. Paris: Didier, 1855.

---

[4] Os elementos de referenciação constitutivos da bibliografia originalmente indicada nessa "nota bibliográfica" foram revistos, completados e, quando necessário, também corrigidos. [N. do O.]

Johannes Horkel. *Die Lebensweisheit des Komikers Menander.* Königsberg: Bornträger, 1857.

Günther Jachmann. *Plautinisches und Attisches.* Berlim: Weidmannsche Buchhandlung, 1931.

Alfred Körte. *Die griechische Komödie.* Leipzig: B. G. Teubner, 1914.

Paul Lejay. *Plaute.* Paris: Boivin, 1925.

August Meineke. *Historia Critica Comicorum Graecorum.* Berlim: Georg Reimer, 1839.

Gilbert Norwood. *Plautus and Terence.* Londres: Harrap, 1932.[5]

Adolph Paul Oppé. *The new comedy.* St. Andrews: W. C. Henderson and Son, 1897.

Frédéric Plessis. *La poésie latine (de Livius Andronicus à Rutilius Namatianus).* Paris: Librairie C. Klincksieck, 1909.

Otto Ribbeck. *Anfänge und Entwickelung des Dionysoscultus in Attika.* Kiel: C. F. Mohr, 1869.

---

[5] Neste caso, dado a discrepância absoluta, que se verificou, quanto ao nome do autor e relativa quanto ao título da obra – ambos aqui, em graus distintos, corrigidos e fixados –, cabe notícia acerca dos termos com que Agostinho da Silva originalmente procedeu a essa indicação bibliográfica, a saber: "Knapp, *Plaute and Terence.* Londres, 1932". Note-se que entre os estudiosos com produção conhecida sobre esses comediógrafos, há um Knapp, o *scholar* norte-americano Charles Knapp (1868-1936), o qual não publicou, no entanto, nenhum livro com título, ano e local de edição coincidentes ou próximos. O que de menos distante haveria seria a resenha "Notes on Plautus and Terence", estampada em *The American Journal of Philology*, vol. 35, n. 137. Baltimore: The Johns Hopkins Press, 1914, p. 12-31. Suponho que muitas das referências bibliográficas arroladas por Agostinho da Silva tenham sido, em razão das próprias injunções do exílio sul-americano, iniciado em novembro de 1944, elaboradas não raro de memória, a partir de notas esparsas e com acesso mais do que restrito a bibliotecas e livrarias dotadas de acervo condizente ao daquelas desde as quais, na Europa, seus estudos e pesquisas se deram. De onde, possivelmente, os lapsos e lacunas bibliográficos decorrentes. Acrescente-se a isso, uma motivação psicológica de fundo: a impaciência que Agostinho da Silva parece demonstrar perante os preceitos e protocolos das bibliografias. Tanto que, quando ainda em Portugal, não se encontrando portanto sob os constrangimentos do exílio, textos seus já apresentavam um certo descuido característico para com a indicação do elenco de leituras e referências, via de regra extensas e eruditas, no qual a consistência e o rigor assinaláveis da sua reflexão repousavam. [N. do O.]

William Young Sellar. *The Roman Poets of the Republic*. Edinburgh: Edmonston and Douglas, 1863.

Wilhelm Süss. *Aristophanes und die Nachwelt*. Leipzig: Dieterich'sche Verlagsbuchhandlung, 1911.

Jan van Leeuwen. *Prolegomena ad Aristophanem*. Leiden: A. W. Sijthoff, 1908.

A presente nota bibliográfica pode completar-se com as indicações dadas em:

Louis Laurand. *Manuel des études grecques et latines*. 4.ª ed. revista e corrigida. Paris: Auguste Picard, 1926.

Martin Schanz *et alii*. *Geschichte der Römischen Litteratur*, 4 tomos. Munique: C. H. Beck'sche Verlagsbuchhandlung, 1890-1920. (Handbuch der Klassischen Altertumswissenschaft, vol. 8.)

Wilhelm von Christs; Otto Stählin; Wilhelm Schmid. *Geschichte der Griechischen Litteratur*, 2 tomos. 6.ª ed. Munique: C. H. Beck'sche Verlagsbuchhandlung, 1912-1924. (Handbuch der Klassischen Altertumswissenschaft, vol. 7.)

FILOSOFIA, CIÊNCIA E MÍSTICA

nas páginas de
O Estado de São Paulo

Esculápio (Asclépio). Museu Chiaramonti, Vaticano.

*Filosofia Nova**

O primeiro grande trabalho filosófico realizado pelos gregos foi o de demonstrar que é impossível uma explicação materialista do universo; apesar do gênio de todos os pensadores que hoje se englobam sob a designação de pré-socráticos, não se pôde evitar a crise sofista do século V; uma concepção materialista pura, perfeitamente lógica, e os gregos eram demasiado inteligentes para a não saberem construir, suprime todos os motivos de ação; e foi talvez a falência na ação, com todas as desordens consequentes no campo da moral e da política, que, apesar das aparências, levou Sócrates e os seus discípulos a reagir contra o espírito geral da filosofia anterior; de resto, mesmo no plano puramente filosófico, bastariam as aporias de Zenão para que se tivesse de enveredar pelo caminho da explicação idealista. No entanto, os filósofos pré-socráticos conseguiram dar direito de cidade, estabelecendo-a com firmeza, a uma atividade não pragmática, pelo menos nos pontos de partida; por outro lado, puseram claramente que nenhuma concepção filosófica se pode aceitar se não é bastante ampla para compreender todo o fenômeno, bastante exata para que não haja a mínima incoerência lógica, bastante simples para que apareça como a expressão de uma realidade irredutível.

Toda a tarefa de Sócrates, de Platão, de Aristóteles mesmo, consistiu em refazer o trabalho filosófico anterior, mas no campo do espírito; a divindade misteriosa de Sócrates, o Supremo Bem de Platão, o Deus motor e imóvel de Aristóteles são, no plano da ideia, o que eram a água de Tales ou o fogo de Heráclito; apesar de todas as falhas, que vêm, porventura, menos do próprio pensamento dos autores do que da perda de certos textos e da incompreensão ou fantasia ou concepções próprias dos comentadores, o edifício da filosofia

---

* Agostinho da Silva. Filosofia nova. *O Estado de S. Paulo*, São Paulo, 16 de fevereiro de 1947. [N. do O.]

grega a que poderíamos chamar clássica ficou solidamente assente na ideia de que a inteligência humana é centelha da inteligência divina; o universo é inteligível e está dentro de nós a chave do perfeito entendimento; não é impossível que cheguemos, pela razão, à ciência sem obscuridade, tal como Deus a teria, e, pela ciência à virtude, e, pela virtude à paz interior, ao eudemonismo que foi sempre, sob as aparências otimistas da sua cultura, a principal preocupação dos gregos. Pelos meados do século IV, assegurara-se a vitória da inteligência: pareciam abertos todos os caminhos do futuro, afastados para sempre todos os terrores do espírito e da carne, as opressões teocráticas, a ciência destinada a puras técnicas das civilizações do Próximo Oriente.

Mas, embora poesia e misticismo nunca tivessem estado ausentes de Sócrates, de Platão e de Aristóteles, sobretudo dos dois primeiros, e a inteligência de que falavam não fosse apenas uma máquina de raciocinar, mas uma perpétua criação, embora também se pudessem tirar das suas metafísicas todas as regras de moral prática, todas as fórmulas de relação de homem a homem, é certo que o lado intelectual se acentuara com toda a preferência. Ora pareceu, a partir da época de Alexandre, que faltava, nas grandes construções anteriores, a fé que ampara nas crises do indivíduo e da história, o amor que impede o tornar-se cada um torre orgulhosamente solitária de inteligência e de saber, a simplicidade que permitiria, mesmo aos mais rudes, uma norma de vida. Estoicismo e epicurismo foram, de certo modo, uma tentativa de inclusão, mas nem a razão construtiva nem a simpatia humana foram bastante poderosos para atingir o seu objetivo.

Plotino chegou mais longe e com ele os neoplatônicos: mas, todo o ceticismo à sua volta, toda a estéril discussão das escolas em que só o nome era grande, indicavam que a revolução tinha de ser mais profunda, e tão profunda que pareceria pôr-se de parte o gosto e a necessidade de compreender, porque tudo pudesse surgir como um ímpeto de amor. É um tempo de crise, de incerteza, de desvario, de escritos efêmeros, de visões fragmentárias, e só aparece terra firme quando os padres da Igreja, passado já o período em que o cristianismo fora puro amor, começam elaborando uma teologia; uma divindade que até aí somente se sentira precisa agora de ser demonstrada; é a busca ansiosa das provas da existência de Deus, das possibilidades de harmonizar a ciência e a fé; todas as batalhas de ortodoxos e de hereges, em concílios, em sermões, em tratados, ou em intrigas de palácio ou em lutas campais, nada mais são do que o esforço doloroso de um acertamento que se considerava essencial: não podia ser abandonado o que o espírito humano ganhara com os gregos; Deus não é só amor mas também inteligência.

Toda a Alta Idade Média é, por aí, um dos momentos mais dramáticos da história humana; por fim venceu-se, embora a vitória, alcançada talvez num prazo mais curto do que seria necessário, tivesse sacrificado Platão a Aristóteles e feito secar muitas das sementes de vida nova que o cristianismo tinha trazido consigo; mas não importa: com a *Suma*, Deus é demonstrável; só em palavras é agora a filosofia uma simples ancila da teologia: na realidade, vão estreitamente ligadas. A muralha de defesa era perfeita: juntavam-se para proteger os homens as Catedrais, de que fora a primeira um outeiro dos arredores de Jerusalém, e as Universidades, que tinham como origem remota um jardim dos subúrbios de Atenas.

Se, porém, havia a razão e a fé que se abrigam no íntimo do homem, faltava o mundo que o circunda; e o mundo chegou com os descobrimentos portugueses e espanhóis, um mundo como nunca o tinham sonhado os filósofos antigos e os teólogos medievais: eram só fatos o que traziam os navegadores, e os fatos abriam brechas irreparáveis no edifício escolástico. É a segunda grande crise do pensamento ocidental: novamente aparecem os céticos e os investigadores de minúcias e os que simplesmente descrevem, ou então os místicos em que a religiosidade é apenas uma forma de fugirem aos problemas que a vida levanta à sua volta; os medievalistas defendem as suas posições com o ardor com que se tinham batido outrora os pagãos do tempo de Celso; mas estes lutavam pela sobrevivência da razão, ao passo que os escolásticos batalham pela sobrevivência da fé; a razão não está em perigo sério: um pouco mais tarde fará bom pacto com a realidade por intermédio de Bacon e Descartes e assegurará inteiramente a sua posição com Leibniz e Kant: para a fé abre-se uma época de apagamento; apenas na Espanha a mística floresce, ausente, porém, da razão e do mundo físico, divorciada da crítica. Só um peninsular também, mas educado em pleno centro de reflexão intelectual, pôde unir todos os elementos que pareciam discordes por sua própria natureza: a filosofia de Espinosa vai para além do seu tempo e mesmo para nós, Espinosa é ainda um filósofo do futuro; para todos os outros, a tarefa foi plenamente a da época: organizaram a ciência e, pela ciência, organizaram a sociedade, como na Idade Média a tinham organizado pela fé religiosa.

Simplesmente, assim como o misticismo que irrompe nos últimos tempos do mundo antigo tem as suas raízes na Grécia clássica, assim como o interesse pelo mundo natural principia antes de ter largado para o mar o primeiro barco português, também a Europa dos séculos XVII e XVIII tem em si os germes do que depois se afirmará como força de combate: as concepções religiosas, qualquer que seja a sua confissão, recusam-se a morrer e afirmam a existência de um mundo mais vasto que o da ciência experimental; a arte reclama, por exemplo com Bruegel, com Bosch, e até Rembrandt, domínios que a razão parece repelir; e, com maior ímpeto de batalha, as modificações econômicas trazidas pelos descobrimentos lançam ao assalto do poder uma nova classe e abalam toda a estrutura do absolutismo real; vai principiar uma revolução que ainda não terminou e que irá muito mais longe do que geralmente se supõe.

É a terceira época de crise e é a nossa: a primeira marcou para os filósofos a obrigação de pensarem a fé; a segunda a de pensarem a ciência; a terceira vai obrigá-los, segundo parece, a um esforço mais vasto. Os trabalhos filosóficos que hoje se publicam revelam quase todos o medo que toma os pensadores de encararem de frente o que há a fazer: foge-se então, ou para questões sem importância, ou para sistemas que são cômodos porque permitem fingir que se pensa; uns são existencialistas, outros inclinam-se à fenomenologia; há os empiristas e há os lógicos; há os neoescolásticos e há os que se entusiasmam pelo princípio de incerteza, introduzindo por aí na ciência um misticismo de, pelo menos, terceira ordem; há os espiritualistas, que aboliram para a grande massa o direito de comer, e os materialistas, que aboliram para todos o direito de pensar. Tribos inteiras, que se digladiam com furor, ou se prostram céticas, ou se refugiam numa fé que não têm.

E, no entanto, o espírito humano tem de vencer, como venceu com Santo Agostinho e S. Tomás, como venceu com o *Novum Organum* ou o *Discurso do*

Método; tem de incluir, numa síntese mais vasta que todas as sínteses tentadas até hoje, a inteligência que venceu todas as provas, desde que a experimentou o velho Tales, mas uma inteligência imaginativa, criadora, bem longe da caricatura de Taine: o mundo religioso, que foi o de S. Francisco, o de S. João da Cruz, o de George Fox, o de Wesley, mas despido inteiramente de todo o limite confessional; o mundo de instintos ou de tendências fundamentais que a psicologia moderna trouxe a lume; o amor do corpo, como nem mesmo os gregos o tiveram, um amor tão grande que finalmente se respeite o corpo e se chegue à pureza dos santos sem as suas mutilações; uma ciência renovada por um conceito mais amplo de causalidade; uma sociedade economicamente livre, e livre também para as aventuras do espírito; uma arte a que estejam abertas todas as portas, e tão intimamente ligada à vida que só haja para o artista uma regra, a de ser um homem pleno; finalmente, uma metafísica que, sendo nos processos uma ciência, seja no espírito uma teologia e, pelo que respeita às relações humanas, uma forma de vida.

Creio, por mim, que o fará; mas que o vai fazer na própria vida: não teremos desta vez páginas de livros, mas tipos humanos: o que vai dar uma oportunidade única a povos para os quais foi a vida sempre o mais importante: China, Índia, Península [Ibérica], América do Sul.

*Ciência e Mística**

Pode dizer-se que todo o movimento da biologia moderna se faz no sentido de a aproximar da química e da física, numa luta contra todo o princípio vitalista e contra toda a ideia de qualquer possível distinção entre um mundo perfeitamente determinado de fenômenos matematizáveis e outro onde imperasse a invenção, a liberdade ou o capricho. Mendel, De Vries, Morgan, até o velho Darwin e até os simplismos mecanicistas[1] de Loeb são os marcos essenciais da grande marcha para a construção de uma biologia intrinsecamente científica: as comunicações, os tratados e até os livros de texto ou de vulgarização começam a encher-se de fórmulas matemáticas; exprimem-se as questões celulares em termos de físico-química e a descoberta das proteínas-vírus parece dar um golpe decisivo nos partidários do vitalismo; tem-se a esperança de que, dentro em pouco, e apesar de toda a complexidade dos fenômenos da vida e de todas as ignorâncias que ainda subsistem quanto a pontos que devem ser fundamentais, seja possível dar à biologia uma categoria plenamente científica: em teoria, pelo menos, a possibilidade de prever o comportamento de um ser vivo, quaisquer que sejam as circunstâncias que o rodearam, entrando em linha de conta com as influências que sobre ele exercer o meio ambiente e com as influências que ele próprio exercer sobre esse meio ambiente. E, ao mesmo tempo que o investigador de laboratório se obstina na busca da explicação de fenômeno e fenômeno, o biólogo de tendências mais especulativas procura a possibilidade de unir as grandes teorias que até agora têm aparecido como separadas e, por vezes, como antagônicas: pode pensar-se, por exemplo, numa

---

* Agostinho da Silva. Ciência e mística. *O Estado de S. Paulo*, São Paulo, 6 de março de 1947. [N. do O.]

[1] Na publicação original, "mecanistas", que aqui, como no ensaio prefacial a *De rerum natura*, de Lucrécio, fixamos como "mecanicistas", variante de uso mais disseminado e corrente. [N. do O.]

teoria da evolução que ligasse a mais intuição que ciência de Lamarck, com a sua ideia da iniciativa do ser vivo, a seleção sexual de Darwin, com a sobrevivência dos mais aptos, as mutações bruscas da *Oenothera* e as habilidades de genes da *Drosophila*, a teoria da morte filética e a de tarefa individual de cada ser, e pusesse com significação geral as relações entre larva e animal perfeito; outros esforçam-se por determinar algum possível contato entre a reprodução dos agentes das viroses, a formação dos cristais, a duplicação cromossômica, a multiplicação desordenada das células cancerosas e as teorias gerais de simetria formuladas por Pierre Curie; outros ainda, mais ousados, querem juntar a biologia à física, mostrando uma identidade entre a teoria das mutações bruscas de De Vries e a teoria dos *quanta*[2] de Planck.

Este último ponto afigura-se ser o mais importante de todos, apesar do valor revolucionário, em todos os domínios, que poderia ter uma nova teoria transformista e do esplendor filosófico e poético da determinação de uma simetria biológica: mas ligar mutações e quantos seria, por um lado, matematizar ao máximo a biologia, por outro lado, reforçar o significado dos trabalhos do físico alemão. Efetivamente, e tal como tem sucedido na biologia, todo o esforço dos físicos se tem exercido no sentido de tornarem real o que em Descartes foi apenas sonho: a geometrização da física; e, mais ainda, sem que a maioria dos físicos tenha disso consciência ou o confesse, no sentido de se provar o fundamento da intuição platônica de que Deus é geômetra. Mas, o resultado de todo o trabalho foi surpreendente: de certo modo, o físico pode, no tratamento de tal ou tal problema, inventar a geometria que lhe convenha, a que lhe parecer, ou for, mais elegante e mais cômoda; o que significa, se quisermos pôr a questão em termos metafísicos, que a verdadeira geometria divina é uma imanência e não uma criação, e que todas as geometrias criadas são apenas a manifestação no tempo da geometria incriada; são todas uma face da verdade em que a verdade se oculta, como seria face da verdade a tradução em várias

---

[2] Na publicação original, "teoria dos quantos". Fixado como "teoria dos *quanta*", preservando em latim o plural do termo "*quantum*", apenas para efeito de uniformização com a nomenclatura mais usual e em voga da expressão. [N. do O.]

línguas de uma palavra inefável. Por outro lado, e ainda aqui dentro do mais estrito platonismo, se chegou a um ponto em que não é possível, cientificamente, afirmar senão a existência de uma causalidade estatística; não sabemos se a ciência conseguirá ou não vencer a crise; o mais provável é que não a vença, o que não quer dizer de modo algum que os vulgarizadores apressados, os sábios da mentalidade nada científica, os defensores de religiões já puramente históricas e os moralistas tradicionais tenham qualquer espécie de razão quando falam da liberdade dos elétrons e do homem como um ressoador dessa famosa liberdade. O problema é mais complicado do que julgam, mas nem se tem de abolir, apesar das aparências, a causalidade dinâmica, nem se tem de falar da liberdade humana só para que se justifiquem as chamadas sanções morais ou os muito mais simples e expeditos processos de polícia; o descobrimento da causalidade estatística, que é talvez o mais importante do nosso tempo, pode apenas pôr a ideia de que a ciência é demasiado simples para o universo, de que por ela não podemos ir a nada mais do que probabilidades, o que de resto é perfeitamente bastante para a técnica; mas, como o cálculo de probabilidades é matemática, salva-se por aí tudo quanto há na ciência de coerência lógica, de nítido encadeamento do raciocínio puro; no entanto, a primazia do conhecer passa decididamente, indo além do artista e do filósofo para os domínios da mística; a qual mística, muito ao contrário do que se tem dito, tem pouquíssimo que ver com irracionalismos e com intuições bergsônicas.

Mas o que nos importa, por agora, é aceitar como inteiramente possível a junção da biologia e da física, através, digamos, de uma quantificação da biologia; a tarefa é muito complexa, mas não é nem teoricamente absurda, nem desmentida, desde já, por qualquer fato experimental; uma exposição do essencial da biologia em termos de mecânica quântica é o máximo que há a esperar do trabalho dos biólogos; de resto, não se faria aqui mais do que seguir o caminho da química que efetivamente se dissolveu, integrando-se, na física atômica; só que na biologia o trabalho é muito mais difícil porque se lida nesse campo com uma química a que os químicos têm dado relativamente pouca importância: a microquímica em que os fenômenos são tão fugitivos que não haverá possibilidade de os marcar senão num reticulado de leis estatísticas. Toda a biologia se encaminha para esse ponto e é de esperar que, dados o número e a qualidade dos investigadores, a maior perfeição dos meios técnicos postos ao seu dispor, o progresso de outras ciências, ou capítulos de ciências, como a cristalografia e a física dos coloides, se possa percorrer em poucos anos o que ainda falta até à meta. A humanidade chegou a um ponto em que não pode servir para cálculos a velocidade anterior: o que levou séculos leva agora meses; é, juntamente com a maior abundância de conhecimentos e com o maior domínio da natureza, a ânsia, em quase todos inconsciente, mas nem por isso menos profunda ou menos eficiente, do rápido regresso a um paraíso perdido.

E, então, se a física não tiver podido avançar para além da grande barreira das leis estatísticas, se verá como foram perfeitamente absurdos, pelo menos aos nossos olhos humanos, ainda tão dispostos a admitir no mundo erros e falhas, todos aqueles que procuraram a todo o transe impedir o progresso duma ciência que lhes parecia atentar contra os direitos do espírito, quando queria reduzir toda a vida ao que se lhes assemelhava, e era de fato, nalguns dos investigadores, um simples materialismo mecanicista[3]; nunca repararam em que o espírito que desejavam salvaguardar era, na realidade, um espírito de superstição, uma sobrevivência de temores primitivos, uma lembrança das sombras da caverna, não o espírito luminoso e criador, o espírito de inteligência e de liberdade, de compreensão e de fé, de exatidão e de amor que esteve sempre com os melhores e que teve o culto de Lao Tsé e de Platão, de Espinosa e de Santa Teresa de Ávila. Era preciso que a ciência se separasse inteiramente do que não era ciência, e seguisse os seus caminhos laicos com plena liberdade, para que chegasse à meta que se propusera, a de uma explicação total dos fenômenos físicos, incluindo nesta designação os biológicos; ora, a explicação é uma pura explicação de probabilidades, como de resto era de prever desde que na ciência não estão em contato senão um ser transitório, imperfeito, intermediário entre ser e não ser, o observador, e outro ser transitório, imperfeito e intermediário entre ser e não ser, o fenômeno observado.

---

[3] Cf. nota 1, p. 366. [N. do O.]

Os resultados científicos são a confirmação plena do que tinham dito os que entenderam só ser possível um conhecimento seguro pela comunicação do espírito com o espírito; só por aí teria o trabalho da ciência pleno direito à admiração e à gratidão dos homens; mas a ciência fez mais ainda e pode muito bem ter sido este o seu trabalho fundamental: marcou com toda a clareza a noção da lei, a qual se conserva mesmo através de todas as estatísticas; transformou o Deus intuitivo dos místicos ou a ideia platônica, ainda tão envolta em mitos[4], numa entidade matemática, o que lhe assegura eternidade e limpidez racional: são verdadeiros sábios os que sobretudo veem no mundo uma tessitura legalista; e, mais que verdadeiros sábios, verdadeiros homens do futuro os que, dando o passo final, põem como última certeza a da identidade, a da unidade, da lei e da sua própria Consciência.

---

[4] Nos termos da edição original, "ainda não envolta em mitos", certamente em função de algum lapso decorrido no processo de editoração. [N. do O.]

Agostiniana

Fortuna
Museu Chiaramonti
Vaticano

Agostinho da Silva, já após o seu regresso definitivo, no mês de agosto de 1969, para Portugal, em registro fotográfico datável de fins desse ano a meados da década de 1970. Acervo Maria Gabriela Agostinho da Silva Rodrigues.

*Notícia (auto)biográfica**

AGOSTINHO DA SILVA

Embora provindo de famílias do sul do País, pastores alentejanos e pescadores algarvios, do que muito se orgulha, nasceu George Agostinho Baptista da Silva na cidade do Porto a 13 de fevereiro de 1906. Foi, no entanto, na aldeia duriense e raiana de Barca d'Alva, a esse tempo primitiva e dura, que recebeu o que ele próprio chama de "informação básica", tendo passado depois ao Porto para seus estudos, que terminou ao nível secundário, opção Letras, embora primeiro destinado à Marinha, no Liceu de Rodrigues de Freitas, em 1924, com a classificação de 20 valores.[1] Ingressa em seguida na Faculdade de Letras da Universidade do Porto, matriculando-se primeiro em Filologia Românica e depois em Clássica, de que se licenciou em 1928, com a tese *Catulo*, publicada pela Imprensa da Universidade de Coimbra, então dirigida por Joaquim de Carvalho, e classificada com 20 valores. Na mesma faculdade se doutorou, um

---

* Datiloscrito inédito, proveniente de um dos espólios intelectuais de Agostinho da Silva. Não titulado, não datado e não assinado, apresentando, no entanto, estilo de escrita inconfundível, coincidente com o de Agostinho da Silva, que o redigiu enquanto síntese curricular ou *curriculum vitae* em prosa concisa. Pelas marcações temporais evidenciadas ou implicadas no corpo do texto, bem como pelo cruzamento com documentação e informação correlatas, 1988 é o ano de redação. Originalmente desprovido de título, como dito, coube-nos a nós proceder à titulação. Trabalho de fixação do texto e de correção (eventual) de certas passagens, relativas a datações e denominações, foi também realizado. [N. do O.]

[1] Em Portugal, a escala de classificação no sistema de ensino é de 0 a 20 valores. Conforme a "Declaração referente à terminação do curso", constante do Caderno Escolar de George Agostinho Baptista da Silva, do Liceu de Rodrigues de Freitas, a nota obtida no exame final do Curso Complementar de Letras foi de 19 valores. Mas tendo tido, merecidamente e pelo visto, sabor de 20, pelo que o embalo da memória, quase sempre tão aproximativa, assim o rememorou. [N. do O.]

ano mais tarde, com o trabalho *Sentido histórico das civilizações clássicas*, e com a menção de *suma cum laude*.[2]

Parecia, portanto, destinado à carreira universitária, mas como o governo saído do pronunciamento de 1926[3] decretara a extinção da faculdade, passou ao ensino secundário, sendo primeiro professor provisório do Liceu de Alexandre Herculano [no Porto] e, algum tempo, do de Gil Vicente em Lisboa, e inscrevendo-se na Escola Normal Superior, tendo feito Exame de Estado no Liceu de Pedro Nunes com a nota de 20 valores. Embora tivesse sido nomeado como agregado e efetivo para Portalegre e Angra do Heroísmo, não prestou neles serviço, por lhe ter sido concedida pela Junta de Educação Nacional bolsa de estudo, primeiro no País, onde escreveu *A Religião Grega*, publicada pela Imprensa da Universidade de Coimbra, e depois em Paris, Sorbonne e Colégio de França, escrevendo os trabalhos *Miguel Eyquem, Senhor de Montaigne* e *Três Ensaios*, de Montaigne,[4] igualmente publicados pela mesma Imprensa da Universidade, e um estudo sobre a Congregação do Oratório, publicado pela *Seara Nova* em que já então colaborava. Anteriormente, 1929, publicara *Breve Ensaio sobre Pérsio*, para concurso ao ensino de História e Literatura na Escola Superior de Belas Artes, concurso em que fora aprovado em mérito absoluto.

Regressado ao País em 1933, foi colocado no Liceu de José Estevão, Aveiro, tendo, em 1935, concorrido ao lugar de professor no Liceu de Lourenço Marques,[5] que obtebe, visto ter a mais alta classificação de serviço de seu Grupo.

---

[2] As provas do exame de doutoramento foram concluídas no dia 23 de julho de 1929. A cerimônia solene de entrega das insígnias doutorais, porém, ocorreu somente em 31 de julho de 1930, certamente em razão das intermitências e dificuldades acadêmico-administrativas ocasionadas pelo encerramento compulsório da primeira Faculdade de Letras da Universidade do Porto, decretado em abril e ratificado em agosto de 1928 pelo governo do general Antônio Óscar de Fragoso Carmona, advindo do golpe militar de maio de 1926, que tornaremos a mencionar já a seguir. [N. do O.]
[3] Referência ao regime político ditatorial-militar decorrente do golpe castrense de 28 de maio de 1926 que pôs fim à experiência governativa da Primeira República Portuguesa, iniciada, então, há pouco mais de quinze anos, em outubro de 1910. [N. do O.]
[4] Tradução (anotada) para o português dos seguintes ensaios de Michel de Montaigne: "Du pedantisme", "De l'institution des enfants", "De l'art de conférer". [N. do O.]
[5] Em Moçambique. [N. do O.]

Não foi, no entanto, colocado, por se recusar a subscrever a declaração exigida pela lei Cabral e pelos mesmos motivos que levaram Fernando Pessoa a publicar no *Diário de Lisboa* um seu artigo célebre; e foi, além disso, demitido de seu cargo, passando à Espanha, com uma bolsa no Centro de Estudios Historicos de Madrid, na seção dirigida por Américo Castro.[6] Pareceu-lhe, no entanto, que ainda devia voltar a Portugal, o que fez em 1936, ingressando como professor no Colégio Infante de Sagres, de Lisboa, onde realizou a primeira experiência que houve de Município Escolar.[7] Quando dele foi afastado,[8] dedicou-se ao ensino particular e a escrever, ao mesmo tempo que realizava numerosas conferências em Universidades Populares e instituições semelhantes. São, pois, de entre 1937

---

[6] Entre as determinações da lei n. 1.901, de 21 de maio de 1935 – cuja ementa era "Associações secretas" – da autoria do deputado José Cabral, figurava a de que "os funcionários e contratados do Estado [...] são obrigados, sob pena de demissão ou de cessação do contrato, a declarar [...] que não pertencem, nem jamais pertencerão, a qualquer das associações ou institutos [nesta lei] previstos". Visando a dissolução das associações consideradas secretas, a lei já havia sofrido a oposição aberta de Fernando Pessoa antes mesmo da sua decretação pela Assembleia Nacional, quando ainda projeto de lei. No artigo "Associações secretas", publicado em 4 de fevereiro de 1935, Pessoa criticava as pretensões inquisitoriais do PL ao mesmo tempo que fazia uma defesa pública da maçonaria, pois sabia ser esta a associação que o PL, em apreciação pelo regime estadonovista, tinha como alvo principal, não obstante tácito. Agostinho da Silva não integrava a Ordem Maçônica nem nenhuma outra, fosse secreta ou não secreta. Mas, segundo deliberou à época, antes a demissão do que aquiescer ao arbítrio estatal de autoritariamente constranger o exercício da sua liberdade presente e futura. [N. do O.]

[7] Experiência, aliás, de que faz breve relato em prefácio ao diário de exílio de Manuel Vinhas (1920-1977), o empresário, mecenas e amigo que fora seu aluno no Colégio Infante de Sagres e que, passados quase quarenta anos, se expatria para o Brasil, em 1974, na esteira dos acontecimentos da Revolução dos Cravos: "Para completar sua originalidade, organizou-se um dia o Infante de Sagres em Município Escolar, inteiramente dos alunos, com suas eleições livres, sua Câmara, sua administração, seu tribunal, seus programas culturais, sua atividade cívica. Em plena ditadura exterior, agravada ainda pela Guerra de Espanha e pela Mundial que se lhe seguiu, vivia o Colégio democraticamente." Cf. Agostinho da Silva, Acerca do autor, in Manuel Vinhas. *Profissão exilado*. Lisboa: Editora Meridiano, 1976, p. 12. [N. do O.]

[8] Com a direção do Infante de Sagres, segundo depoimento do próprio autor, a taxá-lo, epíteto clássico, de "comunista". [N. do O.]

e 1947,[9] os Cadernos de *Iniciação*, os de *Antologia* e os *À Volta do Mundo*, no total de cerca de 150 números,[10] e trabalhos como *Sanderson e a Escola de Oundle* ou *O Método Montessori*, as *Vidas* de Moisés, Francisco de Assis, Washington, Pasteur, Leopardi, Lincoln, Zola, Robert Owen, Lamennais, William Penn, Miguel Ângelo, Leonardo da Vinci,[11] estudos sobre Stendhal e Mérimée, edições de Frei Luís de Sousa, *Vida do Arcebispo*, [Nicolau] Tolentino, *Poesias*, [Almeida] Garrett, *Doutrinas de estética literária*, trabalhos soltos como *Glossas*, *Parábola da mulher de Loth*, *Sete cartas a um jovem filósofo* (sob o nome de José Kertchy Navarro), *Conversação com Diotima*, *Considerações* (reeditado em 1988), *Diário de Alcestes*, além de traduções de Sófocles, *Édipo Rei*, de Platão, *Apologia de Sócrates*[12] e *Críton*, de Rilke, *Balada do amor e da morte do Alferes Cristóvão Rilke*, além de muita colaboração em publicações periódicas, por exemplo, *Seara Nova*, *Pensamento*.

Tornando as circunstâncias muito difícil a estadia em Portugal,[13] passou Agostinho da Silva à América do Sul, realizando conferências no Brasil, São Paulo

---

[9] No datiloscrito original, figura "entre 1939 e 1944", datação aproximada que podemos melhor precisar se temos em conta, por um lado, que a publicação da obra *Vida do Arcebispo*, logo na sequência citada, dá-se em 1937. E se observamos, por outro, que os Cadernos são publicados em Portugal, ainda que com interrupções, até 1947, ou seja, cerca de três anos após o início, em novembro de 1944, do exílio sul-americano de Agostinho da Silva por Brasil, Uruguai e Argentina. Também de 1947 é a edição do livro *Stendhal. Mérimée*, contendo estudos, mencionados a seguir, cuja redação remonta a começos da década de 1930. [N. do O.]

[10] No âmbito das três coleções referidas dos Cadernos de Divulgação Cultural, chegaram a ser programados 174 títulos, e efetivamente publicados 127: 13 em *À Volta do Mundo*; 51 na *Antologia* e 63 na *Iniciação*. [N. do O.]

[11] Acrescente-se ainda mais dois títulos à série das Biografias: *Vida de Pestalozzi* (Lisboa: Seara Nova, 1938) e *Vida de Franklin* (Lisboa: Edição do Autor, 1942). [N. do O.]

[12] Ou, ainda, *Rei Édipo* e *Defesa de Sócrates*, para lembrarmos *ipsis verbis* os respectivos títulos dessas duas traduções tal como quando publicadas. Note-se que a edição da *Defesa de Sócrates* que Agostinho da Silva tomou como referência, ao redigir esta notícia (auto)biográfica, é a de 1946, ou seja, aquela que vem a lume em conjunto com a tradução do *Críton*. Já a edição de *Glossas*, também aludida, que o autor aqui tem em vista, é a de 1945. [N. do O.]

[13] Em 1933, com a vigência da nova Constituição Política da República Portuguesa, a ditadura passa conclusivamente de militar para civil na forma institucionalizada do Estado

e Rio de Janeiro, em Montevidéu e Buenos Aires, mas decidindo por fim fixar-se no Brasil. Aí trabalhou na Faculdade de Filosofia que se criara em Niterói, como primeira unidade da futura Universidade Federal,[14] dando Filosofia da Educação, na Divisão Histórica do Instituto Rio Branco (Ministério das Relações Exteriores), Biblioteca Nacional e até Instituto Oswaldo Cruz (trabalhos publicados sobre agromizídeos) e traduzindo Plauto e Terêncio (Teatro Latino) e Lucrécio, *Da Natureza*, para a Editora Globo de Porto Alegre. Em 1952, foi convidado pelo governador José Américo para colaborar na fundação da que seria Universidade Federal,[15] passando, em 1954, ao serviço das Comemorações do IV Centenário de São Paulo na respectiva Exposição Histórica, e, em 1955, ao trabalho de fundar a primeira Faculdade, a de Filosofia, da também hoje Universidade Federal.[16] Em 1959, foi criar e dirigir o Centro de Estudos Afro-Orientais da Universidade Federal da Bahia, dele colaborando com o presidente Jânio Quadros na fixação de ensino da Língua Portuguesa em Universidade do Senegal, da Nigéria, do Gana e do Zaire, e na Sofia de Tóquio. Em 1961, foi convidado para entrar no conjunto fundador da Universidade de Brasília, a primeira a ter Estatuto de Fundação, por disposição especial do presidente Juscelino Kubitschek, nela criando o Centro Brasileiro de Estudos Portugueses, então com o apoio do governo português

---

Novo. Desde 1939, a Polícia de Vigilância e Defesa do Estado (PVDE) monitora as palestras, publicações (a exemplo dos Cadernos e Biografias) e demais atividades de Agostinho da Silva, logo tipificadas como as de um "intransigente adversário do Estado Novo, com pronunciadas tendências extremistas", segundo "Informação" constante do Processo Político instaurado pela PVDE do qual tais atividades são objeto. Daí em diante, o estreitamento do espaço de atuação ideológica, social e política de Agostinho da Silva vai-se corporificando até acirrar-se no contexto de uma ruidosa polêmica, sucedida em 1943, com intelectuais católicos e membros do clero português acerca da doutrina cristã e do cristianismo. Espionagem, censura, ameaças e perseguição política; interceptação e violação indiscriminada de correspondência; confiscação de bens pessoais; prisão, tortura e liberdade condicional com residência fixa obrigatória, eis sumariamente as circunstâncias que tornaram, para George Agostinho, "muito difícil a estadia em Portugal". [N. do O.]

[14] Universidade Federal Fluminense (UFF). [N. do O.]
[15] Universidade Federal da Paraíba (UFPB). [N. do O.]
[16] Universidade Federal de Santa Catarina (UFSC). [N. do O.]

(1962). Tendo ensinado também na Federal de Minas Gerais e ajudado a instalar-se a de Goiás, e publicando entretanto *Um Fernando Pessoa*, pela Direção de Cultura do Rio Grande do Sul,[17] quando era ele próprio diretor de cultura do estado de Santa Catarina, foi eleito em 1966 para a Academia Internacional da Cultura Portuguesa. Publicada entretanto pelo Ministério da Educação e Cultura, então ainda no Rio de Janeiro, sua *Reflexão à margem da Literatura Portuguesa*, que teve reedição em Lisboa, o mesmo acontecendo com *Aproximações*, insertas primeiro em *O Estado de São Paulo*,[18] tomou parte no Colóquio Luso-Brasileiro realizado em 1967 em Moçambique e deslocou-se em seguida à América do Norte, onde foi professor de pós-graduação na City University de Nova York, proferindo conferências na de Harvard e na da Califórnia (Los Angeles e Santa Bárbara). À semelhança do que fizera, a convite da Unesco e com o apoio do Itamaraty, em várias Universidades do Japão, em Macau e em Timor.

Em 1969, considerando que poderia ser de maior interesse para o estudo e afirmação das culturas de língua portuguesa passar a Portugal,[19] fixou residência

---

[17] Complementando, foi *Um Fernando Pessoa* publicado em 1959 pelo Instituto Estadual do Livro da Divisão de Cultura da Secretaria de Educação e Cultura do Estado do Rio Grande do Sul. À época, o Instituto era dirigido por José Santiago Naud, o poeta e ensaísta que também foi professor-fundador da Universidade de Brasília, onde (co)laborou com Agostinho da Silva no Centro Brasileiro de Estudos Portugueses (CBEP). [N. do O.]

[18] Cf. Agostinho da Silva. *As aproximações*. Lisboa: Guimarães editores, 1960. Dados da primeira edição. Como explicitado, coligiu Agostinho da Silva, nesse livro, parte de muitos dos seus artigos publicados no jornal *O Estado de São Paulo*. Um outro conjunto de artigos, igualmente proveniente da sua colaboração para o mencionado periódico, foi editado em *Só ajustamentos*. Salvador: Imprensa Oficial da Bahia, 1962. Quanto às edições aludidas da *Reflexão*, a brasileira é de 1957 e a portuguesa, de 1958, saída pela lisboeta Guimarães Editores. [N. do O.]

[19] Foram também determinantes para a decisão de regresso à terra natal as conjunturas políticas de sinais contrários experimentadas então em Portugal e no Brasil. Neste, a de uma ditadura militar em recrudescimento, sob o tacão do Ato Institucional n. 5. Naquele, a de uma ditadura civil em sua fase derradeira (1968-1974), a do Marcelismo, haja vista a substituição de Antônio de Oliveira Salazar por Marcello Caetano, desde setembro de 1968, como presidente do Conselho de Ministros. Fase de alguma abertura, liberalização, distensão e reforma, embora relativizadas, quando não estancadas e revertidas, por recuos e endurecimentos. Agostinho da

em Lisboa, depois de viagens de contatos universitários e outros à Galiza e à Catalunha, sendo atualmente bolseiro do Instituto de Cultura e Língua Portuguesa, com interesse especial pelas relações culturais luso-espanholas e pela aproximação dos países de língua oficial portuguesa. Neste período tem colaborado em publicações periódicas como o *ICALP*,[20] a revista *Filosofia*, o *Quinto Império*, de Salvador, a *Convergência Lusíada*, do Rio de Janeiro, o *Jornal de Letras*, as páginas culturais do *Diário de Notícias*, do *Diário de Lisboa*,[21] proferido conferências e distribuído em policópia as *Cartas Várias*, de que se anuncia uma edição antológica, e o *É a Hora*.[22] É membro efetivo da Academia da Marinha e do Instituto de Relações Internacionais da Universidade Técnica de Lisboa (I.S.C.S.P.).[23] Em 1987, foi-lhe conferida a grã-cruz da Ordem Militar de Santiago da Espada.

Silva aterrissa em Lisboa em agosto de 1969, ou seja, pouco tempo antes do início do período, 1970-1971, em que a historiografia situa o começo da desagregação definitiva do autocrático regime. [N. do O.]

[20] Textualmente, o título do periódico citado é *Revista ICALP*, sendo ICALP a sigla do Instituto de Cultura e Língua Portuguesa, referido há pouco pelo autor ao se dizer desse Instituto bolsista. [N. do O.]

[21] Excetuando as duas revistas brasileiras citadas, todos os demais periódicos aludidos são portugueses; de Lisboa, especificamente. Ressalte-se que se trata de breve amostra, posto que a colaboração de Agostinho da Silva em jornais e revistas usualmente estendia-se por diversos veículos. [N. do O.]

[22] A anunciada edição antológica veio a lume ainda em 1988, contendo uma seleta das *Cartas Várias* e do *É a Hora* – duas das séries epistolares que compõem a ampla e diversificada correspondência pública de Agostinho da Silva. Integra também a edição um outro título dessa mesma correspondência, *82: Semanário do mês de Santiago*, e o texto "Dez notas sobre o culto popular do Espírito Santo". Cf. Agostinho da Silva. *Carta vária*. Lisboa: Relógio D'Água, 1988. Neste ano, publica-se também uma coletânea de fôlego, com mais de oitocentas páginas, que se tornou um importante marco na recepção da obra agostiniana, tendo tido já em 1989 uma segunda edição revista e ampliada, ultrapassando as novecentas páginas. Refiro-me ao célebre *Dispersos* (Lisboa: ICALP: Ministério da Educação), organizado e prefaciado por Paulo Borges, com introdução de Fernando Cristóvão e abas de Mário Soares e Francisco da Gama Caeiro. [N. do O.]

[23] Sigla do Instituto Superior de Ciências Sociais e Políticas da então Universidade Técnica de Lisboa. [N. do O.]

*Um dos casos mais relevantes da cultura portuguesa**

JOEL SERRÃO

Sim: nenhuma obra literária (não confundir com *fancaria literária*) é separável, com maior ou menor evidência, da humanidade do seu criador. A literatura ou é uma forma de ação ou é a busca das causas que a impedem; um dos meios que ao homem se oferece de equacionar as suas dúvidas, as suas ansiedades e as suas certezas com as dúvidas, as ansiedades e as certezas dos outros homens. Um meio de agir, um meio de viver – com esperança ou desespero; confiando-se na vida ou debatendo-se, impotente, contra a morte. *Le style c'est l'homme même*; sim: a expressão literária revela forçosamente a personalidade do homem que age, escrevendo. O pendor mental da sua inteligência; a sua clarividência ou a sua obtusidade; a sua ética; a sua metafísica – tudo isto se encontra, clara ou veladamente, na autêntica expressão literária. Sendo assim, concluir-se-á apressadamente que, em última análise, o valor duma obra literária se afere pelo do homem que a criou? De modo algum.

Um homem pode valer, indiscutivelmente, do ponto de vista mental como do ponto de vista ético, sem que a sua possível obra literária respire a mesma altura da sua vida: pode faltar-lhe esta coisa, aparentemente comezinha,

---

* Joel Serrão. *Vida de William Penn*, por Agostinho da Silva (Edição do Autor). *Seara Nova*, Lisboa, ano XXVI, n. 1009, 30 de novembro de 1946, p. 250-51. Embora referindo em seu título original uma obra específica de Agostinho da Silva, como se apenas de uma resenha dela se tratasse, o presente texto do jovem Joel Serrão (1919-2008) consiste, na realidade, num comentário de caráter mais amplo acerca do itinerário de vida e obra de Agostinho da Silva decorrido até àquele ano de 1946. Com a adoção, a que aqui se procedeu, de um novo título, extraído do trecho final do próprio texto, o que se pretendeu foi uma explicitação que melhor espelhasse o teor geral das páginas que se seguem. [N. do O.]

que é o talento literário e, sem o qual, todas as veleidades de ação por meio da palavra escrita se malogram. Porém, e sem evasivas de nenhuma espécie, só na medida da humanidade do criador, o talento, existindo, poderá elevar-se em obras de interesse, em obras perduráveis. A literatura, se é técnica, se é talento, é também, e fundamentalmente, expressão de humanidade. Ora, exprimir humanidade, pela via literária, é mais difícil, muito mais difícil, do que à primeira vista poderá parecer. Romance, conto, poema que nos não deem o nítido conhecimento, a palpável certeza que é de coisas humanas que, afinal, se trata – será *fancaria*, serão palavras ordenadas numa certa ordem e com um certo ritmo: e mais nada.

Em nenhuma obra literária portuguesa me parece ser mais vincada a indissolúvel unidade do homem e do escritor como na de Agostinho da Silva – e este fato é uma consequência, ao que creio, da inteireza mental e ética do homem.

Permita-se-me uma confissão: há alguns anos, recém-vindo duma adolescência rodeada de silêncio, de águas atlânticas[1] e de alguma imaginação, cheguei a Lisboa, ninho dos intelectuais e dos artistas que de longe me influenciaram, donde irradiava a luz da Universidade que vinha frequentar. Coisas da adolescência!: os intelectuais e os artistas eram, afinal, bem menos interessantes pessoalmente do que imaginara; e a luz forte e juvenil que supusera irradiar da Universidade era baça e soporífera. Havia a vaidade, a inveja, a intrigazinha pérfida corroendo a vida dos intelectuais; havia a rotina, a retórica, "um ar parado" naquele casarão velho onde fui cair. Coisas da adolescência, repito. Mas, então, se assim é, Agostinho da Silva, ao menos, era um... adolescente. Falei com ele uma só vez, durante aproximadamente uma hora. Fui convidá-lo a fazer uma conferência no tal casarão bafiento que repelira, coerentemente, Agostinho da Silva, como professor. Sei só que tive a inolvidável certeza de encontrar-me, enquanto conversamos, como se velhos amigos fôssemos, ante um Homem – ante um homem superior. A agudeza da sua inteligência, o calor do seu juvenil entusiasmo, o amor com que se abeira dos homens, seus irmãos – não é, não,

---

[1] Joel Serrão era natural da Ilha da Madeira. [N. do O.]

mero conjunto de acidentes que nele irradiam a mais ampla simpatia: a sua simpatia brota da sua humanidade e da coerência integral que neste homem existe entre as ideias que prega e os atos que realiza. Coerência, coerência, como ela anda longe, em geral, das nossas vidas!

Aliás, para se ser coerente como Agostinho da Silva, é preciso conseguir-se o quase milagre de unir à lucidez do intelecto, o firme querer, de se ser místico, continuando a sentir os pés sobre a Terra, de se ser idealista no meio dos homens. O seu entusiasmo pela elevação da vida é comunicativo: jovens estudantes, operários da outra banda do rio, acorriam, aos domingos, e à noite, cansados da faina diária, para que ele os deixasse espreitar, por uma modesta luneta, a harmonia dos corpos celestes...

Quando um homem, assim, escreve – a sua literatura não pode deixar de ser apostolado e o seu apostolado inspira confiança a todos os homens em quem a vida não secou, de todo, as fontes da generosidade.

A obra literária de Agostinho da Silva é complexa e revela, ao que creio, uma nítida evolução. Da *Religião Grega* (1930) ao ciclo das biografias há um longo caminho andado. Vejamos, brevemente, qual me parece ser esse caminho.

A Religião Grega é, ainda, sob muitos aspectos, um trabalho universitário: mas com que penetração, com que simpatia, com que beleza de expressão o doutor pela Universidade do Porto aborda o seu tema! *A Religião Grega*, ao que creio, revela à evidência um investigador que só a Universidade portuguesa seria capaz de deixar fugir dos seus quadros: o seguro conhecimento aliado à fina inteligência fazem deste livro uma das mais decisivas conquistas da inteligência portuguesa do nosso tempo – um daqueles raros livros de ideias que não nos avilta, aos olhos estrangeiros. Em *Miguel Eyquem, Senhor de Montaigne* (1933), parece-me decisivo, para a compreensão da evolução do homem e do escritor, o surto da ironia. O próprio título do livro já o indica. Sente-se, porém, encontrar-se o autor na antecâmara dum novo caminho que vem da Universidade e aporta não se sabe aonde. A ironia é incompatível com o apostolado. *Miguel Eyquem, Senhor de Montaigne* não é o livro dum apóstolo, ou dum doutrinário: revela a busca dum equilíbrio entre as duas tendências que em Agostinho da Silva se combatiam: o estudo sereno, a investigação a um lado; do outro lado, o anseio de irradiar cultura, o desejo de ser útil aos seus irmãos, o amor dos homens. Depois deste livro, a ironia desaparece: voltará a aflorar aqui e ali, na obra posterior, mas sem impor-se, levada na torrente. Deve-se ter dado, em Agostinho da Silva, depois do *Miguel Eyquem*, uma vitória do doutrinário sobre o investigador. Um homem novo surge – O homem que escreve *Sanderson e a Escola de Oundle, O Método Montessori, Conversação com Diotima, Diário de Alcestes* e a *Iniciação* (Cadernos de informação cultural) e a *Antologia* (Introdução aos grandes autores) e *À Volta do Mundo* (Textos para a juventude) e, principalmente, as *Vidas*. O Agostinho da Silva que escreve a *Vida de S. Francisco de Assis*,[2] a *Vida de Robert Owen*, a *Vida de Pasteur*, e tantas outras (doze ao todo, se não erro),[3] está muito distanciado do autor de *A Religião Grega* e de *Miguel Eyquem*: o apóstolo abafou o investigador.

Perguntei-me, algumas vezes, com ansiedade, se esta evolução de Agostinho da Silva não seria para lamentar posto que significava a morte dum investigador invulgar que tanta falta faria à cultural nacional. Parece-me ser evidente que noutras circunstâncias da vida nacional[4] o destino literário de Agostinho da Silva seria diferente: noutras circunstâncias não se teria tornado tão vincado o antagonismo das suas tendências e teria sido talvez possível superá-las, pela ironia, como o *Miguel Eyquem* revelava. Continuo a lamentar o investigador invulgar que perdemos; Agostinho da Silva, porém, esse é que se não perdeu: foi e é fiel a si próprio. Perdemos um investigador; ganhamos um apóstolo, na

---

[2] Textualmente, o título dessa biografia é *Vida de Francisco de Assis*. [N. do O.]

[3] Na série das *Vidas*, Agostinho da Silva publicou, em Portugal, entre 1937-1938 e 1946, quatorze biografias. Além das citadas por Joel Serrão – vindas a lume em 1938 (as de Francisco de Assis e Pasteur) e 1941 (a de Robert Owen) –, foram também dadas à estampa *A Vida de Moisés* (1937-1938); *A Vida de Pestalozzi* (1938); *A Vida de Lincoln* (1938); *A Vida de Zola* (1938); *A Vida de Washington* (1939); *Vida de Miguel Ângelo* (1942); *Vida de Franklin* (1942); *Vida de Lamennais* (1943); *Vida de Leopardi* (1944); *Vida de Leonardo da Vinci* (c. 1944); e *Vida de William Penn* (1946). [N. do O.]

[4] Portugal vivia então sob uma ditadura civil, o Estado Novo de Antônio de Oliveira Salazar. [N. do O.]

mais bela acepção da palavra. De uns e outros precisamos nós, e Agostinho da Silva, seguindo um dos pendores do seu espírito, sabe, lucidamente, que continua a ser útil aos seus irmãos.

A *Vida de William Penn*, agora publicada, significa, fundamentalmente, o seguinte: Agostinho da Silva continua a acreditar que é útil o conhecimento dos grandes exemplos humanos de generosidade de alma, de tenacidade, de luta contra o que está e de afirmação do bem. Agostinho da Silva escrevendo as vidas dos grandes homens identifica-se com aquilo que os tornou grandes e, agora, no estrangeiro,[5] prossegue na realização do seu sonho de paz e elevação da vida para todos os homens. Agostinho da Silva é um místico laico. Torna-se evidente que atingiu a altura ética e mental em que os opostos se fundem numa superior unidade; em que o Bem se realiza, como suprema força, à superfície da terra. O misticismo, laico ou não, significa, porém, do ponto de vista mental, o *non plus ultra*: a realidade ganha um sentido intemporal que não é possível ultrapassar. Por isto, as biografias se repetem: seja o biografado Francisco de Assis, seja Lamennais, seja Zola, seja William Penn, trata-se sempre dum mesmo tema: um homem lutando, contra o ambiente hostil, contra a hipocrisia, contra a rotina, contra o estabelecido, contra o temor: Agostinho da Silva acaba sempre por biografar-se a si próprio, exemplo admirável da luta contra um ambiente hostil, contra a hipocrisia, contra a rotina, contra o temor, pela afirmação contínua dos direitos do homem livre, pela defesa da justiça, do bem e da verdade. Isto são palavras, tristes palavras ditas assim. Porém, em Agostinho da Silva não o são: trata-se da realidade, da única realidade.

As *Vidas* de Agostinho da Silva são, além de um dos mais belos escritos da língua portuguesa dos nossos dias (o que, sendo relevante, se apaga perante

---

[5] O período do exílio de Agostinho da Silva inicia-se com sua vinda para o Brasil em novembro de 1944. Os primeiros meses são passados no Rio de Janeiro e em São Paulo. Em meados de 1945, entretanto, surpreendemo-lo em Buenos Aires, na Argentina, país que decidiu experimentar, assim como na sequência ao Uruguai. Regressa ao Brasil apenas em maio de 1947. Quando da publicação, em 1946, deste texto de Joel Serrão, Agostinho da Silva encontrava-se, portanto, no Uruguai, em Montevidéu especificamente. [N. do O.]

a transcendência da sua humana mensagem), um canto de esperança. Os seus heróis vivem, sobre a Terra, *para realizar ideais*: a morte não conta; a morte não os inquieta. Vejamos como Agostinho da Silva descreve a morte de Penn:

> Quem o via dificilmente o tomava por doente: mais dava a impressão de ter encontrado o seu caminho real; pelo menos, nunca lhe ouviam uma queixa, nunca se mostrava de semblante carregado; até em dias de mau tempo andava de bom humor: percorria então toda a casa, de sala para sala, sem parar um instante, cheio de energia e vivacidade; era o mesmo Penn de sempre, sem os cuidados e as desilusões; e seis anos depois do ataque, a 30 de julho de 1718, sem nenhum sofrimento, antes como se passasse a um jogo ainda mais belo, falecia William Penn na sua casa de Ruscombe.

Pelo valor do homem, pelo seu talento literário (Agostinho da Silva é, quanto a mim, um dos maiores, senão o maior escritor da língua portuguesa contemporânea), pela indissolúvel unidade da sua humanidade e da sua expressão literária, o autor da *Vida de William Penn* é um dos casos mais relevantes da cultura portuguesa dos nossos dias.

Retrato de um semeador
(Nos 80 anos de Agostinho da Silva)*

EUGÊNIO LISBOA

A teacher affects eternity; he can never tell where his influence stops.
Henry Adams

    Quando tinha vinte e um ou vinte e dois anos atravessei um dos períodos mais perturbados da minha vida psíquica e moral; por razões que são puramente privadas, todos os demônios da inquietação e da dissolução se desencadearam dentro de mim ao mesmo tempo. Dir-se-ia uma aposta entre seres perversos e malignos. Certas leituras tornaram-se-me então proibidas. Fernando Pessoa, antes admirado, foi rejeitado com resolução e quase náusea. Dostoiévski tornou-se-me ameaçador e doentiamente malquisto. O *Jogo da Cabra Cega*, de Régio, que tive por essa altura oportunidade de ler, apesar de proibido, deixou-me doente e quase revoltado. *O Lobo da Estepe*, de Hermann Hesse, ia acabando com o que me restava de sanidade. Procurei conforto nos "saudáveis": Goethe e Montaigne ajudaram-me então bastante. Mas foi afinal outra influência que, definitiva e decisivamente, me ajudou a regressar, lentamente, a uma certa forma de paz e de reconciliação comigo e com o mundo. Refiro-me a Agostinho da Silva, cujos cadernos de divulgação, monografias e antologias eu, por essa altura, me pus a ler e, nalguns casos, a reler. Por este

---

* Eugênio Lisboa. Retrato de um semeador (Nos 80 anos de Agostinho da Silva). *Colóquio/Letras*, Lisboa, n. 96, março-abril de 1987, p. 76-78. Também publicado em Eugênio Lisboa. *O objeto celebrado (miscelânea de ensaios, estudos e crítica)*. Coimbra: Universidade de Coimbra, 1999, p. 179-82, com diferenças formais parcimoniosas e pontuais. Após cotejamento entre os textos de ambas as edições, seguimos aqui o vindo a lume na revista *Colóquio/Letras*. [N. do O.]

bálsamo, por este regresso a uma vida mais habitável, por esta libertação, numa palavra, por esta "cura" – lhe fiquei para sempre grato.

Julgo que não terei sido caso único, muito embora a generalidade das pessoas afetadas por este excepcional semeador de impulsos e de energias o tenha encontrado, julgo, com menos anos do que eu. O que prova, suponho, a qualidade do seu "ensino" e o espectro largo do seu ponto de aplicação. Falando-nos, em estilo sereno e transparente mas vivo e palpitante, de Rembrandt, Miguel Ângelo, Lincoln, Leopardi, Pestalozzi, Robert Owen, Franklin, Pasteur, Epicuro, Edison, contando-nos com sedução e simplicidade histórias de conflitos, dificuldades e triunfos, ensinando por via de uma pedagogia que não edificava de modo primário, simplificando a realidade poliédrica e dolorosa mas que nos mostrava, isso sim, um mundo rico de aventuras, de perguntas que urgia fazer e de rotas que se não deviam iludir, Agostinho da Silva convidava-nos, sub-repticiamente, a um otimismo travado de dúvidas necessárias, a um percurso viril mas lúcido e saudavelmente "desconfiado" que fizessem de nós aventureiros descendentes de outros aventureiros: "[...] só começamos, na verdade, a melhorar", observava ele nas *Glossas* (1945), "quando deixamos de nos queixar dos outros para nos queixarmos de nós, quando nos resolvemos a fornecer nós mesmos ao mundo o que nos parece faltar-lhe; numa palavra, quando passamos de uma atitude de pessimista censura a uma atitude de criação otimista, otimista não quanto ao estado presente mas quanto aos resultados futuros".

Convencido, como ainda há pouco afirmou numa entrevista, de que "o português nasceu para ver o mundo", Mestre Agostinho da Silva tomou a decisão, saído que foi, quase compulsivamente, do ensino oficial em 1935, de dar uma ajuda no sentido de nos ir mostrando algum desse mundo, no seu emaranhado complexo de seduções e dificuldades, de triunfos e derrotas, de alegrias e tristezas, de criação e destruição, despertando em tantos de nós, com vigor e liberdade, a imaginação e o gosto intérmino de perguntar: "[...] porque a imaginação e a capacidade de perguntar só se permitem à solta", dirá mais tarde na entrevista a que há pouco aludimos. Se Portugal é, como ele quer, metaforicamente e não só, "um delicioso cais de partida", isso mesmo foi para tantos a obra vasta, vária e generosa deste grande *sage* que nunca se furtou ao excelso ofício de se dar aos outros.

Houve sempre, neste grande mestre, o conhecimento do segredo que preside, segundo Emerson, à eficácia dos professores de exceção: a íntima e inabalável convicção de que os homens são convertíveis ou, diria antes, *ensináveis*. Educar, ensinar, contudo, nunca foi para Agostinho da Silva uma simples transmissão de *fatos* ou de conhecimento feito. O romancista Norman Douglas observou um dia, com ironia, que "a educação é uma fábrica de ecos controlada pelo Estado". O ensino do autor de *Reflexão à Margem da Literatura Portuguesa* (1957) foi, pelo contrário, de cariz socrático, visando, como queria Creighton, "deixar um homem na condição de, continuamente, fazer perguntas". A educação autêntica, ao invés de nos deixar sobrecarregados com fatos, deveria libertar-nos deles ou, melhor, como notava Oliver Wendell Holms, "ensinar-nos a fazer viver os fatos". Eis o supremo triunfo, quanto a nós, do magistério deste português universal: ter-nos entregue não um produto acabado (um saber concluso), mas sim catapultado para um interminável processo de aprendizagem por via de uma sistemática inquirição crítica. Para tanto, aconselhava-nos a não esquecermos nunca nem a desconfiança nem a ironia (ou, melhor até, a autoironia). Elogiando Stendhal num modelar estudo crítico que o revela, também, um estudioso penetrante e sensível da literatura, Agostinho da Silva destacará nele, como virtudes de exceção, a "desconfiança" que representaria, no escritor, "a tradução social do princípio da dúvida científica" e a "autoironia" que, notava com perspicácia, "faltava aos românticos".

E seria ainda caracterizando com agudeza o estilo de Stendhal que o autor de *Stendhal – Mérimée* (1947) definiria, talvez involuntariamente, o perfil do seu próprio estilo: "[...] o esforço de escrever não estava para ele em buscar a palavra bonita, o fim harmonioso da frase, a imagem nova e brilhante; estava em obter a expressão justa, porque desejava que a sua obra fosse uma 'química exata'" (p. 34). Noutro ponto do seu admirável estudo sobre o autor da *Chartreuse*, leva às últimas consequências o seu "desgosto" pelo estilo empolado, quando põe, com ousadia, a seguinte hipótese quanto ao horror de Beyle pela prosa alambicada: "Estou em supor que foi a antipatia pela retórica que impediu Stendhal de se juntar francamente aos republicanos" (p. 35).

No seu afã de manifestar aos portugueses um mundo que supostamente lhes apetece, Agostinho da Silva fará sempre questão de nunca deixar interpor-se entre esse mundo de revelações e os seus destinatários a espessura de uma prosa que perturbe o exercício da sedução: "Um bom estilo não deve mostrar sinal de esforço", observava Maugham, acrescentando: "O que se escreve deve aparecer como um acidente feliz." As monografias com que Agostinho da Silva enriqueceu, estimulou, provocou e desinquietou mais do que uma geração de gratos discípulos estão recheadas desses "acidentes felizes". Desta sua modéstia, que nos permite, parafraseando Pascal, encontrarmos um homem em vez de um autor, desta sua modéstia nasce um caloroso companheiro que ao longo da vida nos acompanha, simultaneamente sereno e inquietante, sorridente e provocante, ousado e contido, amante de uma espécie de ordem e promotor de uma espécie de loucura. Loucura que é, afinal, digamo-lo claro, o sal da terra.

Um intelectual solidário e generoso*

MÁRIO SOARES

Agostinho da Silva foi uma das figuras máximas da vida cultural portuguesa deste século. Escritor, intelectual, universitário, pedagogo, visionário, seareiro, na sua fase mais criativa, deixa uma obra imensa, dispersa por inúmeras publicações, livros, revistas, "cartas aos amigos". Contudo, foi, porventura, através do exemplo da sua vida, desinteressada, da sua errância intelectual, curioso de tudo, da pedagogia que resultava dos seus contatos humanos, excepcionais, que maior influência exerceu sobre os seus contemporâneos.

Conheci-o com os meus dezesseis anos. Fui seu aluno e discípulo. O meu pai, que muito o admirava, encarregou-o de me dar lições, três vezes por semana, de cultura geral. "Desperte-me este rapaz para os problemas do espírito! Parece-me muito adormecido e desinteressado...", pediu-lhe. Ele assim fez. Dava-me aulas, se assim lhes posso chamar, divertidíssimas e encantadoras. Inolvidáveis! Encontrava-o em casa, perto do Instituto de Oncologia, no seu escritório, uma sala modesta, forrada de livros, e, muitas vezes, saíamos a conversar, vagabundeando pelas vizinhanças, que nesse tempo ainda eram campos, ou então seguíamos ao longo da velha Estrada de Benfica, em demoradas digressões peripatéticas... Falava-me de tudo: de livros, de pessoas, de comportamentos, de exposições (que me aconselhava a ver), de filmes, de teatro, e vagueava – dos gregos, invocando os deuses e a democracia, aos primitivos cristãos, preocupados com o bem, o mal e a culpa, da literatura portuguesa e

---

* Mário Soares. Um intelectual solidário e generoso. *Público*, Lisboa, 4 de abril de 1994, p. 36. Artigo originalmente publicado por ocasião do passamento, em 3 de abril de 1994, de Agostinho da Silva, e reeditado em Mário Soares, *Incursões Literárias*. Rio de Mouro, Portugal: Círculo de Leitores, 2003, p. 255-58. Reproduz-se aqui o texto dessa republicação de 2003, por se tratar de, ainda que pontualmente, versão revista. [N. do O.]

estrangeira aos temas filosóficos, da atualidade política mais crua, que nos interpelava com os noticiários da guerra, aos grandes ideais, ao sonho, à utopia, aos valores por que valia a pena combater...

Nessa fase, Agostinho da Silva, expulso do ensino pela ditadura, perseguido, pertencia ao grupo dos seareiros dissidentes que todas as semanas se reunia em tertúlia intelectual, em casa de Antônio Sérgio, na Travessa do Moinho de Vento. Tinha uma atividade transbordante: dava explicações (disso vivia), fazia conferência e palestras nos centros populares mais modestos, por toda a parte, escrevia livros e artigos, fazia traduções e, sobretudo, publicava os célebres Cadernos *Iniciação*, *Antologia* e as Biografias de escritores, pensadores, artistas e de pessoas notáveis, a diversos títulos. Fui assinante desses cadernos – era a rede dos seus amigos – e ainda hoje os conservo, na quase totalidade, notabilíssimos, entre outras razões porque tiveram uma influência enorme na formação de sucessivas gerações... Foi a propósito de um desses cadernos sobre o cristianismo – inocentíssimo, à luz dos nossos critérios de hoje – que a PIDE[1] encontrou o pretexto, que desejava, para prender Agostinho da Silva, nos "curros" do Aljube, incomunicável, por longo tempo, por blasfemo, imagine-se!

Foi depois dessa prisão, que o magoou imenso, por injusta, ilegítima e inqualificável, que Agostinho da Silva entendeu não ter mais condições para viver em Portugal e partiu para o Brasil, dando início à sua peregrinação pela diáspora portuguesa, que durou várias décadas e tanto o marcaria em termos intelectuais.

A partir daí, perdi-o de vista, por longo tempo. Mas ia tendo notícias da sua atividade. Primeiro, distantes, através de Antônio Sérgio e Álvaro Salema,

---

[1] Sigla de Polícia Internacional e de Defesa do Estado, polícia política, dotada de Serviços Secretos, do Estado Novo salazarista entre 1945 e 1969. À época em que monitorou, perseguiu, prendeu (na cadeia do Aljube) e torturou Agostinho da Silva, levando-o ao exílio sul-americano, denominava-se PVDE, Polícia de Vigilância e Defesa do Estado, que operou, enquanto tal, entre 1933 e 1945. A partir de 1969, nova denominação: DGS – Direção Geral de Segurança, assim permanecendo até à deposição daquele regime ditatorial, em 25 de abril de 1974, com a Revolução dos Cravos. [N. do O.]

seus antigos companheiros, que dele iam sabendo, vagamente. Depois, mais próximas, pelo dr. Jaime Cortesão, quando regressou do exílio, visto que Agostinho casara, em segundas núpcias, creio, com Judith Cortesão, também ela presa e perseguida pela ditadura e filha do insigne historiador.

Depois do 25 de Abril, voltamos a encontrar-nos e a conviver, de quando em quando. Com grande aprazimento, respeitoso afeto e admiração, da minha parte. Agostinho da Silva também me estimava. Sempre, carinhosamente, mo demonstrou. Nunca se esqueceu do seu velho discípulo, tímido, nesse tempo, intelectualmente canhestro mas curioso, já então mais voltado para a ação política – embora por imperativo moral – do que para as preocupantes divagações místicas ou metafísicas, que tanto sempre interessaram o Mestre. Voltei a ser um dos destinatários nas suas novas "cartas aos amigos" e de outras, que me dirigiu especialmente para chamar a minha atenção para questões concretas que julgava merecerem intervenção da minha parte.

Agostinho da Silva produziu, ao longo da sua longa vida, um imenso labor intelectual que o país oficial quase sempre ignorou. Mesmo em setores intelectuais progressistas foi, de algum modo, desdenhado, senão mesmo silenciado. Nunca esteve alinhado com escolas nem seguiu modas literárias ou culturais. Foi sempre, intrinsecamente, ele próprio: original e independente. Inclassificável. Fino conhecedor da literatura, crítico arguto, como provou no luminoso ensaio que dedicou à obra de Fernando Pessoa[2], literato quase por displicência – *vide* as três belíssimas novelas que escreveu no Brasil sobre três figuras femininas arrancadas à sua ficção[3] –, pedagogo por vocação e intenção, divulgador de invulgar talento, poeta nas horas vagas, pensador da identidade

---

[2] Cf. Agostinho da Silva. *Um Fernando Pessoa*. Porto Alegre: Instituto Estadual do Livro, 1959, conforme dados da primeira edição. Em Portugal, o livro é publicado pela Guimarães Editores, também em 1959, acrescido de uma "Antologia de Releitura" com poemas do Fernando Pessoa ortônimo e dos heterônimos, segundo seleção do próprio Agostinho. [N. do O.]

[3] Cf. Agostinho da Silva. *Herta. Teresinha. Joan*: três novelas ou memórias de Mateus-Maria Guadalupe. Lisboa: Portugália, 1953. Dados da primeira edição igualmente. Mateus-Maria Guadalupe, engenheiro-entomólogo, é um dos personagens-heterônimos criados por Agostinho da Silva, com entradas em sua obra ensaística e, sobretudo, ficcional. [N. do O.]

portuguesa, demasiado confuso e prolixo, para meu gosto[4], Agostinho da Silva nunca foi, todavia, um filósofo, no sentido estrito do termo. E, no entanto, foi assim que o consideraram e conheceram, nos últimos anos, quando a televisão o tornou familiar do grande público e por uma destas reviravoltas do destino, inexplicáveis em termos lógicos, certos setores, marcados por algum conservadorismo, o tentaram aproveitar e projetar...

Agostinho da Silva foi um homem bom, generoso, idealista, solidário. Foi um patriota da comunidade de língua e de afeto luso-afro-brasileira. De temperamento iconoclasta, foi um original e, mesmo, em certos aspectos da sua vida, um marginal – na acepção mais nobre da palavra. A sua morte, infelizmente esperada, consequência de uma grave enfermidade, representa uma grande perda para Portugal e uma tristeza imensa para os seus amigos.

Vau[5], Domingo de Páscoa, 3 de abril de 1994.

---

[4] Como se poderá verificar por meio da publicação dos próximos volumes da Biblioteca Agostinho da Silva, "confuso" e "prolixo" não são qualificativos pertinentes se o que se pretende é uma caracterização bem fundamentada do pensamento de Agostinho da Silva quanto à questão da "identidade portuguesa" e, por extensão, da lusofonia. [N. do O.]

[5] Trata-se da Praia do Vau, localidade de Portimão, Algarve, Portugal. [N. do O.]

*Um homem extra-ordinário**

EDUARDO LOURENÇO

Parece fácil falar de Agostinho da Silva. Em fim de vida e graças à televisão[1], a sua figura, o seu pensar em direto e em voz alta para milhões de pessoas, como se tivesse conseguido unir milagrosamente a unidade do seu ser à sua aparência de Sócrates familiar, missionário sem mais missão que a de inculcar que todos somos naturalmente sábios e filósofos, Agostinho da Silva era a encarnação perfeita de uma existência transparente. No sentido original do termo, uma existência não hipócrita. O mínimo de comédia de que precisamos para representar no palco da vida era-lhe estranho. Com razão, esta ausência de pose, que em outros podia passar pela mais refinada das poses, fascinava aqueles que assistiam, nem sempre convencidos, a este exemplo, mais do que

---

* Eduardo Lourenço. Um homem extra-ordinário, in Agostinho da Silva. *A Última Conversa* (entrevista a Luís Machado). Lisboa: Editorial Notícias, 1995, p. 11-19. [N. do O.]

[1] Entre as aparições de Agostinho da Silva na televisão portuguesa, merece destaque a série de treze programas *Conversas Vadias*, que a RTP – Rádiotelevisão Portuguesa produziu e, semanalmente, transmitiu entre 8 de março e 31 de maio de 1990. Em cada programa um(a) entrevistador(a) diferente punha-lhe perguntas, a partir das quais ele expunha suas ideias e perspectivas. Conforme as palavras de apresentação da série, enunciadas pela jornalista Maria Elisa Domingues no episódio de abertura, "A ideia destes programas, destas conversas, é dar a conhecer ao público de televisão o pensamento original e polêmico de uma grande figura da cultura portuguesa contemporânea". Com produção de Manuel Pires e direção de Antônio Marques Pinto, e tendo como entrevistadores personalidades representativas da cena cultural e midiática portuguesa daquele início dos anos 1990, as *Conversas Vadias* ou *Conversas Errantes*, como também a elas se referiu Agostinho da Silva, foram relançadas em DVD em 2006 – a propósito do centenário de nascimento de George Agostinho – e encontram-se igualmente disponíveis para visualização na *world wide web*: <https://arquivos.rtp.pt/programas/conversas-vadias>. [N. do O.]

raro, de um homem em que era impossível separar o verbo da ação por ele enunciada, como se fosse o ato mais óbvio e simples do mundo.

Podíamos atenuar este espanto que já não o era, catalogando Agostinho da Silva na categoria já sem surpresas, mas sempre surpreendente, do *místico*. É uma roupagem que lhe assenta bem e nem se vê outra que melhor defina o estilo de existência que nele se encarnou ou ele encarnou. Acontece apenas que a imagem do "místico" arrasta consigo um certo número de referências, evoca uma atmosfera eclesial e sobretudo, entre nós, uma tradição, por assim dizer, homologada oficialmente por uma autoridade institucional ou institucionalizada. E como era visível, nada estava mais distante de Agostinho da Silva do que esta inscrição do autor de *Aproximações*[2] ao círculo da mística cristã tal como vulgarmente se entende e é exemplificada desde S. João da Cruz a Santa Teresa, ou mesmo pelo tão evocado S. Francisco de Assis. Claro que todos os "místicos", ou aquilo que assim chamam aqueles que o não são, mesmo os mais teologicamente insuspeitos, relevam do excepcional e da exceção. A esse título, Agostinho da Silva não destoaria na ilustre e canônica companhia. Digamos que pode figurar na mais rara espécie de homens que são os "místicos" se lhe acrescentarmos uma dose suplementar de "extravagância" ou, se se prefere, de excentricidade.

Não em meros termos de comportamento exterior, de total desprezo pelas regras, costumes ou ritos mundanos, que fazem parte do folclore da mais inequívoca santidade, mas da íntima e irredutível excentricidade. Agostinho da Silva não tendeu, graças a qualquer tipo de ascese, para uma experiência inefável do que se convenciona designar por Absoluto, transcendência mais ou menos heterogênea à essência humana. Agostinho da Silva, se foi "místico", foi-o de um misticismo "sulfuroso" pela natureza naturalista da sua visão do mundo e da vida. Não se instalou na exceção, pregou e viveu no combate à ideia de exceção, em todos os domínios, numa espécie de anarquismo profético e radioso, no fundo mais próximo de Rousseau que de qualquer figura clássica da família "mística".

---

[2] Cf. nota 18, p. 378. [N. do O.]

O misticismo de Agostinho da Silva – se assim se lhe pode chamar – é um misticismo por *defeito*, por intencional desconsideração daquilo que, em todas as ordens, desde a do pensamento, da imaginação, da vontade, mas também da ação, se apresenta como *exemplar*. Foi, com uma naturalidade quase provocante, um *marginal*, mas não da marginalidade maldita, sacrificial, infeliz, que tanto agrada aos "mártires" da liberdade, da criação ou da ação. Se não fosse de essência provocatória, quase demoníaca, o seu utopismo, o seu otimismo voluntarista, a sua aparente ou realíssima recusa do trágico, seriam quase intoleráveis. É possível imaginar que neste grau, a sua aposta, diametralmente antagônica da de Pascal, releva, em qualquer desvão, de não sei que paradoxal ressentimento. Há em Agostinho da Silva um tão extremado gosto pela "estaca zero" do humano, uma tão intensa denegação de tudo o que signifique ou pretenda, a que título for, ser tido como "distinto", como "valioso" no sentido de se arrogar assim como signo de qualidade ou mérito, que só em termos de ressentimento parecem explicáveis. E, todavia, precisamente, a imagem que ele deu a quem o conheceu ou teve ocasião de o ver quando, cândida e desarmadamente, se ofereceu ao juízo público, parece incompatível com esse reflexo, característico de alguém secretamente ferido, como precisamente, mas também dando impressão oposta, o foi Jean-Jacques Rousseau.

Estamos a anos-luz daquela imagem-mito que não só nos últimos anos, mas penso, sempre, se colou ao homem e à figura de Agostinho da Silva, como exemplo de existência clara, sem sombra de sombra, vida ativamente inserida na sua "pregação profética" sem hiato com a sua vida. Não foi um vagabundo irônico como Sócrates, nem um provocador cínico, mais em atos do que em palavras, como Diógenes, mas de um e outro exemplificou, aparentemente sem suscitar nem fundado espanto, nem desconfiança, junto daqueles que, incapazes de medir o alcance da sua palavra intrinsecamente *subversiva*, mais inclinados estavam – ou estão – a compará-lo a uma figura como S. Francisco de Assis.

Quando um dia se ler a sério Agostinho da Silva – que é um original escritor e um pensador perturbante –, terá inevitavelmente que se evocar o revivalismo franciscanista que tantos ecos teve na cultura portuguesa desde os finais do século XIX. Agostinho da Silva insere-se nessa tradição conferindo-lhe uma dimensão e uma tonalidade singulares.

Para os franciscanistas da geração de 70 e das gerações seguintes, desde Guerra Junqueiro a Eça de Queirós até Teixeira de Pascoaes e Cortesão, o culto e mesmo a mitologia de S. Francisco foi uma espécie de hipercristianismo de gente que cortara com o catolicismo tradicional e, sobretudo, com um clericalismo onipresente e retrógrado, ainda muito sensível na sociedade portuguesa. Esse aspecto é o que avulta no autor da *Velhice do Padre Eterno*, mas não é o mais importante. A sua forma acabada é aquela onde a "filosofia" do cristianismo, segundo Francisco de Assis, se exprime de maneira convincente, encontra-se nos *Simples*. S. Francisco é para essas gerações o S. Paulo da nova igreja dos "Simples", o santo que concilia o culto da Santa Pobreza com o amor e a efusão da Natureza. A componente e a função social deste franciscanismo onde se conciliava simbolicamente o revolucionarismo utópico dos "Jacques" tão caros a Eça, com as aspirações místicas de um cristianismo puro, não é a mais significativa. Em todo o caso não o será, nem para Jaime Cortesão nem para Agostinho da Silva, que prolonga e transfigura a visão franciscanista do poeta de *A Águia* e futuro historiador dos Descobrimentos. O essencial da visão franciscanista da vida para ambos concentra-se nessa paixão pela Natureza, mas uma natureza, por assim dizer, "sem mancha de pecado original". Em suma, como corpo de Deus com o qual o corpo e a pulsão natural da humanidade, logo desvinculada dos artifícios da civilização e da cultura (herança de Rousseau), se confundem. Isto foi lido, e não sem razão, no que diz respeito a Jaime Cortesão, como uma forma de paganização sutil do cristianismo, coberta pela referência insuspeita a S. Francisco, menos do que como forma imposta pelos imperativos de um Evangelho depurado das excrescências da autoridade e do dogma. Daí os grandes hinos de Cortesão ao instintivo, ao sensual e mesmo ao erótico e a grande complacência com que exalta como expressão da nossa singularidade nacional uma cultura impregnada do sentimento pânico da vida ou louva a nossa lírica tão inocentemente sensual.

Agostinho da Silva retém um certo número de traços da visão do mundo ou da leitura da nossa maneira de ser proposta por Jaime Cortesão. Não foi impunemente que o universitário Agostinho da Silva se interessou pelo mais "erótico" e pouco recomendável, segundo os nossos hipócritas códigos vigentes, autor antigo, Catulo. A escrita límpida, o lado de profetismo e misticidade característicos da prosa de Agostinho da Silva, velam um pouco o que não pode deixar de se designar por "erótica" agostiniana. Um erotismo que não tem apenas o conteúdo negativo da recusa ou denegação do ascetismo, essência da comum espiritualidade lusitana, desde os bons tempos de Heitor Pinto, mas o gosto positivo pela vida, na sua natural pulsão vital e fonte de sedução. O seu famoso paracletismo, a apologia do Espírito Santo, não é apenas um eco mimético da tradição joaquimita, uma maneira de considerar findo o reino da Lei (o do Pai) e do Sacrifício (o do Filho) com a entrada no terceiro reino, o da Liberdade, que é, sobretudo, o do Amor. Esse seu culto do Espírito Santo é o de uma nova Criação, filha da esperança e aberta como a esperança sobre um futuro em que o homem se descobrirá, ou descobrirão, ao abdicarem das formas imperfeitas da Lei e da Dor, como "eternas crianças" e imperadores da sua própria vida. Foi isto que Agostinho da Silva reteve como mais válido e profundo em Fernando Pessoa, o Fernando Pessoa da *Mensagem*, a quem dedicou a primeira leitura simbólica coerente (na luz da sua própria visão) que se conhece. Este homem de uma vasta e segura cultura, como Pessoa, encontra-se com ele numa mesma espécie de recusa transcendente, mas não menos decidida, de uma cultura livresca, esquecida da silenciosa sabedoria que a todos nos habita quando nos abandonamos ao sopro do "Espírito Santo", à lição de uma Natureza que ensina quando nós nos calamos. E assim, com o tempo, e cada vez mais despojado das realidades e investiduras do mundo, do mundo social e dos seus ritos, do mundo intelectual e das suas rendosas imposturas, Agostinho da Silva se revestiu, com todos os sinais da autenticidade, das conotações de um verdadeiro símbolo e até herói da Contracultura. Ou melhor, de qualquer coisa mais rara que não vive da negação, mesmo a mais fundada – e em Agostinho da Silva também esse aspecto existe –, mas da transcendência do cultural, da vitória sobre ele quando se olha todo o seu imponente império, não como mera poesia da sandália dos deuses, mas com a inocência de uma criança que acaba de abrir os olhos para o Universo e a sua gratuita magnificência.

PARTE III | AGOSTINIANA | UM HOMEM EXTRA-ORDINÁRIO

Como toda a gente da minha geração, conheci Agostinho da Silva através dos célebres fascículos, vendidos então a quinze tostões, que punham o público ledor, culto ou popular, na intimidade de grandes figuras e, sobretudo, grandes e saborosos textos do passado. O primeiro que comprei foi sobre Stendhal,[3] autor então em vias de reconhecimento universal e hoje, pensando bem, vejo nisso não um mero acaso, mas a chave para a futura inscrição de um homem que foi a Liberdade, mesmo no campo de um autor tão pessoal, tão classicamente inclassificável como o autor da *Cartuxa de Parma*. Mais tarde, li a sua tradução de três ensaios de Montaigne, pai da prosa do corpo, da alma e da inteligência, seu outro modelo – à parte o impessoal dos clássicos da infância – que o da sua própria vida, observados sem complacência, mas também sem reticências. Mas só o acaso de uma errância brasileira me fez encontrar o homem dos sete ofícios, profeta, pedagogo, sábio, naturalista por conta própria, em Santa Catarina, onde então Agostinho da Silva era uma espécie de oficioso secretário de assuntos culturais[4] e, como sempre, um polo de vida ativamente contemplativa, de que não conheci segundo exemplo. Recebeu-me (recebeu-nos, a mim e minha mulher) como se me conhecesse desde sempre. Com uma enorme e negra aranha dos trópicos na palma da mão esquerda, divertido com

---

[3] Eduardo Lourenço refere-se à agostiniana iniciativa editorial dos Cadernos de Divulgação Cultural e, em específico, a uma das três coleções que a compunham: a coleção *Antologia*: introdução aos grandes autores, em cuja 5.ª série publicaram-se, sob o título "Waterloo", a parte final do capítulo II e o capítulo III de *A Cartuxa de Parma*, de Stendhal. Cf. Stendhal. *Waterloo*, in Agostinho da Silva (org.). *Antologia*: introdução aos grandes autores. Lisboa: Edição do Autor, 1942. [N. do O.]

[4] Além de integrar, a partir de 1955, o grupo de professores-fundadores da Faculdade Catarinense de Filosofia – unidade acadêmica que teve um papel crucial no processo de constituição e implantação da Universidade de Santa Catarina, criada em 1960 já como instituição federal de ensino –, Agostinho da Silva desempenhou, oficialmente, as funções de diretor de cultura da Secretaria de Educação e Cultura (SEC) do Estado de Santa Catarina. Direção de Cultura que ele criou e exerceu durante a gestão do governador Jorge Lacerda entre os anos de 1956 e 1958, nela permanecendo até o primeiro semestre de 1959, quando da gestão de Heriberto Hülse, vice-governador que se tornara titular devido à morte trágica de Jorge Lacerda num acidente aéreo ocorrido em 16 de junho de 1958. [N. do O.]

o meu assombro e não pequeno temor. A Natureza e a sua face misteriosa, terrífica, o símbolo dos pesadelos e das ficções científicas, repousava nas suas mãos como num berço. Tinha domesticado "o mal" como se ele não existisse. Ou como se ele não o quisesse ver. Não sei se isto basta para perceber que espécie de "misticismo" era o seu. Mas bastou-me para sentir, e definitivamente, que estava diante de um dos Homens mais extra-ordinários que me foi dado conhecer.

Lisboa, 7 de março de 1995.

Atena Giustiniani
Museu Chiaramonti
Vaticano

Palavras Posfaciais, Cronologia, Onomástica

O jovem Agostinho quando da sessão solene de imposição das suas insígnias doutorais, no salão nobre da Universidade do Porto, em 31 de julho de 1930, em decorrência da aprovação da tese de doutoramento *O sentido histórico das civilizações clássicas*, defendida um ano antes, em 22 e 23 de julho de 1929, na primeira Faculdade de Letras da Universidade do Porto. Acervo Maria Gabriela Agostinho da Silva Rodrigues.

A Biblioteca Agostinho da Silva
e o seu volume primeiro
Filosofia como modo poiético de vida

AMON PINHO[1]

> A ideia de sabedoria está na base da filosofia, tal como a ideia de santidade na base do cristianismo. [...] Alguns antigos acercaram-se do modelo do verdadeiro filósofo [...], só que jamais o alcançaram. [...] Se encararmos os antigos filósofos, Epicuro, Zenão, Sócrates, etc., apercebemo-nos de que o destino do homem e os meios para o alcançar foram os objetos do seu saber. Permaneceram, portanto, mais fiéis à ideia verdadeira do filósofo do que aconteceu, nos tempos modernos, onde se concebe o filósofo como o artista da razão. [...] Não é possível fazer sempre teoria. É necessário pensar, alguma vez, em passar ao exercício. Mas, hoje, tem-se por sonhador aquele que vive o que ensina.
>
> Immanuel Kant, Philosophische Enzyklopädie.[2]

Na forma deste livro que o leitor ora tem em mãos vem a público o primeiro volume da Biblioteca Agostinho da Silva, projeto de edição crítica de parte significativa da consistente, ampla, inventiva e multifacetada obra de George Agostinho Baptista da Silva (1906-1994). Obra dotada de importância pela profundidade, erudição, originalidade e alcance, mas que, tendo se constituído de modo eminentemente disperso, requer critérios cuidados de seleção e

---

[1] Professor Associado no Instituto de História da Universidade Federal de Uberlândia; Pesquisador Associado no Centro de Filosofia da Universidade de Lisboa.

[2] A tradução do trecho citado é de Artur Morão no seu artigo "A filosofia como 'exercício espiritual' em Kant". *LusoSofia*, Biblioteca on-line de Filosofia e Cultura. Covilhã, Portugal: Universidade da Beira Interior, 2008, p. 13-14. Veja-se, também, Immanuel Kant. *Gesammelte Schriften*, vol. XXIX: *Kleinere Vorlesungen und Ergänzungen I*. Berlim: De Gruyter, 1980, p. 8, 9 e 12.

compilação que visem propiciar aos interessados um acesso franco ao que tem de mais fundamental e, nesse sentido, estruturante.

Se nos volumes subsequentes gravitaremos em torno de temas concernentes à educação como forma de libertação; às teses, centros de estudos e projetos político-culturais de abrangência luso-afro-brasileira; ao diálogo intercultural e interreligioso e à metafísica do Espírito Santo de base histórico-antropológica, política e libertária; ou ainda ao encontro entre semelhantes materializado na abordagem seminal e pioneira da obra de Fernando Pessoa –, neste ocupamo-nos da tão sutil quanto apurada concepção de filosofia, transversal ao conjunto heterogêneo de escritos de Agostinho da Silva aqui reunidos: de livros a artigos e de ensaios prefaciais a cadernos de divulgação cultural, diversos também quanto à forma de composição adotada, epistolar, dialogal ou parabólica, poemática, apologal ou propriamente dissertativa.

Do núcleo de tal concepção filosófica o título geral deste volume pretende ser expressão, indicando já por via etimológica que a filia à *sophía* – a amizade ou o amor ao saber – exerce-se, no caso de Agostinho da Silva, como *poiesis*, quero dizer, "criação", "fabricação", "confecção". Poese de tessituras cognoscitivas, cognitivas, éticas e estéticas, nas quais, para o referirmos mitologicamente, Atena e Apolo não são sem Afrodite e Dioniso, em que a ciência move-se a inspiração e o refinamento da razão apura-se através da embriaguez potencializadora dos sentidos e do sentir. "Nunca serei um grande artista, nem um grande filósofo, nem um profundo homem religioso", afirma em *Conversação com Diotima*, "mas tenho a certeza de que ninguém ama como eu, com a amplidão, a abundância de amor, o entusiasmo, a sensação de ilimitado que há em mim, nas minhas horas melhores…". E continua: "Disse-te que buscava a verdade, mesmo com o risco de não poder ser feliz; para te falar com mais segurança, essa busca da verdade é apenas a procura de um quadro em que eu possa fazer vibrar o meu amor, sem que o venha perturbar qualquer falta de lógica."[3]

---

[3] Agostinho da Silva. *Conversação com Diotima*, p. 127 do presente volume.

Por sua vez, em *Pólicles*, à maneira de *Conversação com Diotima*, diálogo de inspiração platônica, lê-se: "Poeta ou filósofo ou amigo dos jovens, qual desses nomes ambicionarei eu mais? Qualquer deles inclui os outros, por qualquer dos caminhos chegaria ao meu fim."[4]

Aparente nuns, tácita noutros, essa concepção de filosofia enquanto poesia, na sofisticada e polivalente formulação de Agostinho da Silva, é o fio de Ariadne que liga todos os textos que conformam as duas primeiras partes do presente volume, que trazem livros (parte I) e opúsculos, ensaios prefaciais, apresentações e artigos (parte II) do autor. E que aqui figuram na esteira de tal recorte conceptual e temático, embora não só. Seu espírito de família deve-se também à contiguidade temporal. Quero dizer, a uma certa constelação de estudos, teses e ideias que alcançam uma maturação e configuração determinadas nas décadas de 1930 e 1940. Não obstante publicados no período que vai de 1933 a 1962 (*vide* a cronologia respectiva adiante), a escritura de todos os textos, nas partes I e II coligidos, concretizou-se entre a primeira metade dos anos trinta e a segunda metade dos anos quarenta.

Encontramo-nos portanto – à luz da arte da interpretação e da busca do rigor conceitual de que Hermes é o patrono – perante um critério primacial de reunião seletiva de textos esparsos de Agostinho da Silva, cujo viés temático-conceptual e cronológico estabelecido tem como propósito fundamental demonstrar o caráter, no fundo, coeso de conteúdos que em sua forma e devir deram-se como dispersos.

Convido-vos a tomar esse critério hermenêutico de fundo e seu coextensivo viés estruturante como a pedra angular (*Grund*) em que se alicerça este primeiro volume da Biblioteca Agostinho da Silva. Pedra lavrada com o intuito de se obter um retrato criticamente fundado da ideia agostiniana de filosofia e das questões, problemáticas, escolas e autores através dos quais ela se realiza. Para esse efeito servem, afinal, as edições críticas. E que tanto mais servem quanto menos consubstanciadas estejam na história da recepção da obra de um autor.

---

[4] Agostinho da Silva. *Pólicles*, p. 158 deste volume.

A despeito dos estágios bem distintos em que a recepção da obra de Agostinho da Silva se encontra em Portugal e no Brasil – com estudos e publicações numerosos no primeiro e incipientes no segundo –, ambos os países aí compartilham uma circunstância comum. A de em nenhum deles ainda contar-se uma edição crítica em que tenham sido mobilizados conjuntamente, e na extensão em que o são aqui, procedimentos e tratamentos filológicos, analíticos ou heurísticos atinentes à transcrição e fixação de textos a partir das publicações originais, bem como de datiloscritos ou manuscritos inéditos; inserção de notas informativas e/ou explicativas e de material iconográfico; reconstituição minuciosa de bibliografias originárias que permaneceram parcialmente acabadas; elaboração de legendas, posfácio, índice onomástico e cronologia. Tudo a compor um aparato crítico – transversal ao livro, não obstante com concentração nas partes III e IV –, ao qual enobrecedoramente também pertencem o prefácio de Eduardo Giannetti e a Agostiniana de Joel Serrão, Eugênio Lisboa, Mário Soares e Eduardo Lourenço, além do próprio George Agostinho em narrativa autobiográfica.

O que aqui se apresenta ao leitor, portanto, em termos da recepção da obra de Agostinho da Silva, é uma iniciativa editorial inédita que visa somar-se ao melhor trabalho até o momento realizado quer em Portugal quer no Brasil no sentido de uma divulgação ainda mais ampla, criteriosa, amadurecida e devidamente documentada de aspectos centrais da vida e obra do pensador luso-brasileiro.

Nesse sentido, vale evidenciarmos que o Agostinho da Silva com que nos deparamos neste volume inaugural da Biblioteca é o latinista e helenista formado nas lidas eruditas da *Klassische Altertumswissenschaft*, isto é, da Filologia Clássica – em que se graduara (1928) e doutorara (1929) – rigorosamente concebida como Ciência da Antiguidade Clássica, quer dizer, como disciplina do conhecimento científico que não se dedicava apenas ao domínio e ensino do grego e do latim, mas da história, cultura, filosofia, literatura e instituições religiosas, jurídicas, políticas e sociais das civilizações clássicas.

Estudante vocacionado e aplicado, o jovem Agostinho não tardou em tornar-se um reconhecido *Altertumswissenschaftler*, empenhado na iniciativa de refundar em bases sérias o estudo, a pesquisa e o ensino da Filologia Clássica em Portugal, ali então reduzidos, segundo coetaneamente pensava, às lições de padres-mestres e de eruditos de gabinete, alvos preferenciais da sua verve satírica de contundente polemista. Nos termos da *Carta aos velhos latinistas*, com a qual abre a sua prolífica colaboração de uma década (1928-1938) na revista *Seara Nova*, polo de democratas republicanos atuantes naqueles tempos de ditadura primeiramente militar (1926-1933), posteriormente civil (1933-1974):

> [...] as ideias que eu vos quero comunicar são as de toda a gente que vive no século XX e não desconhece inteiramente a civilização. [...] em nenhuma das nações civilizadas se ensina latim com o critério estreito, mesquinho e soporífero, de que vós dais tão grandes exemplos; [...] Vós sois uns restos arqueológicos, bons para pôr nas vitrines dos museus [...] de certo sois doutos e veneráveis – mas, mais que tudo, sois ridículos, imensamente ridículos; [...] Para vós, meus amigos, o latim resume-se nas declinações, nas conjugações, na sintaxe; a isso chamais vós, pomposamente, "latinidades", chegais, em vossa inconsciência, a dar-lhe o nome de "humanidades"; [...] E é confrangedor que assim suceda na vossa terra quando lá fora [na Europa de além-Pireneus] já há muito se passou do conceito que vós conservais dos estudos clássicos para outro mais largo e mais amplo: hoje, meus amigos, o latim e o grego estudam-se apenas como instrumento do que se chama a Ciência da Antiguidade, *Altertumswissenschaft*; e vós não tendes feito senão tratar os meios como fins [...]. Por que não experimentais ler alguns dos trabalhos que todos os dias se estão publicando sobre disciplinas da vossa especialidade? Por que não tomais conhecimento com a história da arte, com a filosofia, com a paleografia, a história das religiões, a numismática – tantas coisas interessantes e belas que vos fariam compreender melhor os vossos autores e mais amá-los, portanto?[5]

---

[5] Agostinho da Silva. Carta aos velhos latinistas. *Seara Nova*, Lisboa, n. 133, 18 de outubro de 1928, p. 246-47.

Caracterizados neste e em vários artigos subsequentes como fetichistas do fato, da ficha e do verbete; arquivistas de coisas mínimas; especialistas em miudezas enciclopédicas –, os eruditos portugueses configurariam um *establishment* intelectual ultrapassado, alienado, puramente livresco, retoricamente balofo. Alheio às concepções e métodos modernos, tanto quanto às grandes questões e tarefas que se punham como cruciais para o tempo e vida presentes. Encastelados e entregues a um exercício reiterado da erudição pela erudição, personificavam um afastamento aristocrático do mundo que mais em desacordo com o melhor legado do antigo pensamento grego não poderia estar.

Em grandes e sintéticos traços, eis o retrato que Agostinho da Silva apresentava dos professores universitários das Faculdades lusas de Letras, de membros da Academia das Ciências de Lisboa e de clérigos ilustrados, na referida série de artigos pela *Seara Nova* majoritariamente publicada, embora também assomando às páginas de outros periódicos, a exemplo de *O Comércio do Porto*, no qual em tom propositivo ponderava:

> [...] não se quer dizer que os Sofistas, Hípias, Pitágoras, Górgias, não soubessem minuciosidades de biografias e de estilos; mas aplicavam-nas à Vida, serviam-se delas para instruir os futuros oradores das ágoras; estudava-se o passado, mas sem se desprezar o presente, o grande ideal, ainda neste domínio da inteligência grega, era Viver.[6]

Atento à *intempestiva* apropriação nietzschiana do pensamento e cultura gregas; ao legado cívico e democrático da Atenas de Péricles que Maurice Croiset historiografara; ao ideal de perfectibilidade humana proposto por Ernest Renan; ou à síntese filosófico-poética de que dá testemunho a obra de Antero de Quental –, o jovem Agostinho da Silva cedo teve claro que mais valia "possuir o espírito grego do que a filologia grega".[7] Mais do que

---

[6] Agostinho da Silva. Erudição. *O Comércio do Porto*. Porto, outubro de 1930.
[7] Agostinho da Silva. *Miguel Eyquem, Senhor de Montaigne*. Coimbra: Imprensa da Universidade, 1933, p. 5.

erudita e pormenorizadamente conhecer a Antiga Grécia, o que se punha como decisivo era humanística e atuantemente revivê-la, atualizando na época contemporânea os valores e ideais gregos os mais elevados, sendo deles um testemunho eloquente, transformador, contagiante e vivo. Testemunho de aticismo, liberdade, fraternidade e civismo, de brilhante cultura política, intelectual e artística.

Na visada do jovem Agostinho, portanto, semelhante humanismo militante e crítico de inspiração helênico-helenística vinha definir não apenas uma linha de pensamento e de estudos mas sobretudo um certo modo de se estar no mundo, de se exercer a vida sem hiatos nem contradições entre os planos da intelecção, da enunciação retórica e da ação. Não por acaso, às portas da Modernidade, na esteira do Humanismo e em pleno Renascimento da Antiguidade Greco-latina, assim Michel de Montaigne, entre outros seus contemporâneos, fazia-se mundo:

> Vivendo com os livros, Montaigne não tinha, no entanto, cultura puramente livresca, o que é o segredo dos espíritos múltiplos como o seu que, parecendo apenas atentos a uma ocupação, na realidade se interessam por todas. Depois, Montaigne possuía fortemente o sentido da vida e, sabendo bem que os livros lha não poderiam reproduzir com toda a fidelidade, que muito se perdia na passagem à escrita, observava-a ele próprio, com a curiosidade sempre desperta e sempre nova. Montaigne observa como se começasse a viver todos os dias; em face da vida, o seu espírito é jovem, insaciável, de uma extraordinária frescura de impressões; o ceticismo e a cultura não lhe deixaram no espírito nada de seco e desdenhoso; Montaigne é, de fato, "o homem que acorda todas as manhãs sem as ideias da véspera", como um grego, e perpetuamente as renova, tirando-as dos livros, dos outros e de si mesmo.[8]

---

[8] Idem, ibidem, p. 58.

Livros, mais especificamente, obras filológicas ou, mais fundamentalmente, obras filosóficas importavam, e muito, para George Agostinho. Porém não como um fim em si mesmo, e sim como um meio para o desabrochar e acontecer plenos de vidas (efetivamente) filosóficas. A exemplo do próprio Montaigne, de Descartes e Espinosa, na Modernidade. Ou à maneira paradigmática de Sócrates, na Antiguidade, que não escreveu uma única linha senão a linha mestra da intensa vida em que consubstanciou toda a sua filosofia. Filosofia não como atividade intelectual e discurso, apenas, mas como atividade prática por meio da qual o pensamento filosófico faz-se comportamento e ação, entremeando-se objetivamente no tecido cotidiano do mundo.

Tópos filosófico privilegiado das épocas clássica e helenística, em Sócrates e Platão, no epicurismo e no estoicismo – não por casualidade reiteradamente abordados neste volume –, o paradigma da filosofia como modo de vida está no centro da concepção agostiniana de filosofia enquanto poesia, sendo dela inseparável e constitutivo.[9]

Daí, aliás, deriva o enquadramento apropriado para bem compreender-se o proverbial distanciamento que Agostinho da Silva guardava da filosofia. Ou, se dito com a precisão devida, do rumo tomado pela filosofia em seu processo de disciplinarização e especialização crescentes, tanto quanto de institucionalização e conexa tendência ao encastelamento. Cultor da sabedoria como forma de conduta referenciada no conhecimento e sentimento acurados da vida e do mundo, o jovem filósofo-poeta coerentemente demarcava-se dessa filosofia que, afunilando-se, se institucionalizara como ocupação de caráter sobretudo livresco, protagonizada por especialistas dedicados à atividade técnica de interpretação, análise e comentário de textos, na qual o

---

[9] Sobre a ideia de filosofia como maneira de viver, consulte-se a obra de Pierre Hadot, na qual encontramos livros, ensaios e entrevistas dedicados ao tema, e que, no Brasil, vêm sendo publicados, mais recentemente, pela Editora É Realizações. Destaco aqui dois títulos: *Exercícios espirituais e filosofia antiga*, saído em 2014, e *A filosofia como maneira de viver*: entrevistas de Jeannie Carlier e Arnold I. Davidson, em 2016. Do mesmo autor, veja-se também, pelas Edições Loyola, *O que é a filosofia antiga?* (São Paulo, 1999).

exercício do amor ao saber como maneira de viver encontrava-se inteiramente descentrado e relativizado.

Como temos visto, para Agostinho da Silva a interpretação a mais decisiva era a da trama do discurso filosófico entretecido à urdidura empírica da vida. Numa passagem do já citado *Pólicles*, sintomaticamente, o *fictício* discípulo de Platão cujo nome dá título ao diálogo, Pólicles de Atenas, enuncia a *real* postura agostiniana de que mais lhe agradava "o trabalhar com almas do que o trabalhar com palavras".[10] Ao que é oportuno acrescentar, recorrendo a um outro momento dessa conversação entre Pólicles, Menêxeno e, adiante, Crítias – dois dos muitos personagens históricos dos diálogos platônicos, ambos de Atenas, inventiva e criticamente recriados e reencenados pelo poeta-filósofo português –, o seguinte passo:

> PÓLICLES – [...] o mestre não deve formar os discípulos à imagem de Heráclito ou do sapateiro ou à sua própria imagem, deve fazer alguma coisa de mais alto e de mais belo – e também, ó Menêxeno, de mais difícil; deve-lhes dar o hábito e o amor do pensamento, desenvolver o que neles há de verdadeiramente humano; deve acostumá-los a chegarem sempre ao fim dos seus raciocínios, a não se cansarem e desistirem a meio; deve levá-los a que tenham as ideias como guias da vida; todo o homem que pensa e se obedece é caminheiro da estrada da verdade, venha donde vier, venha por onde vier. O nosso mal, meu amigo, está em que não pensa a maior parte dos homens.
>
> MENÊXENO – Há outro mal ainda, Pólicles. Os que pensam não põem a sua vida de acordo com o pensamento.
>
> PÓLICLES – Chamas a isso pensar? Pelos deuses, Menêxeno, não confundas o pensar com o dizer pensamento; seria tão grosseiro como não distinguir Homero dos rapsodos e Lísias dos réus dos tribunais. Pensar é viver: ao pensamento perfeito corresponde a perfeita vida.[11]

---

[10] Agostinho da Silva. *Pólicles*, p. 158 do presente volume.

[11] Idem, ibidem, p. 148.

Diferentemente dos lemas cartesiano ("Penso, logo existo") e nietzschiano ("Vivo, logo penso") que implicam teses que reciprocamente se opõem e excluem, o lema agostiniano ("Pensar é viver"), à maneira de síntese superior, propõe uma superação (no sentido dialético de *Aufhebung*) que inclui pensamento e vida. Pensamento é vida e vida é pensamento. Pensamento e vida perfazem-se mutuamente.

E ao assim completarem-se dão curso pleno e objetivo ao paradigma helênico-helenístico da filosofia como maneira de viver. Viver que, em toda a sua exuberante diversidade (natural-cultural), em toda a sua intrigante complexidade (físico-metafísica), interpela desafiadoramente o intérprete, dele requerendo tudo, tudo o que tem de *lógos*, como tudo, tudo o que tem de *páthos* e *êthos*. Apolo e Dioniso, Afrodite e Atena, *Kháos* e *Kósmos* tomam o filósofo de assalto. Filósofo que é poeta não apenas porque constrói (no sentido de *poiein*) tramas discursivas – sistemáticas ou aforismáticas. Mas que é poeta sobretudo porque fazendo uso da razão outrossim uso faz da intuição, da imaginação e da sensibilidade na sua interação hermenêutica com esta totalidade contraditória, dramática e prodigiosa que é o mundo, se se põe como seu propósito apreendê-la com rigor e em profundidade.

Dito de outro modo, filosofia como forma de vida, em Agostinho da Silva, foi sempre e desde cedo, indissociavelmente, filosofar enquanto poetar. Espantar-se perante o maravilhoso e, arrebatado, com intelecção, empatia, práxis exemplar e civismo, lançar-se à difícil e imprescindível tarefa de automaravilhamento do mundo.

AGRADECIMENTOS

A Edson Manoel de Oliveira Filho, gostaria de expressar um agradecimento mais que especial pela receptividade e o entusiasmo com que, de forma sempre generosa, impulsionou o projeto da Biblioteca Agostinho da Silva. A sensibilidade, o arrojo e inteligência editoriais que marcam a sua atuação à frente de uma equipe formada por gente da mais alta qualidade profissional foram imprescindíveis para a chegada a bom termo do primeiro título desta iniciativa precursora de publicação sistemática, em forma de edição crítica, da obra de Agostinho da Silva.

E pensar que tudo começou pela ponte em que, apresentando-nos a Edson Filho, Rodrigo Petrônio se constituiu, já como prolongamento daquelas em que se haviam constituído Dora e Vicente Ferreira da Silva, assim como a muito estimada Constança Marcondes César. Pontes poético-filosóficas e fraternas, pontes de fundações e pilares sólidos e solidários, pontes em que o bom, o belo, o justo e o verdadeiro – de Hélades e além – têm ensaiado travessias.

Destas, aliás, sabem bem Eduardo Lourenço, Mário Soares e Joel Serrão, Eugênio Lisboa e Eduardo Giannetti, mestres de tantas palavras exatas sobre artistas, sábios e santos. Como bem sabem Pedro Agostinho e Maria Gabriela, Carlota, Olavo e João Rodrigo, herdeiros de uma esperança antiga que nos impele sem senão.

Um muito obrigado a todos vocês, amigos, colegas, autores, queridos – bem como afetuosamente a Romana Valente Pinho –, pelo apoio, confiança, compreensão e/ou substancial colaboração.

Filosofia enquanto Poesia: *cronologia de publicação dos livros e textos de Agostinho da Silva*

1933 – Apólogo de Pródico de Ceos
1933 – Parábola da mulher de Loth
1934 – Pólicles
1934 – *Críton*, Platão
1937 – *A Defesa de Sócrates*, Platão
1939 – *A Paz*, Aristófanes
1939 – *Rei Édipo*, Sófocles
1940 – O pensamento de Epicuro
1941 – O estoicismo
1941 – A escultura grega
1942 – Literatura latina
1942 – Filosofia pré-socrática
1943 – Sócrates
1944 – *Parábola da mulher de Loth, seguida de Pólicles e de um Apólogo de Pródico de Ceos*
1944 – *Conversação com Diotima*
1945 – *Sete cartas a um jovem filósofo, seguidas de outros documentos para o estudo de José Kertchy Navarro*
1946 – Defesa de Sócrates e Críton. Dois ensaios de tradução
1946 – Platão
1947 – Filosofia nova
1947 – Ciência e mística
1952 – *A Comédia Latina*, Plauto e Terêncio
1962 – *Da Natureza*, Tito Lucrécio Caro
1988 – Notícia (auto)biográfica

*Índice onomástico de sujeitos e personagens históricos, mitológicos e/ou ficcionais**

> Todo o poeta [diz o estrangeiro] é um ator e nem eu próprio sei realmente se o que ouviste é de mim ou de uma das minhas personagens. Existo eu próprio fora delas, nitidamente separado de cada uma das minhas criações? Nelas existo, disso estou certo, nem poderiam viver, se cada uma não fosse eu mesmo; mas não te posso afirmar, Diotima, que seja sincero ou falso no que digo. Não tens que me considerar a mim, mas ao estrangeiro que falou: com ele conversaste, não comigo. E talvez que de novo, Diotima, ele volte um dia ao teu santuário e tenha outro poema que responda melhor à nova inquietação da tua alma: à inquietação, em ti, da grande alma divina.
>
> Agostinho da Silva, *Conversação com Diotima*.

À finalidade mais imediata e corriqueira – própria aos índices onomásticos – de propiciar um rol organizado e sistemático de nomes próprios, acompanhados pela indicação dos números das páginas em que se dão as suas ocorrências no âmbito de uma obra, é oportuno acrescermos duas outras finalidades, àquela complementares, neste índice igualmente presentes.

---

* Além do elenco de sujeitos e personagens históricos, mitológicos e/ou ficcionais proveniente dos diversos escritos de Agostinho da Silva nesta obra coligidos, também figuram neste índice os nomes próprios advindos do aparato crítico. A nós nos pareceu haver mais vantagens do que desvantagens nessa reunião. Seja porque a maioria dos antropônimos origina-se daqueles escritos. Seja porque a procedência de cada nome próprio está determinada com exatidão pela paginação, sem margem para confusões. Seja ainda porque mesmo quando saídos de textos que não são da autoria direta de Agostinho da Silva, a generalidade dos nomes citados para ele, sua obra, vida e pensamento converge. Antes isso, portanto, do que a distribuição da totalidade dos nomes próprios em dois diferentes índices onomásticos, com a perda não só de efeito prático nas consultas, como da visualização da onomástica em seu conjunto, e respectiva produção potencial de sentido. Ou ainda: antes isso do que a opção por não se disponibilizar em índice a onomástica extraída dos vários materiais e contribuições que compõem o aparato crítico. [N. do O.]

Em primeiro lugar, a de contribuir para uma denominação, sempre que aplicável, mais completa dos antropônimos citados nos textos. Citados, não raro, por meio de apenas um dos seus respectivos nomes, requerendo-se justamente por esse motivo a completação referida e, conforme o caso, consequente desambiguação. À semelhança do trabalho de reconstituição pormenorizada das bibliografias arroladas ao fim dos textos, procuramos proporcionar ao leitor, também por aqui e com o máximo de precisão, uma identificação suplementar dos diferentes agentes, tão mais necessária quanto menos familiarizado eventualmente se esteja com o universo de referências concernente a este ou àquele nome próprio mencionado.

Em segundo lugar, a finalidade de denotar através do presente índice a concepção agostiniana de filosofia que atravessa os escritos deste primeiro volume da Biblioteca Agostinho da Silva, sendo-lhe mesmo estruturante. Aquela que concebe o filosofar também como poetar, como ato penetrante de indagação sobre o mistério que o existir no mundo fundamentalmente é, e cujo desvelamento efetivo só se pode dar, íntima e abarcantemente, quando o científico anda de mãos dadas com o artístico – num movimento de interações e determinações recíprocas –, entrelaçando de forma estreita o pensar e o sentir, a empiria e a intuição, o rigor da disciplina e a criatividade da imaginação. Cálculo e símbolo, consciente e inconsciente, método e inspiração, razão ordenadora e sensibilidade mística, juntos e sem receios quanto à inquirição e, se necessário, subversão de axiomas, dogmas, reducionismos e paradigmas.

Em semelhante conceito de filosofia, o filósofo é também poeta. E como poeta-filósofo os atributos que o distinguem, nos termos de Agostinho da Silva, são: pleno raciocínio, pleno amor e perfeita compreensão; imaginação literária, invenção poética e elevado sentido do matemático e do artístico. Ou ainda, como sintetizado na noção de "espírito" de que o artigo "Ciência e mística", publicado neste volume, nos fala: "o espírito luminoso e criador, o espírito de inteligência e de liberdade, de compreensão e de fé, de exatidão e de amor que esteve sempre com os melhores e que teve o culto de Lao Tsé e de Platão, de Espinosa e de Santa Teresa de Ávila."

Espírito de que George Agostinho, afinal, fez coisa sua, ao cultivá-lo por meio do estudo sério e da vasta reflexão crítica. E ao exercitá-lo inteligente e inventivamente através, quanto ao que aqui nos importa, das representações em que parte substantiva do subsequente elenco de sujeitos e personagens históricos, mitológicos e/ou ficcionais desempenha diversificadamente a sua *performance*: ficcionalização do histórico e historicização do ficcional; intersecção do mitológico e do histórico, recriados e ressignificados ao sabor da imaginação filosófico-literária; história da filosofia, filosofia da história e filosofia do teatro. Arte, religião, ciência, história, mística, literatura e mito. Tudo à luz da agostiniana, instigante e propositiva síntese, greco-latina e não só, de *Lógos* e *Ludus*, de *Eros*, *Veritas* e *Poiesis*.

[Amon Pinho]

A

Abraão, o escriba, 137, 141

Absalão, 53

Academos, 213, 305

Ácio, Lúcio ou Átio, Lúcio, 276

Adam, Adela Marion, 201

Adams, Henry, 386

Admeto, o filho de Fidípides, 158

Admeto, o marido de Alcestes, 151

Adriano (César Trajano Adriano Augusto), 287

Afaia, 256

Afrodite, 96, 101, 161-63, 258, 269, 404, 412
    Vênus, 258, 280

Agatão, o pai de Cármides, 158

Agostinho de Hipona, Santo, 364

Alá, 57

Alcestes, a filha de Pélias e mulher de Admeto, 276, 376, 383

Alcibíades de Escambônidas, 103, 298

Alcmena, 151, 162-63

Alencar, José de, 351

Aleu, rei de Tégea, 270

Alexandre Magno, 221-23, 233, 235, 284, 313, 317, 344, 362

Alfieri, Vittorio Enzo, 331

Alighieri, Dante, 34, 60, 323-24

Almeida, José Américo de, 377

Amatucci, Aurelio Giuseppe, 287

Amiano Marcelino, 287

Anacreonte de Teos, 51

Anaxágoras de Clazômenas, 123, 179-81, 183, 188, 192, 209, 295, 314

Anaxarco de Abdera, 157

Anaximandro de Mileto, 172-73, 314

Anaxímenes de Mileto, 173, 314
Andrade, Mário de, 12
Anito de Evônimo, 200, 296
Antígona, 107, 292-93
Apolo, 27, 95, 145, 150, 251, 264, 297, 336-37, 342, 404, 412
Apolodoro de Alexandria ou Apolodoro de Atenas, 171
Apolodoro de Caristo, 344, 356
Apolodoro de Falero, 149, 156
Apuleio, Lúcio, 285
Aquiles, 275-76, 282
Aristarco de Samos, 154
Aristeu, 281
Aristófanes de Cidateneu, 52, 185-87, 278, 298, 301-04, 338, 343-44, 347-48, 415
Aristóteles de Estagira, 19, 160, 170, 221, 234, 316, 350, 361-63
Aristóxeno de Tarento, 148
Arquelau de Atenas, 183
Arquermos de Quios, 254
Arquíloco de Paros, 278
Arquitas de Tarento, 206, 216
Arriano, Lúcio Flávio, 247
Aster, Ernst von, 219, 232, 247, 300
Atena, Palas 144-45, 148, 150, 157, 161-63, 255, 257-58, 267, 270, 317, 401, 404, 412
Ático, Tito Pompônio, 280
Auge, mãe de Télefo, 270
Augusto, César (Caio Júlio César Otaviano Augusto), 281-84, 313

Aulo Gélio, 285
Ausônio, Décimo Magno, 287
Avieno, Rúfio Festo, 287

B

Bach, Johann Sebastian, 59
Bacon, Francis, 363
Bailey, Cyril, 331
Beaumarchais, Pierre-Augustin Caron de, 351
Beethoven, Ludwig van, 34, 52, 84
Bentham, Jeremy, 231
Bento XVI (Joseph Ratzinger), 22
Bignone, Ettore, 331
Blake, William, 13
Boissier, Gaston, 331
Borges, Paulo, 13, 379
Borgius, Hieronymus (Girolamo Borgia), 322
Bosch, Hieronymus, 364
Boutroux, Émile, 201, 300
Brásidas, 304
Bréhier, Émile, 219, 232, 247, 300
Brochard, Victor, 331
Broglie, Louis de, 89
Bruegel, Pieter, 364
Bruns, Ivo, 331
Burnet, John, 184

C

Cabral, José, 375
Caeiro, Francisco da Gama, 379

Caetano, Marcello, 378
Calderón de la Barca, Pedro, 351
Caletti, Oberdan, 332
Cálicles, o efebo, 161-63
Calígula (Caio Júlio César Augusto Germânico), 284
Calímaco, 268
Calínico, o filho de Ésquines, 158
Calístrato, 301
Camões, Luís de, 24, 53
Camus, Albert, 24
Cariátides, 258
Carino (César Marco Aurélio Carino Augusto), 287
Cármides, o filho de Agatão, 158
Cármides de Atenas, o filho de Gláucon, tio de Platão e primo de Crítias, 103, 207, 306
Carmona, Antônio Óscar de Fragoso, 374
Cartault, Augustin, 356
Carvalho, Joaquim de, 373
Castilho, Antônio Feliciano de, 347
Castro, Américo, 375
Catão de Útica (Marco Pórcio Catão Uticense ou Catão, o Jovem), 321
Catão, o Velho (Marco Pórcio Catão), 275, 278, 280
Catulo, Caio Valério, 280, 312, 373, 398
Celso (filósofo grego, séc. II d.C.), 363
Celso, Aulo Cornélio (séc. I d.C.), 285
Centauro, 93

Chamilly, Marquês Noël Bouton de, 59
Charbonneaux, Jean, 261
Christs, Wilhelm von, 358
Cícero, Marco Túlio, 171, 278-79, 285, 310, 312, 322, 324, 332, 353
Cícero, Quinto Túlio, 279, 322
Cipião Emiliano (Públio Cornélio Cipião Emiliano Africano ou Cipião Africano Menor), 276-77, 287, 355
Clariel, o mestre, 161
Claudiano, Cláudio, 287
Cláudio (Tibério Cláudio César Augusto Germânico), 284, 286
Cléon, 301, 304
Clódia Pulcra (Lésbia, séc. I a.C.; a irmã de Públio Clódio Pulcro e mulher de Quinto Cecílio Metelo Céler), 280
Cohn, Jonas, 300
Coimbra, Leonardo, 81-82
Columela, Lúcio Júnio Moderato, 285
Conrad, Joseph, 48
Conradt, Carl, 356
Cornélio Nepos, 280
Coro, O, 304
Cortesão, Jaime Zuzarte, 392, 397
Cortesão, Maria Judith Zuzarte, 392
Couat, August, 356
Creighton, Mandell, 388
Creonte, 107, 110, 293
Cresson, André, 232, 247
Crisipo de Solos, 234
Cristóvão, Fernando, 379

Crítias de Atenas, 148-51, 153-60, 216, 305-06, 411
Críton de Alopece, 101-02, 201, 207, 297-98, 305-06, 308-09, 376, 415
Croiset, Maurice, 356, 408
Cruz, Oswaldo, 377
Cúrcio Rufo, Quinto, 284
Curie, Pierre, 367

D

Darwin, Charles, 366-67
Davies, Paul, 16
De Vries, Hugo, 366-67
Delbos, Victor, 331
Deméter, 41, 124-25, 258
Demétrio de Alopece, 258
Demócrito de Abdera, 123, 181-82, 223-24, 319
Demóstenes de Peânia, 278, 312
Dénis, Jacques, 356
Deonna, Waldemar, 261
Descartes, René, 63, 92, 363, 367, 410
Deschanel, Émile, 356
Deus, 24, 40, 49, 61, 63, 65, 73-74, 115, 138-40, 173, 189, 194, 206, 209, 211-12, 215, 219, 243-44, 246, 319, 338-40, 346, 348, 350-52, 361-63, 367, 370, 397
    deus(a), 60-61, 69, 99, 105, 109-13, 115-27, 132-33, 142, 144-45, 159, 162, 188-89, 193-97, 199-200, 203, 208, 211-12, 223, 227, 240, 267, 293, 304, 336, 338-39
deuses(as), 39, 47, 58, 61, 95, 97-99, 101-02, 104-09, 112, 124-25, 148-49, 151-52, 154, 159, 161-63, 171, 176, 200, 204, 223, 226-27, 230-31, 239, 242, 246, 251-54, 257, 275, 280, 282-83, 291, 294, 296, 298-99, 303, 313-14, 317, 319-22, 326-27, 334, 344, 390, 398, 411
    Senhor, O 137-41
Diamond, Jared, 17
Diès, August, 219
Dífilo de Sinope, 97, 344, 356
Diógenes de Apolônia, 183
Diógenes de Sinope, 396
Diógenes Laércio, 171, 231, 331-32
Dion de Siracusa, 207, 215-17
Dionísio I de Siracusa (Dionísio, o Velho), 149-50, 155, 207, 215
Dionísio II de Siracusa (Dionísio, o Moço), 215-17, 306
Dioniso (Dionisos), 110, 132, 156, 159, 202, 289, 336-37, 342-43, 349, 404, 412
Diotima de Mantineia, 93-133, 376, 383, 404-05, 415, 417
Dom Dinis, rei de Portugal, 25
Domiciano (César Domiciano Augusto), 284
Domingues, Maria Elisa, 394
Donato, Élio, 322
Dostoiévski, Fiódor, 92, 386
Douglas, Norman, 388
Droz, Edouard, 330

Dryden, John, 351
Dürer, Albrecht, 69

E
Eça de Queirós, José Maria de, 397
Édipo, 110, 291-94, 376, 415
Edison, Thomas, 387
Einstein, Albert, 60
El Greco (Doménikos Theotokópoulos), 59
Elimelec, o sacerdote, 137, 140-41
Emerson, Ralph Valdo, 388
Empédocles de Agrigento, 171, 178-79, 184
Eneias, 276, 282
Ênio, Quinto, 276
Epicteto, 234-35, 243, 247
Epicuro de Samos, 220, 222-32, 247, 280, 282, 310, 318-21, 324-27, 330-33, 387, 403, 415
Ergastinas, 267, 269
Erixímaco de Atenas, 156
Ernout, Alfred, 232, 329
Eros, 93, 157, 419
Ervide, Luís, 31-72, 84-85, 91
Escopas de Paros, 258-60, 270
Esculápio, ou Asclépio, 359
Esopo, 286
Espinosa, Baruch de, 63, 88, 231, 318, 364, 369, 410, 418
Espírito Santo, Divino, 17, 25, 379, 398, 404

Ésquilo de Elêusis, 203, 209, 291-93, 338, 343
Ésquines, o pai de Calínico, 158
Estácio, Públio Papínio, 287
Estínfalo, 151
Estobeu, João, 171
Estrangeiro, O, 95-133
Eudoro, 157
Eurípides de Flia, 29, 203, 209, 260, 276, 293, 302, 337
Euristeu, 151
Eusébio de Cesareia, 322
Êutifron de Prospalta, 103, 207, 306
Evêmero de Messina, 276
Ezequiel, o dos fundos lagares, 137

F
Falcão, Agostinho de Mendonça, 232
Fama, 162
Fedro de Mirrinunte, 100, 142, 213, 306
Fedro, Caio Júlio, 286
Fenareta de Atenas, 285
Fídias de Atenas, 122, 129, 144-46, 255-57, 260, 267, 291, 293-94
Fidípides, pai de Admeto, 158
Filêmon, 344
Filipe II da Macedônia, 233, 278, 344
Filisto de Siracusa, 215
Filônides, 301
Floro, Públio Ânio, 284
Fortuna, 371
Fox, George, 57, 365

Francisco de Assis, São, 22, 66, 365, 376, 383-84, 395-97
Francisco, Papa (Jorge Mario Bergoglio), 22
Franklin, Benjamin, 376, 383, 387
Frei Tomás, 63-64

G
Galba (Sérvio Galba César Augusto), 284
Garrett, Almeida, 376
Gassendi, Pierre, 231, 331
Gebhart, Émile, 331
Giannetti da Fonseca, Eduardo, 11, 406, 413
Girard, Jules, 356
Giussani, Carlo, 331-32
Goethe, Johann Wolfgang von, 293, 386
Gomperz, Theodor, 332
Górgias de Leontinos, 183, 208, 306, 408
Guadalupe, Mateus-Maria, 392
Gudeman, Alfred, 287
Guerra Junqueiro, Abílio Manuel, 397
Guerra, A, 304
Guizot, Guillaume, 356
Guyau, Jean-Marie, 232, 332

H
Hadot, Pierre, 410
Hamadríades, 153
Héndeka (os Onze), 296-97

Héracles, 104-05, 135, 151-52, 159, 163, 270, 301, 303
Alcides, 152
Filho de Alcmena, 151, 162-63
Hércules, 292, 325
Hércules Alcides, 47
Heráclides, 217
Heráclito de Éfeso, 146-48, 171, 174-76, 209, 314, 361, 411
Hermes, 62, 121-23, 128, 160-61, 165, 269, 271, 303-04, 405
Mercúrio, 165
Hermipo de Esmirna, 171
Heródoto de Halicarnasso, 106
Herta (Herta Bikensrheim), 392
Hesíodo, 18, 153, 157, 281, 329
Hesse, Hermann, 386
Hípias de Elis, 103, 207, 306, 408
Hipólito de Roma, 171
Hípon de Samos, 183
Hobbes, Thomas, 231
Holms, Oliver Wendell, 388
Homero, 122, 148, 157, 187, 282, 291, 332, 356, 411
Horácio (Quinto Horácio Flaco), 282-83, 313
Horkel, Johannes, 357
Hugo, Victor, 38
Huidobro, Edith Tech de, 232, 300
Huidobro, Emilio, 232, 300
Hülse, Heriberto, 399
Huyghens, Christiaan, 89

I

Ibsen, Henrik, 80, 343
Íris, 107
Isabel de Aragão, rainha de Portugal, 25
Ísis (deusa), 286
Ixiôte, a vendedora de figos, 156-57

J

Jachmann, Günther, 357
Jacó, 73
Janet, Paul, 219
Jeroboá, o carpinteiro, 140
Jerônimo, São (Eusébio Jerônimo), 322-23, 325
Jesus Cristo, 33, 47, 65, 69, 346
Joan, 392
Joana d'Arc, 41
João da Cruz, São, 365, 395
Joaquim de Fiore, 25
Jocasta, 294
Joyau, Emmanuel, 310, 330
Júlio César, Caio, 279-81, 286, 353
Júpiter, 240
    Zeus, 151, 161, 240, 256, 303-04
Juvenal, Décimo Júnio, 286, 312

K

Kant, Immanuel, 60, 63, 88-89, 92, 363, 403
Kappus, Franz Xaver, 30
Kertchy Navarro, José, 29-30, 36, 42, 48, 54, 60, 64, 66-67, 69, 72, 80-92, 376, 415
Kertchy, Ida, 80, 84
Keynes, John Maynard, 19, 20
Kháos, 412
Kontz, Albert, 330
Körte, Alfred, 357
Kósmos, 412
Kubitschek, Juscelino, 377

L

Lacerda, Jorge, 399
Lachmann, Karl, 329-330, 332
Lactâncio, Lúcio Célio Firmiano, 298
Lafon, R., 247
Laio, 294
Lamarck, Jean-Baptiste de, 367
Lamarre, Clovis, 287
Lamennais, Hughes Félicité Robert de, 376, 383-84
Lao Tsé, 369, 418
Laocoonte, 317
Laques de Exone, 149, 207, 306
Lares (deuses), 275
Laurand, Louis, 358
Lechat, Henri, 261
Leeuwen, Jan van, 358
Leibniz, Gottfried Wilhelm, 63, 88, 363
Leitão, Antônio José de Lima, 232
Lejay, Paul, 357
Lélio (Caio Lélio Sapiente, o Jovem), 277, 355
Leon, Philip, 219
Leopardi, Giacomo, 376, 383, 387

Leucipo de Mileto, 181-83, 319
Licon de Tórico, 200, 296
Lincoln, Abraham, 376, 383, 387
Lisandro de Esparta, 302
Lisboa, Eugênio, 386, 406, 413
Lísias de Túrio e Atenas, 148, 411
Lísipo de Sícion, 258, 260, 271
Lísis de Exone, 103, 207, 306
Lívio Andrônico, Lúcio, 275
Loeb, Jacques, 366
Lope de Vega (Lope Félix de Vega Carpio), 351
Lorenz, Günter, 13
Loth, 135-38, 140-41, 376, 415
Lourenço, Eduardo, 394, 399, 406, 413
Lucano, Marco Aneu, 286-87
Lucílio, Caio, 277-78, 312
Lucrécio (Tito Lucrécio Caro), 16, 18, 231-32, 280, 310, 322-33, 366, 377, 415

M

Macróbio, Ambrósio Aurélio Teodósio, 287
Maquiavel, Nicolau, 351
Marcial, Marco Valério, 286, 312
Marco Antônio, 278
Marco Aurélio (César Marco Aurélio Antonino Augusto), 234-35, 238, 243-47, 284, 287, 310
Marcos, 137, 142, 161
Marcuse, Herbert, 19
Maria Mateus, 83-84, 90
Mário, Caio, 278
Mársias, 255
Martha, Constant, 332
Marx, Karl, 19
Masson, John, 332
Maugham, William Somerset, 389
Mecenas, Caio Cílnio, 281
Meineke, August, 357
Meleto de Pitos, 200, 296
Menandro de Atenas, 344, 356
Mendel, Gregor Johann, 366
Menêxeno de Atenas, 95, 106, 142-50, 153-60, 306, 411
Merbach, Karl Friedrich, 332
Méril, Édélestand du, 356
Mérimée, Prosper, 376, 388
Meunier, Mario, 201, 300
Miguel Ângelo (Michelangelo di Lodovico Buonarroti Simoni), 376, 383, 387
Minotauro, 63
Míron de Elêuteras, 255
Moira, 162
Moisés, 376, 383
Molière (Jean-Baptiste Poquelin), 347-48, 351
Mondolfo, Rodolfo, 310, 330, 332
Montaigne, Miguel (ou Michel) Eyquem de, 231, 374, 382-83, 386, 399, 408-10
Montée, Pierre, 332
Montessori, Maria, 376, 383

Moog, Vianna, 24
Morão, Artur, 403
More, Paul Elmer, 332
Morgan, Thomas Hunt, 366
Moutinho, Manuel, 84-86, 90-92
Moutinho, Petronilha, 84, 91
Mozart, Wolfgang Amadeus, 59
Mühll, Peter von der, 332
Munro, Hugh Andrew Johnstone, 329-30, 332
Muriel, José, 69, 84, 92
Musas, 204, 213
Mussolini, Benito, 330

N
Narciso, 39
Natanael, o das doces vinhas, 137
Naud, José Santiago, 378
Nausífanes de Teos, 222
Navarro, Carlos, 80, 84
Nereidas, 95
Nero (Nero Cláudio César Augusto Germânico), 234, 284, 286
Nessos, 104
Névio, Gneo, 275
Newton, Isaac, 89
Nietzsche, Friedrich, 26, 408, 412
Norwood, Gilbert, 357

O
Ogden, Charles Kay, 15
Ogereau, F., 247
"O Judeu" (Antônio José da Silva), 351
Ônfale, 104, 151
Opôra, 304
Oppé, Adolph Paul, 357
Orfeu, 145
Ostriker, Alicia, 13
Otão (Marco Otão César Augusto), 284
Ovídio (Públio Ovídio Naso), 283
Owen, Robert, 376, 383, 387

P
Pacúvio, Marco, 276
Pânfilo de Samos, 222
Páris, 161
Parmênides de Eleia, 147, 176-80, 213, 306
Pascal, Blaise, 389, 396
Pascal, Carlo, 332
Pasitoe, a dançarina, 156-57
Pasteur, Louis, 376, 383, 387
Pater, Walter, 219
Patin, M., 332
Paulo de Tarso, São, 397
Paulo Emílio (Lúcio Emílio Paulo Macedônico), 276, 283
Paulson, Johannes, 332
Paz, A, 301, 304, 343, 415
Penn, William, 376, 380, 383-85
Péricles de Colargo, 180, 202-03, 256-58, 294, 408
Pérsio (Aulo Pérsio Flaco), 286, 312, 374

Pessoa, Fernando, 21, 25, 375, 378, 386, 392, 398, 404
Pestalozzi, Johann Heinrich, 376, 383, 387
Petrônio, 285
Piat, Clodios, 201
Picard, Charles, 261
Picavet, François, 332
Pichon, René, 287
Pilatos, Pôncio, 33
Píndaro de Cinoscefale, 153
Pinto, Antônio Marques, 394
Pinto, Heitor, 398
Pippard, Brian, 16
Pires, Manuel, 394
Pitágoras de Régio, 254, 255
Pitágoras de Samos, 122-23, 145, 171, 173-76, 206, 255, 315, 408
Planck, Max, 367
Platão de Colito, 12, 63, 88, 100-05, 123, 128-30, 142-43, 149-50, 153, 155, 170-71, 177, 179, 185-86, 194, 198-99, 201-19, 221-22, 234, 249, 258, 279, 291, 294-95, 297-98, 303, 305-08, 316, 361-63, 369, 376, 410-11, 415, 418
Plauto, Tito Mácio, 276-77, 312, 334, 347-48, 353-55, 377, 415
Plessis, Frédéric, 357
Plínio, o Moço (Caio Plínio Cecílio Segundo), 285
Plínio, o Velho (Caio Plínio Segundo), 285
Plotino de Licópolis, 362
Plutão, 152
Polião, Caio Asínio, 281
Políbio, rei de Corinto, 294
Pólicles de Atenas, 101, 135-36, 142-60, 405, 411, 415
Policleto de Argos, 255-56, 260, 266, 269
Pompeio Magno, Cneu, 283, 286
Pompônio Mela, 285
Praxíteles de Atenas, 96, 258-59, 269
Pródico de Ceos, 135-36, 161, 415
Propércio, Sexto Aurélio, 283, 313
Protágoras de Abdera, 183, 208, 306
Pseudo-Plutarco, 171

Q

Quadros, Jânio, 377
Quental, Antero Tarquínio de, 408
Quintiliano, Marco Fábio, 283, 285

R

Racine, Jean-Baptiste, 293
Regenbogen, Otto, 332
Régio, José, 386
Rembrandt (Rembrandt Harmenszoon van Rijn), 364, 387
Renan, Joseph-Ernest, 408
Renault, Marcel, 332
Ribbeck, Otto, 310, 330, 357
Ridder, André de, 261
Rilke, Rainer Maria, 30, 376

Risério, Antonio, 24
Rivaud, Albert, 232, 247, 300
Robin, Léon, 184, 232, 247
Rodrigues, Caio Porfírio Martins, 30
Romero, Francisco, 330
Rômulo e Remo, 275
Rosa, João Guimarães, 13
Rousseau, Jean-Jacques, 395-97
Rutilio Namaciano, Cláudio, 287

S

Salazar, Antônio de Oliveira, 247, 378, 383, 391
Salema, Álvaro, 391
Salústio Crispo, Caio, 279-80
Sanderson, Frederick William, 376, 383
Sátiro de Callatis, 171
Sauerlandt, Max, 261, 269, 273
Schanz, Martin, 358
Schiller, Friedrich, 52
Schmid, Wilhelm, 358
Schopenhauer, Arthur, 321
Schubert, Franz, 51-52
Séailles, Gabriel, 219
Sellar, William Young, 332, 358
Sêneca, Lúcio Aneu, 32, 234, 286, 310, 312
Sérgio, Antônio, 391
Serrão, Joel, 380-81, 383-84, 406, 413
Shakespeare, William, 80, 293
Sileno, 289
Sílio Itálico, Tibério Cácio Ascônio, 287

Silva, Agostinho da (George Agostinho Baptista da Silva), 2, 10-21, 23-26, 30, 82, 89, 94, 101, 136, 169, 185, 202, 220, 233, 247-48, 258, 269, 274, 291, 295-96, 301, 305, 310, 322, 330, 333-34, 340, 357, 361, 366, 372-400, 402-19
Silva Rodrigues, Maria Gabriela Agostinho da, 5, 10, 372, 402, 413
Silva, Pedro Manuel Agostinho da, 2, 5, 413
Sísifo, 151
Soares, Mário, 379, 390, 406, 413
Sócion, 171
Sócrates de Alopece, 69, 100-10, 116, 122-23, 125, 129-31, 142-43, 145, 153, 155, 167, 183, 185-201, 203-05, 207-11, 214, 218, 222, 257, 295-301, 303, 305-06, 308-09, 315-16, 321, 361-62, 376, 394, 396, 403, 410, 415
Sófocles de Colono, 107, 132, 203, 209, 260, 291-94, 376, 415
Sófron de Siracusa, 207
Sofronisco de Alopece, 295
Sólon de Atenas, 145, 203
Solovine, Maurice, 232, 331
Sóror Mariana (Mariana Alcoforado), 59
Sousa, Frei Luís de, 376
Souza, Paulo César de, 26
Stählin, Otto, 358
Stendhal, 376, 388-89, 399
  Beyle, Marie-Henri, 388

Stuart Mill, John, 19, 231
Suckau, Édouard de, 333
Suetônio Tranquilo, Caio, 284
Süss, Wilhelm, 358

T

Tácito, Caio Cornélio, 284, 313
Taine, Hippolyte, 365
Tales de Mileto, 171-73, 184, 209, 306, 314, 361, 365
Tannery, Paul, 184
Tântalo, 151
Taylor, Alfred Edward, 219
Teágenes de Samos, 151, 153
Teixeira de Pascoaes (Joaquim Pereira Teixeira de Vasconcelos), 397
Teixeira Rego, José Augusto Ramalho, 81-82
Télefo, 135, 270
Temístocles de Frearros, 145
Teócrito de Siracusa, 281
Teofrasto de Ereso, 171
Terêncio (Públio Terêncio Afro), 277, 312, 334, 347-48, 355-56, 377, 415
Terêncio Lucano, 355
Teresa de Ávila, Santa, 41, 369, 395, 418
Teresinha, 392
Teron de Agrigento, 178
Tertuliano, Quinto Sétimo Florêncio, 298
Tescari, Onorato, 333
Thomas, Pierre-Félix, 333
Tibério (Tibério César Augusto), 284

Tibulo, Álbio, 283, 313
Ticiano (Ticiano Vecellio), 59
Tito (Tito César Vespasiano Augusto), 284
Tito Lívio, 283-84
Tolentino, Nicolau, 376
Tolstói, Lev, 34
Tomás de Aquino, São, 364
Trajano (César Nerva Trajano Ótimo Augusto), 285
Trezza, Gaetano, 333
Tri, Segundo A., 330
Trigeu, 304
Tucídides de Halimunte, 249
Tumulto, O, 304

U

Ulisses, 143, 282
Untersteiner, Mario, 333
Usener, Hermann, 310, 330, 333

V

Valério Flaco, Caio, 287
Valério Máximo, 284
Valle, Guido della, 331
Van Gogh, Vincent, 254
Vanini, Giulio Cesare, 231
Varrão, Marco Terêncio, 279, 354
Veleio Patérculo, 284
Vênus, 258, 280
    Afrodite, 96, 101, 161-63, 258, 269, 404, 412

Verres, Caio, 279
Vespasiano (Vespasiano César Augusto), 284
Vicente, Gil, 351, 374
Vieira, Antônio, 25
Vieira, Maria Violante, 30
Villalobos, Arias de, 351
Vinci, Leonardo da, 59, 376, 383
Vinhas, Manuel, 375
Virgílio (Públio Virgílio Maro), 276, 281-82, 284, 312, 322, 329, 356
Vitélio (Aulo Vitélio Germânico Augusto), 284

W

Washington, George, 376, 383
Wesley, John, 365
Whitman, Walt, 54
Windelband, Wilhelm, 219
Windenberger, Joseph-Lucien, 333
Wittgenstein, Ludwig, 15

X

Xenófanes de Colofonte, 174-75
Xenofonte de Erquia, 185-86, 298

Z

Zenão de Cítio, 234, 403
Zenão de Eleia, 177-78, 181, 209, 315, 361
Zeus, 151, 161, 240, 256, 303-04
    Júpiter, 240
Zola, Émile, 376, 383-84

VOCÊ PODERÁ INTERESSAR-SE TAMBÉM POR:

Nos ensaios reunidos neste volume, o filósofo e historiador da filosofia Pierre Hadot traça o panorama histórico da noção de "exercício espiritual" e traz novamente à cena filosófica o debate acerca do estatuto da filosofia e da figura do filósofo. Com ele, voltamos a pensar o quanto a filosofia deixou de ser uma "atividade", uma prática, para se tornar, cada vez mais, um "discurso". Hadot propõe, ao contrário, um resgate da filosofia como "maneira de viver".

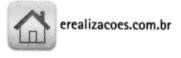

facebook.com/erealizacoeseditora   twitter.com/erealizacoes   instagram.com/erealizacoes   youtube.com/editorae

issuu.com/editora_e   erealizacoes.com.br   atendimento@erealizacoes.com.br

GOSTINHODASILVA

AGOSTINHO DA SILVA